Anthony Sampson

# Weltmacht ITT

## Die politischen Geschäfte eines multinationalen Konzerns

Rowohlt

Die Originalausgabe erschien unter dem Titel
«Sovereign State. The Secret History of ITT»
im Verlag Hodder and Stoughton Ltd., London

Die Übersetzung aus dem Englischen fertigten an:
Volker Bradke (Kap. 2, 5, 6, 7, 8), Margaret Carroux (Kap. 9, 10, 11),
Freimut Duve (Kap. 1 und 12), Christa Plath (Kap. 3 und 4)

1. bis 10. Tausend Oktober 1973

Gesetzt aus der Garamond-Antiqua (Linofilm Super-Quick)
Werkdruckpapier von der Papierfabrik Temming AG,
Glückstadt/Elbe
Gesamtherstellung Clausen & Bosse, Leck/Schleswig
Printed in Germany
ISBN 3 498 06104 6

# Inhalt


| | | |
|---|---|---|
| | Vorbemerkung zur Quellenlage | Seite 7 |
| Kapitel 1 | Das große Barbecue | Seite 11 |
| Kapitel 2 | Der Pirat | Seite 18 |
| Kapitel 3 | Die Kalten Krieger | Seite 42 |
| Kapitel 4 | Der Apparat von Geneen | Seite 59 |
| Kapitel 5 | Der Leuchtfinger | Seite 84 |
| Kapitel 6 | Das Konzernkastell | Seite 108 |
| Kapitel 7 | Die Kartellknacker | Seite 130 |
| Kapitel 8 | Der Parteikonvent | Seite 159 |
| Kapitel 9 | Die Lobbyisten | Seite 173 |
| Kapitel 10 | Die Senatoren | Seite 190 |
| Kapitel 11 | Die Meister der Spionage | Seite 224 |
| Kapitel 12 | Ein souveräner Staat | Seite 248 |
| | Anmerkungen | Seite 267 |
| | ITTs Glanzjahr | Seite 272 |
| | Register | Seite 281 |

# Vorbemerkung zur Quellenlage

Für dieses Buch habe ich eine ganze Reihe von Hintergrundgesprächen mit ehemaligen und noch heute dort arbeitenden Mitarbeitern der ITT geführt. Ich bin für die Offenheit vieler von ihnen, die so zu diesem Buch beigetragen haben, sehr dankbar. Seit meinem ersten Gespräch mit Geneen und anderen Direktoren haben sich meine offiziellen Beziehungen verschlechtert, sobald deutlich wurde, daß meine Darstellung wohl doch sehr kritisch werden würde. Daraufhin wurden, wie ich herausfand, alle offiziellen Anfragen an die Public Relations-Abteilung der ITT in New York weitergeleitet. Aber die informellen Kontakte waren ohnehin stets sehr viel aufschlußreicher. Und so danke ich den vielen Rebellen innerhalb des ITT-Systems, die auch weiterhin aufschlußreiche und unterhaltsame Gespräche mit mir führten. Darüber hinaus bin ich auch allen Kritikern der ITT, die es sich zur Aufgabe gemacht haben, Informationsmaterial zu sammeln und die mir viel Zeit und ihre Akten zur Verfügung stellten, zu Dank verpflichtet. Allen voran Ralph Nader, Reuben Robertson, vom *Centre for Responsive Law* in Washington, Jack Anderson und Brit Hume, Morton Mintz von der *Washington Post*, Professor Abraham Briloff vom Branch College, Bob Olstein und Thornton O'Glove von der Firma Coenen & Co., Ray Dirks von der Firma Dirks Brothers und all den anderen unzähligen Journalisten, Bankiers und Diplomaten, von denen es sicher viele vorziehen, hier nicht erwähnt zu werden. Für die Recherchen außerhalb Amerikas mußte ich feststellen, daß eine Studie über einen multinationalen Konzern auch multinationale Kontakte und Quellen erfordert. Und so danke ich den vielen Kollegen und Freunden, die mich mit Informationen aus London, Brüssel, Paris, Mailand, Stockholm, Santiago, Madrid und Moskau versorgten.

Jeder, der über multinationale Konzerne schreibt, kann der ITT nur dankbar sein für die Fülle von vertraulichen Aktennotizen, die sie an die Öffentlichkeit gelangen ließ, sei es durch Hearings, Gerichtsprozesse oder eben einfach durch undichte Stellen, dadurch ist eine Sammlung von Primärquellen zustande gekommen, die sicher für große Konzerne einzigartig ist. Ich habe davon vollen Gebrauch gemacht, und die Quelle, wo irgend möglich, in Anmerkungen genannt. Die wichtigste Quellensammlung entstammt dem Hearing vor dem Anti-Trust-Unterausschuß unter Vorsitz von Emmanuel Celler im Jahre 1969 (‹*Conglomerate Hearings*›). Die 1476 Seiten des dritten Teils enthalten Protokolle und Memoranden mit weitreichenden Detailinformationen über die Erwerbungen und Ziele der ITT. Im Juni 1971 veröffentlichte der Stab des Anti-Trust-Unterausschusses einen Report (‹*Conglomerate Report*›), in dem die mehr allgemeinen Argumente über die Mischkonzerne zusammengetragen wurden. Hier finden sich 90 Seiten Analysen über die finanzielle Situation der ITT. Der zweite und der dritte Teil enthalten die wichtigsten Dokumente. Die Teile beziehen sich auf den Senatsausschuß für das Justizministerium und seinem Hearing über die Ernennung von Richard Kleindienst im Jahre 1972 (‹*Kleindienst Hearings*›). Diese 1660 Seiten enthalten sowohl die lange Befragung durch die Senatoren als auch zusätzliches ITT-Material. Nach Beendigung dieses Hearings veröffentlichten die Senatoren Kennedy, Bayh und Tunney ihre eigenen Ansichten im Mai 1972 in Form eines Bandes von 284 Seiten (‹*Kennedy Report*›). Er enthält die Analyse des Hearings, einen detaillierten Zeitplan und einen Dokumentenanhang sowie Zeitungsartikel mit wichtigen Hinweisen auf die ITT.

Für die Aktionen der ITT in Chile finden sich die wichtigsten Beweisstücke in der Memorandensammlung, die Jack Anderson zur Verfügung stellte (‹*Anderson Chile Papers*›). Sie sind inzwischen durch die chilenische Regierung veröffentlicht worden, versehen mit zusätzlichen Dokumenten und der chilenischen Version des Abbruchs ihrer Verhandlungen mit der ITT.

Über die frühe Geschichte der ITT einschließlich der Aktivitäten von Colonel Behn während des Krieges gibt es eine Reihe von erst kürzlich freigegebenen Reports und Beweisstücken, aus denen die Beziehungen der ITT zu den Nazis und ihren Aktionen in Lateinamerika hervorgehen. Die wichtigsten sind hier die Akten, die sich auf Dr. Gerhard Alois Westrick und Kurt von Schröder beziehen sowie der Bericht, den Allen Sayler vom Interministeriellen Ausschuß für die Beziehungen mit Lateinamerika im Januar 1943 anfertigte. Von den vielen Buchveröffentlichungen, die sich mit den Beziehungen zwischen den Nazis und den USA beschäftigen, sind zwei von besonderer Bedeutung für die Rolle der ITT: James Martins ‹*All Honourable Men*› (1950) und die Biographie von Sir William Stephenson, die Montgomery Hyde in England unter dem Titel ‹*The Quiet Canadian*› und in Amerika als ‹*Room 3603*› veröffentlichte. Hinweise auf das Vertrauen von Colonel Behn in Hitler finden sich in drei Artikeln von Maurice Deloraine, veröffentlicht im ITT-Magazin *Sigma* 1970 unter dem Titel ‹*An ITT-*

*Memoir›*, eine erweiterte Buchausgabe ist geplant, aber noch nicht erschienen.

Zum Budapester Spionageprozeß gibt es nur das kommunistische Protokoll, das in Ungarisch und in Englisch von der ungarischen Staatsdruckerei unter dem Titel ‹*Robert Vogeler and Edgar Sanders and their Accomplices before the Criminal Court*› 1950 herausgegeben wurde. Für Hintergrundinformationen zum Prozeß bin ich besonders Lajos Lederer und Laszlo Verres dankbar.

Bei der Vorbereitung und Niederschrift dieses Buches, die in großer Eile geschah, verdanke ich sehr vielen Menschen, daß sie meine Anstrengung erträglich machten: meiner Assistentin Alexa Wilson für ihre ans Wunderbare grenzende Organisation und dafür, daß sie aus Chaos ein ordentliches Manuskript herstellte; Betty Du Toit danke ich dafür, daß sie sich die Kapitel angehört hat und dabei geholfen hat, Unklares zu verdeutlichen. Dankbar bin ich auch meinen Verlegern Robin Denniston und Allan Gordon Walker in London sowie Sol Stein und Pat Day in New York für ihre Ermutigung und Anregung. Ebenso schulde ich meinem Agenten Michael Sissons von der Agentur A. D. Peters für seine Unterstützung und seine gewohnte Tüchtigkeit Dank. Und schließlich danke ich meiner Frau für ihre wertvolle Mitarbeit und Ratschläge sowie für ihre Toleranz gegenüber diesem schwierigen Unterfangen.

Kapitel 1

# Das große Barbecue

Ich hasse alles, was nicht genau nachprüfbar ist
Kapitän Ahab

Die ganze Macht und Bedeutung der ITT ist mir erst in Brüssel bei dem großen Barbecue, das sie dort ihren Managern aus aller Welt alljährlich serviert, deutlich geworden. Es war kurz nachdem die ITT-Skandale in Washington und Chile geplatzt waren, als der gigantische Konzern der Anklage gegenüber stand, er habe die Regierung Nixon dazu bestochen, ein Anti-Trust-Verfahren einzustellen, und versucht, die Wahlen in Chile zu beeinflussen. Ich hatte mich schon vorher für multinationale Konzerne interessiert, und meine Neugier hatte sich besonders auf diesen Mischkonzern ITT konzentriert mit seiner erstaunlich weltweiten Sammlung von Firmen, in denen vom Telefon zur Kosmetik, vom Mietwagen bis zu Schinken nahezu alles gehandelt wurde. Er schien über eine von niemandem zu bremsende Macht zu verfügen und sich stets dem Einfluß staatlicher Regierungen zu entziehen. Ich hatte schon mit Leuten innerhalb und außerhalb des Konzerns gesprochen, und nun war ich zu meinem Erstaunen als einziger Journalist eingeladen worden, an dieser internen Veranstaltung teilzunehmen. Sie fand in einer merkwürdigen Umgebung statt, außerhalb von Zeit und Raum. Das Haus, von den ITT-Leuten ‹Exekutiv-Villa› genannt, ist in der Tat eine riesige großbürgerliche Villa in einem der Vororte von Brüssel. Sie wird von der ITT als eine Art Firmenclub und Unterhaltungszentrum geführt. Im Garten waren Markisen in den ITT-Farben blau und weiß aufgespannt, belgische Kellner grillten Steaks und süßen Mais auf Holzkohle, während die polyglotten Manager sich artig mit ihren Tellern in der Hand in die Schlange stellten. Zwei Tage zuvor war das amerikanische Kontingent, 60 Personen, zu seiner monatlichen Prüfung der Geschäftsbücher der europäischen ITT-Firmen eingeflogen worden: Sie hatten jenen schlafwandlerischen Blick von Leuten, die den Zeitunterschied noch nicht überwunden haben. Ja, einige hatten, wie ich feststellte, ihre Armbanduhren noch auf New Yorker Zeit gestellt, damit sie jederzeit die ITT-Zentrale in Amerika erreichen konnten.

Man konnte die Europäer nicht leicht von den Amerikanern unterscheiden, höchstens an den Schuhen oder Hosen; denn auch die Europäer – ob nun die aus der Schweiz, Griechenland oder sogar aus Frankreich – hatten eine Art amerikanischer Kameraderie gemeinsam, sprachen alle gleich fließend amerikanisch und alberten über gemeinsame Erinnerungen aus alten Zeiten in Kopenhagen oder Rio. Ich hatte rasch das Gefühl, von diesem Konzern, von seinen Ritualen, seinen spezifischen Gebräuchen und seinem geheimnisvollen Organogramm vereinnahmt zu sein, glaubte zu spüren, plötzlich aus Brüssel irgendwo hingetragen zu werden, irgendwohin in Europa oder zu irgendeinem anderen fernen Platz auf dieser Erde.

Nach einer ausgedehnten Begrüßungsphase mit viel Schulterklopfen und Geschichtenerzählen setzten sich die Manager zum Essen auf die Holzgestelle unter der Markise. Einen besonderen Sitzplatz gab es nicht. Die Atmosphäre war ausgesprochen entspannt, keinerlei Affektiertheit, geradezu demokratisch. Irgendwann zeigte man mir einen großen, herzlich dreinschauenden Mann, der junge Präsident der ITT-Europa, Mike Bergerac; neben ihm, vergleichsweise klein, stand eine vogelhafte Figur im ordentlichen schwarzen Anzug. Ich erkannte das Meistergehirn hinter dem ganzen Konzern – Harold Sydney Geneen.

Nach dem Essen wurden Reden gehalten. Ein Italiener erzählte eine lange, witzige Geschichte in komischem Italo-Amerikanisch über Heiraten und Sex. Man spielte darauf an, wie bekannt die ITT gerade in den letzten Wochen geworden sei; man witzelte darüber, daß man nun nicht mehr die Reports des Konzerns zu lesen brauche, schließlich stünde neuerdings alles in der Zeitung. Als Mike Bergerac seine launische Rede zum Lobe Geneens hielt, war seinem kalifornischen Akzent und seiner ungezwungenen Lässigkeit kaum anzumerken, daß der Redner jemals Franzose gewesen war. Der Höhepunkt seiner Ansprache betraf Geneen, der kürzlich in London gewesen und dabei beobachtet worden sei – man höre und staune –, wie er einem Kricketmatch zugesehen habe. Und plötzlich zauberte Bergerac eine Krickettasche hervor, zog Schläger, Handschuhe und Beinschutz heraus und hielt alles der Reihe nach in die Höhe. (Mein Nachbar flüsterte mir zu, das sei in letzter Minute von den britischen ITT-Werbeleuten aus London eingeflogen worden.) Die Manager schüttelten sich vor Lachen, auch Geneen lachte mit einem gnomenhaften Grinsen, durch das sich sein Gesicht verzerrte. Dann stand Geneen auf, nahm den Witz auf, schwang den Kricketschläger und erklärte, wie man auch im Business Schläger nutzen könne, schnelle Bälle schießen müsse und daß man vor allem starke Bein- und Knieschützer brauche. Aber Geneen als Kricketspieler – das war nun doch kein so ganz überzeugendes Bild; und so leitete er schnell zum Hauptthema, zur ITT, über. Noch ein Witz über die schreckliche Öffentlichkeit, aber dies hier war eben mal keine Sandwichparty. (Denn meistens aßen die ITT-Leute auf ihren Marathonsitzungen in Brüssel spät abends eben nur ihr Sandwich.)

Sobald Geneen zu sprechen begonnen hatte, war deutlich, daß er die ganze Versammlung beherrschte, trotz aller Unkonventionalität, mit der er einem Schulleiter am Ende des Schuljahres glich, jenem, der vorgibt, eigentlich selbst noch Schüler zu sein, was ihm natürlich keiner abnimmt. Von Rekordprofiten sprach er, von stetiger Expansion, erfolgreichem Delegieren und über multinationale Zusammenarbeit. Seine Augen begannen zu leuchten, sobald er von der erstaunlichen Erfolgsbilanz der ITT sprach, und zum Schluß: «Ich möchte euch alle wissen lassen, wieviel Spaß ich habe, und ich wünsche mir, daß ihr alle ebensoviel Spaß habt.»

Es gab starken Applaus. Er schien wirklich Spaß zu haben, weniger deutlich schien mir der Spaß der anderen. Doch bei all den Frotzeleien und witzigen Reden war es wirklich schwer, sich vorzustellen, daß dieser Konzern gerade in diesen Wochen vor einem Wall öffentlicher Kritik und eingehender Prüfung stand. Ich fragte Ned Gerrity, wie stark nach seiner Meinung die Wirkung des Skandals auf den Konzern sei. Er meinte, daß dadurch eigentlich nur die Selbstsicherheit und die gemeinsame Identität des Konzerns gefestigt worden sei. «Bei Sheraton hatten wir Rekordreservierungen.»

Nach den Reden ergingen sich die Manager im Garten, tranken und sprachen über Umsätze und Lagerbestände. Sie waren durchaus herzlich zueinander, aber doch in einer gespannten Weise, wie ehemalige Schüler beim Schülertreffen, die nicht genau wissen, wie sehr sie sich eigentlich kennen. Diese Spannung wurde durch die Anwesenheit der Oberbosse noch verstärkt, denn auch die Vizepräsidenten waren aus New York herübergekommen und gingen nun etwas reserviert über den Rasen. Etwa Tim Dunleavy, ein großer, lustiger Ire mit zerzausten Haaren und dem gemütlichen Aussehen eines Teddybären. Aber seine Lustigkeit verbarg, wie es hieß, nur den Geist einer stählernen Tierfalle. Oder der undurchschaubare Jim Lester mit seinen engstehenden Augen und nach unten gezogenen Mundwinkeln, ein trauriger Mandarin. Sein abweisendes Äußeres verberge, wie man mir sagte, ein ebenso abweisendes Inneres. Und dann Ned Gerrity – allgemein für die Augen und Ohren seines Herrn Geneen gehalten –: ein drahtiger Mann mit kleinen Brillengläsern, der über den Rasen trollte, die Zigarre im Mund stets in Bewegung.

Es war eine ausgesprochen männliche Versammlung, eine Art Regiment oder Fußballclub. Es gab nicht eine einzige Kellnerin. Die ganze Atmosphäre hatte etwas von einer Prüfung oder einer großen Herausforderung, stets schien der abziehende Rauch von Gewehrsalven über der Szene zu lasten: Diese Stimmung wäre durch ein weibliches Wesen gestört worden.

Später am Abend wurde für mich ein Zusammentreffen mit Geneen arrangiert; er unterhielt sich unter einem fast leeren Zeltdach. Die Begrüßung war wirklich erstaunlich. Ich wurde ihm als ein englischer Schriftsteller vorgestellt. Sofort ließ er mich wissen, wie sehr er England liebe; dort sei er geboren, stets kehre er gern nach London zurück. Dann erklärte er mir seine Bewunderung für das britische Empire, wie sehr er bedauere, daß man es so schnell aufgegeben habe. Warum nur unterstützt die britische Regierung nicht die weißen Rhodesier? Konnte sie nicht begreifen, daß vier Fünftel der Engländer hinter Ian Smith standen? Dann sprach er über die Probleme der USA, die Ölversorgung sei gefährdet und vielleicht würden sie eines Tages gezwungen, die arabischen Staaten zu besetzen, um die Ölversorgung zu sichern. Je stärker er sich in seine Tiraden hineinsteigerte, um so lebendiger wurde er; er sprach immer gestenreicher, deutete mit Händen und Fingern, lachte, griff sich an die Nase, ans Ohr, strich sich über das Kinn, als wollte er einen persönlichen Zauber um sich herumwerfen. Seine grün-braunen Augen glitzerten, er lachte und grinste wie ein sprudelnder Wasserspeier. Das schien nicht länger der Buchhalter im dunklen Anzug, eher ein böser Geist oder Kobold: fast wie ein Rumpelstilzchen, das auf geheimnisvolle Weise Flachs in pures Gold verwandeln konnte. Um ihn herum bemerkte ich eine Gruppe von Vizepräsidenten, die aufmerksam zuhörten; sie lachten, wenn er lachte, sie nickten, wenn er nickte.

Nur Unternehmer könnten, wie er sagte Arbeitsplätze schaffen, nur sie vermochten den Leuten Arbeit zu geben; für 400000 Menschen in aller Welt sei er verantwortlich. Seine Aufgabe sei es, die Regierungen in deren Interesse zu beeinflussen, und zwar so effektiv wie nur irgend möglich. Was wußten Regierungen schon über die Schaffung von Arbeitsplätzen? Warum mußte die amerikanische Regierung ihre Zeit mit Anti-Trust-Problemen verlieren, während sie eigentlich die großen Konzerne unterstützen sollte, die sich schwer genug mit den Japanern herumschlügen und immerhin zur Zahlungsbilanz beitrügen? Und erst diese liberalen Journalisten, die dauernd das Big Business angriffen; was wußten die denn eigentlich über die Schaffung von Arbeitsplätzen? Ich unterbrach ihn: «Vielleicht bin ich auch so ein liberaler Journalist!» Er sah mich ungläubig an und brach in dröhnendes Gelächter aus, die übrigen fielen ein.

So redete er eine dreiviertel Stunde lang, war mit mir geduldig in einer Art amüsierter Toleranz, behandelte mich wie einen widerspenstigen Skeptiker, der sich schon bald dem wahren Licht der Vernunft beugen würde: er schickte mir später sogar eine Botschaft, um mir zu versichern, wie angenehm er die Unterhaltung empfunden habe. Wir schieden freundschaftlich in gegenseitigem Mißverstehen. Aber dort unter seiner Markise, gebaut wie das Zelt eines Nomaden, hatte ich für einen Moment das Gefühl, im Innern dieses erstaunlichen Konzerns angekommen zu sein, es durch die Augen des Herrn und seiner Gefolgsleute gesehen zu haben. Sie schauten aus ihrem Zeltlager hinaus auf die mit Vorurteilen und Unvernunft geschlagene Welt, eine Welt, in der Regierungen stets nur den langen Marsch der Produktion und des Profits behinderten; eine Welt, in der die Nationen nichts anderes waren als primitive Eingeborenenstämme, und ihre Aufgabe war es, diese Stämme zu versöhnen, sie zu überzeugen, sie zu besiegen.

Bei diesem Gartengrill wurde meine Neugier weit mehr geweckt als befriedigt. Mir kam das Ganze wie eine Karikatur vor, auf der alle hervorstechenden Charakteristika dieses neuen Organismus ‹Multinationaler Konzern› übertrieben scharf gezeichnet war, und ganz oben war die Frage: Wer, wenn überhaupt, kann sie kontrollieren? Dieser riesenhafte Konzern hatte sich soeben der heftigsten öffentlichen Kritik unterziehen müssen und schien doch aus alldem nur stolzer und geeinter hervorzugehen; ein Piratenschiff, das gerade einem Gefecht mit Marineeinheiten entgangen ist. Am erstaunlichsten war die Doppelgesichtigkeit: Auf der einen Seite stellte sich der Konzern als eine höchst respektable Weltorganisation dar, die beständig an ihre 200000 Aktionäre und ihre 70 Gastgeberstaaten dachte, zusammengehalten durch ein Buchhaltungssystem der extremsten Kontrolle, ein Konzern, der in seinen Anzeigen von sich sagt: «Im Dienst der Menschen und Nationen all überall.» Und auf der anderen Seite hatte ich unter der Markise den bestürzenden Eindruck, dies ist eine Organisation, die überhaupt keiner Nation verantwortlich ist, nur zusammgengehalten und angetrieben durch einen einzigen Mann, und es gab absolut niemanden, der auch nur mit ihm zu diskutieren wagte. Denn dieser Mann trat trotz seiner so berühmten buchhalterischen Fähigkeit und Selbstdisziplin in dem unverkennbaren Stil des Piraten auf, ein Mann, der andere zu entschlossenem Handeln und zu Abenteuern antreiben konnte, der sie von ihren Familien und Wohnungen fortlockte in eine Welt hektischer Reiserei, Konferenzen bis spät in die Nacht, dauerndem Druck und hanebüchenen Anforderungen.

Wie konnte ein solcher Konzern entstehen, und wie konnte er so ungeheuer wachsen? Wie konnte ein einziger Mann eine solche Gesellschaft beherrschen? Wie konnte er dieses industrielle Weltreich mit seinen Tausenden von Produkten, zu Hause in der halben Welt, zusammenhalten? Wie können Regierungen jemals einen solchen Organismus kontrollieren, der wie eine Qualle stets überall und nirgends auftritt? Und wie paßt der multinationale Konzern – ITT scheint seine entsprechendste Karikatur zu sein – in die modernen Vorstellungen von Politik und Diplomatie? Wie sieht die Beziehung oder wie müßte die Beziehung eines solchen Gebildes aussehen zum Nationalstaat, zum Gemeinsamen Markt oder zu den modernen Formen des Welthandels?

Das waren die Fragen, die mich bewegten, als ich mich entschloß, ein Buch über die ITT zu schreiben. Ihre besondere Faszination lag natürlich in der jüngsten Kette von Skandalen – die finanzielle Unterstützung des Parteitages der Republikanischen Partei, das Fallenlassen der Anti-Trust-Klage, die geplante Einmischung in Chile. Aber darüber hinaus hat die ITT für den Historiker noch eine besondere Attraktion durch den langen Schwanz von Dokumenten, den sie in Form von Aktennotizen, Briefen und öffentlichen Hearings hinter sich her zieht. Die meisten Arbeiten über multinationale Konzerne generalisieren notwendigerweise und bleiben theoretisch, denn nur wenige der großen Gesellschaften haben je Einzelheiten über ihre Auseinandersetzungen mit Regierungen oder untereinander an die Öffentlichkeit gelangen lassen. Aber die ITT hat stets versucht, bis zum Äußersten zu gehen, und hat wie ein Elefant einen breiten Trampelpfad hinter sich gelassen. Wo und wann immer die ITT auftrat, stets hat sie einige Regierungen oder Angestellte derart gegen sich aufgebracht, so daß schon dadurch jedesmal Dokumente an die Öffentlichkeit gelangten; damit hat sie die Primärquellen für ihre politischen Geschäfte selbst zur Verfügung gestellt. Als ich mich durch die Berge der ITT-Akten hindurchwühlte, habe ich ein wenig von dem Gefühl mitbekommen, was es heißt, in diesem alles einfangenden Riesen zu arbeiten.

«In Wahrheit ist er Kapitän Ahab», meinte ein Geneen-Beobachter, und ich verstand, was er damit meinte: die Monomanie, die Besessenheit, jene magnetische Ergebenheit, die er auf der Jagd nach dem Wal bei seiner Mannschaft zu erzeugen vermochte. Aber je mehr ich selbst hinter der ITT herreiste, um so mehr waren Geneen und sein Konzern für mich weniger die Mannschaft der *Pequod* als vielmehr der weiße Wal Moby Dick selbst; ein Leviathan, der heimlich die ganze Welt umkreist, auffindbar eigentlich nur durch die kräuselnde Spur an der Wasseroberfläche; manchmal läßt er seinen gewaltigen, merkwürdigen Körper sichtbar werden, und plötzlich spuckt er einen schwarzen Wasserstrahl in die Luft, heute an irgendeiner Ecke des Globus und wenige Tage später am entgegengesetzten Ende; so wird er zum Symbol für Allgegenwart, Unsterblichkeit und übernatürlicher Kräfte. Während ich mich also auf die Suche nach dem Wal machte, stellte ich bald fest, daß dieses mysteriöse Wesen, dieser Moby-Geneen, ganze Flotten von Ahabs in seinen Bann geschlagen hatte. Einige waren empört über irgendein böses Unrecht, das ihnen angetan worden war, und deshalb entschlossen, ihn zu fangen, andere waren eben einfach durch dieses merkwürdige Wesen und seine Erscheinungsformen herausgefordert, besessen nur von dem Wunsch, es zu betrachten, zu beschreiben. Die Suche geht weiter, und es ist eine quälende Frage, was mit dem Wal geschehen wird.

Ich versuche in meiner Geschichte die Entwicklung dieses außergewöhnlichen Konzerns seit seiner Gründung vor fünfzig Jahren herauszufinden und zu zeigen, wie er politische Probleme auf jeder Stufe der Expansion schuf. Es wird beschrieben, daß sein Piratenwesen schon lange vor Geneen durch jenen Abenteurer angelegt war, der die Firma gegründet hatte. Dessen eigene politischen Intrigen werden aufgezeigt, die private Außenpolitik während des Zweiten Weltkriegs und während des Kalten Krieges. Es wird beschrieben, wie Geneen später die Gesellschaft in einen industriellen Mischkonzern umwandelte, der jedoch nie seine hochmütige Unabhängigkeit gegenüber Regierungen verlor. Die Darstellung zeigt, wie Geneens Ehrgeiz und seine brutalen Methoden die Fusionskontrolleure gegen ihn aufbrachten, wie dieser Kampf einen großen Skandal in den USA ausbrechen ließ, wie daraus eine Untersuchung von Korruption in der Regierung wurde, wie der Skandal dann auf Chile und den CIA überging und damit eine neue Debatte über die Rolle der multinationalen Konzerne entfachte. Aber ich versuche auch in dem ganzen Buch aufzuzeigen, daß die ITT bei alldem keinen Einzelfall darstellt, sondern durchaus als Vorläufer einer neuen Art von Wirtschaftsriesen anzusehen ist, deren Bedeutung alle unsere Vorstellungen von Politik und auswärtigen Beziehungen beeinflussen wird. Für mich war das eine sehr aufschlußreiche Arbeit, über der sich auch meine eigenen Ansichten veränderten, und ich kann nur hoffen, daß ich einiges von meiner eigenen Spannung dem Leser vermitteln kann.

Kapitel 2

# Der Pirat

Ich möchte eine Analogie zwischen der gegenwärtigen Situation im Fernmeldebereich und den Verhältnissen im Übersee-Transportwesen vergangener Zeiten ziehen. Es gab eine Zeit, in der der Kapitän eines Schiffes de facto der diplomatische Repräsentant seines Landes war, der in den ausländischen Häfen in Kontakt zu den Regierungen trat, die er besuchte. Die Situation unterscheidet sich nicht sehr von unserer gegenwärtigen, in der das Management internationaler Unternehmen der Fernmeldebranche in der Lage ist, unsere internationale Fernmeldepolitik dadurch zu formen, daß sie Möglichkeiten hat, mit den Vertretern ausländischer Regierungen Verhandlungen zu führen und Abmachungen zu treffen. Dabei kann es durchaus vorkommen, daß die Managements von Fernmeldeunternehmen in der Lage sind, anderen als ihren eigenen nationalen Interessen zu dienen.

Der Vorsitzende Paul Porter der
*Federal Communications Commission*
[Bundesfernmeldekommission], 1945

Die International Telephone and Telegraph Corporation – um die ITT bei ihrem vollen Namen zu nennen* – wird heutzutage als eine ihrem Wesen nach zeitgenössische Erscheinung angesehen, als die Schöpfung Harold Sydney Geneens, der das Unternehmen im Laufe des letzten Jahrzehnts umstrukturiert und in einen dynamischen und meisterhaft funktionierenden Mischkonzern umgewandelt hat. Doch viele der wesentlichsten Merkmale der ITT lassen sich meiner Ansicht nach auf ihre frühere Geschichte, auf die Zeit vor Geneen zurückführen, auf eine prägende Phase, die den Charakter des Unternehmens mit Stärken und Schwächen versehen hat, die alle späteren Wandlungen überdauern sollten.

Die ITT war eines der ersten multinationalen Unternehmen im heutigen Sinne, die Produktionsstätten und Managementstäbe in der ganzen Welt einrichteten. Aber seit ihrer Gründung im Jahre 1920 war sie auch durch-

* Bis in die fünfziger Jahre lautete die offizielle Abkürzung des Firmennamens IT&T. Um Mißverständnisse auszuschließen, werde ich durchgängig nur die neuere Abkürzung ITT benutzen.

gängig ein Außenseiter unter den großen Konzernen. Da sie mit der neuesten Form der Sofort-Kommunikationsmittel, dem Telefon, ihre Geschäfte machte, konnte sie die Welt mit einer Geschwindigkeit und Beweglichkeit umkreisen, die – wie die alten Abenteurerschiffe der Drake und Kolumbus – Nationen und Politiker nur mühsam hinterher hinken ließ: Sie schuf nicht nur eine neue Geschäftsbranche, sondern auch eine neue Form der Diplomatie. Diese Chance wurde bis an ihre Grenzen von einem risikofreudigen und vielseitigen *entrepreneur*-Unternehmer genutzt, der in der neuen Technologie ein Mittel sah, mit der neuentdeckten, über die Nationalstaaten hinausreichenden Freiheit zu operieren. Er gab dem Unternehmen einen Geist des Wagemuts und der Rücksichtslosigkeit ein, der es seither nie verlassen hat.

Der wahre Charakter und die Laufbahn des Sosthenes Behn, des Gründers der ITT, stellen heute immer noch ein Rätsel dar. Zeitlebens erregte diese dominierende Persönlichkeit Respekt und Zuneigung; er war der Prinz der Telefone, ein glänzender Industrie-Diplomat, der Banketten vorsaß und im *Plaza Hotel*, wo er lebte, ausländische Potentaten fürstlich bewirtete und unterhielt. Als er im Jahre 1957 starb, betrauerten seine Freunde eine mit ihm vergangene Ära des Stils und der Abenteuer. Aber er ließ auch verschüttete Geheimnisse zurück, die erst jetzt ans Tageslicht kommen und seine Persönlichkeit von einer noch komplexeren und zugleich unheimlicheren Seite zeigen; erst jetzt wird mit Hilfe unlängst freigegebener Dokumente nach und nach die ganze Breite und Tragweite seiner Aktivitäten sichtbar.[1*]

Die meisten Großkonzerne, auch die größten unter ihnen, haben jenen Unternehmenscharakter behalten, der durch den Ort mitgeprägt wurde, an dem sie zuerst ansässig waren – geprägt von Detroit, von Endicott oder Turin –, auch wenn sie schon längst über diese Orte hinausgewachsen waren. Die ITT dagegen zeichnet sich durch eine einzigartige ‹Heimatlosigkeit› aus. Ihre Ursprünge waren nicht so sehr multinational, als vielmehr a-national, wurde sie doch auf einer Inselgruppe vor der Küste gegründet, Sosthenes Behn wurde auf den Jungfern-Inseln geboren, als sie noch zu Dänemark gehörten; sein Vater war Däne, die Mutter Französin, so wuchs er in einer polyglotten Umgebung auf. Sein Vater war französischer Konsul; er ließ den Jungen erst auf Korsika, dann in Paris erziehen und ausbilden. Als die USA 1917 für 30 Millionen Dollar die Jungfern-Inseln von Dänemark kauften, erwarben sie damit auch die Familie Behn. Der junge Sosthenes und sein Bruder Hernand begannen bald, sich nach größeren Zielen umzusehen.

Sie begannen ihre Karriere als Zuckermakler auf der nahe gelegenen Insel

* Die hochgestellten Ziffern verweisen auf die Anmerkungen S. 266 f.

Puerto Rico. Nur durch Zufall bekamen sie mit den neuen Dingern, den Telefonen, zu tun, als sie uneinbringbare Außenstände eintreiben wollten und statt dessen ein winziges puertorikanisches Telefonunternehmen erhielten. Doch der junge Sosthenes erkannte zu einer Zeit, da die Telefonnetze Amerika zu überziehen begannen, rasch die Entwicklungsmöglichkeiten dieser Wachstumsindustrie; und bald darauf kaufte er mehr Telefone, zuerst auf Puerto Rico, dann auf Kuba. Nach dem Ersten Weltkrieg – dabei wurde er Colonel der U. S. Signal Corps – gründeten Sosthenes und sein Bruder ein kleines Unternehmen mit dem hochtrabenden Namen International Telephone and Telegraph Corporation; sie hatten bewußt diesen Namen gewählt, damit man ihre Firma mit dem großen Unternehmen AT&T verwechseln würde, das die Telefonnetze innerhalb der USA betrieb, und seither ist die ITT auch immer wieder mit der AT&T durcheinandergebracht worden. Der erste Jahresbericht betonte – wie es auch die fünfzig folgenden tun sollten –, daß es in den USA immer noch weit mehr Telefone pro Hundert der Bevölkerung gab als in allen anderen Teilen der Welt. In diesem Vorsprung lag die Chance der ITT.

Behn hatte den Ehrgeiz, ein internationales Telefonnetz aufzubauen, das mit dem amerikanischen rivalisieren und es ergänzen sollte: In seinem Konzept paarte sich Idealismus mit Gewinnstreben, und jeder, der über die Rückständigkeit der Telefonsysteme außerhalb Amerikas klagt, könnte wünschen, Behn hätte sein Vorhaben zum Erfolg führen können. Doch Behn stieß mit seinem großangelegten Entwurf bald an die Hindernisse des Nationalismus und das Beharren der einzelstaatlichen Regierungen, ihren Fernmeldebereich unter Kontrolle zu halten. Um sein System zusammenzuhalten, wob Behn Stück um Stück ein Netz von Korruption und Kompromissen; bei diesem Vorgehen mußte der Idealismus notgedrungen auf der Strecke bleiben, und das Unternehmen erlitt schwere Charakterschädigungen.

Seine erste große Expansionschance bekam Behn 1923 in Spanien, als der Diktator Primo de Rivera Privatunternehmen aufforderte, sich um den Betrieb des damals chaotischen Fernmeldenetzes zu bewerben. Behn erkannte seine Möglichkeiten, eilte nach Madrid und hielt in großem Sil Hof im Hotel *Ritz*, wo er sich viel reicher gebärdete, als er tatsächlich war. Mit seinem fließenden Spanisch, seinem diplomatischen Geschick und seiner Fähigkeit, die ganze Nacht durchzuarbeiten, bekam er schließlich den Vertrag, und Spanien wurde zum Kronjuwel im ITT-Imperium. Behn gründete die Compañia Telefónica de España, berief den renommierten Herzog von Alba zum Aufsichtsratsvorsitzenden und heuerte in aller Eile amerikanische Ingenieure an, um den Vertrag auch erfüllen zu können. Dies war der erste Sieg von Behns chamäleonartiger Geschäftsphilosophie, die im wesentlichen darin bestand, begeistert dem jeweiligen Regime zu huldigen, wie immer es auch geartet war. Oder, um es in den Worten des Jahresberichts für das Jahr 1924 auszudrücken, «wahrhaft nationale Systeme zu entwickeln, die von den Staatsangehörigen der jeweiligen Länder betrieben werden».

Im Jahre 1925 bot sich eine noch größere Chance. Die Western Electric Company, die in der ganzen Welt Telefone herstellte, sah sich in Erwartung einer Anti-Trust-Verfügung genötigt, ihre internationalen Beteiligungen abzuspalten. Gestützt vom Bankhaus Morgan, boten die Gebrüder Behn 30 Millionen Dollar für die International Western Electric und bekamen sie; über Nacht wurden sie Besitzer eines Netzes von Herstellerfirmen, das in International Standard Electric Company (ISEC) umbenannt wurde; diesem Netz gehörte ein großes Unternehmen in Großbritannien an, das nun den Namen Standard Telephones and Cables (STC) bekam. Das Firmennetz wurde durch eine Kartellabsprache mit der American Western Electric und ihrer Betriebsgesellschaft, der AT&T abgesichert. Die beiden inneramerikanischen Unternehmen verpflichteten sich, als Gegenleistung für die Tätigkeit der ITT als ihr Exportagent selbst nicht im Ausland aufzutreten; die ITT sicherte ihrerseits zu, in den USA nicht zur AT&T in Wettbewerb zu treten.

Mit diesem ‹Internationalen System› – wie er es nannte – im Rücken konnte Behn nun vollends in ganz großem Maßstab operieren. Er hatte zwar kaum Ahnung von der Technik, aber er besaß außerordentliches Verhandlungsgeschick, und er wußte, wie man Eindruck schindet. 1928 zog er in einen neuen, 33 Stockwerke hohen neugotischen Wolkenkratzer an der 67 Broad Street in New York, der heute noch steht und zum Teil noch von der ITT genutzt wird. Mit diesem Gebäude setzte sich Behn ein Denkmal seines seltsamen Wunschbildes: Über dem Eingang stellt ein Mosaik einen Engel dar, der einen Blitz in den ausgestreckten Händen hält und dessen Geschlechtsorgane hinter zwei Welthälften verborgen liegen; dieser sonderbare Symbolismus dürfte der Sachlage durchaus angemessen sein.

In diesem neugotischen Palast schuf sich Behn bald eine Reputation als fürstlicher Gastgeber mit einem Prahlgehabe, wie es den meisten Tycoons abging. Er gab sich als Aristokrat unter den Geschäftsleuten. Er hatte Margaret Dunlap geheiratet, die mit dem Kohlen-Clan Berwind verwandt war, und schicklich wurde ein Berwind in den Aufsichtsrat der ITT berufen. Behn arbeitete in einem Louis-XIV-Salon, in dem ein Porträt von Pius XI. an der Wand hing, und sein französischer Küchenchef konnte im Dining Room des Penthouse Bankette für zweihundert Personen ausrichten. Behn schätzte es, mit seinen mehrsprachig geführten Telefongesprächen anzugeben. Häufig wurden Besucher eingeladen, einen Hörer zu nehmen und mitzuhören. Er war von respektgebietender Erscheinung mit seiner hochgewachsenen Figur, der ungebeugten Haltung, seinem energischen Blick und der Adlernase. Mit großem Charme pflegte er sein Image, indem er der Presse Geschichten über seine Gastfreundschaft und seine Entschlossenheit lieferte.[2] Er war der unangefochtene Herr des Unternehmens, und dies uneingeschränkt nach 1933, nach dem Tod seines Bruders Hernand; Sosthenes Behn erzählte gern, wie Hernand in Spanien als *Behn bueno,* der gutherzige Behn, galt, er war *Behn malo*, der böse Behn.

Dem europäischen Unternehmensnetz fehlte noch das zentrale Mittelstück Deutschland in dem Puzzle des Colonel Behn, und bald sollte er diese Lücke füllen. Im Jahre 1930 baute er gemeinsam mit einem der deutschen Giganten, der AEG, eine Holding auf namens Standard Elektrizitäts-Gesellschaft (SEG); die AEG ließ sich bald darauf auszahlen. Außerdem erwarb Behn ein weiteres Unternehmen von der Philips, die Firma Lorenz. Diese beiden Unternehmen brachten ihn in offene Konkurrenz zu seinem größten Weltrivalen, Siemens, der zurückschlug, indem er eine Partnerschaft mit der Ericsson, der schwedischen Telefongesellschaft, einging, die damals von dem betrügerischen Finanzier Ivar Kreuger kontrolliert wurde. Behn konterte rasch. Er fädelte einen Handel mit Kreuger ein, durch den er für 11 Millionen Dollar plus ein paar ITT-Papiere, die Kreuger einen Posten im ITT-Aufsichtsrat sicherten, ein Paket Ericsson-Aktien erwarb.

Um das Geschäft zu feiern, gab Behn in der Broad Street ein schwedisches Bankett für zweihundert Gäste. Doch dann stellte die Wirtschaftsprüferfirma Price Waterhouse bei der Untersuchung der Ericsson-Bilanzen verspätet gewisse ‹Manipulationen› fest, die sich nicht erklären ließen: die ersten Hinweise auf Kreugers kolossalen Betrug.[3] Behn teilte den Verdacht seinen Bankiers mit, und bald darauf beging Kreuger Selbstmord; Behn sandte zum Begräbnis Blumen im Wert von 75 Dollar. Ihm verblieben ein Paket Ericsson-Aktien und ein Aufsichtsratssessel in dem Unternehmen; aber die große Allianz, auf die er gehofft hatte, war ihm versagt geblieben. Doch Behn konsolidierte seine Position durch eine Reihe von Kartellabsprachen, bei denen Europa und Lateinamerika unter die ITT, Siemens, Ericsson und General Electric aufgeteilt wurden.

In den USA begann Behns ‹Internationales System› unterdes, den Neid der Rivalen und den Argwohn der Regierung zu erwecken, die den Verbindungen des Konzernherrn zu ausländischen Regierungen mißtraute. Als der neue Federal Communications Act von 1934 – der die *Federal Communications Commission* (FCC) ins Leben rief – vorbereitet wurde, war einer der Paragraphen des Entwurfs, Nr. 310 (a), eindeutig auf die ITT abgezielt. Er garantierte unter anderem, daß Lizenzen für Radiosender nicht an Unternehmen vergeben werden durften, die unter ihren Top-Managern oder in ihren Vorständen einen Ausländer hatten bzw. bei denen mehr als ein Viertel des Aktienkapitals in ausländischer Hand war. Zu jener Zeit befand sich ungefähr ein Fünftel des ITT-Aktienkapitals im Besitz von Nichtamerikanern, und Behn legte beim *Commerce Committee* [Handelsausschuß] und beim Repräsentantenhaus scharfen Protest ein: «Der internationale Handel und Goodwill», sagte er, «sollte nicht vom Schreckgespenst der nationalen Verteidigung erstickt und erdrosselt werden.» In der Tat war der ausländische Besitzanteil an ITT-Aktien nicht notwendig ein besonders relevanter Faktor; aber selbst bei einem steigenden Aktienanteil in amerikanischer Hand mußte die ITT immer suspekter werden.

## Das Engagement mit den Nazis

Ein wesentlich tiefgreifenderer Grund zum Argwohn war zur damaligen Zeit noch weitgehend unbekannt: Am 4. August 1933 berichtete die *New York Times* in einer kleinen Notiz, daß der neue Reichskanzler von Deutschland, Herr Hitler, erstmals eine Delegation amerikanischer Geschäftsleute in Berchtesgaden empfangen hatte. Sie bestand aus zwei Männern: Colonel Sosthenes Behn und seinem Repräsentanten in Deutschland, Henry Mann. Diese Begegnung war der Anfang einer Beziehung ganz besonderer Art zwischen der ITT und dem Dritten Reich.

Behn war stark interessiert, mit dem neuen nationalsozialistischen Regime eng zusammenzuarbeiten. Daher bat er Hitlers Wirtschaftsberater Wilhelm Keppler, ihm zuverlässige, den Nationalsozialisten genehme Leute zu nennen, die in die leitenden Gremien der deutschen ITT-Unternehmen berufen werden könnten. Unter den Persönlichkeiten, die Keppler ihm vorschlug, befand sich auch der Bankier Kurt von Schröder, aus dem Bankhaus Stein, der später zum Brigadeführer der SS aufstieg und sich als wichtiger Mittelsmann erweisen sollte, über den der Gestapo Himmlers Gelder zugeschoben wurden. Schröder trat in den Aufsichtsrat einer der ITT-Firmen ein, der Standard Eletrizitäts-Gesellschaft, und mauserte sich zum Schutzpatron der ITT und ihrer Entwicklung in Deutschland. Er reorganisierte die SEG, tilgte ihre Schulden und besorgte für sie und Lorenz umfangreiche Rüstungsaufträge. Durch Schröders Vermittlung gelang es Behn in kurzer Zeit, von den Nazis für sein Entgegenkommen einige Vergünstigungen zu erhalten: 1935 und 1936 erreichte Schröder, daß die Reichsbank offenstehende, von Lorenz gehaltene «Mefo-Wechsel» ankaufte – zu einer Zeit, als die Reichsbank anderen Firmen gegenüber den Ankauf solcher Wechsel verweigerte. Je mehr sich das Tempo der Aufrüstung beschleunigte, desto mehr expandierte auch die ITT-Deutschland; Behn wußte Schröders Hilfe durchaus zu schätzen, und er bot ihm zur Entlohnung 250000 Reichsmark an.[4]

Behns zweiter wichtiger Verbündeter bei den Nazis war Dr. Gerhard

Alois Westrick von der renommierten Berliner Anwaltspraxis Albert und Westrick, die für zahlreiche amerikanische Unternehmen in Deutschland arbeitete. 1938 wurde Westrick Aufsichtsratsvorsitzender der deutschen ITT-Holding-Gesellschaften. Schon vorher war er mehrfach nach New York gekommen, wo er im *Plaza Hotel* logierte; seine Hotelrechnungen wurden, wie das FBI später ermittelte, stets von Colonel Behn beglichen.

Behn hatte auch mehrere Besprechungen mit dem Reichsluftfahrtminister Hermann Göring, und es dauerte nicht lange, bis die ITT Göring einen großen Dienst erwies. Im Jahre 1938 erwarb Lorenz eine achtundzwanzigprozentige Beteiligung an der Firma Focke-Wulf, deren Bombenflugzeuge später den Geleitzügen der Alliierten schwere Schäden zufügen sollten: eine wahrhaft bemerkenswerte Auffächerung der Produktion für eine Elektrofirma. Als Schröder nach dem Krieg vor dem Nürnberger Militärgerichtshof vernommen wurde, sagte er aus, er wisse genau, daß Colonel Behn die Beteiligung an Focke-Wulf genehmigt habe, und er fuhr fort:

> Von 1933 bis zum Ausbruch des Krieges hätte der größte Teil der Gewinne der deutschen ITT-Gesellschaften an Colonel Behns Firmen in die USA transferiert werden können – aber darum hat er mich nie gebeten. Anscheinend hatte er nichts dagegen, daß die Unternehmen in Deutschland, an denen er und seine Firmen beteiligt waren, ihre sämtlichen Gewinne in neue Betriebsanlagen und in andere Rüstungsbetriebe investierten.
> Auf die Frage:
> «Wußten Sie oder haben Sie jemals davon gehört, daß sich Colonel Behn oder dessen Stellvertreter bei diesen Firmen, die sich an den Kriegsvorbereitungen Deutschlands beteiligten, darüber beschwert hätten?»,
> lautete Schröders Antwort: «Nein.»[5]

Behn hatte so großes Vertrauen zu Hitler, daß er sogar bereit war, die deutschen ITT-Unternehmen auf Kosten der ITT-Töchter in anderen Ländern zu fördern. Obwohl Hitler 1935 die Weitergabe von Patenten und technischen Informationen an Firmen im Ausland verboten und in Ausnahmefällen von einer Genehmigung abhängig gemacht hatte, stellte die ITT ihren deutschen Tochtergesellschaften nach wie vor Patente zur Verfügung und vermehrte die Importe aus Deutschland.[6] Als die Nazis ihre Kontrolle der Industrie verschärften, bemühten die Aufsichtsräte und Direktoren der deutschen ITT-Ableger sich um so stärker darum, ihre Loyalität unter Beweis zu stellen. Besucher aus Amerika wurden mehr oder minder höflich abgewiesen, und nicht einmal Colonel Behn war es gestattet, die Ausweitung der mit Rüstungsaufträgen befaßten deutschen ITT-Betriebe in Augenschein zu nehmen. Aber immer noch beharrte er darauf, daß er durch Absprachen und Handel mit Hitler die Investitionen der ITT-Aktionäre schützen könne. Nach dem «Anschluß» Österreichs im März 1938 wurde die österreichische ITT-Gesellschaft Czeija-Nissl der Berliner Zentrale unterstellt und von allen Juden ‹gesäubert› – unter ihnen der Firmenchef Frank Nissl. Ursprünglich hatten die Deutschen vorgehabt, das Werk in Österreich dem Amt für Vermögensübertragung mit der Begründung zu unterstellen, die Firma sei Eigentum amerikanischer Staatsbürger gewesen, doch Behn, beunruhigt durch den drohenden Verlust, hatte bei Hitler interveniert. Wie Behn später seinen Direktoren berichtete, habe Hitler ihn über die Aussichten der ITT-Unternehmen im Deutschen Reich vollauf beruhigt und ihm versichert, er habe keine weiteren Ambitionen, sein Territorium auszudehnen. Nach dieser Unterredung mit dem Führer hob der ITT-Chef hervor, Hitler sei ein Gentleman, im übrigen sehr gut gekleidet.[7]

Inzwischen erlebte Behn während des spanischen Bürgerkriegs mit seinen dortigen Unternehmungen schlechte Zeiten. Teile des Telefonnetzes waren in die Hand der Republikaner geraten, andere Teile hatte Franco übernommen. Behn weilte selbst längere Zeit in Madrid, wo er sich im dreizehnstökkigen Hauptquartier des Unternehmens, der Telefónica, eingerichtet hatte. Er hatte sich den Chefkoch des *Ritz* ausgeliehen und gewährte Flüchtlingen und der Presse – diese benutzte die Telefónica, um ihre Berichte abzufassen und den Krieg zu beobachten – Unterschlupf, während ringsum Bomben fielen. Der amerikanische Stab der Telefongesellschaft vermied Worte wie «der Feind», mit denen man sich auf eine der beiden Seiten festgelegt hätte, und sprach von «der Heimatseite» und «den Besuchern». Colonel Behn lenkte gelassen seine Geschäfte und versorgte die Journalisten mit Kaffee und erstklassigem Brandy.[8] Schließlich wurde selbst Madrid dem Colonel zu heiß, und er zog sich nach Frankreich zurück, um später zurückzukehren und erfolgreich mit Franco die Wiederherstellung seiner Telefonkonzession auszuhandeln.

Als Hitler im September 1939 in Polen einmarschierte, waren den ITT-Gesellschaften in Deutschland nicht nur die österreichische Firma, sondern auch die Unternehmen in Ungarn und der Schweiz unterstellt. Der gesamte Komplex stand nun unter der Leitung von Dr. Westrick. Es war klar, daß die ITT in Deutschland – als Gegenleistung für die Hitler gewährte Hilfe – eine besonders bevorzugte Stellung einnahm: Schröder intervenierte beim Wirtschaftsministerium und setzte durch, daß die ITT-Unternehmen als erste ausländische Firmen von Berlin zu deutschen Unternehmen erklärt wurden, so daß sie nicht der Treuhandstelle für Fremdvermögen unterstellt zu werden brauchten.[9]

Im Frühjahr 1940, als das kontinentale Europa nach und nach den deutschen Truppen in die Hände fiel, traf Westrick in großem Stil mit Gefolge in New York ein. Wiederum logierte er auf Kosten der ITT im *Plaza Hotel*, und zu seiner Begleitung gehörten seine beiden Söhne Klaus und Peter sowie als Sekretärin die undurchsichtige Baronin Ingrid von Wagenheim. Westrick und die Baronin sprachen mit einer ganzen Reihe amerikanischer Industrieller und Geschäftsleute, darunter auch Henry Ford, um sie zum Abbruch ihrer Lieferungen an Großbritannien zu überreden; dies könne zur Beendigung des Krieges innerhalb eines Vierteljahres führen, behaupteten sie. Westrick schilderte ihnen in leuchtenden Farben, wie sich der deutsch-amerikanische Handel entfalten würde, wenn erst einmal Großbritannien geschlagen sei.[10] Er hielt Kontakt mit der ITT-Zentrale in Berlin und den Unternehmen im besetzten Europa, und auch den Draht zu Colonel Behn ließ er nicht abreißen, der damals gerade in Lissabon weilte. Wie das FBI später berichtete, schrieb er nach Berlin und erwirkte für Behn die Erlaubnis, von Lissabon aus für drei Tage in das von den Deutschen besetzte Biarritz zu reisen; Behn nutzte die Gelegenheit, um aus seinem dortigen Haus einige persönliche Dinge mitzunehmen.

Ende Juni jedoch wurde die *New York Herald Tribune* von William Stephenson, der den britischen Geheimdienst in den USA leitete, auf die Anwesenheit Westricks aufmerksam gemacht. Westrick war, wie sich herausstellte, als persönlicher Gesandter Ribbentrops nach Amerika gekommen, und er handelte nach Anweisungen Hitlers; sein Besuch war von Behn auf Reisen nach Deutschland und den Niederlanden geplant worden.[11] Westrick wurde gezwungen, die USA zu verlassen; er reiste mit seinem Gefolge quer durch die Staaten und ging in San Francisco an Bord eines japanischen Schiffes mit Kurs auf Japan. Dann fuhr er über Sibirien zurück nach Berlin, wo er wieder die Leitung des ITT-Imperiums übernahm, zu dem nun fast ganz Europa gehörte.

Nach Berlin zurückgekehrt, zeigte Westrick Schröder eine Handlungsvollmacht, die ihn ermächtigte, alles zu tun, was er in Behns Interesse für richtig hielt; ferner hatte er einen Vertrag in der Tasche, der ihm 100000 Reichsmark jährlich zusicherte. Behn blieb auch weiterhin mit den Nazis auf gutem Fuß. Er suchte mehrere Male Göring auf, um mit ihm finanzielle Probleme der ITT zu besprechen, und einmal wurde er von Göring gebeten, Friedensfühler nach Großbritannien auszustrecken. Angeblich übermittelte Behn den Wunsch an Churchill, Chamberlain und Eden. Göring erörterte mit Behn auch die Möglichkeit, die deutschen ITT-Firmen aufzukaufen und den Kaufpreis mit Waren oder Rohmaterial in der Schweiz zu verrechnen. Die ITT liebäugelte mit dem Gedanken, im Austausch für ihre deutschen Unternehmen die ebenso mysteriöse wie prosperierende General Anilin and

Film Corporation (GAF), einen Ableger des IG-Farben-Kartells, zu erwerben, der Agfa-Filme, Farbstoffe und Chemikalien für den amerikanischen Markt produzierte und dessen wahre Besitzverhältnisse durch Schweizer Banken verschleiert waren; doch die GAF wurde von der amerikanischen Regierung beschlagnahmt, und die Verhandlungen scheiterten.[12]

Behns hochkarätige Beziehungen sowohl in Europa als auch anderswo gestatteten es ihm, einen bislang unerreichten privaten Geheimdienst aufzubauen – das vielleicht wertvollste Kapital seines Konzerns. Wenn führende Leute aus dem Ausland nach Amerika kamen, lunchten sie häufig erst mit Behn in seinem Penthouse, ehe sie mit dem Außenministerium sprachen, und seine Informationen waren vielfach besser als die der Regierung. Wie effektiv diese Kontakte waren, zeigte sich 1941 in Rumänien, wo die ITT seit 1930 das Telefonsystem betrieb. Als Ion Antonescu, der ‹Beschützer› der Eisernen Garde, 1940 Staatschef geworden war, hatte er mit Behns Einverständnis verlangt, die ITT der Eisernen Garde zu unterstellen. Nachdem jedoch kurz darauf Deutschland begonnen hatte, die Außenpolitik Rumäniens zu bestimmen, bestanden die Rumänen darauf, ITT-Rumänien ganz und gar zu übernehmen. Behn verhandelte mit dem deutschen Wirtschaftsbevollmächtigten Constantine von Velsen und verkündete dann zur allgemeinen Überraschung im Juli 1941, daß an die ITT 13,8 Millionen Dollar Entschädigung ausbezahlt werden würden – eine Summe, in der sogar alle Gewinnvorträge enthalten waren. Der Handel erregte großes Aufsehen, denn wie die *New York Times* berichtete, war es das erste Mal seit Ausbruch des Krieges, daß eine große amerikanische Firma von einem unter deutscher Herrschaft stehenden Land Dollar erhalten hatte.[13] Die Transaktion erfolgte im allerletzten Moment, denn einige Tage darauf übernahmen die Nazis die Herrschaft über Rumänien völlig. Dieser Handel und die folgenden zeigten, wie gut Behn informiert war; doch die Informationen gingen allein an ihn, und es war charakteristisch für die ITT – wie es heute noch charakteristisch ist –, daß nur der Mann an der Spitze die Gesamtzusammenhänge der Konzernoperationen kannte.

Es ist wichtig, Behns Sympathien für die Nationalsozialisten im Kontext zu sehen. Zahllose amerikanische Industrielle glaubten damals bis zum letztmöglichen Augenblick, daß Hitler und Mussolini förderlich für die Geschäfte seien und daß die Faschistenführer nur begrenzte territoriale Ambitionen hätten. Sosthenes Behn konnte noch einiges mehr als die meisten von ihnen zu seiner Entschuldigung dafür anführen, daß er sich den Diktatoren gegenüber nachgiebig und willfährig verhalten hatte. Sein ‹Internationales System› der Kommunikation sei, so behauptete er, ein dem Wesen nach friedensbringender Einfluß; die Existenz dieses Systems hinge davon ab, jedes lokale Regime anzuerkennen, und er könne in der Wahl seiner Freunde nicht allzu heikel sein. Privatim – heben seine früheren Mitarbeiter hervor – habe er sich über die Diktatoren sehr kritisch geäußert; doch müsse er, wie er erklärte, mit ihnen im Interesse der Aktionäre gute Beziehungen unterhalten: Es sei schließlich nicht die Schuld der ITT, wenn die Welt auseinanderbreche.

Doch hatte Behns System längst aufgehört, sich friedensbringend auszuwirken oder aufrichtig dem Meinungsaustausch zu dienen; Behn war längst schon in die Gewohnheit verfallen – eine Haltung, die für sein Unternehmen charakteristisch wurde –, im einen Teil der Welt die eine und im anderen Teil die entgegengesetzte Position zu vertreten. Sein bedingungsloser Eifer, sich mit jedem Regime gut zu stellen, verschärfte eher den Konflikt, statt ihn zu mildern; denn er war zu fast allem bereit, wenn es darum ging, die Enteignung seiner Firmen zu verhindern. Er half mit, die Kriegsmaschinerie der Nazis aufzubauen, er dehnte seinen Konzern über den Fernmeldesektor hinaus auf die Rüstungsproduktion aus, und er ließ zu, daß seine neutralen Unternehmen sich mit dem faschistischen Regime verzahnten.

Die Beschäftigten des britischen ITT-Unternehmens Standard Telephones and Cables hätten diese Situation der Kriegsjahre ganz sicher als besonders zynisch empfunden, wenn sie den wahren Sachverhalt gekannt hätten. STC hatte immer einen gänzlich britischen Anstrich gehabt, und dies insbesondere nach 1931, als der amerikanische Generaldirektor Henry Pease von einer Reihe britischer Chefs, darunter Sir Thomas Spencer und Sir Frank Gill, abgelöst wurde. Bei dem Informationsstand der Briten zu jener Zeit konnte Sosthenes Behn jedoch unangefochten auf der *Queen Mary* anreisen, sich in der eleganten Suite im Aldwycher Hauptquartier des Unternehmens breit machen und im *Ritz* pompöse Galadinners zelebrieren: Denn jenseits des Kanals wußte augenscheinlich niemand um sein Engagement mit dem Dritten Reich.

## Telefone und Treubruch

Nach dem japanischen Überfall auf den amerikanischen Pazifikstützpunkt Pearl Harbor begann die Regierung der USA, sich eingehender mit der Verflechtung der ITT mit Firmen im Gebiet der Achsenmächte zu befassen. Im Januar 1943 erstellte Allen Sayler von der *Federal Communications Commission* für das im Krieg eingerichtete *Interdepartmental Advisory Committee on Hemisphere Communications* [Interministerieller Ausschuß für die Beziehungen mit Lateinamerika] einen Bericht, der die Verästelungen des ITT-Netzes in ihrer Gesamtheit umriß. Saylers Memorandum zeigte eingangs auf, wie die ITT ihren deutschen Unternehmen gestattet hatte, sich zunehmend mit neutralen Ländern zu verzahnen:

Die ITT – weit davon entfernt, diesen Machenschaften Einhalt zu gebieten und die Beziehungen dieser in neutralen Territorien gelegenen Tochtergesellschaften zu den Achsenländern abzubrechen – hat sich in den USA wiederholt und ständig bemüht, Lizenzen für solche Geschäfte mit dem Feind zu erlangen. Überdies hat die ITT seit dem Dezember 1941 unausgesetzt versucht, Materialien aus den Vereinigten Staaten an ihre Töchter in neutralen Ländern, die für die Achsenmächte produzieren, zu exportieren.

In der Hauptsache befaßte sich der Bericht mit Lateinamerika, denn von hier aus fuhr die ITT auch nach dem Kriegseintritt der USA fort, Beziehungen zu den Feindländern zu unterhalten. Dort stand sie unter starkem Verdacht, ihre Drähte für die Weitergabe von Informationen, die für deutsche Unterseeboote bestimmt waren, zur Verfügung zu stellen. Das in dieser Hinsicht wichtigste Land war Argentinien, für seine starken ‹profaschistischen› Sympathien bekannt, wo die ITT zu den deutschen Interessen gezählt wurde, betrieb sie doch gemeinsam mit Siemens das Kabelunternehmen TTP. Die Gefahr, die Sayler in seinem Bericht aufzuzeigen suchte, wurde von Behns Neffen Nando Behn in einer abgefangenen Nachricht für New York vom 19. Juni 1942 eindeutig beschrieben:

> Es ist an der Zeit, daß hier unten etwas getan wird, um das einzige Kommunikationszentrum, das zwischen den lateinamerikanischen Ländern und Berlin besteht, auszustechen. Unsere Konkurrenten, Transradio, verfügen über eine Direktleitung nach Berlin, und man darf wohl sicher sein, daß jedes von Buenos Aires ausfahrende Schiff in Berlin bekannt ist, noch ehe es außer Sichtweite ist. Dies ist kein Geheimnis, sicherlich aber eine Situation, die unter Kontrolle gebracht werden sollte.

Wie der FCC-Bericht ausführte, unterhielten jedoch auch die Firmen der ITT in Argentinien Verbindungen zum Feind; in den ersten sieben Monaten des Jahres 1942 zum Beispiel wickelte die United River Plate Telephone Company, die die ITT von den Briten gekauft hatte, 622 Telefongespräche zwischen Argentinien und Berlin ab. Überdies weitete sich der Einfluß von ITT-Argentinien über den südamerikanischen Subkontinent in ähnlicher Weise aus, wie sich der Einfluß von ITT-Deutschland über Europa ausgebreitet hatte. Argentinier kontrollierten und leiteten die ITT-Gesellschaften in Brasilien und Peru, die auf der Seite der Alliierten standen, und 1942 wurden drei einheimische Aufsichtsräte der Montevideo Telephone Company in Uruguay durch argentinische Aufsichtsräte abgelöst. In ganz Lateinamerika weigerte sich die ITT, ihre Geschäfte mit Leuten, die auf der ‹Schwarzen Liste› geächteter Firmen der USA standen, einzustellen, und sie umging Exportkontrollen und behördliche Genehmigungen durch erlogene Geschichten und durch Schmuggel, obwohl, wie eine Nachricht aus Argentinien eingestand, «einige unserer Geschichten wohl nicht überzeugend gewesen sind». Vom All-American Cable Office (einem anderen Unternehmen der ITT in Argentinien) wurde angenommen, es habe über seine Drähte vertrauliche Informationen über Lagerstätten von Wolframerz erhalten und diese Nachrichten an die Handelsgesellschaft Havero – und damit an die Nazis – weitergegeben. Auch andernorts – in Chile, Kolumbien, Kuba und Ecuador – wurden Informationen via ITT an Feindländer weitergereicht; als Bolivien 1942 die diplomatischen Beziehungen zu den Achsenmächten abbrach, ging das Geschäft der ITT-Tochter CIRBOL um 50 Prozent zurück.

Das amerikanische Außenministerium beobachtete Colonel Behn und sein ITT-Netz mit bemerkenswerter Gründlichkeit; es wurden Briefe und Telegramme zwischen ITT-Managern und ihren Freunden abgefangen, aus denen der durchdringende Einfluß der Achsenmächte hervorging. Aus ganz Lateinamerika kam Beweismaterial zusammen, das zeigt, wie eng die ITT mit den Nazis Hand in Hand arbeitete. Ein Brief vom April 1942, von ITT-New York an Pinkney, den Statthalter in Brasilien, beschrieb die ITT-Verbindungen zu Unternehmen in deutscher Hand und warnte: «Wenn wir nicht aufhören, dem Feind über solche Verbindungen Dienste zu erweisen, könnten die betroffenen Unternehmen in den Ländern, in denen sie arbeiten, gerichtlicher Verfolgung und Enteignung ausgesetzt werden.» Der Bericht eines Mannes von einem der argentinischen ITT-Unternehmen, der Compañia Unión Telefónica (CUT), war mit folgender Bemerkung des Zensors versehen:

> Berichte deuten darauf hin, daß diese CUT einen gewissen Ruys de Behrenbrouch beschäftigt; er spricht fünf Sprachen und gibt vor, Antifaschist zu sein, sucht aber häufig die deutsche Botschaft auf und arbeitet nachts im CUT-Büro, wo er wahrscheinlich Auslandsgespräche abhört.

Ein Brief von «Mildred», die für eine ITT-Firma in Brasilien arbeitete, klagte über die große Zahl deutscher Belegschaftsangehöriger und erläuterte, der Chef, «Harry», «sei so beschäftigt, daß er die Telefonleitung einem Deutschen zur Beaufsichtigung überlassen hat ... Die Polizei hat so viele von den guten Arbeitern sowohl aus dem Innen- wie aus dem Außendienst arretiert, daß die Firma gegenwärtig stark unterbesetzt ist. Aber ich glaube, all diese Beschwernisse gehören einfach dazu, wenn man dem Stab der ITT angehört.»

Die Unterstützung profaschistischer Regierungen in Argentinien brachte die ITT – insbesondere nach 1944, als das neue Perón-Regime an die Macht gelangte – auf direkten Kollisionskurs mit dem Außenministerium der Vereinigten Staaten; Behn und sein Argentinien-Chef Henry Arnold verteidigten beharrlich Perón – was ihnen den Zorn des amerikanischen Botschafters Spruille Braden eintrug, der mit einer offenen und direkten Auseinandersetzung rechnete.[14] Braden war vielleicht ein wenig grob und arrogant, doch die ITT hatte – wie im Vorkriegs-Deutschland – ihre eigenen zwingenden Gründe, Appeasement-Politik zu treiben; sie wußte, daß ihr wahrscheinlich die Verstaatlichung bevorstand, und sie wollte sich gute Bedingungen sichern. Diese guten Bedingungen sollte sie 1946 eingeräumt bekommen: mit einer beachtlichen Entschädigung in Höhe von 90 Millionen Dollar, die, wie schon in Rumänien, die Gewinnvorträge mit umfaßte. Gewiß hatte sich Behns Freundschaft mit Perón gelohnt. Und wie in Rumänien kam die Überschreibung der Entschädigung gerade noch rechtzeitig; denn kurz darauf wurde die argentinische Regierung gestürzt.

Diese Transaktion löste – ähnlich zahlreichen anderen der ITT – in weiten Kreisen den Verdacht der Bestechung aus: Botschafter Braden, der Behn zutiefst mißtraute, behauptete, der ITT-Chef habe für die Argentinien-Regelung 14 Millionen Dollar Schmiergelder springen lassen.[15] Behns ehemalige Beschäftigte dagegen beharren darauf, der Colonel habe ihnen ausdrücklich untersagt, mit Schmiergeldern zu arbeiten; und der Anwalt, der den Argentinien-Vergleich ausgehandelt hat, leugnet, daß auch nur ein Dollar in Privatschatullen geflossen sei. Doch wie bei allen großen Coups behielt Behn die Hintergründe für sich. Braden, damals Botschafter auf Kuba, beschreibt, wie er im Broad Street-Penthouse einmal mit Behn über Schmiergelderpraktiken gestritten habe. Behn habe beharrlich daran festgehalten, daß in Lateinamerika kein Unternehmen Geschäfte machen könne, ohne Bestechungsgelder zu zahlen, und als Braden protestierte, habe Behn für Kuba versprochen, dort «nur ein ganz bißchen zu schmieren», womit er 30000 Dollar im Jahr meinte.[16]

Behn war bei all diesen Verhandlungen sein privater Nachrichten- und Geheimdienst von Nutzen; dies läßt sich zum Teil auch aus den vollständigen Protokollen seiner Telefongespräche in den Kriegsjahren ersehen, die das Außenministerium überwacht hat und zu den Akten nahm. Er war vorsichtig am Telefon, denn er wußte, daß der amerikanische Zensor und wahrscheinlich auch ausländische Überwacher mithörten; allerdings war sein Code primitiv: Städte pflegte er an Hand der Namen der dortigen ITT-Manager zu benennen – etwa Pete's Town (Lissabon, wo Pete O'Neill sein

Statthalter war), Spencer's Town (Thomas Spencer in London) oder Arnold's Town (Buenos Aires); möglicherweise war aber auch dieser schlichte Code nur Ausdruck von Behns Bild von der Welt, die er wohl als eine Kette von ITT-Außenposten begriffen haben mag. Von solchen Mätzchen ließ sich jedenfalls niemand täuschen; regelmäßig kritzelte der Zensor den Namen der jeweiligen Stadt an den Rand der Notizen, und manchmal mischte er sich auch ins Gespräch ein, um eine Erklärung zu erbitten. Als Behn einmal gegenüber Caldwell, seinem Mann in Madrid, von *potatoes* [Kartoffeln] sprach, fragte der Abhörbeamte dazwischen, was das bedeute, und der Colonel erklärte, es handle sich um Peseten.

Aus den Gesprächen ging hervor, wie gründlich Behn auf jede politische Schwankung auf dem Kontinent vorbereitet war und wie er seinen verzweigten Konzern durch die bloße Kraft seiner Persönlichkeit zusammenhielt – indem er über die knackende und knisternde Telefonleitung Verstaatlichungen und Kontrollen abwehrte, wie er Politiker an den jeweiligen Orten beeinflußte, seinen Statthaltern Mut zusprach und sie beherrschte. Immer war er gelassen, immer behielt er die Fassung. Stets zitierte er spanische Sprichworte und beschrieb die Mahlzeiten, die er gerade eingenommen hatte; aber er war auch entschlossen, alles für ihn Wissensnotwendige in Erfahrung zu bringen und gegebenenfalls persönlich einzugreifen. Er war ein Meister der menschlich-warmen Gebärde, vergaß nie, seine Manager nach Frau, Kindern und Gesundheit zu fragen; er sprach über Feiern und Ferien, sandte Zigarren, Blumen oder Medikamente und beschloß seine Gespräche mit den Worten: «Gott segne Sie, alter Knabe.» Er wußte, wie man Leute bei der Stange hält, und immer war er ihnen eine Nasenlänge voraus. «Morgen ist immer zu spät», sagte er zu Henry Arnold in Buenos Aires. «Ich sage Ihnen, was ich immer wieder bestätigt gefunden habe: Daß es an der Zeit war, mein Bündel zu schnüren, wenn ein Vizepräsident mich nicht empfangen wollte.» Aber er war auch eine trostspendende, beschwichtigende Vaterfigur, wie sich bei einer Gelegenheit im November 1943 zeigte, als Arnold wegen der neuen argentinischen Regierung, in der Perón erstmals zur Macht kam, zutiefst beunruhigt war.

BEHN: Hallo, Bill, guten Morgen.

ARNOLD: Guten Morgen, Colonel ...

BEHN: Es tut mir leid, daß ich gestern nicht von Washington aus mit Ihnen sprechen konnte. Ich war zu sehr eingespannt ...

ARNOLD: Wir haben eine gute Verbindung erwischt, und wir können offen sprechen ... Colonel, ich muß heute eine ganze Reihe Dinge mit Ihnen besprechen – haben Sie Zeit für mich?

BEHN: Schießen Sie los, aber bilden Sie sich um Gottes willen nicht ein, der Draht sei nicht angezapft.

ARNOLD: An unserem Ende ist die Leitung in bester Ordnung!

BEHN: Weiß ich, weiß ich, aber...

ARNOLD: Die allgemeine Lage wird hier immer schlechter statt besser. Die Regierung läßt keinen Tag verstreichen, an dem sie sich nicht in unsere Angelegenheiten einmischt. Die Eingriffe verschärfen sich zusehends in jeder Weise, und die Politik scheint mir eindeutig antiamerikanisch ausgerichtet zu sein.

BEHN: Sie meinen die Politik der herrschenden Gruppe.

ARNOLD: Ganz recht, ja. Wir haben eine Menge alarmierender Beweise, daß insbesondere unser Unternehmen bedrängt wird... Diese Leute scheinen die Absicht zu haben, in dieser oder jener Weise die Kontrolle zu übernehmen... Es steht eine ganze Reihe Projekte zur Debatte, die Verstaatlichung und Übernahme in Gemeineigentum und ähnliches vorsehen...

BEHN: Sie sind etwas überlastet mein lieber Bill – ich weiß, wie das ist –, Sie sind dort unten, und um Sie herum passieren all diese Sachen. Aber lassen Sie sich nicht kleinkriegen, lassen Sie sich nicht unterkriegen, alter Knabe.

ARNOLD: Ich bin durch und durch ruhig und gelassen.

BEHN: Ich sage nicht, daß Sie nicht völlig gelassen sind, aber ich vermute, daß Sie ziemlich unter Anspannung stehen – man kann ruhig sein und trotzdem unter Anspannung stehen, und man weiß genau, daß jede dunkle Wolke auch ihren Silberstreifen hat, wissen Sie, die Spanier haben ein Sprichwort, das lautet: «Kein Übel währt tausend Jahre lang.»

ARNOLD: Ich bin nicht aus dem Häuschen, Colonel; ich wollte nur diesen vorteilhaften Draht nutzen und Ihnen die letzten Neuigkeiten durchgeben.

...

BEHN: Das ist schon in Ordnung, alter Knabe, das ist schon in Ordnung... Sind Sie immer noch der Meinung, daß es im Augenblick nicht günstig wäre, wenn ich Sie besuchte?

Auch nach Pearl Harbor hielt Behn weiterhin mit seinen Firmen in der Schweiz und in Spanien Kontakt und über sie mit den Achsenmächten. Das ITT-Unternehmen in der Schweiz fuhr – wie das FCC-Memorandum beklagte – auch zu einer Zeit noch fort, voll mit den Nazis zu kollaborieren, als sein Schweizer Rivale Halser es längst ablehnte, für Deutschland Geräte herzustellen. Auch die spanische ITT-Tochter belieferte die Deutschen mit Rohmaterial, darunter Zinksulphat und Quecksilber, und produzierte technische Ausrüstungen, «die offenkundig für die Wehrmacht bestimmt» waren. Das amerikanische Außenministerium nahm Anstoß daran, daß sich die ITT in Spanien «nicht ernsthaft bemühte, Mittel und Wege zu finden, wie sie den Wünschen unserer Regierung entsprechen könnte». Colonel Behn blieb jedoch beharrlich bei seinem üblichen Einwand, daß Franco das spanische Unternehmen enteignen würde, sofern es nicht kollaborierte. Das spanische Unternehmen war ein Problempunkt im Netz der ITT. Im Mai 1940, unmittelbar nach der Niederlage Frankreichs, hatte Franco angekündigt, daß die ITT das Telefonnetz erneut übernehmen würde. Und im September 1943 reiste Behn selbst nach Madrid, um eine engere Kontrolle der Anlagen und Vermögensbestände durch die ITT herauszuhandeln. Er gab für Francos Funktionäre eine Reihe erlesener Dinnerparties mit Wodka und Champagner, und als er heimkehrte, kündigte er Neuinvestitionen in Spanien an, die sich auf 60 Millionen Dollar belaufen sollten.

Spanien war während des Krieges das Hauptkontaktfeld zwischen der ITT und Deutschland, denn in Madrid konnten sich die ITT-Oberen aus New York ungestört mit ihren Partnern aus der Nazi-Hierarchie treffen. Leitende RCA-Mitarbeiter berichteten von einem mysteriösen Treffen Anfang 1942, bei dem Kenneth Stockton, ein Vizepräsident der ITT, mit deutschen Funktionären die Zukunft von ITT-Anlagebeständen erörterte.[17] Später, 1943, gelang es Behn, über spanische Mittelsleute ein Treffen mit Westrick in der Schweiz zu arrangieren; Gegenstand dieser Besprechung waren anscheinend Pläne, die ITT-Firma Lorenz an Siemens zu verkaufen: Ein erstaunliches Vorhaben, das wie der voraufgegangene rumänische Handel darauf schließen läßt, daß Behn bei den Nazis immer noch erheblichen Einfluß besaß. Doch Siemens wollte nur mit Geldern zahlen, die von den Vereinigten Staaten gesperrt gehalten wurden, und das US-Außenministerium weigerte sich, diese Mittel freizugeben.[18]

Wo stand – sofern er überhaupt eine Position bezog – Colonel Behn wirklich, als er über die Kriegsfronten und Grenzen hinweg telefonierte und reiste? In Washington gab es hinsichtlich seiner Loyalität abweichende Meinungen: Das Außenministerium hegte tiefe Zweifel und beobachtete ihn genau; die FCC stand seinen ausländischen Beziehungen und Aktionären durch und durch mißtrauisch gegenüber; und das Justizministerium bereitete ein Anti-Trust-Verfahren vor, um den Konzern zu entflechten. Vielen Politikern und Journalisten war die zweifelhafte Vertrauenswürdigkeit der ITT wohlbekannt*; und Colonel Behn war sich seines anrüchigen Leu-

* Im September 1947 berichtete ein internes Memorandum des Magazins *Time* aus Washington: «Wir wissen, daß Sosthenes Behn lange Zeit von US-amerikanischen Nachrichtendiensten überwacht und benutzt worden ist. Sämtliche Materialien darüber befinden

munds durchaus bewußt, denn nach dem Krieg machte er Thomas Blake, einen früheren Pressesekretär Roosevelts, zu seinem Washingtoner Lobbyisten: Blakes Hauptaufgabe bestand, wie er mir sagte, darin, den «schlechten Geruch» zu vertreiben, in den die ITT sich begeben hatte.

Gleichzeitig jedoch hatte der Colonel sehr gute Freunde in der Politik – insbesondere im Pentagon, wo mehrere ehemalige ITT-Leute untergeschlüpft waren und wo auch andere, die später auf Behns Gehaltslisten auftauchen sollten, hohe Posten bekleideten. General Stoner vom Signal Corps entgalt Behn den Unterricht, den er ihm über Fernmeldetechnik zuteil werden ließ, später, und nach dem Krieg wurde Behn mit dem Verdienstorden, der höchsten amerikanischen Zivilauszeichnung, bedacht, weil er die Army mit Feldtelefonen ausgestattet hatte. Die Jahresberichte der ITT waren während der Kriegszeit mit patriotischen Schlagworten und Abbildungen gespickt, auf denen über ITT-Betrieben die amerikanische Flagge flattert: Behn schuf sich eine standfestere Heimatbasis, und im September 1942 gab er bekannt, daß in New Jersey ein neuer großer ITT-Betrieb für Produktion und Forschung gebaut werden würde. Unterstützt von geflüchteten französischen Ingenieuren, entwickelten die ITT-Forschungsinstitute in den USA wertvolle technische Neuerungen, darunter den «High Frequency Direction Finder», scherzhaft «Huff-Duff» genannt, der im Atlantik dazu verwandt wurde, deutsche Unterseeboote aufzuspüren, die alliierte Konvois angriffen.[19] Während mithin ITT-Focke-Wulf-Flugzeuge alliierte Schiffe bombardierten und über ITT-Drähte Informationen für deutsche Unterseeboote weitergegeben wurden, warnten die ITT-Funkpeilgeräte die Alliierten vor deutschen Torpedos.

## Siegreiche Helden

Mit der Invasion in Europa kam die Wende des Krieges, und Colonel Behn zeigte wieder einmal seine Chamäleon-Eigenschaften. Als am 25. August 1944 die ITT-Mitarbeiter in den französischen Laboratorien den Tag der Befreiung feierten und auf dem Dach die Trikolore hißten – wer anders erschien da vor der Tür als Colonel Behn? In schmutzbespritztem Kampfanzug saß er in einem Jeep, der von seinem Sohn William gesteuert wurde. Behn trat in der Rolle eines Kommunikationsfachmannes zur Beratung der amerikanischen Armee auf, jedoch bestand seine Haupttätigkeit darin, die ITT-Betriebe in Westeuropa zu inspizieren und wieder in Gang zu setzen. Er fuhr von Antwerpen nach Brüssel und dann nach Paris zurück. Unter-

sich im Department of Cloak and Dagger [«Ministerium für Intrigenspinnerei» = US-Außenministerium. Anm. d. Übers.] unter Verschluß, und wir konnten uns nie mit Hilfe von G2-Berichten verteidigen.»

wegs bestand er darauf, festlich zu speisen. Auf der Rückfahrt machte er in Épernay halt und belud seinen Wagen mit Champagner.[20] Die Ankunft Behns und anderer amerikanischer Tycoons in Frankreich löste in London, wo die Regierung es ablehnte, Zivilpersonen die Einreise zu gewähren, erhebliche Erbitterung aus. Die *Daily Mail* vom 20. September 1944 schrieb, es sei eine Flugzeugladung amerikanischer Geschäftsleute eingetroffen, darunter einer «aus der Elektrogerätebranche». Und obwohl der amerikanische Außenminister Cordell Hull dies indigniert ableugnete, inspizierte Behn inzwischen alle seine französischen Produktionsstätten.

Als die alliierten Streitkräfte nach Deutschland hinein vorstießen, zeigte es sich, welche engen Verbindungen die ITT mit der amerikanischen Armee geknüpft hatte. Plötzlich tauchten ITT-Manager in der Uniform von Brigadegeneralen auf, darunter auch Kenneth Stockton, der, neben Westrick und Hofer, den Aufsichtsratsvorsitz von ITT-Europa innegehabt hatte. Dieser Sachverhalt löste erboste Fragen aus, und der Abgeordnete des Repräsentantenhauses Jerry Voorhis erläuterte vor dem Kongreß:

> Hier haben wir einen großen internationalen Konzern mit höchst eindeutigen Eigentumsinteressen in Deutschland, dessen eigene Vizepräsidenten die Macht in den Händen hielten, darüber zu entscheiden, was man tun müsse, um den Wiederaufbau der deutschen Kriegsmacht zu verhindern ...[21]

Es war eine Zeit, in der sich die militärischen Operationen der Alliierten in Deutschland mit kommerziellen Operationen zu überlappen und zu verwikkeln begannen; es war ein surrealistischer Albtraum – den ich selbst in der Nähe von Hamburg als britischer Marineoffizier miterlebt habe –, und die Militärregierungen waren nicht in der Lage, auch nur zu begreifen, was um sie herum vorging – geschweige denn, es unter Kontrolle zu bringen. In den Nachkriegswirren waren alle Arten von Unternehmensplünderern unterwegs, die alles aufgriffen, dessen sie habhaft werden konnten: an der Spitze die ITT. Im Oktober 1945 beschwerten sich die Sowjets darüber, daß sich drei amerikanische Generale, unter ihnen einer namens Stockton, an der Demontage zweier Focke-Wulf-Flugzeugfabriken in Mühlhausen in der sowjetischen Besatzungszone beteiligt hätten und sie nach Nürnberg in der amerikanischen Zone hätten schaffen lassen; sie unterstützten, so behauptete die *Prawda*, einen Mann, von dem man nur wisse, daß er Westrick heiße. Dr. Westrick war damals sehr aktiv – er half der ITT bei dem Versuch, die Geschäfte ihrer Firmen wieder in Gang zu bringen und wurde als Gegenleistung hierfür von der ITT-Zentrale gedeckt und protegiert. Im Oktober 1945 fuhr Colonel Alexander Sanders, der vor dem Krieg für ITT in Berlin tätig gewesen war und jetzt in der Dienststelle zur Überprüfung von Bombenschäden (*U. S. Bombing Survey*) arbeitete, zu seinem alten Haus und fand es unversehrt vor. (Später wurde er zum Finanzdirektor von ITT-Deutschland gemacht.) Er nahm bald Kontakt mit seinem alten Chef Westrick auf, der als Kriegsverbrecher verhaftet worden war und den er zuletzt 1940 in Tokio gesehen hatte. Die beiden verbrachten zwei Tage miteinander, wobei Westrick Sanders' Vorladung als Entlastungszeuge in die Wege leitete; Sanders sollte aussagen, Westrick habe ihn gedrängt, einen Tag vor Kriegsausbruch Deutschland zu verlassen.[22]

Unterdessen war der Bankier der ITT von Schröder im Juni 1945 in einem Kriegsgefangenenlager für SS-Soldaten in Frankreich aufgespürt worden: in der Uniform eines SS-Sturmmanns. Er wurde von zwei Verhörspezialisten eingehend über alle Aspekte seines Werdegangs, darunter seine Geschäfte und Machenschaften mit Westrick und Behn sowie über die Geldzuwendungen der ITT an Himmlers SS, vernommen; den Rest seines Lebens hatte er eine Kette von Gerichtsverfahren, Verurteilungen und Berufungsverhandlungen durchzustehen.[23]

Was steckte nun hinter dieser bemerkenswerten Verwandlung Behns, vom Helfershelfer Hitlers, zu Behn, dem Helden der Alliierten? Ein Teil dieser Geschichte liegt immer noch in Geheimakten verborgen. Doch soviel kann gesagt werden: Colonel Behn unterhielt in einigen Phasen des Krieges sehr enge Beziehungen zu amerikanischen Geheimdienststellen, und mit Hilfe seines eigenen privaten Nachrichtendienstes konnte er ihnen wertvolle Dienste leisten. Während das Justizministerium und das FBI ihm weiterhin mißtrauten, sahen die militärischen Nachrichtendienste in ihm und seinen Telefonen eine unverzichtbare Hilfe. In Lateinamerika waren amerikanische Agenten in den ITT-Büros in Bolivien, Paraguay und Argentinien stationiert, um nur einige zu nennen; und bei seinen Europa-Besuchen konnte Behn über die Schweiz und Spanien Informationen hinsichtlich der Verfassung der Achsenmächte nach Hause schaffen. Allan Dulles, der in der Schweiz während des Krieges den amerikanischen Geheimdienst OSS (*Office of Strategic Services*, den Vorgänger des CIA) aufgebaut hatte, dürfte bei der Rehabilitation der ITT eine Schlüsselrolle gespielt haben: Über Westrick, der oft die Schweiz aufsuchte, hieß es, er habe inmitten des Krieges Kontakte zu ihm unterhalten, um mit ihm die Probleme der ITT zu erörtern. Während dieser Zeit bat er Dulles einmal schriftlich, er möge so freundlich sein, den Leiter von ITT-New York über seine Tätigkeit in Deutschland zu informieren. Prompt erhielt Westrick von dem Manager der ITT-Schweiz die Zusicherung, es werde alles getan werden, damit die richtigen Leute mit ihm in Deutschland in Verbindung träten. Dies geschah sofort nach Deutschlands Niederlage, wobei Dulles wohl auch über die amerikanische

Armee mithalf, die Rückkehr der ITT nach Deutschland in die Wege zu leiten.[24]

Ob Behn letztlich den Alliierten hilfreicher war als den Achsenmächten, wird sich vielleicht nie feststellen lassen – auch nicht nach Freigabe der Geheimdienstakten; nur er dürfte genau gewußt haben, ob er Agent oder Doppelagent war. Ganz gewiß jedoch kann kein Zweifel bestehen, wem seine Loyalität in erster Linie galt: Die einzige Macht, in deren Dienst er sich konsequent stellte, war die supranationale Macht ITT.

In der unmittelbaren Nachkriegszeit waren die Entnazifizierungs- und die Anti-Trust-Politik eng miteinander verknüpft, und kurze Zeit waren die Alliierten entschlossen, die deutsche Großindustrie zu entflechten. Das amerikanische Justizministerium richtete eine äußerst aktive Kartellentflechtungsabteilung ein, die von dem ungestümen Rechtsanwalt James Stewart Martin geleitet wurde.[25] Doch die Großkonzerne waren mit wachsender Unterstützung Washingtons bereits emsig wieder dabei, ihren Einfluß geltend zu machen. Die Pläne, die deutschen Kartelle zu entnazifizieren und zu entflechten, wurden bereits auf die lange Bank geschoben und von rätselhaften grauen Eminenzen durchkreuzt; zu guter Letzt wurde nur das Chemiekartell I. G. Farben entflochten. Die ITT war bald in der Lage, ihre Fabriken wieder in Besitz zu nehmen, und im Sommer 1946 traf Gordon Kern, einer der Vizepräsidenten des Konzerns, mit einer auf 30 Tage lautenden Aufenthaltsgenehmigung in Deutschland ein, die endlos verlängert wurde; er sollte die Fabrikationsstätten von Lorenz in die Hand nehmen, die Fernsprecheinrichtungen für die amerikanische Armee bauten. Neben seinen sonstigen Umtrieben arrangierte Kern, daß ein deutscher Anwalt, der für die ITT arbeitete, die Schweiz besuchen konnte, um mit der schweizerischen ITT-Firma Patente zu besprechen: eine Begünstigung, die damals scharf gegen die Verordnungen verstieß. Doch Kern gab vor, der Anwalt brauche dringend medizinische Behandlung in der Schweiz. Die Kartellentflechtungsabteilung bekam über die Postzensur von der Sache Wind und forderte, Kerns Aufenthaltsgenehmigung aufzuheben; Kern kam jedoch mit einer Verwarnung davon.[26]

Das Justizministerium in Washington bereitete Anti-Trust-Verfahren sowohl gegen die ITT wie auch gegen AT&T vor, und 1946 wurde im Auftrag von Justizminister Tom Clark und seines Anti-Trust-Chefs Wendell Burge eine umfassende Anklage ausgearbeitet.

Diese Anklageschrift erhob schwere Vorwürfe gegen die miteinander verflochtenen Monopole. Sie ging davon aus, daß die ITT nach 1925 «ein ausländisches Monopol errichtete, das alle Aufträge über Fernmeldeeinrichtungen und verwandte Produkte, die von vielen Firmen erteilt wurden, in das System der ITT lenkte und damit anderen Herstellern ... den Zugang zu diesem Auslandsmarkt verwehrte». Sie beschrieb, wie nach den Absprachen von 1925 «die Welt aufgeteilt wurde, um Konkurrenz zwischen den Einzelunternehmen des ITT- und des AT&T-Systems zu verhindern und zu beseitigen», und sie stellte die Behauptung auf, daß zahlreiche der Absprachen auch bis zum damaligen Zeitpunkt eingehalten wurden:

> Während des Krieges wurden gemäß einigen der Absprachen zwischen der Beklagten ISEC* und ihren in Großbritannien sowie in neutralen Ländern ansässigen Vertragspartnern Beziehungen aufrechterhalten. Während des genannten Zeitraums wurden – soweit es die Verhältnisse gestatteten – Beziehungen gemäß einigen der Absprachen zwischen Unternehmen des ITT-Systems und ISEC-Vertragspartnern aufrechterhalten, die in feindlichen oder feindbesetzten Ländern lagen und unter der Leitung eines gewissen Gerhard A. Westrick standen. Westrick, ein Agent des Naziregimes, war während des Krieges von Sosthenes Behn, dem Präsidenten der Beklagten ITT, mit der Leitung der Unternehmen des ITT-Systems in verschiedenen Ländern des kontinentalen Europa betraut und war bevollmächtigt, die Interessen des ITT-Systems in Deutschland zu vertreten.

Diese Anklageschrift wurde nie unterzeichnet; die letzte Notiz in der unsignierten Anklage datiert vom 10. März 1947. Die Aufteilung der Welt in Operationsgebiete zwischen der ITT und der AT&T ist stillschweigend bis auf den heutigen Tag fortgesetzt worden: Immer noch ist die ITT auf dem amerikanischen Telefonmarkt nur ein kleiner Konkurrent der AT&T, und diese wiederum verkauft keine Telefone in Europa. Die Anti-Trust-Initiativen wurden durch den Druck der Großkonzerne entkräftet, die eine starke deutsche Industrie anstrebten. Denn die Furcht vor dem Nationalsozialismus machte rasch der Furcht vor dem Kommunismus Platz. Wie wir im nächsten Kapitel sehen werden, sollte sich Colonel Behn sehr bald als potenter Antikommunist hervortun.

Wie in Europa trat die ITT auch in Lateinamerika recht bald – diesmal als Vorkämpfer der Freiheit gegen ausländische Infiltration – wieder hervor. 1946 fragte der Konzern sogar bei der Truman-Administration um finanzielle Hilfe nach, damit er in Mexiko seine Rivalen aufkaufen könne; denn diese waren im Besitz der schwedischen Gesellschaft Ericsson, die, da Schweden neutral war, als politisch unzuverlässig angesehen wurde. Obwohl Trumans Kriegsminister James Forrestal das Begehren erheblich

* Die International Standard Electric Company war die europäische Tochter der ITT, die Nachfolgefirma der International Western Electric.

unterstützt hatte, wurde es schließlich abgewiesen.*

Als nicht mehr zu übersehen war, daß die Kartellentflechtungspolitik sich gewandelt hatte, reichte James Stewart Martin in Europa seinen Rücktritt ein; später faßte er seine eigenen Schlußfolgerungen in Sätze, die einen vertrauten Klang haben: «In Deutschland war es nicht die deutsche Geschäftswelt, die uns stoppte. Wir sind in Deutschland vom amerikanischen Big Business gestoppt worden ... Wir müssen die Regierung in die Lage versetzen, wirtschaftliche Macht kontrollieren zu können, statt daß sie zu deren Werkzeug wird ... Wir haben nur langsam die Gefahren erkannt, die in Konzernimperien liegen, denn wir waren von der Theorie ausgegangen, die Geschäftswelt brauche nicht regiert oder reglementiert zu werden.»

Aber auch diese Machenschaften der Kriegs- und unmittelbaren Nachkriegszeit muß man im größeren Zusammenhang sehen, wenn man sie richtig einschätzen will. Die ITT war nur eines von vielen – britischen wie amerikanischen – Konzernimperien, die all ihre Kraft einsetzten, ihre Vorkriegsposition wiederherzustellen und die Versuche der Regierungen zu unterlaufen, eine Entnazifizierung durchzuführen. Und aus der Rückschau betrachtet erscheinen die extremeren Kartellverflechtungstheorien jener Zeit heute als unanwendbar und rachsüchtig. Das deutsche Stahlkartell, damals ein Dorn im Auge, ist heute ein kränkelnder, halb verstaatlichter Industriezweig; und der Gemeinsame Markt hat sich zeit seines Bestehens mehr um die Bildung von Großkonzernen als um ihre Zerschlagung bemüht.

Die Geschichte der ITT allerdings war ein besonderer Fall von Konzern-Kriminalität: Denn wie die Anti-Trust-Klageschrift behauptete, war das Telefonkartell dazu benutzt worden, den Nazis von neutralen und feindlichen Ländern aus geheime Unterstützung zukommen zu lassen und die deutsche Kriegsmaschinerie in einer Weise zu stärken, die durch die Existenz des Kartells um so wirkungsvoller sein mußte. Behn führte für sein Vorgehen an, er habe nur im Interesse der Aktionäre gehandelt; den Interessen des Friedens aber wäre besser gedient gewesen, wenn das Kartell zusammengebrochen wäre und die Nazis die ITT-Unternehmen enteignet hätten. Behn nutzte seine Herrschaft über Kommunikationsmittel nicht, wie das symbolische Mosaik an der alten New Yorker Konzernzentrale andeutet, um die Wahrheit in der Welt zu verbreiten, sondern um sie zu unterdrücken und in jedem Land die Dinge zu sagen, die ihn genehm erscheinen ließen. Auf

* Am 25. April 1946 wandte sich Forrestal brieflich an Außenminister George Marshall. In seinem Schreiben betonte er, es sei «für die nationalen Interessen und die Sicherheit von höchster Wichtigkeit, daß alle Kommunikationseinrichtungen der westlichen Hemisphäre in der Hand von Interessengruppen und Unternehmen dieser Hemisphäre sind, die, soweit dies möglich ist, von Bürgern der Vereinigten Staaten kontrolliert werden». (Vom Außenministerium freigegebene Dokumente; siehe *Guardian* vom 19. Juli 1972.)

Grund seiner Multinationalität und Flexibilität konnte sein Konzern zugleich überall und nirgends sein; in einer geteilten Welt mußte er naturnotwendig ein Interesse an Verlogenheit entwickeln. Behns persönliche Haltung und sein gutartiger Despotismus paßten besser zu Diktaturen als zu Demokratien. Er mochte Diktatoren, und sie schätzten ihn; denn er machte seine Telefone zu ihren Werkzeugen.

Der vielleicht aufschlußreichste Aspekt an dieser Geschichte ist die Art, in der man Gras über sie wachsen ließ. Andere große deutsche Konzerne wie Krupp, Siemens und Mercedes sind, während sie ihre Herrschaftspositionen wieder aufbauten, durch ein Fegefeuer öffentlicher Gegenanklagen und Verhöre gegangen, das – wie ich meine – ihren Charakter in wesentlichen Punkten beeinflußt hat*; überdies sind sie von einer neuen Generation genötigt worden, eine Art Selbstanalyse vorzunehmen. Die ITT dagegen hat sich aller Mittel der Verschleierungen und Schönfärberei bedient, so daß heute kaum jemand in ihren Stäben überhaupt weiß, daß sie etwas mit Focke-Wulf-Bombern und Hitlers SS zu tun gehabt hat.

Am erstaunlichsten jedoch dürfte der Umstand sein, daß die ITT sich heute als unschuldiges Opfer des Zweiten Weltkriegs hinstellt und daß sie für erlittene Schäden großzügig abgefunden worden ist. Im Jahre 1968 – fast dreißig Jahre nach den Ereignissen – gelang es der ITT in der Tat, von der amerikanischen Regierung 17 Millionen Dollar Schadenersatz für erlittene Kriegsschäden an den ITT-Betrieben in Deutschland zu erhalten – darunter 5 Millionen Dollar für Schäden an Focke-Wulf-Fabriken: mit der Begründung, es habe sich um amerikanisches Eigentum gehandelt, das von alliierten Bombern zerbombt worden sei.** Das ist eine bemerkenswert glückliche Wende für ein Unternehmen, das sich so bereitwillig an der deutschen Kriegsrüstung beteiligt und mit solcher Umsicht dafür gesorgt hatte, daß seine Betriebe rein deutsche Betriebe wurden. Hätten die Deutschen den Krieg gewonnen, wären die ITT-Firmen als makellos nazistisch angesehen worden. Da die Deutschen den Krieg verloren hatten, tauchten sie wie durch ein Wunder als rein amerikanische Betriebe wieder auf.

* William Manchester ist anderer Auffassung; s. ‹*Krupp – 12. Generation*›. München 1968.

** *Foreign Claims Settlement Commission of the United States* [US-Kommission zur Regelung ausländischer Ansprüche]: Final Decision, May 17, 1967, und Proposed Decision, March 27, 1967. Im Entscheidungsvorschlag befand die Kommission, da die deutsche Regierung nach 1942 über die ITT-Tochterunternehmen durch Einsetzen einer neuen Holding-Gesellschaft der Regierung vollständige Kontrolle erlangt habe, sei dies «ebenso zu bewerten, als wären diese Unternehmen einem feindlichen Eigentumstreuhänder unterstellt worden». In Anbetracht von Westricks und Schröders Beharren, die Unternehmen als deutsche einstufen zu lassen, und in Anbetracht von Behns stillschweigender Duldung ist diese Entscheidung in der Tat erstaunlich.

Kapitel 3

# Die Kalten Krieger

Der Einfluß von Colonel Behn auf den Konzern war auch nach dem Zweiten Weltkrieg noch für eine ganze Weile spürbar. Doch weit mehr auf dem Felde der Diplomatie als in der Geschäftspolitik. Als Unternehmer hatte Behn einen guten Teil seines Ansehens verloren. Der Krieg hatte die Welt der internationalen Beziehungen völlig verändert und die Gewinne waren stark gesunken. Die Russen kontrollierten Osteuropa. In Spanien verstaatlichte Franco das ITT-Zweigwerk 1945, wobei er jedoch der ITT für die Ausrüstungen das Versorgungsmonopol ließ. In Argentinien verstaatlichte Perón 1946 das Firmennetz, allerdings gegen eine großzügige Entschädigung von 95 Millionen Dollar.

Behn beschloß eine Diversifizierung der Produktion, indem die ITT Unternehmen dort aufkaufte, wo das politische Klima stabiler war: in den USA. Hierin zeigte sich, daß die Begabungen und Fähigkeiten des Colonel doch allzu sehr auf seine Person zugeschnitten waren. Von den nüchternen Tagesproblemen des Managements hatte er nur wenig Ahnung. So kaufte er zwei vielversprechende amerikanische Gesellschaften. Die eine, Capehart-Farnsworth, stellte Fernsehapparate und Radiogeräte her; die andere, Colderator, produzierte Kühlschränke. Beide Investitionen erwiesen sich als Fehlschläge.

Die Aktionäre wurden unruhig, als die Dividenden ausblieben und sie zugleich Behns eigene verschwenderische Lebensführung feststellten. 1947 beschloß eine Gruppe reicher Aktionäre einen ‹Umsturzversuch›. Clendenin Ryan führte ihn an. Er hielt zusammen mit seiner Familie und seinen Freunden ein Sechstel der ITT-Aktien. Neun Jahre, so klagte er, hätten die Aktionäre keinen Dollar von der ITT bezogen, während sich Behn und die anderen Direktoren 3,7 Millionen Dollar an Gehältern und Vergütungen bewilligten. Behn brach sein traditionelles Schweigen und konterte, die eigentliche Frage sei nicht, warum das Geschäftsergebnis der ITT so schlecht sei, sondern warum die ITT noch nicht in Konkurs gegangen sei. Nach einem ziemlich dramatischen Wortgefecht einigten sich die Aktionäre und Direktoren mit Hilfe eines ebenfalls sehr zähen Verhandlungspartners, J. Patrick Lannan, einem hochgewachsenen Iren aus Minnesota. Sieben neue Direktoren sollten in den Vorstand, unter ihnen Ryan und Lannan (der letztere gehört noch heute dazu). Man wählte General William Harrison zum neuen Präsidenten, einen gutaussehenden weißhaarigen Geschäftsführer von AT&T. Behn sollte Vorsitzender und Hauptgeschäftsführer bleiben. Die Neugliederung, so heißt es taktvoll in einer Verlautbarung vom Juni 1948, «wird es Colonel Behn erlauben, wichtigen internationalen Problemen mehr Zeit zu widmen, und wird ihm größere Freiheit lassen, sich im Ausland aufzuhalten».

Aber das Doppelgespann Harrison und Behn war eine unbefriedigende Lösung; denn der General war ein schwacher Mann, und der Colonel vermochte sich durchzusetzen. Da er weiterhin Hauptgeschäftsführer war, übte er die eigentliche Kontrolle aus. Darüber hinaus stellten sich die «wichtigen internationalen Probleme» mehr als ein Vorwand heraus, Colonel Behn zu entmachten. 1948, drei Jahre nach Ende des Zweiten Weltkriegs, befand sich Europa schon in den Vorwehen des Kalten Krieges. Die ITT wurde davon in ganz besonderem Maße berührt. Wieder einmal spielte Colonel Behn eine dubiose Rolle. Hier allerdings war seine Haltung sehr viel stärker in Übereinstimmung mit der amerikanischen Politik, war er doch zweifellos ein Antikommunist. Dennoch muß auch hier gefragt werden, inwieweit die ITT den Grundsätzen amerikanischer Außenpolitik folgte oder ob sie nicht vielmehr eine eigene Außenpolitik betrieb. Zwei bemerkenswerte Vorfälle müssen hier berichtet werden, deren Zusammenhang wir heute überschauen können. Sie vermitteln ein zwielichtiges Bild von den ehrgeizigen Beziehungen zwischen der ITT und den Regierungen souveräner Staaten.

## Sabotage in Ungarn

Die erste Geschichte wurde im Februar 1950 unter sehr dramatischen und traurigen Umständen in einem verdunkelten Gerichtssaal im kommunistischen Ungarn bekannt. Amerikanische und britische Geschäftsleute standen zusammen mit mehreren Ungarn wegen Sabotage und Spionage vor Gericht. Der Prozeß war eine reine Farce, einer jener ‹Schauprozesse›, die damals ein Jahr nach der Anklage gegen Kardinal Mindszenty begannen, um die Bosheit des Westens anzuprangern. Die Angeklagten gaben, einer nach dem anderen, ihre Fehler zu und beschuldigten sich gegenseitig. Der Richter lenkte ihre Aussagen und führte sie durch eine sorgfältig durchgeprobte Geschichte. Dies war ein historisches Ereignis, ein weiterer Versuch

Stalins, Osteuropa fester in den Griff zu bekommen. Der Prozeß hat aber eine besondere Bedeutung für unseren Zusammenhang; denn alle drei Hauptangeklagten, Robert Vogeler, Edgar Sanders und Imre Geiger waren Angestellte der ITT. Wir kennen die wahre Geschichte nur unvollständig und ganz offengelegt wird sie vermutlich nie. Die britischen und amerikanischen Akten bleiben geheim. So sind neben privaten Informationen unsere Hauptquellen der Bericht von Vogeler in seinem Buch[27] und ein ungarisches ‹Weißbuch›[28], in dem das wörtliche Protokoll des Prozesses mit einem eigenen Kommentar veröffentlicht wurde. Die Beweisaufnahme des Prozesses, die spontane Bereitschaft zum Schuldbekenntnis und die offenkundigen Vereinfachungen sind ganz und gar unglaubwürdig. Sie geben jedoch Anhaltspunkte sowohl für die Beziehung der ITT zu westlichen Geheimdiensten, als auch für die Darstellung dieser Zusammenarbeit aus der Sicht der Kommunisten. Gerade diese Perspektive der Kommunisten mutet in Hinblick auf die Ereignisse zwanzig Jahre später besonders ironisch an.

Es ging um das ungarische Zweigunternehmen der ITT, die Standard Electric Company, die 1928 als Teil von Colonel Behns ‹Internationalem System› aufgebaut worden war. Diese ungarische Firma war während des Krieges Teil des Nazi-Imperiums von ITT geworden. Während des Krieges hatte das Werk unter der Aufsicht Dr. Westricks, der in Berlin saß, gearbeitet und hatte seine Produktion derart gesteigert, daß es weder von den Deutschen noch von den Russen demontiert worden war, es war im Gegenteil zum bedeutendsten Exporteur Osteuropas von Fernsprecheinrichtungen und elektronischen Anlagen geworden. Damit war das Werk der potentielle Schlüsselbetrieb im europäischen Herrschaftsbereich der ITT. Je mehr sich jedoch die Fronten im Kalten Krieg verhärteten, um so ungewisser wurde seine Zukunft. Denn nach und nach waren auch die ungarischen Kommunisten dank der ‹Salamitaktik› ihres Führers Rákosi in der Lage, ihre Gegner in Mißkredit zu bringen und auszuschalten. Ab 1947, nach dem Friedensvertrag von 1947, gelang es ihnen allmählich, die Macht im Lande zu übernehmen und die privaten Betriebe zu verstaatlichen.

Das ITT-Werk befand sich sowohl den Amerikanern als auch den Sowjets gegenüber in einer ungewöhnlichen Lage. Die Kommunisten konnten den Betrieb keineswegs ohne weiteres enteignen; denn sie benötigten zu seiner Leitung westliches Know-how, vor allem aber mußten sie nach den Bedingungen des Friedensvertrages für jede Enteignung Entschädigungen zahlen. Was die Amerikaner am meisten aufbrachte, war die Tatsache, daß Ungarn als eine der früheren Achsenmächte 200 Millionen Dollar an Reparationen an die Sowjet-Union zahlen sollte. Die Russen forderten einen Teil der Reparationen in Form von ITT-Anlagen, viele von ihnen waren militärische

Produktionsstätten. So mußten die Amerikaner mitansehen, wie eine ihrer eigenen Fabriken sehr hochentwickelte Produktionsanlagen für das Fernmeldewesen nach der Sowjet-Union exportierte, gerade zu einem Zeitpunkt, als sich die Beziehungen zwischen beiden Staaten jäh verschlechterten. Die Ironie dieser Lage unterstreicht ein Ereignis aus dem Jahre 1947: Amerikanische Diplomaten in Budapest entdeckten, daß in einem kleinen Büro der Botschaft acht Mikrofone in den Wänden und in der Decke versteckt angebracht waren. Es stellte sich heraus (so berichtete einer der Diplomaten später), daß alle Teile heimlich in der ITT-Fabrik in Budapest hergestellt worden waren.[29]

Das ungarische Telefon- und Telegrafennetz hatte unter den Zerstörungen des Krieges gelitten. 1946 kam einer der ITT-Vizepräsidenten, Ogilvie, nach Budapest, um das von der Post kontrollierte Fernmeldewesen mit dem «Tel-Com-P6»-Plan wieder aufzubauen. Ein Komitee amerikanischer Experten sollte den Plan überwachen. Die Kosten sollten binnen zehn Jahren an ITT beglichen werden. Doch, wie zu vermuten, verwarf Ernö Gerö, der kommunistische Postminister, den Plan. So produzierte das ITT-Werk unbeachtet weiter, während die Kommunisten sich nach Angeboten von nichtamerikanischen Werken umsahen. Endlich trafen sie eine Vereinbarung mit den Philips-Werken in Holland. Aber da der ungarische ITT-Betrieb Hauptlieferant für den ungarischen Markt war, mußten die Kommunisten doch auf sein technisches Know-how zurückgreifen und weiterhin mit der ITT verhandeln. Ihr Mißtrauen gegenüber den Amerikanern wurde noch dadurch verstärkt, daß die ITT es ihrer ungarischen Tochter untersagt hatte, in europäische Hartwährungsgebiete zu exportieren, um einen Wettbewerb mit anderen ITT-Betrieben zu vermeiden. Bei den Sowjets stand die ITT jedoch in hohem Ansehen. Sie hielten die ITT für einen Schlüssel zum amerikanischen Machtsystem, eine damals noch sehr übertriebene Annahme.

Die ITT befand sich somit in einer heiklen Lage, die das ganze diplomatische Geschick von Colonel Behn erforderte: Das ITT-Werk konnte über seinen wirtschaftlichen Wert hinaus eine erhebliche politische Bedeutung gewinnen, wenn es westlichen Geheimdiensten eine unentbehrliche Unterstützung in einem Land geben konnte, in dem es immer schwieriger wurde, sich zu tarnen.

Die Geschichte begann Anfang 1945, als, nach kommunistischer Version, Colonel Behn eng mit dem amerikanischen Geheimdienst zusammenarbeitete. In New York besuchte ihn eines Tages der Elektroingenieur Robert Vogeler, ein ehemaliger Major des Marine Corps. Behn ernannte Vogeler zum Gebietsmanager für Osteuropa mit Sitz in Wien. Er trug ihm außerdem auf, in Wien Kontakte zum amerikanischen Geheimdienst aufzunehmen. Vogeler handelte wie aufgetragen. In Wien bewegte er sich ständig zwischen den Büroräumen der ITT und von ODI, dem militärischen Nachrichtendienst für Osteuropa. Beim ODI hatte er ein eigenes Büro, den Raum Nr. 15 im Gebäude der Allianz. Diese Doppelrolle spielte Vogeler in den nächsten vier Jahren, und er reiste oft zu kurzen Besuchen nach Ungarn. Insgesamt hielt er sich acht Wochen dort auf. 1946 kam Colonel Behn persönlich nach Wien, um gemeinsam mit Vogeler nach Ungarn zu reisen.

1947 warb Behn einen weiteren als Spion verdächtigen Mitarbeiter an, den Briten Edgar Sanders; er war damals 41 Jahre alt, Halbrusse und in Leningrad geboren. Sanders war Buchhalter. Mit seinem glatten schwarzen Haar ähnelte er seinem Vetter, dem Filmstar George Sanders. Nach seinem Geständnis hatte er mit seiner Arbeit für den britischen Geheimdienst schon während des Krieges im Nahen Osten begonnen. Nach dem Krieg war er als Geheimdienstoffizier im Rang eines Captain Mitglied der britischen Militärmission in Budapest geworden. Als dann der ungarische Friedensvertrag geschlossen wurde, der die geheimdienstlichen Möglichkeiten beschnitt, sollte er in London aus dem Dienst entlassen werden. Bald darauf bat ihn ein Captain Barkley aus dem Kriegsministerium, wieder für den Geheimdienst zu arbeiten. Zur Tarnung wurde ihm eine Stellung bei der ITT angeboten. Sein Bruder Alexander Sanders (vgl. S. 36f) arbeitete in der deutschen ITT-Niederlassung. Sanders besuchte Behn, der ihn nach Budapest zurückschickte, um das ITT-Werk zu leiten. Ihm wurde gleichzeitig aufgetragen, Captain Hanley von der britischen Gesandtschaft Bericht zu erstatten. Er erhielt außerdem den Auftrag, eine Isolierung Ungarns von den anderen kommunistischen Ländern zu unterstützen.

Der dritte Spitzbube in diesem kommunistischen Drama war Ungar. Es war der Chefingenieur im Budapester ITT-Werk, Imre Geiger, damals 48 Jahre alt. Er stammte aus einer mittelständischen jüdischen Familie, arbeitete für die ITT seit Gründung des Budapester Werkes und hatte bereits vor dem Krieg nach eigener Aussage Beziehungen zum amerikanischen Geheimdienst unterhalten. Es war Ogilvie, der ihn in den Geheimdienst einführte. Im Herbst 1947 reiste er zu Gesprächen mit der ITT-Zentrale nach New York. Dort will er herausgefunden haben, daß enge Beziehungen zwischen der ITT und dem amerikanischen Generalstab bestanden. Als Colonel Behn 1948 nach Ungarn kam, beförderte er ihn zum Generaldirektor – in der Annahme, daß Geiger Sabotage und Spionage betreiben könnte. Behn versprach, daß er Geiger zur Flucht verhelfen würde, sobald es nötig sein sollte. Ein guter Posten bei der ITT im Westen wurde ihm garantiert.

Ein vierter Mittäter hatte zwar nichts mit der ITT zu tun, war aber für die übrigen sehr wichtig. Zoltan Radó hatte eine wichtige Stellung im Innenministerium, er war für die Überwachung der ITT zuständig. In der Tschechoslowakei aufgewachsen, war er, wie er aussagte, während des Krieges nach Großbritannien gegangen, wo er mit Trotzkisten verkehrte und vom britischen Geheimdienst benutzt wurde, um Informationen gegen die Kommunisten zu sammeln. Dann ging er nach Ungarn. Er arbeitete weiterhin für den britischen Geheimdienst, gab sich jedoch als ungarischer Kommunist aus, so daß er im Ministerium schnell Karriere machte. Hier konnte er Genehmigungen und Visa für die ITT-Leute erteilen.

Im Oktober 1948, nur vier Monate nachdem er seinen Präsidentenposten verloren hatte, reiste Colonel Behn nach Budapest und traf sich zum entscheidenden Gespräch im Salon des Hotels *Gellert* mit Pinkney, Vogeler, Sanders und Geiger. Sie warteten, bis die Sekretärin, Frau Zador, gegangen war und schalteten das Telefon aus, um nicht abgehört zu werden. Erst dann entwickelte Behn seinen großen Plan. Gegenwärtig drohe, wie er meinte, ein dritter Weltkrieg, und Ungarn würde sich auf der feindlichen Seite befinden. Daher verstieße es gegen die Interessen der Vereinigten Staaten, wenn eine amerikanische Gesellschaft das ungarische Fernmeldewesen entwickeln würde. Sie müßten daher die Produktion drosseln und auf jede mögliche Weise sabotieren. Behn (nach dem Bericht von Sanders) erklärte, daß diese ITT-Politik «nicht direkt auf Anweisung, aber im Einvernehmen mit dem Generalstab» entwickelt worden sei. Geiger wollte Ungarn verlassen und bat Behn, ihm im Westen eine Arbeit zu beschaffen. Behn erwiderte, daß er bleiben und den Plan ausführen müsse.

Danach wurden, wie es in den Geständnissen heißt, «Sabotage und Spionage» verstärkt. Aufträge für die Sowjet-Union wurden in die Türkei geleitet, Rechnungen wurden gefälscht (sagte der Staatsanwalt), um die Aktiva zu verringern und damit Steuerzahlungen zu vermeiden. Überall in der Fabrik wurden Maschinen von einer Ecke in die andere gerückt und dann wieder zurückgestellt, um den Produktionsablauf zu stören. Schließlich sank die Produktion auf 40 Prozent ihres früheren Standes. Die Betriebsanlagen verkamen, Aufträge wurden verschoben. Das Werk erhielt die Anweisung, neue Pläne nur von London zu übernehmen. Doch als in der Londoner ITT-Filiale die Entwürfe angefordert wurden, verzögerte diese ständig die Übersendung.

Zur gleichen Zeit übermittelten die Mittäter alle verfügbaren Informationen an die amerikanische Botschaft. Auch Sanders, obwohl er für die Briten arbeitete, belieferte die Amerikaner. Auch Radó, der anfangs für die Briten arbeitete, ließ sich 1949 von den Amerikanern anwerben. Sie zahlten besser (Radó klagte, daß die Briten ihm 1948 nur 120 Pfund zahlten). Sie beschafften Pläne des Telefonnetzes und anderer Einrichtungen, die der britische Luftfahrtattaché Bisdee mit blauen Kreisen und Flaggen genau in eine Landkarte eintrug.

Es war, wie es scheint, Vogeler, der plötzlich übereilt handelte. Er hatte sich mit einer jungen Baronin namens Edina Dory angefreundet. Sie arbeitete als Barfrau im Hotel *Astoria*; sie schien ein natürlicher Verbündeter zu sein. Ihr Vater war Großgrundbesitzer gewesen, der von den Kommunisten enteignet worden war, und Edina mußte eine nicht standesgemäße Arbeit annehmen. Ihre Schwester hatte einen amerikanischen Geheimdienstbeamten, Colonel Kovach, geheiratet, der früher an der amerikanischen Botschaft gearbeitet hatte. Sie selbst wollte ebenfalls in den Westen. Vogeler lernte Edina im Hotel *Astoria* kennen, vertraute ihr und setzte sie ein, um Informationen zu sammeln; denn Edina arbeitete gelegentlich in der Telefonzentrale des Hotels. Wahrscheinlich wurde Vogeler schon damals beobachtet. Seine Bekanntschaft mit Edina war unvorsichtig; denn die Geheimpolizei, die AVP, beobachtete Hotels wie das *Astoria* besonders sorgfältig.

Ende Oktober nährte sich bei Vogeler der Verdacht, daß er beschattet wurde, wenn er den amerikanischen Geheimdienstchef Colonel Kraft traf. Er warnte Geiger und Edina Dory und versprach, sie aus Ungarn herauszubringen. Er schickte ein Telegramm an die amerikanische Botschaft in Wien, die versprach, die Flucht zu organisieren. Am 10. November bestiegen Geiger und seine Frau zusammen mit Edina Dory wie abgemacht einen Zug am Budapester Ostbahnhof und wechselten in Györ den Zug zur Grenzstadt Pinnye auf der Strecke nach Wien. Dort verhaftete die Grenzpolizei alle drei. Neun Tage später wurde Vogeler unter dem Vorwurf der Spionage festgenommen. Zwei Tage später hielten sie Sanders auf der Straße an und verschleppten ihn in einem Polizeiauto.

Drei Monate später, nach ausführlichen Verhören durch die Geheimpolizei, wurde den Beschuldigten der Prozeß gemacht. Die vierte Hauptfigur, Radó, war kurz zuvor verhaftet worden. Die Angeklagten machten nach der Beschreibung des *Times*-Korrespondenten vor Gericht einen gefaßten und entspannten Eindruck, als sie vor dem Vorsitzenden ihre Geständnisse ablegten, der ihnen nur gelegentlich soufflierte. Die Beweisführung legte neben den detaillierten Schuldbekenntnissen besonderen Nachdruck auf die Beziehungen zwischen der ITT und der amerikanischen Regierung. Vogeler erklärte, daß «die Zusammenarbeit zwischen der Firma und dem Militär sich durchaus zu einer Kontrolle des Militärs über den Betrieb und die Geschäftspolitik der ITT entwickelte und daß dies nicht nur auf unsere Firma allein zutrifft, sondern auch auf andere Gesellschaften, soweit sie große ausländische Niederlassungen besitzen».

Imre Geiger berichtete von Behns Beziehungen zu den Nazis. Behn, so sagte er, war 1938 nach Ungarn gekommen, als sich Ungarn bereits unter dem Einfluß der Nazis befand. Man habe zu seinen Ehren ein Essen gegeben. Dort ordnete er an, die Produktion zu verdoppeln. Dann befragte der Richter ihn nach der Tätigkeit der ITT während des Krieges. Hier schien Geiger bei seinen einstudierten Antworten erstmals zu zögern:

RICHTER: Hatten die Amerikaner während des Krieges gegen die Faschisten irgendwelche indirekten Kontakte zu der Fabrik?

GEIGER: Sie hatten Kontakte.

RICHTER: Wie?

GEIGER: Sie entsandten ihre Vertreter, die zuvor in der Berliner Standard-Niederlassung gearbeitet hatten, hierher. Der Beauftragte der früheren Berliner Standard-Fabrik kontrollierte und leitete dann die Budapester Betriebe.

RICHTER: Hatte diese Person auf irgendeine Weise auch Kontakt mit den Amerikanern während des Krieges?

GEIGER: Soweit ich informiert bin, ja.

RICHTER: Wo?

GEIGER: Im Ausland.

RICHTER: Wo?

GEIGER: In Deutschland und dann ...

RICHTER: Amerikaner konnten damals aber nicht ohne weiteres dorthin.

GEIGER: Sie konnten dies nicht nach dem amerikanischen Kriegseintritt.

RICHTER: Aber hier liegen mir Angaben vor, daß Sie selbst während jener Zeit mit ihnen in Verbindung standen. Wußten Sie, daß sie Colonel Behn verschiedentlich in der Schweiz trafen?

GEIGER: Nach dem amerikanischen Kriegseintritt.

RICHTER: Und selbst dann beeinflußten die Anweisungen nicht die Produktion dieses Werkes?

GEIGER: Das ging so bis zuletzt, bis zum Ende des Krieges.

Der Prozeß dauerte vier Tage. Die Angeklagten gaben ihre Schuld zu und dankten dem Gericht. Die Verteidigung bat um Milde. Einer der Verteidiger sagte, die Angeklagten seien nur «Marionetten in den Händen der Monopolkapitalisten, der Bankiers, Eisenbahnkönige und Tabakmagnaten ... diese verschlungenen Beziehungen sind charakteristisch für die Vereinigten Staaten von Amerika». Vogeler bekam jedoch fünfzehn Jahre und Sanders dreizehn Jahre Freiheitsstrafe. Zwei weitere Angeklagte, ein Priester und ein Buchhalter, erhielten je zehn und Edina Dory fünf Jahre. Geiger und Radó wurden zum Tode verurteilt. Kurz nach dem Urteil wurde die Todesstrafe vollstreckt. Die ITT wurde kurze Zeit nach den ersten Verhaftungen ohne

Entschädigung enteignet. Die Entdeckung der Verschwörung hatte den Kommunisten den Vorwand geliefert, den sie dazu brauchten. Der Name Standard wurde gelöscht. Das Werk erhielt den Namen Beloyannis nach einem griechischen kommunistischen Guerilla-Führer.

Vogeler mußte nur ein Jahr absitzen. Denn das amerikanische Außenministerium leitete Vergeltungsmaßnahmen ein. Es schloß ungarische Konsulate und schränkte die Visaerteilung ein. Vogelers hübsche Frau Lucile führte eine geschickt angelegte Kampagne für seine Freilassung, freundete sich mit russischen Agenten an, um die Bedingungen zu erörtern, und bat schließlich den damaligen Außenminister Dean Acheson in London persönlich um seine Hilfe. Die ITT drängte das Außenministerium, mit den Kommunisten zu verhandeln. Schließlich wurde Vogeler im April 1951 als Gegenleistung für die Wiedereröffnung der Konsulate und die Erleichterungen der Reisebeschränkungen freigelassen. Auch könnte es sein, daß die ITT zusagte, die Kommunisten mit einigen Lizenzen und Entwürfen zu versorgen.

Zunächst gab Vogeler zu, daß seine Geständnisse «etwas Wahrheit» enthielten. Später veröffentlichte er jedoch ein Buch, in dem er beschrieb, daß die Geständnisse unter Druck gemacht worden waren, und er berichtete umfassend seine Version der Geschichte. Weder er noch irgendein anderer seien Spione gewesen. Die Anweisungen von Colonel Behn bestanden lediglich darin, alles zu tun, um eine Beschlagnahme des ITT-Vermögens zu verhindern. Die Ungarn hätten versucht, die Firma mit der Methode der «schleichenden Enteignung» in den Konkurs zu treiben. Als Behn 1948 nach Ungarn kam, versuchte er verzweifelt, eine Vereinbarung dahingehend auszuhandeln, daß die ITT die Kommunisten gegen prompte Bezahlung und vernünftige Gewinne mit Lizenzen und Plänen versorgen würde. Die Verhandlungen wurden vom amerikanischen Außenministerium und dem amerikanischen Handelsattaché Jule Smith mit Argwohn verfolgt. Jule Smith vermutete, daß die ITT der Enteignung nur entgehen konnte, wenn sie den Kommunisten technische Informationen zugänglich machte, die diese nicht besitzen durften. Vogeler betonte, daß die Angestellten der ITT loyale amerikanische Bürger seien. Wenn sie sich jedoch nicht mit den Kommunisten einigten, würde dies mit Sicherheit irgend jemand anders (wie etwa Philips in Holland) tun.

Im Juli 1948 hatte Behn endlich einen Vertragsentwurf mit den Kommunisten ausgehandelt, demzufolge die ITT den Kommunisten neue technische Informationen übermitteln würde; hierzu gehörten Einrichtungen der Navigationshilfe für die Flughäfen. Während sie jedoch auf die Genehmigung durch das amerikanische Außenministerium warteten, spitzte sich das Verhandlungsklima gefährlich zu. Man verweigerte Vogeler ein Visum, um nach Ungarn zurückkehren zu können – ein böses Omen –, und Sanders warnte ihn, daß das Geschäft platzen würde. Colonel Behn war jedoch ungeduldig und schickte ein Telegramm: ICH BIN ÜBER DIE VERZÖGERUNG ERSTAUNT UND FORDERE SIE AUF UMGEHEND VORBEREITUNGEN ZU TREFFEN DAMIT SIE SO SCHNELL WIE MÖGLICH NACH BUDAPEST REISEN. So beschaffte sich Vogeler ein Visum unter der Hand und kehrte nach Budapest zurück, um dann zu entdecken, daß das amerikanische Außenministerium die Genehmigung für den Vertragsabschluß verweigert hatte. Die Kommunisten hatten unterdessen mit Philips ein Abkommen abgeschlossen. Sie hatten nunmehr keine Verwendung mehr für die ITT, und die Polizei schloß das Werk. Vogeler versuchte in einem Dienstwagen der ITT zu entkommen. Er wurde jedoch an der Grenze festgenommen.

Vogeler bestritt, daß er oder irgend jemand anders Spione gewesen seien. Alles, was er getan hatte, bestand darin, einigen ungarischen Freunden zur Flucht zu verhelfen, dem amerikanischen Geheimdienst einige Informationen zu übermitteln und die Beziehungen zu seinem Freund Fish Karpe aufrechtzuerhalten, jenem waghalsigen amerikanischen Agenten, der später aus dem Arlberg-Expreß gestoßen wurde. Es ist schwer vorstellbar, daß Vogeler wirklich ernsthaft Spionage betrieben hat; denn seine Frau und er waren ausgesprochen unbesonnen und freimütig. Sein offener Antikommunismus schien eher darauf angelegt, die Ungarn wütend zu stimmen als sie zu täuschen. Nach seiner Freilassung wurde er auch der ITT immer lästiger. Schließlich verklagte er die ITT auf die Zahlung von 500000 Dollar. Sanders hingegen war ein entschlossenerer Typ, der mit Sicherheit früher für den britischen Geheimdienst gearbeitet hatte. Er wurde erst zwei Jahre später freigelassen und zog sich ohne Aufsehen nach Southend in England zurück.

Es bleibt auch heute noch undurchsichtig, welches gefährliche Spiel Colonel Behn dort wirklich gespielt hat. Die Aussichten, mit den Kommunisten nach 1947 eine Vereinbarung zu treffen, waren sehr gering. Doch Behn hoffte (so erklärte es Vogeler), daß sich Ungarn von den Russen lösen ließe wie dies die Jugoslawen getan hatten. Darüber hinaus mag er von der Überlegung ausgegangen sein, daß die weitere aktive Präsenz der ITT in Ungarn dem Konzern eine größere Chance für eine mögliche Entschädigung geben würde.[30]

Behn machte wie gewöhnlich seine eigene knifflige Außenpolitik. Gegenüber den Sowjets behielt er seine zweideutige Haltung, um mit ihnen ins Geschäft zu kommen, setzte sich damit aber dem Mißtrauen des amerikanischen Außenministeriums aus. Er betrieb eher seinen eigenen Geheimdienst, als daß er für irgendeine andere Seite arbeitete. Es ist jedoch unwahrscheinlich, daß er nicht mit dem amerikanischen Geheimdienst in Verbindung gestanden hat. Jedenfalls wird hier deutlich, wie rücksichtslos er die Verfolgung seiner eigenen Geschäftsinteressen betrieb und wie leichtfertig er das Leben seiner Angestellten riskierte. Er hat zwei seiner Leute zu einem Zeitpunkt in den Tod geschickt, als die Gefahr bereits erkennbar war und damit den Kommunisten einen nützlichen Vorwand lieferte. Das grausame Budapester Abenteuer ähnelt bestürzend der chilenischen Kapriole.

## Das Netz des alten Knaben

Aber während die ITT so stark an den Vorposten des Kalten Krieges beschäftigt war, war sie in den USA und in Westeuropa durchaus nicht untätig. Die ITT baute transatlantische Kabelverbindungen auf. Vier Jahre nach dem Schauprozeß in Ungarn war die ITT insbesondere mit dem ehrgeizigen Projekt beschäftigt, ein neues Unterwasserkabel zu verlegen. Dies war ein sehr viel eindeutigeres geschäftliches Abenteuer als das Budapester Unternehmen. Das Projekt wurde jedoch politisch, das heißt im Namen der Nato und des Atlantischen Bündnisses angekurbelt. Die Einzelheiten dieses Unternehmens, die rein zufällig bekannt wurden, enthüllen eine sorgfältige Verflechtung der Geschäftsinteressen der ITT mit den britischen oder amerikanischen Staatsinteressen. Das detaillierte, nunmehr verfügbare Material vermittelt ein sehr anschauliches Bild von den aktiven Lobbymethoden auf seiten der ITT.

Der Sonderbeauftragte der Firma für dieses Projekt war ein unerschrokkener Admiral. Ellery Stone war schon vor dem Zweiten Weltkrieg eine wichtige Schlüsselfigur für die ITT. So hatte er schon 1933 den italienischen Flieger Italo Balbo in New York im Namen der ITT empfangen. Während des Krieges stieg Stone zum Admiral und Chefunterhändler der Alliierten Kontrollkommission in Italien auf. Er unterhielt aber weiterhin enge Beziehungen zur ITT. Einer von Behns Söhnen war sein Adjutant. Stets wirkte er, wie einer seiner Kollegen berichtete, mehr wie ein Geschäftsmann als wie ein Admiral. In Italien arbeitete er eng mit zahlreichen Engländern in hohen Positionen zusammen. Mit Orden überhäuft kehrte Stone aus dem Krieg zurück: Komtur des britischen Königreiches, Grand-Offizier der Krone von Italien. Er wurde mit der Nadel der Ehrenlegion und dem Orden Leopolds II. ausgezeichnet. Nach dem Krieg blieb er in Italien im Alliierten Hauptquartier und heiratete seine dritte Frau, eine junge italienische Herzogin. Dann ging er zur ITT zurück. Er wurde Präsident der Tochterfirma Commercial Cable, war vor allem in Europa sehr aktiv, reiste umher und besuchte seine alten Freunde, übte sich überall im *name-dropping* und bewirtete Gäste im *Savoy* oder in seiner Sondersuite im Hotel *Metropole* in Brüssel. «Er behandelte jedes Büro (so klagte mir ein ITT-Angestellter) als sein Achterdeck.»

1954 wurde der Admiral beauftragt, Anlagerechte für ein transatlantisches Kabel auszuhandeln, das die ITT von den Vereinigten Staaten über Kanada und Grönland nach Großbritannien verlegen wollte. Der Code-Name des Projekts hieß «Deep Freeze» [Tiefgefroren]. 11 Prozent der Kabelkapazität sollte an die amerikanische Luftwaffe verpachtet werden. Darum hatte die amerikanische Regierung der ITT vertraglich zugesichert, im Ausland dabei behilflich zu sein, die Anlagerechte zu erwerben. Als später das Projekt aufgegeben wurde, verlangte die ITT von der amerikanischen Regierung mit erstaunlicher Unverfrorenheit 800000 Dollar wegen nicht ausreichender Hilfeleistung und damit wegen Vertragsbruch. Erst 1968 verlor die ITT den Prozeß. Während des Prozesses kam das Justizministerium in den Besitz eines Teils der Korrespondenz von Admiral Stone und anderer ITT-Unterlagen (klassifiziert als die J 261-Dokumente). Nur so wurden sie bekannt und dienten als Material für diese bemerkenswerte Geschichte.[31]

Die Hauptaufgabe des Admirals bestand darin, auf die britische Regierung einzuwirken, die Anlagerechte an die ITT zu vergeben, und dies, obwohl das Kabelprojekt in direkter Konkurrenz zu dem der verstaatlichten britischen Gesellschaft Cable and Wireless stand und die Briten sich zudem bereits für ein anderes neues Kabel entschieden hatten. Dennoch betrieb Stone seine Lobbytätigkeit mit bemerkenswerter Hartnäckigkeit weiter und nutzte seine alten Kriegsfreundschaften weit über Gebühr aus. Bevor er die Arbeit aufnahm, schrieb er von New York aus einen seiner charakteristischen, hochtrabenden Briefe an Sir Thomas Spencer (damals Vorsitzender der Standard Telephones & Cables, der Londoner Niederlassung der ITT):

> Ich kenne Sir Roger Makins[32], Ihren hiesigen Botschafter, sehr gut und ebenfalls Sir Harold Caccia[33], der jetzt im Außenministerium tätig ist. Ich bin ferner mit Harold Macmillan bekannt, der, wie man hier hört, als Nachfolger für Mr. Eden für den Fall im Gespräch ist, daß Churchill sich zurückzieht. Ich habe mit General John Harding in Italien gedient als wir beide Alex[34] unterstellt waren, und mir war Admiral McGrigor, der Chef des Marinestabes, in Italien unterstellt. So hoffe ich, von diesen Herren zumindest empfangen zu werden, falls wir in ernsthafte Schwierigkeiten geraten sollten.

Als Macmillan vier Monate später Verteidigungsminister wurde, sah der Admiral seine Chance. Er schickte einen Glückwunschbrief und erhielt von Macmillans Sekretärin die Antwort, daß der Minister ihn gerne empfangen würde. So besuchte der Admiral am 3. November 1954 Macmillan und erklärte ihm über zwanzig Minuten lang das Projekt «Deep Freeze». Sodann (so Stone in seinem Bericht an die ITT in New York)

> diktierte er während unseres Treffens eine Aktennotiz für den Staatssekretär seines Ministeriums und klärte ihn über seine Beziehungen zu mir während des Krieges, meine heutige Stellung, die Kosten und die Route von «Deep Freeze» und die Unterstützung durch den JCS [Joint Chiefs of Staff] auf. Er nahm an, daß über unseren Antrag schon seit einiger Zeit nichts entschieden worden sei ... Ich bat um die Gelegenheit, auf höchster Ebene gehört zu werden, falls die Möglichkeit einer negativen oder einschränkenden Entscheidung bestehen sollte. Ich glaube wirklich, daß wir damit sehr viel erreicht haben, denn Macmillans Stellung im Kabinett ist sehr stark.

Zur gleichen Zeit erhielt der Admiral erstaunlicherweise Hilfe auch von einem anderen Kriegsveteranen, der auch in Italien gedient hatte: Major-General Sir Leslie Nicholls, dem Vorsitzenden von Cable and Wireless. Zwei Tage nach seinem Besuch bei Macmillan schrieb der Admiral nach New York:

> Ich schreibe, anstatt zu telegrafieren, weil ich stets befürchte, daß General Nicholls Schwierigkeiten bekommt. Er ist so offen zu mir, und ich befürchte, daß er mir mehr erzählt, als er tun sollte. Ich rief ihn heute morgen an, um festzustellen, ob er das neue P.O.-Papier erhalten hat. Er hatte es bekommen und sagte: «Die sind immer noch gegen Sie. Aber ich habe meine Leute angewiesen, den Widerstand zu durchlöchern, und ich werde sie mir natürlich immer wieder vorknüpfen» ... Unsere großen Verbündeten werden das Verteidigungs- und das Schatzministerium sein. C&W gehört dem Schatzministerium, es erhält Dividenden von der Firma. Es wird unseren Siebzehn-Millionen-Dollar-Aufwand schätzen wie auch die Kostenersparnis für das vorgeschlagene Kabelprojekt NATO–Großbritannien–Irland ...

Nicholls und Macmillan blieben nützliche Verbündete. Fünf Monate später, im April 1955, berichtete Stone dem Präsidenten der ITT, General William Harrison, daß er Macmillan wiederum besucht habe, er erwähnte dessen «äußerst entgegenkommende Freundlichkeit und Hilfsbereitschaft». Er fügte hinzu, daß die «Militär-Persönlichkeit [General Nicholls] gute Arbeit geleistet habe, indem er Mr. Macmillan zu unseren Gunsten zwei Tage vor meinem gestrigen Besuch Bericht erstattete».

In der Zwischenzeit übte die ITT Druck auf Washington und Ottawa aus. Für ihre Verhandlungen mit Kanada setzte die ITT Gordon Maclaren ein, einen hochbefähigten Juristen. Dieser kannte mehrere Kabinettsmitglieder persönlich, unter ihnen den damaligen Außenminister Lester Pearson. In einer Note der Anwaltsfirma von Maclaren (die später in die Hände des Justizministeriums fiel) heißt es: «Anruf von L. B. Pearson. Er versuchte die Dinge in Bewegung zu bringen, er wird uns über die großen Schwierigkeiten informieren, in die sie geraten sind, und uns wenn möglich ins Gespräch bringen. (Vertraulich).» Am Tag nach diesem Telefonat erhielt der für «Deep Freeze» verantwortliche ITT-Mann in Kanada einen sehr vertraulichen Anruf von Pearson (Einzelheiten des Gesprächs wurden rasch an Stone übermittelt), mit dem ihm eine Neuigkeit vom kanadischen Hochkommissariat in London mitgeteilt wurde, danach würde sich Großbritannien dem Antrag Kanadas widersetzen: «Es sei wünschenswert für Kanada, die sofortige Entscheidung bis auf einen weiteren Informationsaustausch zwischen den Regierungen auszusetzen.»

In Washington benutzte die ITT zur gleichen Zeit die amerikanische Regierung, um Druck auf die Briten auszuüben. Die ITT behauptete, daß es sich bei dem Kabel vor allem um ein Verteidigungsprojekt und nicht um ein Geschäft handelte. Forest Henderson von der ITT in New York schickte an Stone in London am 14. September 1954 folgendes Telegramm:

ICH MEINE WIR KÖNNTEN UNTERSTÜTZUNG VOM OBERKOMMANDO IN WASHINGTON ERHALTEN INDEM ES FÜR UNS DIE BEAMTEN IM BRITISCHEN VERTEIDIGUNGSMINISTERIUM AUF DIE DRINGENDE NOTWENDIGKEIT FÜR DIE USA AUFMERKSAM MACHT AUS MILITÄRISCHEN GRÜNDEN DAS KABEL ZU DEN VORGEGEBENEN DATEN FERTIGZUSTELLEN OHNE DASS EIN EINZYIGER GESCHÄFTLICHER ASPEKT INS SPIEL GEBRACHT WÜRDE.

Im nächsten Monat berichtete Henderson an Admiral Stone: «Wir meinen, daß es für unser Außenministerium höchste Zeit ist, sich der Sache anzunehmen und eine nachdrückliche Botschaft an die Außenministerien aller in das Projekt verwickelten Staaten zu senden mit der Bitte, unser Projekt sofort zu behandeln und ihm eine günstige Beurteilung zu geben.» Er teilte Stone mit, daß er selbst nach Washington reisen werde, um an der Durchsetzung des Projekts zu arbeiten. Er wollte die Information nutzen, die Lester Pearson der ITT hatte zukommen lassen, diese allerdings nicht aufdecken.

Im folgenden Monat Mai fand in Paris ein Treffen der NATO-Außenminister statt. Unter ihnen befanden sich Dulles und Macmillan. Nun hatte Admiral Stone die Gelegenheit, «Deep Freeze» auf höchster Ebene anzusprechen. Er bat um einen Besuch in der Angelegenheit «Deep Freeze» bei dem persönlichen Referenten von Dulles, Livingston Merchant: «Ich hoffe, daß Mr. Dulles die Gelegenheit finden wird, dieses Projekt gegenüber Mr. Macmillan zu erwähnen. Inoffiziell habe ich nämlich persönlich dieses Projekt bereits zweimal mit ihm besprochen, als er noch Verteidigungsminister war; ich kenne ihn und habe mit ihm zusammen während des Zweiten Weltkriegs gedient.» Stone berichtete dann über eine «zufriedenstellende» Begegnung mit Merchant. Dieser versprach ihm, Dulles dazu zu bewegen, mit Macmillan zu reden und diese Frage auch gegenüber Sir Harold Caccia zur Sprache zu bringen. Dieser war jetzt Macmillans Stellvertreter und die ITT hatte ihm (der Admiral beeilte sich, die ITT in New York daran zu erinnern) kürzlich «in einer persönlichen Angelegenheit» helfen können.

Pünktlich erwies Dulles der ITT den Gefallen. Am gleichen Abend schickte Staatssekretär Douglas Dillon, der sich ebenfalls in Paris aufhielt, ein Telegramm nach Washington, aus dem diese Beziehungen zwischen Regierung und Privatfirmen sehr deutlich hervorgehen:

> ADMIRAL STONE BESUCHTE MERCHANT AM MORGEN DES 12. MAI UND HINTERLIESS EINE NOTIZ MIT ANLAGEN DIE BEREITS IM MINISTERIUM LIEGEN. ER DRÄNGTE DARAUF, DASS DER MINISTER [Dulles] DIE ANGELEGENHEIT GEGENÜBER MACMILLAN ZUR SPRACHE BRINGEN SOLLTE WAS DIESER AUCH SPÄTER AM MORGEN TAT. DER MINISTER SAGTE MACMILLAN WÜRDE SICH SICHER NOCH AN DIE ANGELEGENHEIT DES BEWUSSTEN KABELS UND SEINER MILITÄRISCHEN BEDEUTUNG AUS SEINER ZEIT ALS VERTEIDIGUNGSMINISTER ERINNERN. ER BETONTE DASS WIR NOCH IMMER AUF ANTWORT AUF UNSERE NOTE VON MITTE MÄRZ WARTETEN. ER BAT IHN NACH SEINER RÜCKKEHR NACH LONDON SORGE FÜR EINE BESCHLEUNIGTE ABWICKLUNG DER ANGELEGENHEIT ZU TRAGEN. MACMILLAN SAGTE ZU. IN DER NÄCHSTEN BESPRECHUNG ZWISCHEN CACCIA UND MERCHANT VERTRAT JENER DEN URSPRÜNGLICHEN STANDPUNKT DER SICH AUF EINEN KABINETTSBESCHLUSS GRÜNDET. ES SEI DAHER KEINE WEITERE ODER ABGEÄNDERTE ANTWORT VOR DEN BRITISCHEN WAHLEN ZU ERWARTEN. ICH ÜBERLASSE ES DER LONDONER BOTSCHAFT WIEVIEL HIERÜBER ADMIRAL STONE MITGETEILT WERDEN KANN. STONE WIRD GEWISS EINEN KURZEN BERICHT ERWARTEN DÜRFEN.

Der Admiral fuhr in seinen Bemühungen fort. Im nächsten Monat flog Sosthenes Behn persönlich nach London. Er war nun 72 Jahre alt. Stone vereinbarte ein Gespräch zwischen dem Colonel und dem amerikanischen Botschafter. «Aus Freundschaft zu dem Botschafter und auf Grund seines ausgedehnten prominenten Bekanntenkreises in London würde er gerne selbst versuchen dabei zu helfen, den Bremsklotz aus dem Weg zu räumen.» Aber das konnte nicht einmal der Colonel. Noch 1956 war Stone, nach einem Gespräch am 28. Februar mit dem Postminister Dr. Charles Hill, voller

Hoffnung. Aber es gab weiterhin starken Widerstand in London und Ottawa gegen das Projekt. Schließlich gab man es auf.

Obwohl die ITT bei diesem Projekt keinen Erfolg hatte, zeigen die «Deep Freeze»-Papiere, wie geschickt die ITT zwischen den westlichen Regierungen lavierte. Nur durch Zufall gelangten die Unterlagen an die Öffentlichkeit. Wie viele andere derartige Interventionen stattfanden, wird wohl niemals aufgedeckt werden. Das Projekt galt ausschließlich dem Geschäft, wobei die ITT unmittelbar in Konkurrenz zu der britischen staatseigenen Firma stand. Und obwohl die Verteidigungsinteressen nur sekundärer Natur waren, vermochten die ITT-Leute offenkundig Beamte und Minister auf beiden Seiten des Atlantiks zur Unterstützung und zur Überlassung von Geheimmaterial zu überreden. Ihre eigenen Schritte hielten sie vor den Regierungen geheim. Sie konnten den Druck auf Ottawa, Washington und London mittels ihrer eigenen äußerst raschen Informationsdienste koordinieren.

Diese beiden diplomatischen Abenteuer an zwei weit voneinander liegenden Plätzen Europas werfen ein bezeichnendes Licht auf die undurchsichtige Natur der ITT. Natürlich unterschieden sich die Vorhaben in Budapest und London. Aber aus beiden geht hervor, daß sowohl der firmeneigene diplomatische als auch der nachrichtendienstliche Apparat der Firma effizienter und rücksichtsloser war als die der westlichen Nationen, mit denen sie zusammen operierte. Es könnte nun eingewandt werden, daß dies nur gut sei; ein multinationaler Konzern müsse eben eine globaler orientierte Sicht haben als nationale Bürokraten. Doch belegt Colonel Behns Verhalten diese These kaum. Er brauchte die Regierungen, die er zugleich hinterging. Mal war er Sachwalter der nationalen Sicherheit, mal war er der echte Freibeuter. Und trotz seiner Sünden während des Krieges segelte das von ihm gebaute Piratenschiff unter vollen Segeln, und die Marineflotten konnten es nicht einholen.

Wie unwandelbar sind die Grundsätze und Merkmale von multinationalen Konzernen? Die ITT sollte in den kommenden Jahren sicherlich große Erschütterungen und Veränderungen erfahren – mit neuen Geschäftszweigen und Betrieben, einem sehr anders gearteten Präsidenten und einer neuen geographischen Verbreitung. In zwei wesentlichen Punkten ähnelt die ITT jedoch noch immer der Erfindung von Behn. Zum einen hat die ITT an der Spitze noch immer eine einzige beherrschende Persönlichkeit. Nie, weder gestern noch heute, war jemand im Vorstand oder im Management stark genug, um gegen die Fehler des Präsidenten anzugehen. Die meisten leitenden Angestellten sind, wie mir ein Direktor schilderte, «wie Unteroffiziere. Sie sind handlungsorientiert und warten darauf, daß ihnen gesagt wird, was zu tun sei.»

Zweitens betrachtet sich die ITT noch immer als über den Regierungen, ihren Kontrollen und über der Moral stehend. Sie stellt sich immer noch als amerikanische Firma in den USA, britische Firma in Großbritannien und deutsche Firma in der Bundesrepublik vor. Sie schuldet keiner Regierung Loyalität und betrachtet jede Regierung als ein unnötiges Hindernis zur Durchsetzung ihrer Ziele. Es wäre meiner Meinung nach falsch, die jüngsten Untaten der ITT mit dem Verhalten der ITT während der Kriegs- und Nachkriegszeit zu vergleichen. Aber in all den fünf Jahrzehnten seiner Existenz hat dieser multinationale Konzern in Formen operiert, die Zweifel aufkommen lassen sowohl an ihrem Charakter als auch an ihrer Organisation.

Kapitel 4

# Der Apparat von Geneen

Erst 1956 schied Colonel Behn schließlich bei der ITT aus, 36 Jahre nachdem er die ITT gegründet hatte. Im April ereilte General Harrison plötzlich mitten in der Arbeit der Tod. Im folgenden Monat setzte sich Behn im Alter von 74 Jahren zur Ruhe. Er starb im Jahr darauf. Sie hinterließen eine Lükke. Der Board war sich unschlüssig darüber, mit welchen Personen ihre Positionen besetzt werden sollten. Als Übergangslösung ernannte er Edmond Leavy, ebenfalls ein General. Der West Point-Absolvent sah seriös und würdig aus, hatte aber keinerlei Vorstellungen über die Zukunft der Firma. Gleichzeitig wählte der Board ein Unterkomitee aus drei Direktoren, an der Spitze den ehrbaren Bankier Hugh Knowlton, früher bei Kuhn Loeb. Nur um überhaupt irgend jemanden zu finden, der die Gesellschaft zusammenzuhalten vermochte. Über Mittelsmänner suchten sie weiter nach einem neuen Mann. Schließlich hörten sie von einem rastlosen Manager in Boston mit dem schon legendären Ruf des erstklassigen Profitmachers.

Harold Sydney Geneen war damals geschäftsführender Vizepräsident von Raytheon, einem riesigen Elektronikkonzern. Er arbeitete unter einer aristokratischen Figur, dem Präsidenten Charles Francis Adams, aus der stolzen Kolonialfamilie der Adams. Es war kein Geheimnis, daß Adams nie und nimmer die Absicht hatte, seinen Präsidentenstuhl aufzugeben. Und ebenso klar war es, daß der fünfzigjährige Geneen nach der Macht drängte. Die ITT-Direktoren baten ihn zu einem Essen. Er machte einen blendenden Eindruck, kannte alle Daten und Zahlen und machte den Direktoren klar (so jedenfalls Knowlton heute), daß er, falls man ihn nehmen würde, entschlossen war, die ITT straff zu führen. Der Unterausschuß empfahl ihn umgehend dem Board. So wurde Harold Geneen 1959 Präsident der ITT.

Die Direktoren wußten, daß sie hier eine mutige Entscheidung getroffen hatten, das volle Ausmaß der Fähigkeiten ihres neuen Genies vermochten sie jedoch noch nicht zu erkennen. Die Fachwelt im Bereich des Managements und der Investitionen kannte das Phänomen Geneen sehr wohl. Sein Ausscheiden bei Raytheon ließ dessen Aktien um $6\frac{1}{2}$ Punkte fallen. Bisher war Geneen aber noch niemals sein eigener Chef gewesen. Und selbst für Leute, die ihn kannten, blieb er rätselhaft. Man konnte nicht einmal seinen Namen korrekt aussprechen oder buchstabieren. Noch heute klagen die Pressesprecher, daß man seinen Namen in der Presse als Geheen oder Green auftauchen sehen kann. Es gibt einen ITT- Witz: «Ist das ‹G› hart wie bei ‹Gott› oder weich wie bei ‹Jesus›?» (Es ist ein weiches G wie bei dem Wort Genie.)

Äußerlich hatte der neue Präsident wenig Ähnlichkeit mit Sosthenes Behn: Er hatte keinerlei einschüchternde Ausstrahlung. Weder pflegte er einen hohen Lebensstandard noch umgab er sich mit kosmopolitischem Prunk. Es gab keine Anekdoten über seine Heldentaten. Er sah aus wie ein Oberbuchhalter, und das war er auch. Geneen selbst verglich sich jedoch zuweilen gern mit Behn («Er war ein Mann seiner Zeit. Ich bin ein Mann von heute»). Es gab in der Tat Ähnlichkeiten. Zunächst war Geneen wie Behn Präsident geworden ohne Bindung an irgendwelche traditionellen Hierarchien oder Machtstrukturen. Er war der Einzelgänger, der scheinbar aus dem Nichts kam. Also der passende Mann für die Führungsspitze eines internationalen Konzerns. Zum andern war er wie Behn ein Despot.

Geneen hatte praktisch ein Nomadenleben geführt. Seine Spuren sind schwer aufzuspüren. Er wurde im Januar 1910 in Bournemouth, dem konservativen Badeort an der Südküste Englands, geboren. Sein russischer Vater war hier Konzertmanager. Vater und Onkel waren in den achtziger Jahren des vorigen Jahrhunderts von Rußland nach England ausgewandert, und noch heute existiert diese Familie in England. Einige Geneens handeln in Bournemouth und Southampton mit Antiquitäten. Die Beziehungen zwischen Geneen und seinen englischen Verwandten sind aber nicht eng. Einer seiner nächsten Cousins hörte erst vor wenigen Jahren von seiner reichen Verwandtschaft in Amerika. Der Vater von Geneen heiratete Aida da Cruciana. Sie galt, ihrem Namen zum Trotz, als sehr englisch. Ihrem Sohn blieb sie bis zu ihrem Tode sehr eng verbunden. Geneen hat zweifellos eine Vorliebe für Großbritannien. In London fühlt er sich sicher, dort hat er keine Angst vor Anschlägen, vor allem aber verbindet er in Gedanken London mit seiner Mutter. Es gibt in den Mount Street-Gärten gegenüber dem Hotel *Connaught*, in denen vieler Amerikaner gedacht wird, eine Teakholzbank. Sie trägt die Inschrift: «Im Gedenken an Aida Geneen, die die Gärten ihrer Heimat England liebte, von ihrem Sohn Harold S. Geneen.»

Geneen verließ jedoch England im Alter von einem Jahr, als ihn seine Eltern mit nach Amerika nahmen, die sich bald darauf trennten. Der junge Harold blieb bei seiner Mutter. Sie schickte ihn auf das Internat in Suffield, Connecticut, wo er vom siebten bis zum sechzehnten Lebensjahr lebte. Vierzig Jahre später beschreibt er, wie «ich meine Zeit entweder in Internaten oder in Ferienlagern verbrachte, mit Ausnahme der wenigen Ferien, in denen ich nach Hause fuhr. Jedoch verbrachte ich stets einen Teil der Ferien, wie zum Beispiel den Thanksgiving Day oder Ostern, im Internat, weil die Ferien kurz waren und familiäre Gründe gegen meine Heimreise sprachen. So habe ich mehr Grund als andere Leute, das zu schätzen und mich daran zu erinnern, was die Schule mir gab ...» Das Internat war eine alte Gründung der Baptisten mit etwa hundert Schülern aus sehr unterschiedlichen sozialen Schichten. Geneen war ganz offensichtlich ein einsames Kind. Er hat jedoch eine nostalgische Beziehung zu Suffield, denn es war diese Schule, die ihn zum Amerikaner machte. Die «Werte und Grundsätze, die er dort unbewußt aufnahm, kamen den Werten und Grundsätzen sehr nah, die dieses Land zu dem machten, was es heute ist ...».

Mit sechzehn Jahren ging Geneen von der Schule ab, entgegen seinem Wunsch, ein Tagescollege zu besuchen. Von diesem Zeitpunkt an nahmen Zahlen mehr und mehr seinen Ehrgeiz, aber auch einen Großteil seiner Gefühle in Anspruch. Er bekam einen Job als Laufbursche an der New Yorker Börse. Hier arbeitete er während der großen Bankkrise, für ihn eine unschätzbare Erfahrung, und begann dann mit dem Besuch von Abendkursen an der Universität von New York. Bald erkannte er seine besondere Begabung für Zahlen. Er hatte die unter Buchhaltern und Buchprüfern so seltene Gabe, an den Zahlen zu sehen, wie das Geschäft geführt werden könnte. Er ging dann in die Wirtschaftsprüfergesellschaft Lybrand Ross and Montgomery in New York (heute: Lybrand Cooper) und verblüffte seine Kollegen durch Begeisterung und sprudelnde Ideen.

Geneen wollte in die Welt der großen Konzerne aufsteigen und nahm nach achtjähriger Tätigkeit bei Lybrand Ross nacheinander verschiedene Jobs in der Industrie an; blieb aber trotz unermüdlicher Arbeit stets frustriert. So arbeitete er bei der Elektronikgesellschaft Bell and Howell in Chicago oft bis Mitternacht und entwickelte ein genaues System der Finanzkontrolle, fand jedoch kaum Anerkennung. Er ging zu Jones and Laughlin, der Pittsburgher Stahlgesellschaft. Aber hier hatte er das Gefühl, daß sein Vorgesetzter Charles Austin sein Selbstbewußtsein zu zerstören begann. Als Austin Präsident wurde, ging Geneen.

1956 sah er seine Chance bei Raytheon. Das Unternehmen lief nicht gut, denn die Zeit des Elektronikbooms nach dem Sputnik-Schock war noch nicht gekommen. Auf den wichtigsten Positionen saßen Ingenieure, ohne Sinn für Profite. Präsident Adams warb Geneen als Vizepräsidenten. Er war nunmehr 47 Jahre alt, und dies war sein erster wirklicher Durchbruch. Und er warf sich mit beängstigender Energie auf die neue Aufgabe. Er rüttelte die leitenden Angestellten auf, brachte seine eigenen Leute mit, erwarb neue Unternehmen und führte ein neues Kontrollsystem ein. In einer anfeuernden

Rede schrieb er den Ingenieuren hinter die Ohren: «Dies ist eine Handelsgesellschaft. Unsere Grabschrift wird in Dollars geschrieben, die pro Aktie an die Aktionäre ausgeschüttet werden.» Innerhalb von drei Jahren hatte er die Gewinne pro Aktie von 2 Dollar auf 3,50 Dollar gesteigert. Hier bildete sich sein Ruf als Meister-Manager. Aber Chef war er eben immer noch nicht. Später sagte er über diese Zeit: «Ich drehte volle Touren auf. Doch immer wieder nahm ein anderer das Steuer in die Hand.»[35]

Seine Fähigkeit, Menschen einzusetzen, sie durch Zuckerbrot und Peitsche anzutreiben, war ihm durchaus bewußt. Und darauf blieb sein Leben beschränkt, die Zahlen waren sein Leben. Zweimal hatte er geheiratet. Seine zweite und jetzige Frau war bei Bell and Howell seine Sekretärin gewesen. Er hatte jedoch keine Kinder, und sein Leben bestand in der Arbeit für seine Firma. Nie schien er bei dieser Blitzkarriere von Suffield nach Manhattan, Chicago, Pittsburgh, Boston und zurück nach New York zur Ruhe zu kommen. Sein rastloser Ehrgeiz schien Bestandteil seiner Suche nach der eigenen Identität zu sein.

Als Geneen in den gotischen ITT-Wolkenkratzer einzog, ergriff er sofort rasche und drastische Maßnahmen. Zwar hatte der Konzern seit dem Wiederaufbau Europas gute Gewinne gemacht. Diese Tatsache wurde allerdings durch die spätere Öffentlichkeitsarbeit eher unterschlagen. Geneen jedoch war über den Mangel an Management und Disziplin entsetzt. Damals war die ITT in Wahrheit kaum mehr als eine Holdinggesellschaft, die in Betriebe investierte, die Tausende von Meilen entfernt lagen, und nur hoffen konnte, daß alles gutging. «Management muß führen und etwas zustande bringen», berichtete er auf einem Treffen von Kreditsachverständigen kurz nach seinem Eintreffen. Später erklärte er, was er darunter verstanden hätte: «Eine Philosophie aggressiver Vorwegnahme von Zielen und Problemen und wirksamer hochentwickelter Gegenaktionen, um zu gewährleisten, daß wir unsere Endziele erreichen.»[36] Dies entspricht seiner Formel, die bei der ITT zu einem geflügelten Wort wurde: «Ich will keine Überraschungen!» Geneen entschloß sich, ein noch weitaus umfassenderes Kontroll- und Überwachungssystem als bei Raytheon aufzubauen. Damit war gewährleistet, daß er seinen weit verstreuten Herrschaftsbereich überschauen konnte. So vermochte er nach den Gesetzen der Logik, nicht mit Hilfe von Eingebungen zu regieren. Da durfte es keine Spontaneität wie bei Behn oder gar dessen exzentrischen persönlichen Stil geben.

Und so wurde die ITT-Zentrale 1961 aus Behns Zinnenpalast in einen häßlichen grauen Wolkenkratzer in der Park Avenue verlegt. Dort gab es weder Mosaiken noch Möbel im Stil Ludwigs XIV. und eben auch keinen französischen Küchenchef. Es reihte sich ein Büroflur an den anderen. Nach und nach etablierte Geneen von seinem Büro im 12. Stockwerk aus das verwickeltste und strengste System auf dem Gebiet der Finanzkontrolle, das die Welt jemals gesehen hat. Er ließ wöchentliche, monatliche und jährliche Konferenzen einberufen, um die Manager unter Kontrolle zu halten. Man richtete einen Sonderraum für diese Konferenzen ein mit einem großen, hufeisenförmigen Tisch. Hier konnte Geneen die Manager und ihre Buchhalter prüfen und abfragen. Die Leitung jeder Tochterfirma war aufgefordert, der Zentrale einen Monatsbericht von einer derartigen Ausführlichkeit zu liefern, daß man jeweils eine Sonderabteilung für seine Erstellung benötigte. Geneen ließ Fünf-Jahres-Pläne aufstellen, Ziele festsetzen und Gewinne vergleichen. Man analysierte jede Einzelheit und ließ sie gegenprüfen. So konnte Geneen, über seine Bücher in der Park Avenue gebeugt, jederzeit genau sagen, welche seiner Produkte in irgendeinem Teil der Welt nicht den an sie gestellten Erwartungen gerecht wurden. Er machte seinen Angestellten deutlich, daß er über alles Bescheid wissen und vor jeder möglichen Katastrophe gewarnt sein müßte. Er bestand auf seinem Spruch: «Man kann Fehler nicht verbergen, nicht einmal vor sich selbst.» Jedem seiner Manager gegenüber wiederholte er seine schreckliche Warnung: «Ich wünsche keine Überraschungen.»

Vor allem wollte Geneen keine Überraschungen außerhalb der USA; denn 82 Prozent der ITT-Firmen befinden sich im Ausland. Bald nach seiner Ernennung zum Präsidenten der ITT verstaatlichte Fidel Castro die Telefongesellschaft auf Kuba, die als eines der ersten Spekulationsunternehmen von Colonel Behn der ITT gehörte. Diese Verstaatlichung war für Geneen ein traumatischer Schock, der seine schlimmsten Befürchtungen über Ausländer bestätigte. Geneen überwachte das internationale Geschehen mit beträchtlichem Mißtrauen, obwohl er, zumindest nach außen hin, zuversichtlich war, daß die ITT jedem Sturm trotzen konnte. In einem etwas taktlosen Bericht an die Aktionäre im Jahre 1962 brüstete er sich, daß sein Konzern

> zu jeder Zeit jedem Anschlag gewappnet war und jeden Anschlag überwunden hatte, den Regierungen benutzten, um ihre eigene Industrie zu ermutigen und die ausländischen Unternehmen zu behindern, das betrifft Steuern, Tarife, Quoten, Währungsrestriktionen, Subventionen, Tauschhandelsabkommen, Garantien, Moratorien, Abwertungen, ja selbst Verstaatlichungen.

Geneen war darum fest entschlossen, das Gleichgewicht zwischen den ITT- Investitionen innerhalb und außerhalb Amerikas wiederherzustellen – was Behn stets ohne Erfolg versucht hatte.

Dazu sah Geneen die Möglichkeit erst 1963, als die Umstrukturierung des Managements abgeschlossen war. Im März bereitete er ein internes Papier für den Aufsichtsrat vor. Unter dem Titel «Erwerbsphilosophie»[37] skizzierte es die vorgeschlagene Umstrukturierung der ITT. Das Papier gibt ein lebendiges Bild von Geneens pessimistischer Sicht der Weltlage zu jener Zeit. Geneen schrieb: «Zum erstenmal in vier Jahrzehnten müssen wir konstatieren, daß das Prestige der USA insbesondere in Europa auf einen Tiefpunkt gesunken ist... Dies muß man vor dem Hintergrund der Möglichkeit einer veränderten europäischen Beurteilung der russischen Position sehen.» Europa erschien Geneen vollkommen unsicher. In Frankreich gab es eine starke antiamerikanische Welle. In England «hat die neue Labour-Bewegung eine Verstaatlichungspolitik und bis zu einem gewissen Grade eine Anti-USA-Politik zum Ziel. In der vergangenen Woche verlangte dort ein sozialistisches Dokument die Verstaatlichung verschiedener Gesellschaften. Unter ihnen unsere STC-Tochter.» In Belgien «wird es ähnliche Ansichten wie in Frankreich geben». In Italien «haben wir eine grundlose Streikwelle für eine Dauer von jetzt sechs Monaten erlebt. Wenn die Regierung diese Streiks vielleicht auch nicht unterstützt hat, so hat sie sie doch zugelassen.» Die italienische Regierung hat sich «einer Annäherung nach halblinks verschrieben». Nur die deutsche Regierung schien Geneen freundschaftlich gesinnt.

Darüber hinaus, so warnte Geneen, stammten zwei Drittel der Gewinne der ITT in Europa aus dem Bereich der Postministerien (Post, Telegramme und Telefon). Und gerade diese Bereiche wurden im Zeichen der EWG immer besser organisiert: «Die Postminister vergleichen immer mehr Rechnungen, Kosten- und Preisanschläge... Die Erklärungen des Gemeinsamen Marktes, falls ihnen Folge geleistet wird, würden die volle internationale öffentliche Ausschreibung für alle Produkte vorsehen, wobei Herkunftsland und Fabrikat bei der Auswahl keine Rolle spielen würden.»

Daher schätzte Geneen, daß die ausländischen Gewinne der ITT «unter wachsenden Preisdruck sowie wachsenden Druck auf den Ursprungsort und die Eigentumsverhältnisse geraten würden». Er empfahl eine Politik der Sofortmaßnahmen, um Firmen in Amerika aufzukaufen. Er schlug vor, daß binnen fünf Jahren 55 Prozent der ITT-Gewinne in den USA gemacht werden sollten an Stelle der damaligen 18 Prozent. Man würde sowohl große als auch kleine Firmen erwerben müssen. Sie würden diese Käufe auf jedem Wirtschaftsgebiet tätigen müssen, das hohe Wachstumsraten versprach. So stand der Erwerb von chemischen, pharmazeutischen, Versicherungs- und Nahrungsmittelgesellschaften zur Debatte. Zwei Jahre später, als die Kaufverhandlungen bereits in vollem Gange waren, weitete Geneen sein gestecktes Rahmenziel aus.[38] Er betonte, daß in das ITT-Konzept vor allem Dienstleistungsbetriebe passen würden. Besonderes Augenmerk müßte dabei auf

Industriezweige gelegt werden, deren technisches Know-how von Amerika nach Europa transferiert werden könnte. Er sah voraus, daß die ITT Vorkämpfer einer neuen Generation multinationaler Konzerne sein würde, in ihrer Kombination weltweiter Geschäftstätigkeit mit einem strikten Kontrollsystem.

> In den vergangenen fünf Jahren haben wir in unserem Konzern die Entwicklung einer funktionierenden Politik beobachten können, mit der bewiesen wurde, wie man das komplexe Problem einer über die ganze Welt ausgebreiteten Organisation des Typs der ITT bewältigt... Wir haben so notwendigerweise einige Jahre früher mit einer Politik begonnen, die auf die anderen amerikanischen Gesellschaften mit globalem Operationsfeld auch zukommen wird, falls sie sich zu echten internationalen Konzernen entwickeln wollen.

Die Direktoren billigten den Plan von Geneen, und die ITT begann mit der Auswertung und Diversifizierung. Aber hier muß doch festgehalten werden, wie falsch die Vorhersagen und Urteile bezüglich Europa waren, auf die sich Geneens Politik gründete. Es stimmt, daß die europäische Szenerie damals weitaus bedrohlicher aussah, als sie in Wirklichkeit war. Aber die Vorstellung von einem halblinken Italien, von einer prorussischen Bewegung oder von einem Belgien, das Frankreich stark glich, bewies, daß Geneen damals nicht gut informiert war. Es zeigte sich im Gegenteil, daß die ITT-Töchter in Europa weiterhin den meisten Gewinn der ITT-Familie brachten. Vom Standpunkt der Aktionäre wäre der Konzern ebenso gewinnträchtig – wenn nicht sogar noch gewinnbringender – gewesen, wenn Geneen niemals mit seiner Ankaufpolitik begonnen hätte. So stellt sich die Frage, ob die Motivation für Geneens Erwerbsprogramm tatsächlich in seinem Mißtrauen gegenüber Europa begründet war oder vielmehr in Geneens einfachem Wunsch nach schierer Ausdehnung.

Was immer die Motive gewesen sein mögen: Geneens neue Politik hatte große Bedeutung, und zwar nicht nur für die ITT, sondern für die gesamte Struktur industrieller Entwicklung. Indem Geneen eine ganze Reihe von Unternehmen schluckte und kunstvollen Kontrollsystemen unterwarf, half er die neue Art eines industriellen Wesens zu schaffen: den Mischkonzern, der zugleich multinational war, eine Gesellschaft, die alles überall tun konnte. Die Beispiele, die folgen, zeigen einige der Spannungen und Konflikte dieses Prozesses. Doch während andere Großfinanziers ähnliche Pläne hatten, war das System von Geneen ungewöhnlich leistungsfähig. Geneen war durch das kunstreiche System der Zentralisation ganz nach Belieben in der Lage, die ITT entweder als einen einzigen großen Konzern oder als Hunderte von kleinen Firmen vorzustellen. Die riesige Anzahl von Industriebetrieben machte die ITT sehr viel schwerer angreifbar als stärker monolithische und greifbare Industriebetriebe wie General Motors oder Du Pont. Die ITT, ebenso wie Geneen selbst, schien zugleich überall und nirgends zu sein. Es war fast so, als hätte sich Colonel Behns Ungreifbarkeit in der Weltpolitik auch auf die amerikanischen Unternehmungen von Geneen übertragen. War es Geneen, der die ITT veränderte, oder veränderte die ITT Geneen?

## Lazards

MR. CELLER: Wenn es die Gebrüder Lazard nicht geben würde, gäbe es dann weniger Zusammenschlüsse?

MR. ROHATYN: Ich denke, es würde einige weniger geben, Herr Vorsitzender.[39]

Geneens Ankaufsprogramm war ein Riesenunternehmen, war doch die ITT bereits ein gewaltiger Konzern, und Geneen schlug vor, ihn um mehr als das Doppelte in fünf Jahren zu vergrößern. Für dieses gewaltige Vorhaben brauchte er die sachverständige Hilfe einer Investitionsbank, die ihm Firmen ausfindig machen, sie umgarnen und schließlich *heiraten* sollte. (Die Sprache von Konzern-Fusionen ist stets stark sexuell betont, als wären sie eine Ersatzbefriedigung; Firmen *flirten* immer miteinander oder *vergewaltigen* einander, sie *gehen miteinander ins Bett*, bisweilen vielleicht *zu dritt*.) Geneen verfügte schon über den wichtigen Rat von Kuhn Loeb, jener Wall Street-Firma, die ihm zu seiner Ernennung verholfen hatte. Er brauchte jedoch einen aggressiven Verbündeten, einen Meister auf dem Gebiet der Fusionen. Er fand ihn in Lazards. Und so verknüpfte sich im nächsten Jahrzehnt das Schicksal der ITT mit dem von Lazards.

Lazards blickte auf eine lange, kosmopolitische Firmengeschichte zurück. Sie datiert zurück bis 1848. Damals wurde das Unternehmen in New Orleans von zwei französischen jüdischen Brüdern gegründet. Es gibt bedeutende Lazards-Niederlassungen in London und Paris. Lord Cowdray, einer der reichsten Männer Großbritanniens, kontrolliert den Londoner Betrieb, den Lord Poole, ein ehemaliger Vorsitzender der Konservativen Partei, leitet. Die Pariser Gesellschaft führt Pierre David-Weill, Sproß der alten französischen Bankiersfamilie. Vor dem letzten Weltkrieg war Lazards in New York kaum mehr als ein Zweigbüro dieser Pariser und Londoner Banken. Doch André Meyer, dem scharfsinnigen und großartigen Leiter des New Yorker Büros, gelang es ohne viel Aufhebens in den vergangenen dreißig Jahren, alle drei Banken zu kontrollieren. Meyer, heute 74

Jahre alt, ist der einflußreichste Privatbankier in den USA, ein Mann von unbezwingbarer Willenskraft. Er wohnt im Hotel *Carlyle*, geht niemals auf Parties und hat sich ein hohes Maß an Objektivität bewahrt. Selbst nach dreißig Jahren Amerika wirkt er noch ausgesprochen französisch und spricht mit starkem französischem Akzent. Früher arbeitete er in Indochina und zieht heute die Nordvietnamesen den Südvietnamesen vor. Sein Sohn lehrt Physik an der Pariser Sorbonne. Meyer arbeitet im obersten Stockwerk des *Rockefeller Plaza*. Er wirkt wie eine verschrumpelte braune Nuß mit seinem strengen Zug um den Mund, der sich aber ganz plötzlich zu einem Grinsen verziehen kann. Er schaltet plötzlich von scheinbarer Passivität in Ausbrüche von Energie um, rennt durch den Raum oder nimmt ein Telefon in die Hand, das er anfaßt wie ein Gewehr, kurz sein «Ja» oder «Nein» murmelt und es dann wieder in die Gabel schmeißt. Er regiert mit dem Telefon. Er steht morgens um fünf Uhr auf und hat seine Geschäfte mit Europa schon erledigt, bevor er sein Büro erreicht. Bankleute klagen, daß seine Nummer oft schon morgens um 5 Uhr 30 besetzt sei. Mit ihm telefoniert eine erlauchte Klientel: Präsident Pompidou, Frau Onassis, Gianni Agnelli, aber auch Bankiers suchen bei ihm Rat. Bei Währungskrisen verfolgt man ihn überall hin. Ein Freund beschreibt, wie er einmal mit Meyer in einem Garten in der Schweiz während so einer Krise sprach. Plötzlich tauchte aus den Büschen ein Telefon für Meyer auf.

Seit Meyer in New York lebt, hat er ein persönliches Vermögen von rund 200 Millionen Dollar erworben. Er leitet ein Syndikat für eine Gruppe von Multimillionärsfamilien; unter ihnen sind die amerikanischen Rockefellers, die belgischen Boels und die britischen Pearsons (Cowdrays). «Lazards ist eigentlich gar keine Bank», wie sich mir gegenüber jemand beschwerte. «Es ist vielmehr eine verdammte Geldmachermaschine für einige wenige sehr reiche Leute.» Doch Meyers Fähigkeit, Geld zu machen, gründet sich auf seine Bankerfahrung, seine internationalen Beziehungen und die Beherrschung des Details. Seine ganz besondere Gabe sind Fusionen. Sie haben auch Lazards selbst die größten Gewinne gebracht. Zwischen 1964 und 1968 kassierten sie Gebühren in Höhe von 10,5 Millionen Dollar für Zusammenschlüsse und Erwerbungen. Meyer vereinbarte die Fusion von Fiat und Citroën und die zwischen den Flugzeugfabriken Douglas und McDonnell (Lazards Gebühren hierfür betrugen eine Million Dollar). Trotz so potenter Kunden blieb Meyers eigener Apparat klein und sehr persönlich. Die Bedeutung, die Lazards für die Industrie hat, liegt vor allem in Meyers Fähigkeit, sowohl in kleinen wie in großen Dimensionen zu denken. Direktoren von Lazards finden sich in den Aufsichtsräten von sechzig amerikanischen Gesellschaften, unter ihnen Allied Chemical, Fiat, Montecatini, RCA und anderer.

So überraschte es nicht, daß Geneen in Lazards einen Verbündeten sah für seinen Erwerbsfeldzug. Er nahm Kontakt zu Meyer auf, der zwar bereit war, jedoch darauf bestand, daß Kuhn Loeb die Garantie mit übernehmen müsse. (Noch heute ist ein Mann von Kuhn Loeb im Aufsichtsrat der ITT: Alvin Friedman, ein vorsichtiger Banker mit gemessener Rede, der Hugh Knowlton ablöste.) So übte Meyer einen wichtigen Einfluß auf Geneen aus. Er war eine weitaus subtilere und abgerundetere Persönlichkeit als sein Kunde. Daneben gab es noch einen anderen Partner von Lazards, der sehr viel direkter mit Geneen verbunden war: Ein Mann mit einer außerordentlichen Finanzbegabung namens Felix Rohatyn. (Wie mit dem Namen von Geneen herrscht über die Aussprache seines Namens dauernde Unsicherheit; die Betonung soll auf den ersten beiden Silben liegen: ROE-ah-tin.) Rohatyn stellt das Gegenteil von Meyer dar. Er hat weder die übliche Glätte der Bankiers noch ihre weitgehende Tarnung. Er ist erfrischend offen in seinem Verhalten. Ein Mann mit kurzgeschorenem Haar und durchdringenden Augen, der schnell mit hoher Stimme spricht, einen kleinen Toyota fährt und stets einen alten Regenmantel trägt. Um seine Umgebung scheint er sich überhaupt nicht zu kümmern. Als Demokrat half er Edmund Muskie bei seiner Präsidentschaftskampagne 1972. Der Sohn polnischer Juden aus Wien kommt von außerhalb des Establishments. Die Familie kam auf der Flucht vor Hitler in den dreißiger Jahren nach Amerika. Zunächst studierte er Physik und wurde nach dem Examen von Meyer übernommen, der ihn ausbildete und fast wie einen Sohn ansah. Das Zahlengenie arbeitet mit ungeheurem Schwung. Ähnlich wie Meyer gibt er nie eine Sache auf und haßt es, zu verlieren. Er verhandelt, wie es ein Zeuge beschreibt, wie ein Terrier mit einer Ratte. Auch er wurde zum Spezialisten für Fusionen. So traute er Kinney mit Warner Brothers und Loew's mit Lorillard.

Rohatyns erster Auftrag bei Lazards war der Abschluß eines Firmenkaufs für Geneen, kurz nachdem jener Präsident geworden war. Es handelte sich um die kleine Elektronikfirma Jennings in Kalifornien. Dies war der Beginn einer für beide wichtigen Verbindung. Geneen schätzte Rohatyns robuste Intelligenz und Begeisterungsfähigkeit. Rohatyn gefiel Geneens Sinn für Risiko und Abenteuer und er schätzte dessen Freundschaft. Mit Geneens einzigartiger ITT-Besessenheit und Rohatyns Offenheit bildeten beide zusammen ein siegreiches Gespann.

## Avis gibt sich mehr Mühe

Die erste große Gesellschaft, die Lazards für Geneen auftat, war Avis-Rent-a-Car, ein sehr lebendiges Unternehmen, das sich in die Disziplin von Geneen nur schwer einfügen ließ. 1956 von Warren Avis gegründet, nahm es mit der Entwicklung des Flugverkehrs seinen Aufschwung. Doch konnte das Management diesen Aufschwung nicht durchhalten, und so blieb Avis hinter seinem großen Rivalen Hertz zurück. 1962 belief sich sein Verlust auf 648000 Dollar. Damals kaufte Lazards das Unternehmen auf: Meyer und Rohatyn erkannten die Gewinnmöglichkeiten und stellten einen jungen dynamischen Manager des American Express, Robert Townsend, ein. Er sollte Avis zusammen mit Bud Morrow von Avis und Donald Petrie von Hertz leiten. Rohatyn und diese drei jungen Männer sanierten die bankrotte Gesellschaft mit Geschick und Begeisterung und nicht zuletzt mit Hilfe des frechen Werbeslogans, der Hertz aus dem Rennen warf: «Wir sind Nummer Zwei. Wir geben uns mehr Mühe!» (Die Agentur Doyle Dane and Bernbach erfand diesen Slogan.) Townsend führte das Unternehmen mit erfreulicher Respektlosigkeit, trug im Geschäft einen roten Avis-Mantel und verbreitete die Vorstellung, daß Geschäftemachen ein Vergnügen sei. Innerhalb von drei Jahren hatten sich das Ansehen von Avis wie auch die Gewinnsituation gewandelt. 1965 machte Avis 5 Millionen Dollar Gewinn. Townsend und seine Mitarbeiter waren reich geworden mit ihrem großzügigen und anspornenden System, sich selbst kleine Gehälter, aber hohe Prämien zu zahlen.

Nachdem Avis wieder in Schwung gebracht war, wollte Lazards das Unternehmen wieder verkaufen. Damals sah sich Geneen bereits nach wachstumsstarken Dienstleistungsbetrieben um. Er gab ein ausführliches Gutachten über Avis in Auftrag. Es wies eine Wachstumserwartung von 20 bis 25 Prozent auf und große Expansionsmöglichkeiten, wobei Gegengeschäfte mit Autofabrikanten berücksichtigt worden waren. Im Juli 1965 war das Geschäft abgeschlossen, die ITT kaufte Avis für 52 Millionen Dollar.

Townsend hatte keine Meinung, im Konglomerat zu arbeiten. Er formulierte es später so: «Ich hätte gern auf meinem Grabstein die Worte: ‹Townsend arbeitete nicht einen Tag für eine Gesellschaft wie die ITT›.» Diese Worte erbosten Geneen. Tatsächlich stand Townsend mehrere Monate lang auf der Lohnliste der ITT. Dann schied er aber doch aus und ergötzte sich daran, den Unterhalter der Geschäftswelt zu spielen, indem er Vorträge darüber hielt, wie er Avis umstrukturiert hatte, das jetzt die tote Hand der Bürokratie zu spüren bekäme. Schließlich schrieb er auch noch einen Bestseller *‹Es lebe die Organisation›* (*‹Up the Organization›*), über den sich Geneen noch mehr ärgerte. Denn Townsend beschrieb seine unorthodoxen Geschäftsmethoden, die deutlich im Gegensatz zu der nüchternen Disziplin der ITT standen. Er berichtete, wie er alle seine Public Relations-Leute entlassen hatte, ohne eine Sekretärin arbeitete, firmeninterne Informationsbriefe verbot und reservierte Parkplätze abschaffte. In einem Abschnitt «Monatliche Geschäftsberichte» sagte er: «Sie sind ein Witz; denn man braucht zehn Pfund Energie, um ein Gramm Mißverständnis zustande zu bringen.» In dem Abschnitt mit der Überschrift «Zusammenschlüsse, Mischkonzerne und Ketten-Konkurse» schrieb er:

> Wenn Sie eine gutgehende Firma haben, verkaufen Sie niemals an einen Konzern. Ich wurde einst aufgekauft und gab auf (vergleiche den Abschnitt «Ungehorsam und seine Notwendigkeit»). Konzerne werden Ihnen alles und jedes für Ihre Angestellten versprechen (falls Ihre Geschäftsanteile für ein weniges des Ertrags erworben werden können und Sie eine höhere Wachstumsrate als der Konzern haben). Haben die erst einmal Ihre Gesellschaft in der Hand, geht Ihre Gesellschaft mit den anderen Neuerwerbungen der Woche durch den großen Gleichmacher. Und aller Einsatz und die meisten guten Leute gehen der Firma verloren. Wenn ein Mischkonzern den Ton angibt, scheinen zwei und zwei fünf zu sein. Aus meiner Erfahrung kann ich sagen, daß sie nur ein Zahlenspiel betreiben, ob sie dabei aus unseren Leuten Deppen machen, ist ihnen völlig wurst.

Tatsächlich kündigten viele Angestellte. Einer von ihnen beklagte sich[40]: «Ich glaube, wir verbrachten mehr Zeit mit der ITT, als Geld zu verdienen und Autos zu vermieten.» Nachfolger von Townsend wurde Bud Morrow, ein Jurist, der zehn Jahre für Avis arbeitete und nun die Aufgabe hatte, das Unternehmen in die engen ITT-Korsettstangen einzupressen. Morrow hatte mehr Erfolg als die meisten der anderen Töchter damit, den besonderen Charakter des Unternehmens zu erhalten. Doch seine monatlichen Berichte an Geneen spiegeln die Spannung. In seinem vierten Brief vom Oktober 1965 murrte er über den jährlichen Geschäftsplan: «Dieses gewaltige Projekt ist endlich fertig, es wird mit Sicherheit von Interesse und Wert sein. Allerdings glaube ich, daß dieser Bericht nahezu einen 13. Arbeitsmonat für die Angestellten in der Zentrale bedeuten wird.» Morrow betonte (Brief Nr. 39), daß glücklicherweise die beiden Konkurrenten von Avis, Hertz und National, zur gleichen Zeit ihrerseits geschluckt worden seien und daß eben deren Geschäftsführer vom neuen Mutterkonzern gleichermaßen gezwungen wurden, solche Geschäftspläne auszuarbeiten. «Das beruhigt», meinte er mit trockenem Witz, «weil es die Konkurrenzbedingungen in unserem Gewerbe wieder ausgleicht.»

Morrows Briefen ist vor allem zu entnehmen, daß Avis versuchte, andere ITT-Unternehmen zu verpflichten, nur noch Avis-Wagen zu benutzen. Dieser Umstand sollte von besonderem Interesse für die Anti-Trust-Ermittler sein. Heute ist Morrow der Meinung, daß die Verbindung zur ITT in dieser Sache eher eine Belastung als ein Vorteil war. Die Briefe beweisen jedoch, daß beide Seiten den Ehrgeiz hatten, den verführerischen Markt, den der ITT-Schirm bot, zu benutzen.[41]

Townsend verfolgte die Bürokratisierung von Avis mit unverhohlener Schadenfreude. «Es dauert nicht mehr lange, bis der Wurm hineinkriecht», bemerkte er. Avis schickte sich an, eine neue Zentrale auszustatten, stellte neue Werbefachleute ein und glich schon bald den anderen ITT-Firmen. Verächtlich lehnte Morrow mir gegenüber Townsends Bericht über sein Leben bei und mit Avis ab: «Mit seinen Methoden kann man ein Unternehmen weder retten noch leiten. Townie ist kein Verwaltungsmensch. Er ist nicht beständig genug. Er ist ein Künstler. Er brauchte keine Sekretärin, weil die Sekretärin anderer Leute sein Buch für ihn tippte. Ich bin Townie jedoch nicht undankbar. Schließlich wurde ich durch ihn Präsident.»

Unter Morrows Präsidentschaft blieb Avis weiterhin erfolgreich. Ihm kam zugute, daß Hertz mit seinen eigenen Managementproblemen abstieg. Morrow ließ einen Computer namens «Wizard of Avis», den Avis-Hexenmeister, für weltweite Buchungen aufstellen und vergrößerte seinen Umsatz in Europa beträchtlich. Die Mädchen in den roten Uniformen zierten bald jeden Flughafen auf dem Kontinent. Morrows Monatsberichte enthüllen die Schwierigkeiten beim Aufbau des europäischen Einflußbereichs. In Italien fand sich Avis in Konkurrenz zu Fiat «auf der falschen Seite eines Monopols». In Spanien waren die Telefonnetze so hoffnungslos schlecht (obwohl von ITT gebaut), daß «unsere nächste Stellenanzeige einen Telegrafiefachmann suchen wird». In Deutschland verklagte Hertz Avis wegen irreführender Werbung und ließ Avis den Gebrauch des Werbeslogans verbieten: «Wir geben uns mehr Mühe!» In Frankreich fuhren die Mietwagenfahrer täglich nur 90 Kilometer anstatt des erforderlichen Durchschnitts von 120 Kilometern. In Großbritannien hielt die immer schneller fahrende Eisenbahn immer mehr Fahrgäste von den Flughäfen fern. Von ihnen hing aber die Umsatzentwicklung von Avis ab.

Trotz dieser Probleme wurde Avis allein in Europa rasch so groß wie das gesamte Unternehmen vor der Übernahme durch die ITT. Avis hatte 110000 Fahrzeuge laufen, die über 1800 Mietzentralen von 1300 Flughäfen in 98 Ländern aus eingesetzt wurden. Dieser Avis-Erfolg war ein Erfolg des weltweiten Managements und der ITT-Tugenden Disziplin und Kontrolle: in jedem Flughafen füllten die rotuniformierten Mädchen die gleichen Formulare aus und ließen sie über das gleiche Buchhaltungssystem laufen. Morrow war überzeugt, daß die ITT ihm geholfen hatte. «Wir nahmen 1969 unseren Aufschwung», erzählte er mir. «Wir wären mit einem anderen Partner niemals so weit und so schnell vorwärts gekommen. Die ITT war klug genug, in Europa zu investieren, ohne sofort Gewinne zu erwarten.»

Das Nettoeinkommen von Avis stieg gewaltig, doch zeigte sich ein anderes Bild, sobald das Einkommen ins Verhältnis zu den Aktiva gesetzt wurde. Nach drei Jahren ITT-Management (zwischen 1964 und 1968), so wird geschätzt, war das Verhältnis von Einkommen zu Aktiva von 4 auf 2,6 Prozent gesunken.[42]

Der Erwerb von Avis war die Grundlage für die sehr engen Beziehungen der ITT zu Lazards und insbesondere zu Felix Rohatyn, der das Geschäft abgeschlossen hatte und (mit seiner Frau) für seine Dienste Anteile im Wert von 135000 Dollar erhielt. Zwei Jahre später wurde er Mitglied des Boards der ITT und wahrscheinlich nach Geneen sein einflußreichstes Mitglied. Lazards gelang es, Unternehmen für die ITT zu erwerben, sie einzuschätzen und hart mit ihnen um den Kaufpreis zu feilschen. Davon profitierte Lazards nicht schlecht. Zwischen 1966 und 1969 erhielt Lazards von der ITT Vergütungen in Höhe von rund 3,9 Millionen Dollar. Allein die Kommissionen für die Fusionen machten davon 2,1 Millionen Dollar aus.

## Unentdeckte Märkte

Nach Avis kaufte Geneen andere Unternehmen in dichter und schneller Folge. Er erwarb sie nicht nur über Lazards, sondern auch über eine eigene Sonderabteilung der ITT für Neuerwerbungen. Die Mitte der sechziger Jahre bescherte den Amerikanern einen Boom; die USA erlebten eine wahre Sucht nach Fusionen. Und stets war Geneen der erste. Die ITT-Aktien kletterten in die Höhe, begünstigt durch die Erwartungen in Geneens Management. Dadurch wurde es leichter, Firmen aufzukaufen, deren Inhaber nahezu immer in ITT-Anteilen bezahlt wurden. Geneen war bereit, jedes Unternehmen ungeachtet des Produktionszweigs zu kaufen. Es mußte nur eine schnelle Wachstumsrate aufweisen und gewinnträchtig sein. Geneen wollte keine umstrittenen Firmen kaufen, die eine ablehnende öffentliche Meinung gegenüber der ITT heraufbeschwören konnten: Ein weiterer Grund dafür, daß er bereit war, Unternehmensanteile auch zu einem weit über dem Marktpreis liegenden Preis zu kaufen.

Innerhalb von fünf Jahren hatte er ein erstaunliches Sammelsurium von Firmen zusammengekauft. Sie hatten nur eines gemeinsam: sie machten Gewinne. Unter ihnen waren riesige Unternehmen ebenso wie winzige, etwa das Bramwell Business College für 40000 Dollar oder die Nancy Taylor-Sekretärinnen-Schule von Chicago für 50000 Dollar. Geneen kaufte Versicherungsgesellschaften, Investmentfonds, Fabriken für Pumpenanlagen oder für Lampen. Je mehr sich das ITT-Imperium ausweitete, um so mehr begannen die verschiedenen Produktionsbereiche übereinanderzugreifen, so daß ein Betrieb den anderen Betrieb unterstützen konnte. 1966 erwarb Geneen APCOA, eine Parkplatzfirma, durch Lazards zu einem Preis von

27,5 Millionen Dollar. Sie ergänzte sich gut mit Avis. Im Jahr darauf kaufte er die Cleveland-Motel-Kette für 7,5 Millionen Dollar. Sie verschaffte den Avis-Wagen Reiseziele. 1968 kaufte Geneen dann die Firma Transportation Displays, die Werbeflächen an Fernstraßen vermietete, so daß die Autofahrer was zu sehen hatten. Er erwarb Manager- und Sekretärinnenschulen. Er kaufte die Firma Speedwriting, ein Kurzschriftsystem, das in anderen ITT-Unternehmen benutzt werden konnte. Er kaufte die ziemlich große Verlagsbuchhandlung Howard Sams, über deren Tochtergesellschaft Bobbs-Merill die ITT auch ins Lehrbuchgeschäft einsteigen konnte.

1966 kam eine besondere Chance für die ITT, als William Levitt sich entschloß, seine 70 Prozent Geschäftsanteile an der väterlichen Baufirma abzugeben. «Levittown» war ein Schlüsselwort für Vorstadtöde. Levitt fragte bei Lazards an. Rohatyn schrieb Meyer über Levitt: «Mr. Levitt ist offensichtlich eine ziemlich quecksilbrige Person. Er hat einen sehr ausgeprägten Sinn für seine eigene Wichtigkeit. Er bedarf einer ausgesprochen persönlichen Verhandlungsweise.»[43] Doch Rohatyn war schnell vom Wert der Firma überzeugt. In seinem Gutachten formulierte er es so: «Diese Firma verfügt über einen unmittelbar auszuschöpfenden, aber noch unentdeckten Markt für eine ganze Reihe von Konsumgütern und Dienstleistungen. Levitt baut nicht nur neue Häuser, sondern schafft neue Haushaltsformen, die ihrerseits immer wieder neue Kaufkraft bieten. Die Firma, die sich Levitt einverleibt, wird natürlich die besten Möglichkeiten besitzen, sich diesen neuen Markt zu erschließen.» Das war genau die richtige Firma für die ITT, um die eigene Basis in den USA, aber auch im Ausland auszuweiten.

Zunächst war Geneen nicht davon überzeugt. «Im Grunde meine ich, daß ITT sich mit einem solchen Unternehmen nicht abgeben sollte», schrieb er in einer kurzen Aktennotiz an Hart Perry im März 1966.[44] Er ließ sich aber schnell überzeugen. Zwei Monate später trug er die Angelegenheit dem Board vor: «Wenn eine Gesellschaft wie die Levitt-Firma Teil des ITT-Unternehmensnetzes würde, wären wir als einzige in der Lage, Projekte von höchst wünschenswerter politischer Bedeutung zu entwickeln, während wir gleichzeitig öffentliches Ansehen erwerben könnten, da wir eines der menschlichen Grundbedürfnisse befriedigen ...»[45] In einer Aktennotiz vom 15. September schrieb Geneen mit seiner spinnenfingrigen Handschrift: «25 Prozent der arbeitenden Bevölkerung in den USA sind direkt oder indirekt in der Bauindustrie beschäftigt... L hat 175000 Häuser gebaut, und 350000 Menschen leben in ihnen.»[46]

Der Levitt-Abschluß verzögerte sich jedoch. Das lag zum Teil daran, daß ITT damals Schwierigkeiten bei dem Versuch hatte, die ABC-Rundfunkgesellschaft zu erwerben (s. S. 75 f). Doch Geneen umwarb Levitt mit all jener «ausgesprochen persönlichen Verhandlungsführung», die er aufbringen konnte. Rohatyn spielte Tennis mit ihm. Endlich wurde das Geschäft für 92 Millionen Dollar abgeschlossen. Lazards erhielt eine Gebühr (von Levitt) von 250000 Dollar.

Schnell wurde Levitt in das ITT-System mit seinen unvermeidlichen monatlichen Briefen und Berichten eingeordnet, und ITT-Experten hielten Einzug in die Firma. Ein Top-Manager, Richard Wasserman, erhielt die Leitung übertragen. Wasserman war jedoch ein Unternehmer mit eigenem Stil. Er wollte das Immobiliengeschäft nicht nur mit Zahlenkalkül, sondern auch mit Instinkt führen. Er widersetzte sich den Kontrollen bei den Managertreffen und der eisernen Herrschaft der Buchhalter. Geneen, der ihn achtete, versuchte ihn zu besänftigen. Der Versuch schlug fehl. Bald darauf verließ Wasserman die ITT, um einem anderen Industriegiganten, Gulf Western, zu dienen. So war man gezwungen, den quecksilbrigen alten Levitt zu bitten, für eine Übergangszeit seine frühere Firma zu leiten. Der Wasserman-Zwischenfall verdeutlicht einen wichtigen Tatbestand bei der ITT: Im ganzen Konzern war Platz nur für einen einzigen Unternehmer, ein zweiter konnte nicht geduldet werden.

1968 war ein sensationelles Jahr für die ITT. Zwei große Zusammenschlüsse verschafften der ITT einen weiteren Einbruch in das Gebiet der Rohmaterialien als Waffe gegen eine Inflation. (Lazards verdiente Gebühren in Höhe von 850000 Dollar für beide Abschlüsse.) Die Pennsylvania Glas Sand-Werke, die für 112 Millionen Dollar erworben wurden, waren der größte Hersteller von Kieselerde und ein Schlüsselunternehmen für die Glas- und Keramikindustrie. Die Rayonier-Gesellschaft wurde für 293 Millionen Dollar gekauft. Sie stellte künstliche Zellulose her, sie war Eigentümer von über eine Million Morgen Waldland in den USA und Kanada. Dieser Grundbesitz von Rayonier war nun wieder von großem Vorteil für die ‹Landbank› von Levitt – so heißt das riesige Grundstücksreservoir, das Levitt für künftigen Hausbedarf zusammentrug. Der besondere Vorteil lag darin, daß die ITT Rayonier als ‹Tarnung› benutzen konnte, um zusätzlichen Boden zu niedrigen Preisen zu kaufen und den hohen Preisen aus dem Weg zu gehen, die potentielle Verkäufer sofort verlangten, sobald der Name Levitt auftauchte.[47] Dies war ein Teil des stetigen Zaubertricks von Geneen: Gab er in einem Augenblick vor, zwischen seinen Gesellschaften bestehe überhaupt kein Zusammenhang, so konnte er sie im nächsten Augenblick geschickt verbinden.

Eine andere große Gesellschaft, durch die die ITT öffentlich diskutiert wurde, war Continental Baking. Die ITT kaufte diese Firma, Amerikas größte Backwarengesellschaft, 1968 für 279 Millionen Dollar. Sie stellt Kartoffelchips in Memphis, Konditorwaren in Minneapolis und Chemikalien in Kansas her. Auf dem Nahrungsmittelsektor verbreitete die Firma umfassende Werbekampagnen durch ihre Agentur Ted Bates. So wurde für das Schlankheitsbrot damit geworben, weniger Kalorien pro Scheibe zu enthalten als gewöhnliche Brotsorten. Das ‹Wunderbrot› warb mit der Parole: «Hilft auf zwölf Arten kräftig zu werden!» Es sollte besondere Nährstoffe enthalten. Die Fernsehwerbung von Continental Baking zeigte Kinder, die plötzlich und sprunghaft wuchsen, nachdem sie das kostbare Brot gegessen hatten. Anfang 1971 untersuchte Ralph Nader diese Angaben der Gesellschaft. Es war einer seiner vielen Angriffe auf die ITT. Er reichte bei der staatlichen Handelskommission Protest ein, weil die Werbung falsche Tatsachen vorspiegelte. Als Ergebnis dieses Schrittes bemängelte die Kommission im März 1971 diese Werbung und betonte, daß das Wunderbrot dieselben Nährstoffe enthielte wie jedes andere Brot und daß das Schlankheitsbrot nur deswegen weniger Kalorien enthielte, weil seine Scheiben dünner geschnitten seien. Der Prozeß wegen des ‹Wunderbrotes› wurde niedergeschlagen, weil der Richter meinte, die Kinder schenkten der Fernsehwerbung ohnehin keinen Glauben. Doch die ITT und Ted Bates gaben das Schlankheitsbrot auf. Sie unterzeichneten eine Vereinbarung, ein Viertel ihrer künftigen Werbungskosten zu benutzen, um die falschen Angaben wiedergutzumachen. Worüber sich nun wieder die Werbeindustrie erboste.

## Medien

Geneen machte schnelle Fortschritte, erlitt aber einen schweren Rückschlag bei dem Versuch, die amerikanische Rundfunkgesellschaft American Broadcasting Company (ABC) zu erwerben. Das anhaltende Ringen um den Kauf von ABC wurde eine *cause célèbre* und verdient besondere Beachtung. Es wirft ein grelles Licht auf die Rücksichtslosigkeit und Doppeldeutigkeit von Geneens Methoden. Dieser Fall verwickelte zwei Ministerien in einen erbitterten Kampf gegeneinander. Er warf auch die zentrale Frage auf, ob Mischkonzerne Medien kontrollieren dürften.

Das Rundfunk- und Fernsehnetz von ABC reizte die ITT ganz besonders. Sie hatte immer schon auf dem Kommunikationssektor gearbeitet und schon im Münz- und Kabelfernsehen investiert. Seit ihren Anfängen 1941 hatte es ABC auf 400 Kinos in 34 Staaten gebracht. Sie besaß siebzehn örtliche Rundfunkstationen und als wichtigsten Zweig eines der drei großen Fernsehnetze der Welt. ABC gehörten Beteiligungen an Rundfunkgesellschaften in 25 weiteren Ländern (die Worldvision-Gruppe) und verlieh ABC-eigene Filme überall in der Welt. Seit 1953 machte das Unternehmen Gewinne. Der Gewinnanteil von Einnahmen aus dem Fernsehnetz stieg von 9 auf 27 Prozent. Doch Leonard Goldenson, der Präsident von ABC, fürchtete wilde

Aufkäufe. Er hielt es für sicherer, mit der ITT zu fusionieren. Ende 1965 bot Geneen 85 Dollar pro Aktie und damit 400 Millionen Dollar für die Gesellschaft. Goldenson nahm das Angebot an. Die Aktionäre billigten den Zusammenschluß im April 1966. Diese Fusion wäre die größte Fusion in der Geschichte des Rundfunks.

Doch nach den Bestimmungen des Rundfunkgesetzes von 1936 mußten die ITT und ABC bei der *Federal Communications Commission* [Bundeskommission für das Rundfunkwesen] beantragen, die Lizenzen zu überschreiben. Das Gesetz selbst war – ironischerweise – ursprünglich gemacht worden, um ein wachsames Auge auf die großen ausländischen Interessen der ITT werfen zu können (vgl. S. 22). Die FCC war zuständig dafür, die Freiheit des Rundfunkwesens zu sichern. Tatsächlich verdankte ABC ihre Gründung im Jahre 1941 dieser Funktion von FCC. Sie hatte damals den Standpunkt vertreten, daß «das Radio als Instrument der freien Rede mehr genutzt werden sollte» und zwang auf diese Weise RCA, eines ihrer beiden Rundfunknetze zu verkaufen.

Goldenson und Geneen erschienen pflichtgemäß mit ihren Juristen und Wirtschaftsberatern vor der ‹Siebener-Kommission› im September 1966. Beredsam erläuterte Geneen die geschäftlichen und technologischen Vorteile (unter Einschluß der UKW-Wellen), die die ITT bieten konnte. Er betonte, daß die Arbeit von ABC «unabhängig von geschäftlichen Überlegungen der ITT, ihren Verbindungen und anderen ähnlichen Beteiligungen durchgeführt werden» würde. ABC würde wie andere Gesellschaften in der ITT-Familie ihre eigene Politik treiben können, die «das ITT-Management-System von voneinander gänzlich unabhängigen Tochtergesellschaften» garantieren würde. Er bekannte seine hohe Achtung vor der journalistischen Unabhängigkeit: «Die höchste Tugend, die ein Journalist bieten kann, ist seine berufliche Integrität.» Goldenson erklärte, wie dringend ABC 140 Millionen Dollar brauchte, um sich auf Farbfernsehen umzustellen, aber kein Geld bei Banken aufnehmen könne.

Den Berichten von Geneen und Goldenson widersprach das Justizministerium entschieden. Dort hatte man den Zusammenschluß geprüft. Im Dezember hatte Donald Turner, ein Beamter des Kartellamts, der FCC berichtet, daß die ITT den Bargeldzufluß von ABC in den nächsten fünf Jahren auf 100 Millionen Dollar geschätzt hatte. «Nahezu der gesamte Gewinn sollte nach den Vorstellungen der ITT in anderen Geschäftszweigen der ITT außerhalb des Fernsehgeschäfts investiert werden.» Geneen würde, anstatt bei ABC zu investieren, Geld aus ABC herausziehen.

Die Kommissionsmeinung über die Fusion war geteilt. Vier Mitglieder waren dafür, drei dagegen. Die Drei-Mann-Minorität bestand aus hervorragenden Leuten. Unter ihnen das *enfant terrible* der Kommission, Nicholas

Johnson, der bestechende junge Jurist aus Iowa, Autor des Buches «Wie man mit dem Fernsehapparat reden kann». Johnson war den großen Konzernen gegenüber besonders argwöhnisch. Er war von Ralph Nader angespornt worden, der stets versuchte, den staatlichen Behörden das Rückgrat zu stärken. Johnson beklagte in dem langen Minderheitenbericht, daß die ausländischen Interessen der ITT mit der freien Verbreitung von Nachrichten kollidierten: «Einen Hinweis auf die Verflechtung von ITT-Angestellten mit ausländischen politischen Interessen gibt die Tatsache, daß drei ITT-Leute Mitglieder ausländischer Parlamente sind. Zwei von ihnen gehören dem britischen Oberhaus und einer von ihnen der französischen Nationalversammlung an.» Er beharrte auf seinem Standpunkt, daß der Wettbewerbsnachteil von ABC nicht im Kapitalmangel oder in der Umstellung auf Farbfernsehprogramme zu sehen sei, sondern in der begrenzten Zahl von Zweiganstalten. «Unter großen amerikanischen Konzernen», so faßte er seinen Bericht zusammen, «gibt es wenige, deren besondere geschäftliche Interessen so deutlich gegen eine Fusion mit großen Rundfunkanstalten sprechen wie die der ITT.»

An dieser Stelle der Verhandlung, als Geneen die Fusion schon entschieden glaubte, griff der Vertreter des Justizministeriums ein und monierte, daß die Kommission die Folgen des Zusammenschlusses nicht ausreichend genug untersucht habe, und beantragte ein ausführliches Hearing. Die beiden Ministerien bekämpften sich, während die Anteile von ITT und ABC an den Börsen je nach Lage stiegen und fielen. Die Verzögerung brachte Geneen auf, und die ITT tat, was sie konnte, um die Meinung zu ihren Gunsten zu beeinflussen. Der Pressechef der ITT, Ned Gerrity (von dem wir später noch mehr hören werden), versuchte mit erstaunlicher Plumpheit, Journalisten zu beeinflussen. Er übte Druck auf die Journalisten aus zu eben jenem Zeitpunkt, zu dem Geneen seinen Respekt vor der Unabhängigkeit des Journalisten beteuert hatte. Eine freundliche und sehr geachtete Reporterin, Eileen Shanahan, von der *New York Times*, traf häufig mit ITT-Leuten zusammen. Hierüber sagte sie später als Zeugin aus. Ein ITT-Mann rief sie an, um sie auf einen ITT-Report anzusprechen, und sagte: «Ich erwarte diesen Bericht in der Zeitung, und zwar an einer hervorgehobenen Stelle des Artikels.» Später tauchte dann Ned Gerrity persönlich in ihrem Redaktionsbüro auf und verlangte Einsicht in den Artikel, den sie gerade schrieb. Sie weigerte sich. Daraufhin bedrängte er sie, über eine Anweisung der Kommission «anklagend und aufgebracht» zu schreiben. Er fragte sie, ob sie denn keine Verantwortung gegenüber den Aktionären von ITT und ABC spürte, deren Aktien durch den Einfluß ihres Artikels im Kurs steigen oder fallen würden? War sie sich der Tatsache bewußt, daß das Kommissionsmitglied Johnson eine Gesetzgebung befürwortete, die es Zeitungen verbieten würde, Rundfunkstationen zu besitzen? (Diese Geschichte erwies sich später als falsch.) Auf Gerritys Beeinflussungsversuche folgte der Einsatz von Jack Horner, einem Washingtoner ITT-PR-Mann. Erst sehr viel später, nach dem Ende der ABC-Episode, entdeckte Eileen Shanahan, daß Jack Horner ihre Freunde über ihr Privatleben ausgefragt hatte, um über sie ein Dossier anzulegen.

So mußte die Kommission im April 1967 zu einem weiteren Hearing zusammenkommen. Es dauerte sechzehn Tage. Die Protokolle umfaßten 3300 Seiten Text mit 550 Dokumenten. Immer mehr häuften sich die nachteiligen Beweise. Es schien offensichtlich, daß die ITT nicht die Absicht gehabt hatte, Geld in die ABC zu investieren. Es wurde ebenfalls deutlich, daß die ITT weit davon entfernt war, ihren Tochtergesellschaften Selbständigkeit zu erlauben. Sie war eine in hohem Maße zentralisierte Gesellschaft mit strengen Kontrollen über die Tochtergesellschaften. Dies war tatsächlich der Kern von Geneens Konzernverfassung. Nunmehr änderte Geneen schnell seine Taktik und versprach, daß die Verbindung von ABC zu der ITT «völlig einzigartig» sein würde. ABC sollte seinen eigenen Aufsichtsrat mit eigenen unabhängigen Direktoren erhalten. Er spielte wieder einmal seinen Trick aus – mal war die ITT ein zentralisiertes Unternehmen, mal ein loser Verbund voneinander unabhängiger Unternehmen.

Wieder jedoch billigte die Kommission die Fusion mit denselben drei Gegenstimmen. Die Mehrheit beschloß, daß es «keinen vernünftigen Zweifel daran geben könne, daß die ABC ihre Integrität und Unabhängigkeit behalten würde» und es «keinen Beweis dafür gebe, daß die ITT oder ABC versucht hätten, Reporter, die über die Angelegenheit berichteten, zu bitten, richtige Tatsachen in ihren Artikeln zu bringen». Die Minderheitenmeinung, von Nicholas Johnson angeführt, fertigte einen noch längeren Bericht, analysierte die falsche Darstellung der Haltung der ITT und schloß: «Wir stimmen mehr aus Sorge als aus Ärger dagegen; denn letztlich ist der wahre Verlierer in diesem Kampf das öffentliche Interesse an einem starken, konkurrenzfähigen und freien Rundfunkwesen.»

Die Schlacht war nicht gewonnen; denn das Justizministerium griff erneut ein. Es wandte sich an das Berufungsgericht, um gegen den Kommissionsbeschluß anzugehen. Es wurde ein historischer Fall mit der Überschrift:

> Vereinigte Staaten von Amerika, Antragsteller
> als Kläger
> gegen die Bundeskommission für das Rundfunkwesen, International Telephone and Telegraph Corporation und American Broadcasting Company, Inc.

Die Vertreter des Justizministeriums präsentierten ihre Argumente in einem scharfen und treffenden Angriff sowohl gegen die FCC als auch gegen die ITT. Sie fanden, daß ABC durchaus in der Lage war, ihren eigenen Kapitalbedarf ohne eine Fusion zu decken. Sie weigerten sich, zu glauben, daß die ABC angesichts der «durchdringenden, zentralisierten Kontrolle» der ITT ihre Unabhängigkeit behalten würde: «Es wird für alle Direktoren und Angestellten von ABC unumgänglich sein, daß die letzte Entscheidungsgewalt bei Mr. Geneen und der ITT liegt.» Sie gaben zu bedenken, daß die Einmischung in die journalistische Freiheit von Eileen Shanahan und anderen «als Versuche gewertet werden müßten, das Urteil eines unabhängigen Nachrichtenorgans irrezuführen».

Das interessanteste Argument in der Klage bestand darin, daß das Justizministerium darauf beharrte, die Unabhängigkeit der ABC-Nachrichten könnte unter den ausländischen Interessen der ITT leiden, «durch die die ITT in enge und sehr vertrauliche Beziehungen zu ausländischen Regierungen steht». Sie meinten, die ITT habe «eine starke Motivation, ein Nachrichtenorgan positiv zur Förderung gewisser ausländischer Beteiligungen einzusetzen, indem sie die Repräsentanten oder Maßnahmen ausländischer Regierungen in günstigem Licht zeigen würde». Als Anzeichen für eine derartige Möglichkeit bezogen sie sich auf die «Deep Freeze»-Unterlagen (vgl. S. 53), die kurz zuvor in dem Schadensersatzprozeß von der ITT veröffentlicht worden waren und die das Kommissionsmitglied Johnson bereits berücksichtigt hatte. Das Justizministerium verwies auf die Unterstützung, die Harold Macmillan, Lester Pearson und andere dem ITT-Admiral Stone gewährt hatten, und bemerkte dazu: «Man kann sich die Bestürzung bei ITT vorstellen, falls ein ungünstiger Bericht über den britischen Verteidigungsminister und den kanadischen Außenminister gesendet würde. Schließlich hat es sich hier um prominente Personen der Zeitgeschichte gehandelt, die die ITT mit Geheiminformationen versorgten, die sich auf die Zustimmung zum transatlantischen Kabelprojekt beziehen.»

Schließlich beklagte das Ministerium noch, daß Geneen und andere sich – wie es sehr taktvoll umschrieben wird – «nicht mit dem Maß an Offenheit und Ausführlichkeit vorgestellt hätten, wie es dieses Verfahren verlangte». Es fehlen Nachweise über den außerordentlichen Finanzbedarf von ABC, über die weiteren Beteiligungen der ITT am Rundfunkwesen und über die Selbständigkeit von ABC im ITT-Unternehmensverband. Mit anderen Worten: sie behaupten, daß die ITT beim Lügen ertappt worden sei.

Geneen war inzwischen durch diese Verzögerungen immer aufgebrachter geworden. Die Fusion, gleichgültig, ob sie letztlich genehmigt wurde, schien nun nicht mehr so rosig. Sowohl die ITT als auch Lazards hatten unter der Folge von Rückschlägen an Ansehen gelitten. Lazards hatte darauf vertraut, daß das Geschäft zustande kommen würde und spekuliert. Als der Kurs der ABC-Aktien fiel, hatte auch Lazards schwere Verluste. Über zweieinhalb Jahre dauerte dieses unsichere Steigen und Fallen der Kurse. Wall Street soll dabei 50 Millionen Dollar durch Spekulationen verloren haben.[48]

Schließlich berief Geneen am 1. Januar 1963 eine Sondersitzung des Board ein (was es nie zuvor gegeben hatte), um das Geschäft mit unverhohlenem Zorn aufzukündigen. Er gab bekannt, daß die Fusion nicht mehr länger im Interesse der Aktionäre läge. ABC überlebte als selbständige Anstalt, machte Rekordgewinne, ohne daß eine der vorausgesagten Katastrophen eintrat, und Geneen versuchte sich in weiteren Eroberungen. Seine Niederlage bei ABC setzte ihm zweifellos zu. Er war frustriert durch die seiner Meinung nach üblen Machenschaften einer Regierung in Washington, die er nicht leiden konnte, ja, die er verachtete. Von nun an verstärkte er den Druck und seine Lobbytätigkeit in Washington, griff in stärkerem Maße persönlich ein, um zu gewährleisten, daß die Ausdehnung des ITT-Imperiums ungestört von Regierungsverfügungen vollzogen werden konnte.

Die Fragen, die dieser ABC-Fall aufgeworfen hatte, reichten jedoch weiter als die Zweifel an den Methoden und dem Ehrgeiz von Geneen. Die wichtigere Frage, die das Kommissionsmitglied Johnson und das Justizministerium stellten, lautete, ob man nicht grundsätzlich einem multinationalen Unternehmen, wie gut seine Absichten auch immer wären, den Erwerb von Nachrichtenmedien verbieten müsse; denn Nachrichtenberichterstattung könnte die ausländischen Beteiligungen und Interessen derartiger Gesellschaften beeinträchtigen. Einige der Argumente gegen die ITT mögen nationalistisch erscheinen; denn sie setzen voraus, daß ausländischer Einfluß notwendigerweise die Unabhängigkeit der Berichterstattung beeinträchtigen muß. Man sollte wünschen, daß ein ideales Weltnachrichtenprogramm einen internationalen Anstrich hat. Unter den heutigen Bedingungen scheint mir jedoch ein multinationaler Konzern weit eher daran interessiert zu sein, Nachrichten zu unterdrücken, als sie zu verbreiten.[49] Es sieht so aus, als ob sie wie Behn in den dreißiger Jahren übereifrig versuchen würden, mit jedem an der Macht befindlichen Regime zu spielen. (Man schreckt vor dem Gedanken zurück, welches Weltbild Colonel Behn zu vermitteln gewünscht hätte, wenn man ihm in den dreißiger Jahren ein Fernsehnetz angeboten hätte.)

Ein jeder multinationaler Konzern wird seine besonderen Interessen ins Spiel bringen wollen. Wenn man ihm auch noch die Möglichkeit geben wird, Radio, Fernsehen und Presse zu kontrollieren, wird er in der Lage sein, eine eigene Außenpolitik zu entwickeln helfen.

Hotels sind für einen multinationalen Konzern unzweifelbar ein gutes Geschäft. Geneen hatte darüber lange nachgedacht. Mit Neid beobachtete er den sagenhaften Erfolg der Hilton-Kette, deren Einnahmen innerhalb von zehn Jahren von 15 Millionen Dollar auf 140 Millionen Dollar gestiegen waren, und der Holiday-Inn-Kette, deren Einnahmen von 2 Millionen Dollar auf 140 Millionen Dollar kletterten.[50] Doch die Holiday-Hotels waren zu teuer, und die Hilton-Hotels wurden bald von TWA geschluckt. 1967 jedoch sah Geneen eine Chance, die zweitgrößte Hotelkette, Sheraton, zu erwerben. Er schickte ein Expertenteam, um Sheraton zu überprüfen.

Zunächst schien Sheraton nicht sehr verlockend. Die Hotels waren ziemlich heruntergekommen, und viele lagen in abgelegenen Vorstadtvierteln. Die Hotelgesellschaft hatte sich aus jämmerlichen Anfängen entwickelt: zwei junge Männer aus Boston, Ernest Henderson und Robert Moore, die im College Zimmergenossen waren, hatten nach dem Ersten Weltkrieg in Deutschland ein wenig Geld gemacht. Sie hatten alles mögliche, darunter Feldstecher, Trödel und Polizeihunde, zu äußerst niedrigen Preisen aufgekauft. Von ihrem schnell gemachten Gewinn kauften sie ein bankrottes Hotel in Springfield, Massachusetts, als günstige Geldanlage. Aus ihm erwirtschafteten sie wiederum etwas Geld, mit dem sie während der Depression weitere billige Hotels kauften. Eines dieser Hotels trug seinen Namen *Sheraton* (nach dem Tischlermeister) in riesigen Buchstaben über dem Gebäude. Die beiden Partner schätzten die Kosten für die Entfernung der Namensschrift höher ein als die Kosten für das Hotel. So gaben sie ihrer gesamten Hotelkette den Namen Sheraton.

Sie kauften weiterhin Hotels und erwarben unter anderem auch einige stattliche alte Besitztümer wie das *Carlton* in Washington oder das *St. Regis* in New York. Stets waren sie jedoch mehr am Grundvermögen als am Hotelmanagement interessiert. In den frühen fünfziger Jahren blühte das Hotelgewerbe, ließ aber nach 1958 nach. Sheraton blieb hinter Hilton mit seinem weitaus ertragreicheren Hotelneubau im Ausland zurück. Mitte der sechziger Jahre hatte sich Sheraton mit Hilfe eines zentralisierten Hotelmanagements und eines gewaltigen Vier-Millionen-Dollar-Computers (Reservatron II) teilweise wieder erholt. Mit Reservatron II konnten Sheraton-Hotelzimmer überall in der Welt reserviert werden.

Die Experten von Geneen waren sich der Probleme bewußt.[51] Es gab kein deutliches ‹Ketten-Image›. Viele Hotels hatten falsche Standorte. Das Marketing taugte nicht viel. Die Hotellerie gehörte jedoch zu den Wachstumsindustrien, die sehr gut in den Rahmen der anderen Industriebetriebe passen würde. «Die internationale Entwicklung», so sagten sie voraus, «würde außerordentliche Ergebnisse begünstigen.» Hotels waren von Verstaatlichungen weit weniger bedroht als Telefongesellschaften. Außerdem könnte die ITT die Zimmerpreise erhöhen und wirtschaftlicher arbeiten. Zudem benutzte Sheraton höchst konservative Geschäftsmethoden und bildete mit seinen Gewinnen Aktiva, anstatt hohe Erträge auszuweisen.[52] Die ITT könnte durch eine geänderte Rechnungsführung spektakuläre Verbesserungen erreichen.

Geneen begann das Werben um die Gesellschaft mit dem üblichen Eifer. Der paternalistische Präsident und Mitgründer Ernest Henderson führte seine Hotels eher gefühlsmäßig. Sein Hobby war das Komponieren von Balladen, und er freute sich, wenn sie vom Sheraton-Orchester gespielt wurden, sobald er den Saal betrat. Aber sein Interesse ließ nach. Mit seinen 67 Jahren hatte er gerade eine fünfundzwanzigjährige Frau geheiratet und die Geschäftsführung seinem Sohn Ernest Henderson III übergeben, der jedoch auch nicht sonderlich am Management interessiert war. Zudem war das Führungsmanagement schlecht bezahlt. Wie stets versprach ihnen Geneen sehr viel höhere Gehälter für den Fall der Fusion mit der ITT. Einer, Richard Boonisar, konnte sein Gehalt von 56000 Dollar auf 105000 Dollar mit einer Tantieme von 34000 Dollar steigern.[53] Geneen bot mit 200 Millionen Dollar einen sehr hohen Preis für die Hotelkette. Mitte 1968 schluckte die ITT auch Sheraton.

Bald hielten die Manager der ITT ihren Einzug, um Gewinne aus den Hotels herauszuziehen. Sie entwickelten Pläne, fünfzehn Hotels im Süden und Mittelwesten zu verkaufen und 28 weitere Hotels zu renovieren. Kurz darauf kündigte der junge Henderson. Er widmete sich einer Gruppe von Erholungszentren, den Henderson-Heimen. Für ihn stellte Geneen einen konsequenten Hotelier aus Colorado ein. Bud James war ein mutiger Sportler, Absolvent der Denver University im Fach Hotelmanagement, Präsident der Sahara-Nevada-Hotelkette. James und Geneen setzten einen Fünf-Jahres-Plan durch, um die Zahl der Sheraton-Hotels zu verdreifachen. Der Plan schloß auch Motels und Convatels (teure Pflegehotels für ältere Gäste) ein. Sie schlossen die vorhandenen Hotels mit Hilfe des Reservatrons stärker zusammen und bauten sie in das übrige ITT-Imperium ein: in den Zimmern standen ITT-Telefone und in den Hallen lagen ITT-Telegrammformulare. An jeder Seifenpackung, auf jedem Briefkopf und jeder Streichholzschachtel sowie auf jeder Papierserviette standen die Worte: *A worldwide service of ITT.*

Hauptpunkt des Fünf-Jahres-Plans war aber der Aufbau einer Sheraton-Hotelkette in 38 Ländern, um die Konkurrenten Hilton und Intercontinental herauszufordern. Überall in Europa wurden Sheraton-Hotels gebaut. Die hohen, glänzenden Felsspitzen inmitten der Städte konnten jeden Reisenden vergessen lassen, daß er sich im Ausland aufhielt. Er war von seiner Umgebung losgelöst und vor ihr geschützt wie ein Passagier auf dem Schiff. Es gibt kein Sprachenproblem; denn alle Angestellten sprechen Englisch. Es gibt kein Währungsproblem; denn man bezahlt alles mit Kreditkarten (Sheraton selbst ist am Diner's Club beteiligt). Es gibt kein Transportproblem; denn vor der Tür warten die Avis-Autos. Man braucht eigentlich das Hotel nie zu verlassen; denn dort gibt es Läden, Büros der Fluglinien und Buchhandlungen. Es gibt sogar einen ‹Filmautomaten›, um amerikanische Filme in den Schlafräumen zu zeigen. Ja, auch für Besichtigungsfahrten braucht das Hotel nicht verlassen zu werden, denn Sheraton-Hotels schaffen für ihre Gäste ihr eigenes lokales Wunderland, wie etwa die kleine Meerjungfrau aus dem Märchen von Hans Christian Andersen im Restaurant vom Kopenhagener Sheraton. Sheraton verschafft seinen Gästen seine eigene Auffassung von Geographie: sicher, sauber und bequem. Der Slogan von Sheraton heißt: *Sheraton makes it happen.*

Der Aufbau des Sheraton-Imperiums war, wie der Ausbau von Avis, eine Meisterleistung modernen Managements. Vielen eigensinnigen und exzentrischen Nationalitäten wurde die gleiche glatte Routine aufgedrängt; das war auf seine Weise ebenso erstaunlich wie die Einführung britischer Sportclubs in Indien und Afrika. Perser und Schweden, Mexikaner und Peruaner wurden in gleicher Weise ausgebildet, um den gleichen leidenschaftslosen Dienst zu tun mit Computern, Kreditkarten und Buchhaltungsmaschinen; überall das nämliche gleichförmige und unpersönliche «Herzlich willkommen».

In Wahrheit warfen die Sheraton-Hotels eigentlich nie hohe Gewinne ab. Und die ITT ist inzwischen zum Konzessionssystem übergegangen. Sie läßt andere die Hotels bauen und stellt selbst nur Management und Namen. Geneen hat persönlich jedoch stets ein besonderes Interesse für die Sheraton-Hotels gezeigt. Ja, er erörterte selber die Kampagnen mit den Werbefachleuten. Es paßt daher in den Rahmen, daß diese Hotels im nächsten Kapitel eine besondere Rolle spielen. Diese in sich abgeschlossenen Festungen mit ihren gläsernen Zinnen über den alten Städten dieser Welt verkörpern in hohem Grade das neue Phänomen des multinationalen Konzerns. Sie arbeiten in jedem Land und bleiben zugleich von jedem Land unabhängig. In ihnen arbeiten auch die neuen multinationalen Menschen, die nomadisierenden Manager. Stets kommen sie gerade an oder reisen gerade ab. Sie eilen durch die großen Hallen mit ihren Aktenkoffern und hellen Regenmänteln oder warten einsam neben ihrem eigentlichen Zuhause, dem Aktenkoffer.

Kapitel 5

# Der Leuchtfinger

Die durch Firmenaufkäufe erreichte Expansion der ITT zu einem multinationalen Unternehmen mit breitgefächertem Angebot an Gütern und Dienstleistungen hat einen in sich geschlossenen, unabhängigen Konzerngiganten entstehen lassen, der außerhalb der Reichweite der Staaten, innerhalb derer er Geschäfte macht, sein Eigenleben führt.

*‹Conglomerate Report›*
Juni 1971, S. 95

Einmal im Monat, jeweils am letzten Montag, hebt in New York eine Boing 707 mit Kurs auf Brüssel ab; sie hat 60 Spitzenkräfte der ITT an Bord, darunter Geneen oder einen seiner Stellvertreter, und sie ist eigens mit einem Büro ausgestattet, damit er unterwegs arbeiten kann. Die Manager bleiben vier Tage lang in Brüssel, die sie zumeist in der Abgeschlossenheit der Konzernzentrale mit den firmenüblichen Marathonkonferenzen zubringen.

Diese Konferenzen sind ein sonderbares Zeremoniell, das in mancherlei Hinsicht an den Film *‹Dr. Seltsam oder Wie ich lernte, die Bombe zu lieben›* erinnert. 120 Personen sind dabei in dem großen Tagungsraum im vierten Stock versammelt, ausgestattet mit Klimaanlage, indirekter Beleuchtung und diskret angebrachten Mikrofonen. Dicke Vorhänge schützen vor Tageslicht, und auf eine große Leinwand werden Tabellen auf Tabellen, Statistik auf Statistik projiziert. Den größten Teil des Raums nimmt ein riesiger, hufeisenförmiger Tisch ein, der mit grünem Boi bespannt ist; um den Tisch sind blaue Drehsessel angeordnet, und vor jedem Drehsessel befinden sich ein Namensschildchen, ein Stapel Statistiken sowie eine Flasche Mineralwasser. In den Sesseln sitzen, wie Diplomaten bei einer Konferenz, die Top-Manager der ITT aus ganz Europa: in der Mitte die ranghöchsten Vizepräsidenten. Unter ihnen fällt ein eulenhaft wirkender Mann auf, der in seinem Sessel wippt, energisch hin und her wirbelt, der mal Gesichter betrachtet und mal auf die Statistiken starrt; das Schild auf seinem Platz trägt den Namen Harold S. Geneen.

Die leise Stimme eines der Revisoren kommentiert die hervorstechenden Daten jeder Zahlenreihe; und während die Stimme ihre Erläuterungen gibt, erscheint ein kleiner, scharfer Pfeil neben der gerade erörterten Zahl auf der Leinwand. Einige Daten sind eingeklammert, was Verlust bedeutet, und dort verweilt der Pfeil besonders lange (er wirkt fast wie eine Verlängerung von Geneens Finger). Von Zeit zu Zeit greift Geneen – ebenfalls sehr leise – mit einer Frage ein. Warum ist dieses Ziel nicht erreicht worden, warum ist jene Lagerbestandsziffer zu hoch? Der geschäftsführende Vorstand rechtfertigt sich, angespannt und knapp: «Wir sind schon dabei, das zu prüfen, Mr. Geneen.» Geneen nickt oder dreht sich mit seinem Sessel oder äußert einen milden Tadel. Der Leuchtfinger wandert zur nächsten belastenden Zahl.

Die Konferenzen, in Brüssel oder New York, sind die zentrale Feuerprobe der ITT-Ausbildung, sie sind der Test, ob die Manager auf die Offenheit des Systems eingestimmt sind. Geneen hat mir gegenüber erklärt, es genüge ihm nicht, die Zahlen durchzusehen; er müsse den Gesichtsausdruck des Mannes sehen, der sie vorträgt, und auch, wie er sie präsentiert. Das Wort «Ich wünsche keine Überraschungen» ist irgendwie immer gegenwärtig. Tritt dennoch eine Überraschung ein, werden Sofortmaßnahmen ergriffen; ein Untersuchungsausschuß wird eingesetzt – manchmal sogar mehrere, die nichts voneinander wissen –, um den Grund für den Fehlschlag herauszufinden und eine Lösung zu liefern. Für einen Neuling in der ITT-Familie kann die Feuerprobe schrecklich sein, insbesondere, wenn er einer Firma angehört, die erst unlängst von der ITT übernommen wurde. Hierzu kursieren phantastische Legenden; von einem Mann wird erzählt, er sei in Ohnmacht gefallen, als er hereinkam, und von einem anderen heißt es, er sei Hals über Kopf davongerannt und habe sich zwei Tage lang besinnungslos betrunken. Für den abgebrühten ITT-Mann aber ist die Feuerprobe nicht mehr als ein Routinetest seiner Kaltblütigkeit. «Man muß darauf gefaßt sein», erklärte mir einer von ihnen, «daß einem in aller Öffentlichkeit die Eier ausgerissen und gleich darauf Witze gemacht werden, als wäre nichts gewesen.»

Die erbarmungslosesten Sitzungen werden alljährlich im September und Oktober abgehalten, wenn Geneen und sein Hof für mehrere Wochen in Brüssel residieren, um den jährlichen Business Plan Review abzuhalten. Von zehn Uhr morgens bis manchmal weit nach Mitternacht sitzen dann Geneen oder sein Stellvertreter in dem klimatisierten Konferenzraum im Drehsessel und lassen jeden Geschäftsführer einzeln zur Darlegung seines Plans antreten. Jeden von ihnen nimmt er vor den Kollegen ins Kreuzverhör, wobei alle Anwesenden aufgefordert sind, sich aktiv an dem Ritual zu beteiligen. «Wir haben uns immer gesagt: ‹Was für eine Farce!›» äußerte ein früherer leitender Angestellter. «Aber man braucht diese theatralische Atmosphäre, um tatsächlich zum Denken gezwungen zu werden.»

Die Spannung der Konferenzen ist nicht bloß die Angespanntheit der Teilnehmer, wenn sie sich dem Kreuzverhör ausgesetzt sehen. Sie ist darüber hinaus die unumgänglich notwendige Spannung einer Gruppe von Direktoren, die sechstausend Kilometer voneinander entfernt in fast allen Gegenden der Welt arbeiten und versuchen, ein Reich zu verwalten, das von Hundefutter bis zu Transistorradios, von Gesichtscremes bis zu Telefonen alles mögliche umfaßt. Vielleicht ist dies die einzige Art, auf die sich verhindern läßt, daß ein derartiges Machtgefüge aus den Fugen bricht. Wenn man jedoch der Feuerprobe beiwohnt, drängt sich die Frage auf: Ist dieses Imperium nicht zu groß?

In Europa wie in Amerika hat Geneen sehr rasch eine straffe Führungspraxis von einer Art eingeführt, wie sie vor dem Zeitalter der Düsenriesen und Computer unmöglich gewesen wäre. Als er zur ITT kam, war er über den Mangel an Leitung und Kontrolle entsetzt. Wie er diesen Umstand einschätzte, hat er 1969 beschrieben:

> Als wir anfingen, hatten wir 110000 Beschäftigte in Europa. Das liegt weit zurück, ganz am Anfang. Wir hatten noch nicht einmal ein Büro in Europa. Wir hatten einen Burschen dort, der hatte etwa fünf Assistenten, und er flog in der Gegend herum und hielt in Hotelzimmern Konferenzen ab: für 110000 Leute. Heute verfügen wir über eine koordinierte Managementgruppe in Brüssel, unser Hauptquartier für Europa; dort sind ungefähr dreihundert Spitzenmanager zusammengefaßt, die alle unsere Unternehmen in Europa überwachen.[54]

Brüssel bot sich mit seinem Hang zum Kommerz, seinen Emigrantenklüngeln und Ausländergemeinden, seinem internationalen Flair für eine Zentrale geradezu an. «Das Großartige an Brüssel», soll Geneen einmal gesagt haben, «ist, daß man dort wirklich nichts tun kann außer arbeiten.» Belgien ist amerikanischen Großunternehmen gegenüber aufgeschlossen, begrüßt ihre Investitionen, und die ITT hat dort mit einer höchst profitablen Telefongesellschaft und zahlreichen Neuerwerbungen gute Geschäfte gemacht. Trotzdem erlitt Geneen 1970 einen Rückschlag, als er die große Nahrungsmittelfirma General Biscuit aufzukaufen versuchte. Die Gesellschaft schlug mit ganzseitigen Anzeigen zurück, in denen es hieß: «Nicht alle großen europäischen Firmen sind in amerikanischer Hand», und die Aktionäre gaben der ITT einen Korb, indem sie das Aktienkapital aufstockten und die neuaufgelegten Papiere an eine befreundete Investmentgruppe verkauften.

Das Brüsseler Hauptquartier von ITT-Europa wird demnächst in einen vierundzwanzigstöckigen Wolkenkratzer umziehen, der die gediegenen Gebäude der Avenue Louise weit überragt und seine Schatten auf die mittelalterliche Abtei gegenüber wirft. Dieses Bauvorhaben hat lokale Proteststürme ausgelöst, denn für die Avenue Louise gelten hinsichtlich der Höhe strikte Bebauungsvorschriften. Die Belgier meinten, das Projekt gehe auf das Konto von ITT-New York; tatsächlich wurde es aber vom Vorstandsgeschäftsführer für Belgien, Pepermans, durchgesetzt, einem ruppigen flämischen Industriemagnaten mit ausgeprägtem Eigensinn. Er traf ein Abkommen mit den Stadtvätern, zu denen auch sein Freund Paul van den Boeynants gehört, immerhin ein früherer belgischer Premierminister; ermutigt hat ihn dabei wahrscheinlich noch ein weiterer belgischer Ex-Premier, Paul Henri Spaak, auch er war Direktor von ITT-Belgien. Trotz der Protestwelle ragte bald darauf das Stahlgerippe des Wolkenkratzers auf, ein geschmackloses Monument der Macht der ITT.

In Brüssel lassen sich auch am besten die Eigenarten, Farbgebung und die Nistgewohnheiten jener seltsamen neuen Spezies des ‹multinationalen Menschen› beobachten, von der der ITT-Mensch eine verbreitete Unterart darstellt. Die Initialen, heißt es, stehen eigentlich für ‹International Travel and Talk›, und die europäischen Führungskräfte werden durch die Vorhölle der Flughäfen und internationalen Hotels gefegt. Die völlige Mißachtung jedweder Topographie ist dabei unabdingbare Voraussetzung und es kann durchaus passieren, daß ein Top-Manager von Europa nach New York beordert wird: schlicht zum Lunch. Man schätzt, dem Konzern entstehen jährlich mehr als 4 Millionen Dollar Reisekosten, und allein in Brüssel bucht die ITT pro Jahr 24 000 Übernachtungen – genug, um ein großes Hotel auszulasten. (Bislang gibt es jedoch noch kein Sheraton-Hotel in Brüssel.) Hotelzimmer sind ein Gutteil des Jahres das Heim des ITT-Managers, und obwohl für Geneen im Gästehaus des Top-Managements stets Räume bereitstehen, zieht er es vor, in einer gewöhnlichen Hotelsuite im Westbury zu logieren. In ganz Europa treten sich – versehentlich – ITT-Leute in den Hotelhallen auf die Füße. Bei dieser nomadischen Lebensweise werden Telefone zur Obsession, nicht nur, weil die ITT sie herstellt, sondern weil sie Entfernungen aufheben und ein beschwichtigendes Bindeglied mit der Heimatbasis darstellen. Je entwurzelter die Lebensweise ist, desto abhängiger werden die multinationalen Manager von ihrer Gesellschaft, sie bildet den Schutzpanzer, in dem sie reisen. Ich habe zufällig einmal bei einem ITT-Manager mitangehört, wie er in seinem Brüsseler Hotelzimmer am Telefon zwanzig Minuten lang mit New York witzelte.

Es ist eine in sich geschlossene, unabhängige Welt – noch stärker in sich geschlossen, noch unabhängiger, heißt es, als die Welt jener anderen allgegenwärtigen Gesellschaft, der IBM. Zwischen diesen beiden gibt es ausgeprägte Unterschiede. Die IBM ist wesentlich schärfer umgrenzt, dreht sich um ihr eines Hauptprodukt und ist traditionell auf ihren Paternalismus und ihre Firmengesetze festgelegt. Die ITT dagegen ist mit ihrer verwirrenden Vielfalt an Produkten und Kommandowegen wesentlich weniger strukturiert und schwerer definierbar, aber dieser Wirrwarr bedingt, daß die ITT-Leute sich um so ängstlicher aneinander klammern. Innerhalb dieser gigantischen Organismen scheinen die Nationalitätenunterschiede vielfach hinter Firmenunterschieden zurückzutreten.

## Telefonverflechtungen

Während Geneen hektisch Firmen in Amerika aufkaufte, um ein Gegengewicht zu seinem europäischen Geschäftsbereich zu schaffen, expandierten die europäischen Tochtergesellschaften so schnell, daß es nicht leicht war, sie einzuholen. Entgegen seinen düsteren Voraussagen aus dem Jahre 1963 wurde keine der europäischen Tochterfirmen verstaatlicht oder in ihren Freiheiten beschnitten; vielmehr waren sie der einträglichste Teil des ITT-Imperiums. In den ersten fünf Jahren der Herrschaft Geneens stiegen ihre Gewinne auf mehr als das Doppelte.[55] Gegenwärtig liegt die jährliche Gewinnsteigerungsrate bei etwa 15 Prozent. Die ITT stellt eine bedrohliche wirtschaftliche Macht in Europa dar. Sie ist mit fast 200000 Beschäftigten das größte amerikanische Unternehmen auf dem Kontinent, und allein die europäische ITT rangiert, am Umsatz gemessen, unter allen europäischen Firmen an siebzehnter Stelle.

Die Verwundbarkeit seiner Telefongesellschaften durch staatliche Restriktionen war für Geneen auch weiterhin ein Grund zu großer, fast krankhafter Besorgnis. In seinem Bericht über das Geschäftsjahr 1972 rief er den Aktionären erneut in Erinnerung: «Die Entwicklung zu einer stärkeren Integration der Länder des Gemeinsamen Marktes hin könnte zu einer zunehmenden Benachteiligung amerikanischer multinationaler Unternehmen zugunsten europäischer multinationaler Unternehmen führen.» Solche Befürchtungen sind freilich nicht ganz unbegründet: Europäische Firmen können im Bereich der Fernmeldetechnik nicht in den amerikanischen Markt eindringen, um die Invasion der ITT in Europa auszugleichen; und die ITT kann nicht, wie etwa die IBM, für sich in Anspruch nehmen, die Segnungen amerikanischer Technologie nach Europa zu tragen, denn der größte Teil der fernmeldetechnischen Forschungsarbeit der ITT wird in Europa geleistet, in den Entwicklungslabors in Großbritannien, Frankreich und Spanien. Bisher gibt es jedoch, wie ich in diesem Kapitel zeigen werde, kaum Anzeichen für die von Geneen befürchtete Diskriminierung amerikanischer Unternehmen in Europa.

Dieser Besorgnis wegen bemühte sich Geneen, die Abhängigkeit der ITT vom europäischen Fernmeldewesen zu überwinden. Wie in Amerika kaufte er Hunderte von Unternehmen insbesondere im Dienstleistungssektor auf, die politisch weniger gefährdet und leichter zu verwalten sind. Viele der großen amerikanischen Unternehmen, die Geneen erwarb, brachten über ihre Ableger in Europa zusätzliche Gewinne, die in den expansiven sechziger Jahren rasch wuchsen. Niederlassungen der Avis-Autovermietung und Sheraton-Hotels breiteten sich in den europäischen Metropolen aus. Selbst Levitt-Häuser – so amerikanisch wie denkbar – schossen in einem Pariser Vorort aus dem Boden, um nur einen Ort zu nennen; aus dem Ardsleigh-Haus wurde das Arcy-Haus – die einzige Änderung nahm man in der Küche vor –, und die Häuser wurden ohne Zäune oder Hecken, ganz im amerikanischen Stil, in Les Residences du Chateau über das Gelände verteilt. Diese neuen Unternehmen waren multinational in einem weiteren Sinne als die alten Telefonfirmen, die sich auf die Expansionsmöglichkeiten innerhalb der jeweiligen Länder beschränken müssen. Hotelketten, Autoverleihfirmen und Versicherungsunternehmen konnten sich leicht über politische Grenzen hinweg ausbreiten; überdies ließen sie sich standardisieren und von New York und Brüssel aus zentral steuern.

Nach wie vor machen jedoch die Geschäfte im Fernmeldewesen den größten Teil der ITT-Unternehmungen in Europa aus. Wie Sosthenes Behn voraussagte, hat sich nach dem amerikanischen Vorbild die Anzahl der Telefonanschlüsse ständig vermehrt. In Frankreich, Spanien, Österreich und den Niederlanden hat sie sich in den letzten zehn Jahren mehr als verdoppelt; in Großbritannien ist sie um 81 Prozent gestiegen. Aber noch immer sind die Europäer, wie man bei der ITT immer wieder betont, im Vergleich zu den Amerikanern nur wenig ‹telefon-bewußt›. Hier die Anzahl der Anschlüsse pro 1000 Einwohner im Januar 1971:

| | |
|---|---|
| Belgien | 208 |
| Bundesrepublik Deutschland | 224 |
| Dänemark | 344 |
| Frankreich | 172 |
| Großbritannien | 267 |
| Italien | 174 |
| Niederlande | 260 |
| Nordamerika | 571 |
| Norwegen | 294 |
| Österreich | 193 |
| Portugal | 77 |
| Schweden | 556 |
| Spanien | 135 |

Das Fernmeldegeschäft der ITT in Europa läßt sich nur schwer definieren, da es – wiederum – zwei Aspekte hat. Von der einen Seite betrachtet, zeigt es einen einzigen, riesigen Kopf; von der anderen Seite gesehen hat es mehrere kleine Köpfe, die wie bei einer Hydra überall hervorwachsen. Aus diesem Doppelimage zieht die europäische ITT manchen Vorteil. Auf der einen Seite ist sie das größte fernmeldetechnische Unternehmen Europas und mit einem Drittel der Gesamtumsätze der Branche doppelt so groß wie das nächstfolgende Konkurrenzunternehmen, Siemens. Auf der anderen Seite setzt sie sich aus einer Gruppe nationaler Firmen zusammen, von denen jede ihre eigenen Absonderlichkeiten und lokalen Traditionen hat: angefangen bei Bell Telephone in Belgien, gegründet 1882, über die Standard Telephones & Cables (STC) in Großbritannien, gegründet 1883, bis zu den beiden französischen Gesellschaften Le Matériel Téléphonique (1889) und Compagnie Générale de Constructions Téléphoniques (1892). Jede dieser Gesellschaften ist durch eine enge, aber heikle Umarmung mit den nationalen Postbehörden verbunden – den einzigen Großabnehmern, von denen ihr Geschäft abhängt –, und die meisten von ihnen müssen in einer Art ‹Kartell› mit drei oder vier Konkurrenzunternehmen wetteifern. Allein schon aus diesem Grunde müssen die ITT-Leute als ‹gute Bürger› der einzelnen Länder auftreten, denn Telefone sind, wie sie durch Schaden gelernt haben, politisch höchst anfällige Instrumente.

Die Rückständigkeit europäischer Telefonsysteme treibt amerikanische Besucher zur Verzweiflung, und kaum ein anderer Industriezweig kann mit mehr Grund über die Wichtigkeiten eines zersplitterten Marktes klagen. Schuld daran sind zu einem großen Teil die einzelnen Regierungen, die allesamt auf ihren eigenen Telefonsystemen beharren und denen es nicht gelingt, die Nachfrageentwicklung richtig einzuschätzen, so daß man zwischen unterschiedlichen Entwicklungsstadien steckenbleibt. Die ITT muß für zwanzig Regierungen siebzehn verschiedene Systeme herstellen, und die Aussichten auf eine Standardisierung sind sehr begrenzt. Man könnte meinen, diese Verschiedenheit der Systeme sei für die ITT sehr hinderlich, zumal sie wie kein anderer Konzern in der Lage wäre, ein europaweites, standardisiertes System zu errichten, das dem ihres amerikanischen Pendants, der American Telephone and Telegraph entspräche. Doch finanziell fährt die ITT sehr gut dank dieser Zersplitterung: durch den Austausch von Forschungsergebnissen und Verfahren und durch Rationalisierung der Exporte erzielt sie höhere Gewinne als die meisten ihrer auf eine nationale Basis beschränkten Konkurrenzunternehmen. Nach einer französischen Analyse «stellt ITT inmitten dieses Wirrwarrs eine Synthese aus Praktiken der verschiedenen Regierungen her, wählt die beste für den Export und entwickelt ihre Prosperität»[56]. Mit anderen Worten, sie zieht ihren Vorteil daraus, gleichermaßen groß und klein zu sein. Würden hingegen die technischen Systeme vereinheitlicht, dann würde die beherrschende Rolle der ITT offenbarer, was zu einer wirtschaftlichen Diskriminierung oder einer wirksamen Kontrolle führen würde – ähnlich wie bei der AT&T in den USA, die einen erheblich geringeren Kapitalertrag als die ITT erbringt.

Die Kritiker der ITT in den einzelnen Ländern lassen sich immer wieder dazu verleiten, den Erfolg des Konzerns zweifelhaften Machenschaften zuzuschreiben. Tatsächlich aber ist die Lobby der nationalen Unternehmen gewöhnlich weit intensiver, da ihre Vertreter den Regierungen gegenüber ‹die nationalen Interessen› ins Feld führen können. So hat zum Beispiel in Frankreich die Regierung – allerdings mit äußerst geringem Erfolg – versucht, französische Konkurrenzunternehmen im Kampf gegen die beiden ITT-Gesellschaften zu unterstützen; denn annähernd 60 Prozent der französischen Exporte im Bereich der Fernmeldetechnik gehen auf das Konto der ITT. In Großbritannien kam es zu harten Kontroversen, als sich 1972 das Postministerium für das ITT-System semielektronischer Fernsprechvermittlung, das TXE 4, entschied. Die britischen Konkurrenten, GEC und Plessey, bemühten sich mit aller Rücksichtslosigkeit, das Postministerium, die Politiker und das Finanzministerium in ihrem Sinne zu beeinflussen, und in der national gesonnenen Öffentlichkeit des Landes herrschte wegen der geplanten Vergabe eines großen Auftrags an einen amerikanischen Konzern starke Empörung. Dennoch mußte die Regierung einräumen, daß ITT das beste System anbot, und sie beschwichtigte die britischen Rivalen mit anderen Aufträgen. GEC ging schließlich von der feindseligen Haltung ab und entschloß sich sogar, mit ITT in der Entwicklung fortschrittlicher elektronischer Systeme zu kollaborieren.

Mit dem weiteren technischen Fortschritt in der Fernmeldetechnik werden sich entsprechend Art und Umfang des europäischen Wettbewerbs wandeln. Die Telefone werden noch enger mit Computern zusammengeschaltet werden, die Anrufe speichern und übermitteln, Rechnungen erstellen und auch die Vermittlung eigenständig überwachen können. Die ITT wird sich dann gegenüber den kleineren Rivalen in einer starken Position befinden, aber auch Überlappungen mit dem Unternehmen in Kauf nehmen müssen, dem sie bisher am ängstlichsten aus dem Wege gegangen ist: der gefürchteten IBM. Geneen war immer darauf bedacht, die ITT nicht in die Computerbranche zu verwickeln, um jenes Fiasko zu vermeiden, das RCA erlitt; er hat in New York eigens einen hochbezahlten Mann eingestellt, der einzig dafür Sorge zu tragen hat, daß die ITT-Unternehmen nicht ins Computergeschäft vorstoßen. Doch je weiter die Telefonvermittlung technisch fortschreitet, desto umfangreicher benötigt man in ihrem Herzen Computer; bald wird die ITT einer globalen Konfrontation mit ihrem multinationalen

Gegner IBM nicht mehr ausweichen können. Der Machtkampf zwischen der ITT und IBM – den Giganten der Kommunikationsindustrie, die Schritt um Schritt aufeinander zusteuern – kann zu verschärfter Konkurrenz führen; doch ist auch die Aussicht auf eine Kommunikationsindustrie, die säuberlich zwischen zwei *big brother*-Giganten aufgeteilt ist, nicht gerade einladend. Und der dritte eindeutige Konkurrent auf dem Markt, AT&T, hält sich aus der Auseinandersetzung heraus; immer noch befolgt er gewissenhaft die Abmachung, nicht mit seinem Sproß in Wettbewerb zu treten.

Vor diesem multinationalen Hintergrund werden die europäischen Regierungen wohl kaum vom Prinzip der staatlichen Kontrolle ihrer Telefonsysteme abgehen; angesichts komplizierter computerisierter Systeme kann die Sicherheit und der Geheimcharakter des Fernmeldewesens zu einer politisch weitaus relevanteren Frage werden als bisher. Kein Staat wird sich die Vorteile und Segnungen dieser multinationalen Technologie entgehen lassen und auf die Vereinfachung und Verbilligung der Fernsprechverbindungen, die sie mit sich bringen soll, verzichten wollen; aber dafür werden die einzelnen Staaten auch weit größeren Sachverstand und ausgeklügelte Kontrollinstanzen benötigen, wenn sie sich nicht von den Folgen dieser neuen Technologie überrumpeln und auf die Seite drängen lassen wollen.

## Vizekönige und Gesandte

Um ihre multinationalen Belange abwickeln zu können, ist die ITT von jeher tief in die industrielle Diplomatie verstrickt gewesen, hat sie prominente Berater verpflichtet, um gute Beziehungen zu den jeweiligen Regierungen zu pflegen. Im Hauptvorstand in New York finden sich unter anderen Eugene Black, der ehemalige Präsident der Weltbank, und John McCone, der frühere Direktor der Central Intelligence Agency; seine Beziehungen werden sich an späterer Stelle noch von besonderem Belang erweisen. In Europa hat Admiral Stone – selbst kein schlechter Unterhändler – alte Freunde in die lokalen ITT-Vorstände geholt, darunter Trygve Lie in Norwegen, Paul Henri Spaak in Belgien und Lord Caccia in Großbritannien; man hat sogar versucht, Harold Macmillan zu engagieren. In Spanien und Lateinamerika hat die ITT durchgängig lokale Würdenträger und Politiker für sich verpflichtet. Vertreten nun diese Diplomaten ihr eigenes Land, zum Beispiel Großbritannien oder Amerika, oder vertreten sie den souveränen Staat der ITT? Die Beantwortung dieser Frage ist nicht einfach, vielleicht nicht einmal für sie selbst: ein ellbogengewandter Lokalpolitiker wie Pepermans in Brüssel mit seinem Wolkenkratzer könnte durchaus die ITT in New York für seine Zwecke ausnutzen. Ein ITT-Mann hat einmal geklagt: «Es ist gar nicht so leicht, wie Sie vielleicht denken, Leute einzukaufen. Schließlich müssen sie auch ihre eigene Stellung in ihrem eigenen Land halten.» Die Frage nach der Loyalität wird immer stärker sowohl in Amerika wie auch in Europa gestellt, zum Beispiel von Professor Willard Mueller, dem früheren Chefökonomen der *Federal Trade Commission*:

> Sicherlich ist die Frage nicht unzulässig: Stehen solche Herren im Sold der ITT wegen ihres Geschäftssinnes oder wegen ihres Prestiges in der internationalen Diplomatie? Und daran schließt sich folgerichtig die Frage an, wer denn nun mächtiger ist in der internationalen Diplomatie – das Außenministerium der Vereinigten Staaten oder riesige Mischkonzerne wie die ITT?[57]

In ihrem Verhalten gegenüber westeuropäischen Ländern hat die ITT – im Gegensatz zu ihrem Vorgehen in Lateinamerika – eine höchst feinfühlige Diplomatie bewiesen. Geneen hat dies folgendermaßen formuliert: «Wenn man als Haufen Amerikaner herüberkommt, um einen Haufen Firmen in Europa zu leiten, die alle in verschiedenen Ländern liegen und deren Stäbe mit Einheimischen besetzt sind, die alle unterschiedliche Sprachen sprechen, so unterscheidet sich das völlig von der Situation in den Vereinigten Staaten, wo man einfach hingehen und Anordnungen geben kann.»[58] Die ITT ist stolz auf den Umstand, daß sich unter ihren 200000 Beschäftigten in Europa nur hundert Amerikaner befinden. Die leitenden Direktoren, die allmonatlich um den hufeisenförmigen Tisch in Brüssel sitzen, sind durchweg Einheimische aus den einzelnen Ländern, die das Bindeglied zwischen der ITT und ihren eigenen Leuten darstellen.

Der Präsident von ITT-Europa, das Hauptbindeglied zwischen den beiden Kontinenten, ist ein junger Frankoamerikaner von nur vierzig Jahren, der – mit Einschränkungen – für einen Umsatz von 2,7 Milliarden Dollar im Jahr verantwortlich ist. Mike Bergerac, hochgewachsen und zuvorkommend, ist mit seinem glatten, runden Gesicht, das an einen Seehund erinnert, eine Art Prototyp des multinationalen Managers. Er wurde in Frankreich geboren und bekam ein Fulbright-Stipendium nach Amerika, wo er in Los Angeles ein Examen in Betriebswirtschaftslehre ablegte. Nach kalifornischer Manier arbeitete er auf Ranches und trat später in ein Großunternehmen der Westküste ein, die Cannon Electric. Als die ITT Cannon aufkaufte, übernahm sie auch Bergerac, und bald erkannte man bei der ITT seine vielseitige Verwendbarkeit. Er wurde nach Brüssel versetzt und avancierte dort in fünf Jahren zum Präsidenten. «Diese sagenhafte Karriere wäre ihm unmöglich gewesen, wenn er nicht von der ITT übernommen worden wäre», sagte einmal ein Direktor. «Er wird sich vielleicht mit Arbeit umbringen, aber bis dahin hat er viel Spaß.» Bergerac läßt sich nur schwer zuordnen. Er lebt als Amerikaner in Brüssel und läßt sich Mike nennen statt Michel. Die Hälfte seiner Zeit verbringt er auf Reisen, und sein Hobby ist die Großwildjagd in Afrika; über der Tür seines Büros hängt ein Büffelgehörn. Er spricht ein derbes Amerikanisch mit französischem *r* und französischer Intonation, aber ohne die französische Ironie und Zurückhaltung. Die Europäer halten ihn für einen Amerikaner und die Amerikaner für einen Europäer.

Die europäischen Spitzenmanager führen ein ausgeprägtes Doppelleben. Nach außen sind sie in ihren Ländern mächtige und unabhängige Leute, ein bißchen wie kleine Geneens; viele von ihnen sind, wie Geneen, Selfmademen, die die Machtstruktur übersprungen haben. Sie beziehen hohe Einkommen und leisten sich ein angenehmes Leben. Ihre lokalen Direktorien wissen zwar, daß auch sie selbst das Ansehen des Gesamtunternehmens heben, aber sie werden nie die Autorität der Top-Manager in Frage stellen. Hinter den Kulissen jedoch ist die Freiheit schmerzlich beschnitten. Der Revisor erstattet unmittelbar dem Revisor in New York Bericht, und sobald einmal etwas schiefgeht, kommen sofort von New York Teams von Rechnungsprüfern herüber. Jeder einzelne Produktionsbereich – etwa Konsumgüter, Halbfertigfabrikate, auch die Herstellung ganzer Betriebe – wird von den Hauptbevollmächtigten für die jeweiligen Gruppen auf Europa-weiter Basis kontrolliert, die dabei auf den nationalen Chef keine Rücksicht zu nehmen brauchen. Und einmal im Monat kommen sie nach Brüssel, um sich vor dem Leuchtfinger ins Kreuzverhör nehmen und die Hölle heiß machen zu lassen. Die Dualität ihrer Position entspricht ganz der ITT-Philosophie, daß man einem einzelnen Mann nicht vertrauen darf; doch man muß besonders hart im Nehmen sein, wenn man dies durchhalten will.

Die ITT achtet sorgsam darauf, sich dort, wo sie Tochterunternehmen hat oder Geschäfte macht, den lokalen Gegebenheiten anzupassen, und sie beweist großes Geschick darin, den richtigen Mann für jede Aufgabe zu finden. Für Südafrika zum Beispiel hat sie einen wohlhabenden Texaner namens Rex Grey engagiert, der in London residiert, eine Ranch in Rhodesien und eine Wohnung in Südafrika besitzt; er hat zu Geneen, der für seine wirklich großen Coups oft unabhängige Leute bevorzugt, eine Beziehung besonderer Art, und er ist bestens darauf eingestellt, südafrikanische Besucherdelegationen mit dem entsprechenden *high-life* zu unterhalten. Südafrika ist ein großes Expansionsfeld, und die ITT rekrutiert die Leute für ihre südafrikanischen Tochtergesellschaften in London; selbstverständlich sind diese Firmen und ihre Manager auf die Apartheid-Politik verpflichtet.

In ihrem Umgang mit Staaten nutzt die ITT ihren Doppelcharakter wie im Umgang mit den Sheraton-Hotels und den Levitt-Häusern voll aus, indem sie sich, je nach Bedarf, entweder lokal oder zentralisiert gibt: je nach

Bedarf rückt sich der immer lächelnde Geneen in den Vordergrund oder hält sich zurück. Bei meinen eigenen Kontakten mit Public Relations-Leuten der ITT wurde mir diese Neigung deutlich vor Augen geführt: Anfangs kehrten die nationalen Tochtergesellschaften stolz ihre Autonomie heraus, als ich aber heiklere Fragen anschnitt, wurde mir unvermittelt vom Chef der Public Relations-Abteilung in New York mitgeteilt, daß sämtliche Anfragen allein an ihn zu richten seien. Wenn es nötig ist, nimmt die ITT-Zentrale in New York ihre weitverstreuten Unternehmungen fest in den Griff; dennoch hat sie in allen Ländern lokale Politiker und Manager engagiert, um nach außen hin eine Fassade der Unabhängigkeit zu präsentieren und dem Unternehmen Fäden zum politischen Geschehen am Ort zu ziehen.

In Spanien ist der achtzigjährige General Barroso, Francos früherer Kriegsminister, die Galionsfigur der ITT-Unternehmen (sie stehen der Größe nach innerhalb der ITT-Europa an dritter Stelle); er spielte im spanischen Bürgerkrieg eine wichtige Rolle, indem er als Attaché in Paris französische Waffenlieferungen an die Republikaner unterband. Er und sein leitender Direktor Marquez Balin gehören zu den brutalsten Unternehmern in Spanien. Als im April 1971 zehntausend ITT-Arbeiter in Madrid eine Lohnanhebung um 75 Mark (1500 Peseten) monatlich forderten, ließ die ITT die Polizei rufen und ‹Rädelsführer› verhaften. Als es daraufhin zu weiteren Protesten und Arbeitsniederlegungen kam, wurden kurzerhand tausend Arbeiter ausgesperrt und weitere Störenfriede verhaftet.[59] Die ITT hat noch immer das Monopol zur Herstellung der spanischen Telefone inne (zur Zeit hofft Ericsson, dies Monopol durchbrechen zu können), und Standard Electrica ist mit Umsätzen von über 200 Millionen Dollar das achtgrößte Unternehmen in Spanien. Doch dafür kann – als Gegenleistung – die spanische Regierung harte Bedingungen stellen; so hat nicht zuletzt ihre Forderung nach weiteren Anleihen 1971 die Krise bei der ITT beschleunigt herbeigeführt (vgl. S. 216).

Auf antiamerikanische Ressentiments stößt die ITT am unverhohlensten in Frankreich, weshalb dort ihre Diplomatie eine überaus wichtige Rolle spielt. Der *administrateur-général* ihrer Unternehmen ist wie Bergerac ein Technokrat, der zwischen den beiden Kulturen vermittelt: Claude Échegaray absolvierte sowohl die École Polytechnique als auch die Harvard Business School. Ihm zur Seite steht ein *conseil d'administration*, dem General de Bonneval, ein ehemaliger Berater de Gaulles, Pierre Abelin, ein Abgeordneter der Zentrumspartei, Jean Guyot von Lazard Frères und weitere Pariser Bankiers angehören.

Trotz politischer Opposition ist der französische Geschäftsbereich der ITT rasch gewachsen. Ihre beiden Fernmeldegesellschaften, die CGCT und die LMT, liefern den Großteil der französischen Exporte auf diesem Gebiet, und darüber hinaus hat die ITT in verschiedene andere Branchen hinein expandiert: Pumpen (Salmson), Fernsehgeräte (Oceanic und Sonolor), Agenturen (Jeanrenaud) und sogar Handelsschulen (Pigier). 1966 machte Geneen ein hohes Angebot für die große Lampenfirma Claude; zu guter Letzt erhielt er von der Regierung de Gaulle – Frankreich war gerade aus der Nato ausgetreten, was damals herbe Kommentare auslöste – die Genehmigung, das Unternehmen zu kaufen. Doch Claude war kein guter Kauf: Die Konflikte zwischen Franzosen und Amerikanern waren peinlich, und unlängst ist dieser Fall von der Harvard Business School zu einer Studie verarbeitet worden, wie man es nicht machen soll. Später versuchte die ITT, Frankreichs größten Pumpenhersteller, Pompes Guinard, zu erwerben, aber die Regierung untersagte diesen Kauf, und weitere größere Aufkäufe in Frankreich sind eher unwahrscheinlich. (Die jüngste Erwerbung der ITT, die der Parfumfirma Payot, wurde über Liechtenstein abgewickelt.)

In Frankreich muß sich die ITT vielfach mit einer Aktienmehrheit statt der vollen Eigentümerschaft begnügen, auf der sie gewöhnlich besteht; so gehören ihr 54 Prozent von Claude, 67 Prozent von Oceanic und 68 Prozent der LMT. Anteile von ITT-Gesellschaften werden daher an der Börse notiert, wodurch über die französischen ITT-Töchter ein wenig mehr Informationen zugänglich sind als über ihre Schwestern andernorts. Die LMT-Anteile haben sich als höchst profitable Investition erwiesen, was dazu geführt hat, daß der ITT vorgeworfen wird, aus der französischen Regierung zuviel Geld herauszuholen.

Im Gegensatz zu Frankreich bietet die Bundesrepublik Deutschland der ITT das angenehmste Geschäftsklima, und sie ist mit 65000 Beschäftigten das Hauptbetätigungsfeld des Konzerns in Europa. Der Generaldirektor, Dieter Moehring, ist ein extrovertierter amerikanisierter Deutscher, der über weitreichende Kontakte zu deutschen Politikern verfügt. Die beiden schon vor dem Krieg erworbenen Firmen, die vor einigen Jahren zur Standard Elektrik Lorenz (SEL) fusioniert wurden, sind immer noch das Rückgrat des deutschen Geschäftsbereichs; sie stellen alle Arten von elektronischen und fernmeldetechnischen Artikeln her. In den Nachkriegsjahren in Stuttgart neu gegründet, war die SEL eine jener Wirtschaftswunderfirmen, die die Schwestern in Großbritannien und Frankreich überholten. Im Laufe der letzten zehn Jahre hat Geneen weitere deutsche Unternehmen in zahlreichen Branchen aufgekauft, darunter Versicherungen (Intercontinental), Tiefkühlkost (Grönland) und verschiedene Hersteller von Fahrzeugzubehörteilen. Alfred Teves, mit 12000 Beschäftigten das größte von ihnen, erlebte bald nach der Übernahme einen spektakulären Gewinnanstieg. Doch ITT-Deutschland ist nicht mehr *die* Wundergesellschaft; im Fernmeldebereich sind die Gewinne zurückgegangen, und Teves ist ziemlich gemolken worden. Auch in Deutschland machen sich nach und nach Ressentiments gegen den amerikanischen Giganten bemerkbar.

Großbritannien zeigt sich zwar weniger ablehnend als Frankreich, leistet aber ITT-Telefon-Systemen gegenüber den ausgeprägtesten Widerstand und verhält sich am eigensinnigsten. Es ist eine ambivalente Beziehung. Selbst Geneen, den die britische Attitüde «erwartungsvollen Pensionärtums» erzürnt, schätzt London, wo er sich in den Straßen unbeobachtet und inkognito fühlt. Die britischen Beschäftigten kultivieren die Doppelbödigkeit ihrer Situation. Einerseits machen sie sich über die Reglementierung und Borniertheit New Yorks lustig. «Mir wird langsam klar, wie es war, unter dem Römischen Reich zu leben», sagte einer von ihnen. «Es ist blödsinnig, wirklich», ein anderer, «diese Vorstellung, am einen Tag Telefone zu managen, Kosmetika am nächsten und Versicherungen am dritten.» Gleichzeitig lassen sich aber viele Briten von dem Nervenkitzel, den die ITT darstellt, einfangen, sind erleichtert, aus der britischen Schichtenhierarchie in ITTs geldorientiertes System zu entrinnen, wobei sie jedoch weit weniger unter Druck stehen als ihre amerikanischen Kollegen.

In Großbritannien ist mit 35 000 Beschäftigten die zweitgrößte Streitmacht der ITT in Europa ansässig, und durch eine rasche Abfolge von Neuerwerbungen ist auf Basis der älteren Unternehmen wie Commercial Cables, KB-Fernsehen und Radio und Creed Teleprinters ein Mischmasch an Firmen und Produkten zusammengescharrt worden: Rimmel-Kosmetika, Sherley-Hundefutter, Eugene-Dauerwellen, Speedwriting-Kurzschrift, Amplex-Deodorantien, Victor Britain-Autovermietung, um nur einige zu nennen. Selbst Sheraton hat unlängst am London Airport ein Hotel eröffnet.

Doch der Hauptpfeiler des britischen Geschäftsbereichs ist nach wie vor Standard Telephones and Cables (STC), das erste Unternehmen der ITT in Großbritannien. Lange Zeit bereitete die STC Geneen Kopfschmerzen, und sie war bereits für den ‹Rote Flagge›-Plan vorgesehen. Sie wurde weitgehend von Ingenieuren geleitet, die wenig Interesse am Gewinn hatten. Die Generaldirektoren gaben einander die Klinke in die Hand. Ende der sechziger Jahre wurde von Anthony Wedgwood Benn, dem Labour-Minister für Technologie, ernsthaft in Betracht gezogen, das Unternehmen zu verstaatlichen. Das Postministerium wollte eine eigene Herstellerfirma mit seinen eigenen Forschungsstätten zusammenarbeiten lassen, wozu sich die STC geradezu anbot, da die Firma in ausländischer Hand war und über nützlichen technologischen Know-how verfügte. Es fanden Verhandlungen zwischen der ITT und dem Postministerium statt, doch dann kam die Wahl und mit ihr das Ende der Labour-Regierung.

Inzwischen hatte auch ein neuer Generaldirektor, Ken Corfield, das Steuer übernommen und den Kurs des Unternehmens gewendet. Er reduzierte die Beschäftigtenzahl, brachte die Ingenieure unter seine Kontrolle, hob die Preise gegenüber dem Postministerium an und bestand darauf, daß nur noch gewinnorientierte Forschungsvorhaben durchgeführt wurden. Er ist ein selbstbewußter Mann aus Staffordshire und kann Erfahrungen vorweisen, wie sie kaum ein anderer ITT-Manager besitzt: Er hat eine eigene Firma geleitet, die K.G. Corfield, die optische Ausrüstungen herstellt. Vor fünf Jahren trat er als Assistent des Europa-Präsidenten in Brüssel in die ITT ein, erlebte dort eine steile Karriere und übernahm 1970 die STC. Corfield ist ein unvoreingenommener, überlegter Konservativer. Ganz entgegen seinem schlaffen, gemütvollen Erscheinungsbild ist er äußerst zäh, und er kann es durchaus mit Geneen aufnehmen. Er meint, die Unternehmensführung falle Europäern leichter, die viertausend Meilen vom Befehlszentrum entfernt sind und sich auf nationalspezifische Methodik berufen können: «Hier macht man das eben anders.»

Die meisten STC-Arbeiter spüren nichts von der amerikanischen Herrschaft. Die Fabriken in Southgate, Newport und Foots Cray sind eigenständige Welten mit vielen langjährigen Mitarbeitern. Die offizielle Firmengeschichte zum fünfundsiebzigjährigen Bestehen hat den Anschluß an Amerika kaum erwähnt, und die Hauszeitschrift ist eigensinnig britisch. Seit sich die STC im Zweiten Weltkrieg notgedrungen einen englischen Anstrich gab, gibt es einen lokalen Aufsichtsrat, dessen Mitglieder alle zwei Monate zusammentreten und jährlich 2500 Pfund beziehen. Ihm gehören Lord Penney, der frühere Direktor der Atomenergiebehörde, der ehemalige konservative Arbeitsminister Lord Glendevon (früher Lord John Hope), und der vierundachtzigjährige Sir Thomas Spencer an, der Unternehmensveteran, der 1907 in die Western Electric eintrat, zum Generaldirektor aufstieg und diese Stellung 25 Jahre lang innehatte. Aufsichtsratsvorsitzender ist Lord Caccia, der frühere Botschafter in Washington und heutige Rektor von Eton; er wurde von dem allgegenwärtigen Admiral Stone in die ITT eingeführt (vgl. S. 53). Caccia berät sich einmal wöchentlich mit dem Generaldirektor, leitet einmal alle zwei Monate die Aufsichtsratssitzungen und bezieht dafür 15000 Pfund pro Jahr. Der lokale Aufsichtsrat mag zwar bisweilen die Beziehungen zur Regierung ölen und der Öffentlichkeit beteuern, der STC lägen britische Interessen am Herzen; auf die Machtstruktur der ITT jedoch ist er ohne Einfluß, denn Corfield ist wie die anderen Generaldirektoren via Brüssel direkt New York gegenüber rechenschaftspflichtig. Er hat weitgehende Autonomie in Hinsicht auf Personalpolitik, Beschäftigtenanzahl und Forschung – mehr vielleicht als andere britische Chefs amerikanischer Unternehmen –: Die letztendliche Entscheidung über Investitionen und die Besetzung von Spitzenpositionen jedoch wird durchweg in der Park Avenue gefällt.

Wenn die ITT eine europäische Firma aufkauft, leitet sie sofort eine tiefgreifende und für die betroffenen Mitarbeiter vielfach schmerzliche Reorganisation ein, um das Unternehmen dem Prokrustesbett ihres eigenen Systems anzupassen; seit einigen Jahren fällt eine Wandertruppe über die neuen Mitglieder her, um ihnen das ITT-Evangelium zu predigen und die Konferenzen, Berichte, Budgets und Firmengesetze zu erläutern. Manchmal bietet man den alten Managern besondere Anreize, damit sie bleiben; zuweilen werden sie sanft hinauskomplimentiert; und bisweilen nehmen sie auch selbst ihren Hut, so rasch sie können.

Die Übernahme der Abbey Life Insurance in Großbritannien ist ein besonders aufschlußreiches Beispiel für die Verfahrensweise der ITT. Um 1962 hatte Geneen begonnen, sich für das europäische Versicherungsgewerbe zu interessieren, um den Bargeldfluß aus Versicherungsprämien in seine Kassen zu leiten, und da er von dieser Branche wenig verstand, kaufte er sich mit einem Fünfzig-Prozent-Anteil in ein kleines amerikanisches Unternehmen, die Georgia Insurance, ein. Die Firma wurde als Kommanditgesellschaft auf Aktien aufgezogen, und über sie wurde für 300 000 Dollar eine winzige Versicherung in London namens Abbey Life erworben, die kurz vorher von einem gewitzten jungen Südafrikaner, Mark Weinberg, gegründet worden war; die Abbey Life hatte drei Vertreter und bot Policen an, die mit Dividendenpapieren gekoppelt waren. Die Abbey Life entwikkelte sich sehr gut, doch inzwischen heuerte Geneen in New York eigene Versicherungsexperten an und kam zu dem Schluß, er könne auch ohne die Georgia Insurance auskommen. Er unterbreitete ein Angebot für die zweite Hälfte der Georgia, das von seinen Geschäftspartnern abgelehnt wurde; jedesmal, wenn er sein Angebot erhöhte, erlebte er eine neue Abfuhr. Nun wollte Geneen es wissen. Trotz seiner systematischen Rationalität kann er emotional reagieren, wenn ihm etwas zuwiderläuft. Eine Zeitlang mußte er seine Druckmaßnahmen aufschieben, als die ITT sich bemühte, die Hartford Insurance Company in Connecticut zu erwerben (s. S. 130f). Doch sobald die ITT dieses Unternehmen in der Tasche hatte, konnte Geneen losschlagen; und da die Abbey Life nur einen winzigen Teil des ITT-Imperiums, aber einen großen Teil der Georgia Insurance ausmachte, zielte er darauf ab, Abbey Life im Laufe der Zeit zu ruinieren. Um mit ihr in Konkurrenz zu treten, kaufte er eine andere britische Versicherungsfirma, die London and Edinburgh, der es sogar gelang, der Abbey Life einen Manager abspenstig zu machen. Mark Weinberg, der von diesen Praktiken die Nase voll hatte, entschloß sich, für den Fall zurückzutreten, daß die ITT die gesamte Firma übernehmen sollte; man glaubte ihm jedoch nicht. Schließlich überredete die ITT die Georgia, ihre Hälfte für 38 Millionen Dollar zu verkaufen, und bot dann Weinberg und seinem Team großzügige neue Verträge an. Weinberg jedoch lehnte das Angebot ab und kündigte mit fünf anderen, um mit ihnen als Mitarbeitern und zusammen mit Hambro's Bank eine Konkurrenzfirma aufzubauen, die heute ebenfalls sehr erfolgreich ist; unterdessen brachte Geneen ITT-Leute in die Abbey Life ein, um sie weiterführen zu können.

Die ITT reagierte empfindlich auf Weinbergs Austritt, da er ein schlechtes Licht auf sie warf. Als die Abmachungen getroffen waren, flog eine Gruppe von Rechtsanwälten und Public Relations-Leuten nach London, um die vertraglichen Vereinbarungen und eine Pressekonferenz zu arrangieren. Man hatte bereits eine Reihe zu erwartender Fragen und die entsprechenden Antworten für Weinberg vorbereitet, von denen eine lautete: «Werden Sie sich, wie Townsend von Avis, weigern, auch nur einen einzigen Tag für die ITT zu arbeiten?» Die vorbereitete Antwort legte dar, daß Townsend tatsächlich mehrere Monate für die ITT gearbeitet hatte, ehe er schließlich ging.

Die britischen Versicherungsgesellschaften der ITT haben beide aufsehenerregend expandiert. London and Edinburgh bietet äußerst erfolgreich einen neuen Versicherungsplan für stationäre Krankenhausbehandlung an, und Abbey Life betreibt das größte Geschäft mit Eigentumsobligationen in Großbritannien. Wie es sich für eine ITT-Firma gehört, hat die Abbey Property Bonds auf dem Gebiet des Investments in Europa Pionierleistungen vollbracht; sie kaufte für 18 Millionen Dollar den Tour Madon, einen dreiunddreißigstöckigen Wolkenkratzer in Brüssel. Infolgedessen besitzt die ITT nun zwei prominente Wolkenkratzer in Brüssel, einen für Investoren und einen für sich selbst.

## Eine Frage der Identität

Alle diese europäischen Unternehmen treten als getrennte Einheiten der Öffentlichkeit gegenüber auf, als stolze Franzosen, Deutsche oder Spanier. Die ITT selbst zieht es dabei wie viele Muttergesellschaften vor, sich unauffällig im Hintergrund zu halten. Sie hat gute Gründe, sich nicht zu sehr in den Vordergrund zu spielen; sobald sie die Großunternehmenstrommel schlüge – so argumentieren die lokalen Manager –, würde sie nur antiamerikanische Ressentiments gegen sich aufbringen.

Doch je weiter sein Imperium expandierte, desto mehr war Geneen darauf erpicht, daß man es kennt. «Mich stört der Umstand», sagte er einmal, «daß von fünfzehn befragten Leuten nicht ein einziger wußte, wer oder was die ITT ist.» Es würde den Aktienkurs in die Höhe treiben, wenn Investoren auf das ITT-Emblem stießen, wohin sie kämen. Es würde die Werbung (24 Millionen Dollar Jahresetat) effektiver machen, wenn sie sich durchweg auf die gleiche Gesellschaft bezöge. Und die ITT könnte mehr für ihre Produkte fordern: Geneen warf mit dieser Äußerung einen neidischen Seitenblick auf einige Erzeugnisse der IBM, die, wie er sagte, allein auf Grund des magischen Namens doppelt soviel kosten wie die vergleichbaren ITT-Erzeugnisse. Die ITT war immer noch weniger bekannt als andere Giganten; die Amerikaner warfen sie immer noch – wie Behn es erwartet hatte – mit der AT&T in einen Topf oder durcheinander. Geneen strebte damit nicht offen Publicity an, aber er wollte, daß seine Leistung zur Kenntnis genommen wurde.

Daher drängte New York die Vizekönige, den Namen der Zentralmacht anzunehmen. Es erhob sich erbitterter Widerstand. Die Franzosen kämpften mit harten Manschetten; und in London verteidigte Allister Mackay, einer von Corfields Vorgängern, standhaft den Namen von Standard. Doch Geneens Leute bestanden darauf, daß die Initialen «ITT» jedem lokalen Namen vorangestellt wurden, und im Dezember 1968 leiteten sie eine massive Werbekampagne ein, um die Konzernidentität auf dem gesamten Erdball bekanntzumachen. Zur Zeit des 50. Geburtstags der ITT 1970 hatten sie die meisten ihrer Satrapen auf Linie gebracht; die STC in Großbritannien war nun die ITT-STC. Der Slogan «Weltweit im Dienste der Menschen und Nationen» wurde geprägt und in Anzeigen veröffentlicht, die symbolische Gemälde und Plastiken zeigten, die bei Künstlern der einzelnen Länder in Auftrag gegeben worden waren. Dem Geschäftsbericht für das Jahr 1970 war sogar ein kleines Gedicht vorangestellt, das das Gefühl anspricht:

> Unsere Probleme heute
> bringen uns auf einen einsamen Gedanken:
> Wird die Zukunft unserer Kinder
> so strahlend sein,
> wie das Heute für uns gewesen ist?
> Die ITT ist entschlossen, beizutragen,
> daß unsere Welt lebenswürdiger wird:
> Weltweit im Dienste der Menschen und Nationen.

Die Terminierung der Kampagne sollte sich als schmerzlich erweisen. Denn dieser Feldzug war in vollem Gange, als 1972 die Konzernidentität der ITT in einem anderen Licht erschien: Da hätten die Vizekönige ihre Beziehungen zur Zentralmacht liebend gern verleugnet.

Indem die ITT im Laufe der sechziger Jahre infolge des strafferen Managements und der verbesserten Kommunikation innerhalb des Unternehmens expandierte, wurde sie zu einem der Vorreiter einer neuen Entwicklung. Die Herausbildung unabhängiger Macht auf seiten der multinationalen Großkonzerne löste bei Ökonomen und Politikern einen Wandlungsprozeß in den Auffassungen über den Charakter des Welthandels und der Beziehungen zwischen Geschäftswelt und Staatsmacht aus.

Vielfach haben die Riesenkonzerne ein größeres Einkommen als die Länder, in denen sie vertreten sind. General Motors erzielt höhere Einkünfte als Belgien oder die Schweiz. Und selbst die ITT, die nur das zehntgrößte Unternehmen der Welt ist, hat noch einen Umsatz, der über dem Bruttosozialprodukt Portugals oder – ein besonders treffliches Beispiel – Chiles liegt. Der globale Konzern, der den kleinen Staat unter seinen Einfluß bringt, ist der Linken liebstes Schreckgespenst geworden. Die Gefahr, die er darstellt, läßt sich in den grellsten Farben schildern. Schließlich sind die multinationalen Großunternehmen aber nicht zuletzt deshalb so erfolgreich, weil sie die Produkte und die Arbeitsplätze anbieten, die die Leute brauchen; und nichts könnte für ein kleines Land problematischer sein als gerade das Fernbleiben multinationaler Unternehmen – nicht ihre Präsenz. Die Kernfrage ist daher nicht, ob man multinationale Firmen zulassen soll, sondern vielmehr, wie man sie kontrollieren und ein Gegengewicht zu ihnen schaffen kann. Der Aspekt der politischen Entwicklung ist weit hinter den Aspekt der industriellen Entwicklung zurückgetreten – eine Diskrepanz, die skrupellose Firmen leicht für sich ausschlachten können. Insbesondere die ITT war in der Lage, diese Diskrepanz auszunutzen: nicht nur durch ihre Größe und Formenvielfalt, sondern durch die traditionell bei ihr gegebene Raffiniertheit und Vielseitigkeit, und durch ihre meisterhafte Beherrschung des Nachrichtenwesens.

Die größten multinationalen Unternehmen*

(Unternehmen mit ausländischen Tochtergesellschaften, die mindestens 20 Prozent des Gesamtvermögens ausmachen)

| *Unternehmen* | *Heimatland* | *Weltumsatz*** |
|---|---|---|
| General Motors | USA | 28,3 |
| Exxon | USA | 18,7 |
| Ford Motor | USA | 16,4 |

* Fenga and Freyer 1972.
** in Milliarden Dollar.

| | | |
|---|---|---|
| Royal Dutch/Shell | Großbritannien/Niederlande | 12,7 |
| General Electric | USA | 9,4 |
| IBM | USA | 8,3 |
| Mobil Oil | USA | 8,2 |
| Chrysler | USA | 8,0 |
| Texaco | USA | 7,5 |
| Unilever | Großbritannien/Niederlande | 7,5 |
| ITT | USA | 7,3 |
| Gulf Oil | USA | 5,9 |
| British Petroleum | Großbritannien | 5,2 |
| Philips | Niederlande | 5,2 |
| Volkswagen | BRD | 5,0 |
| Westinghouse Electric | USA | 4,6 |
| Du Pont | USA | 3,8 |
| Siemens | BRD | 3,8 |
| Imperial Chemical | Großbritannien | 3,7 |
| RCA | USA | 3,7 |

Doch kann der Vergleich von Unternehmen mit Staaten auch irreführend sein. Manche Befürworter der industriellen Giganten messen den Großunternehmen eine größere Bedeutung bei als manchen Nationen; so sagt zum Beispiel Antony Jay in ‹*Management und Machiavelli*›, es werde «für die zukünftigen Studenten, die sich mit dem 20. Jahrhundert befassen, die Geschichte einer Firma wie General Motors viel bedeutsamer sein als etwa die des schweizerischen Volkes und Staates»*.

Mir erscheint dies zweifelhaft. Denn selbst ein Land mit schwacher Regierung gewährt seinen Bürgern Vorteile und Privilegien, die kein Großunternehmen bieten kann. Der Staat sorgt für die Einhaltung ihrer Grundrechte, für ihr Wohlergehen, für ihre Sicherheit; und er schafft ein Klima der sozialen Identität und Loyalität, das auch jetzt angesichts gemeinsamer Märkte und gesteigerter Mobilität keine Verfallserscheinungen aufweist. Die Regierungen, nicht die Aufsichtsräte oder Vorstände, bestimmen den Rahmen, in dem das Leben der Bürger verläuft – und zwar nicht nur über ihr Arbeitsleben, sondern auch über die Lebensweise ihrer Frauen und Kinder, ihre Krankenhäuser, Schulen, Städte und Landschaften.

Für Geneen jedoch, im schützenden Gehege seiner ITT, stellt sich dies anders dar. Ihm wie vielen anderen bedeutet das Großunternehmen mehr als der Staat, weil es Arbeitsplätze schaffen, Sicherheit, Anreize und Unabhän-

* Antony Jay: ‹*Management und Machiavelli. Von der Kunst, in unserer organisierten Welt oben zu bleiben*›. Düsseldorf 1968. S. 190.

gigkeit bieten kann. In seiner Ansprache auf der Aktionärsversammlung 1972 in Memphis zitierte er Thomas Jefferson, der sagte, kein Mensch könne ohne Eigentum unabhängig sein, und fuhr fort:

> Unser Beitrag besteht darin, so viele unabhängige Bürger hervorzubringen, wie wir auf Basis der uns verfügbaren Mittel innerhalb des Rahmens unseres Systems vertreten können. Zur Zeit gibt es auf der ganzen Welt über 400000 Menschen, die unabhängig ihr Leben einrichten und die in neunzig Ländern tun können, was ihnen richtig und rechtens erscheint. Und es handelt sich dabei allein um die Beschäftigten der ITT. Ich beziehe bei dieser Rechnung nicht die Zehntausende weiterer Arbeitsplätze ein, die durch die Kaufkraft geschaffen werden, die wir den Leuten geben. Sie haben einen Platz zum Leben und ein Dach über dem Kopf – was sie vielleicht nicht hätten, wenn es die ITT nicht gäbe ...

Im Gegensatz zu dieser machtvollen, lebensspendenden Kraft erscheinen ihm Regierungen als belanglos und ohne positive Werte. Er hält seine eigene Tätigkeit für bedeutsamer als die von Premierministern, Präsidenten oder Monarchen. ITT-Leute wissen viele Anekdoten zu erzählen, aus denen Geneens Geringschätzung gegenüber Staatsmännern spricht: Wie er den König von Belgien warten ließ, wie er eine Verabredung mit dem Schah verschob. Man könnte unzählige Fakten und Begebenheiten anführen, die Geneen darin bestärken, sich für den Monarchen eines souveränen Staates zu halten. Er braucht kaum einmal die Grenzen von ITT-Land zu verlassen, und wenn er in fremde Länder reist, läßt er sich von seinem Hof begleiten.

Zweifellos haben die Häupter der großen multinationalen Konzerne einige der früheren Privilegien nationaler Führer übernommen. Die alten Theorien von einem freien Handel, der zwischen Nationen abgewickelt wird, sind beiseite gefegt worden, denn die multinationalen Großunternehmen schaffen innerhalb von Staaten neue, andersgeartete Grenzen, über die hinweg sie Güter von einem Teil ihres Imperiums in einen anderen transferieren, wobei sie von nationalen Restriktionen, Zöllen und Kontingentierungen weitgehend unabhängig sind. Darüber hinaus besteht ein wachsender Anteil der Exporte der entsprechenden Länder aus Güterströmen von einer Tochtergesellschaft eines Großkonzerns zu einer anderen, so daß die Staaten hinsichtlich ihrer Zahlungsbilanz von den multinationalen Großunternehmen abhängig sind. Auch spielen für die multinationalen Firmen geographische Gegebenheiten eine immer geringere Rolle, denn sie suchen sich den jeweils billigsten und optimalen Standort für die Herstellung ihrer einzelnen Produkte. So kann ein Transistorradio in Hongkong hergestellt sein, um in Europa verkauft zu werden und in Amerika Profit abzuwerfen. Einem durchorganisierten multinationalen Unternehmen bietet ein gemeinsamer Markt wie der von Europa keine besonderen Vorteile; es könnte sogar das Gegenteil der Fall sein. So hat auch in Geneens Reden das Wort «gemeinsamer Markt» einen Beigeschmack von Drohung – die Drohung eventueller Diskriminierung gegenüber nichteuropäischen Unternehmen und die Drohung von Restriktionen gegen Fusionen. Vom Standpunkt Geneens aus gesehen wäre Europa sicherer ohne Gemeinsamen Markt.

Kleine Länder müssen zuweilen schmerzlich feststellen, daß ihre Handels- und Wirtschaftsstruktur von den Strategien der multinationalen Konzerne bestimmt wird, die die nationalen Märkte nach Produkten aufteilen, um zu verhindern, daß eine Tochtergesellschaft zu einer anderen in geschäftsschädigende Konkurrenz tritt; so können zum Beispiel die Konzerne entscheiden, daß die Schweiz von Deutschland aus versorgt wird statt von Frankreich oder daß alle Kühlschränke in Italien bzw. alle Radios in Deutschland produziert werden. Innerhalb der ITT kann es zu harten Auseinandersetzungen um solche Aufteilungen kommen, doch werden sie innerhalb des Imperiums zwischen den Generalmanagern für die entsprechenden Gruppen ausgehandelt, und die endgültige Entscheidung wird möglicherweise in New York getroffen.

Darüber hinaus sind die multinationalen Unternehmen von Währungsschwankungen ziemlich unabhängig. Sie können rasch von Pfund auf Mark auf Yen umsteigen, auf dem Geldmarkt spekulieren und dabei bisweilen rasche Gewinne davontragen. Sie können Abwertungen beschleunigen, indem sie bestimmte Zahlungen zurückhalten und andere bevorzugt abwikkeln. In Großbritannien erwartete die ITT bereits 1965 eine Abwertung um 10 Prozent, die ihrer Rechnung nach die britischen Gewinne um 1,5 Millionen Dollar geschmälert hätte.[60] Als Großbritannien schließlich 1967 abwertete, gab die ITT am nächsten Tag bekannt, sie habe dafür bereits Vorsorge getroffen, so daß ihre jährlichen Gewinne nicht betroffen würden.[61] 1972 wurde die ITT verdächtigt, den Druck auf das Pfund Sterling eingeleitet zu haben, der zum Floaten der britischen Währung führte.[62] Die nationalen Regierungen sind verärgert darüber, daß die großen internationalen Konzerne Abwertungen, indem sie sie voraussehen, nicht nur beschleunigen, sondern geradezu mitverursachen. Im Zuge der internationalen Währungskrise 1973 übertrug sich die Besorgnis auf die Amerikaner, die die multinationalen Firmen in Verdacht hatten, den Druck auf den Dollar zu verstärken. Die Engländer sehen in den «Gnomen von Zürich» die Hauptschuldigen. Aber sie brauchen nur nach den Gnomen von ITT Ausschau zu halten.

Die Propheten der multinationalen Konzerne, etwa Professor Howard

Perlmutter, sehen eine Zeit voraus, in der die Weltindustrie von dreihundert Giganten beherrscht wird, die über Kontinente hinweg konkurrieren. In diesem Fall dürfte die ITT – sofern das Unternehmen nicht auseinanderbricht – aller Wahrscheinlichkeit nach Modellcharakter gewinnen; denn Geneens System der Lenkung und Kontrolle läßt sich über den ganzen Erdball hin anwenden, und je ausgedehnter ein Unternehmen ist, desto wichtiger wird die Verwaltungsmaschinerie im Zentrum. Erst durch die neuen Kommunikationsmittel – Düsenflugzeuge, Computer, Hochgeschwindigkeitsfernschreiber, internationale Telefonverbindungen – ist das weit gestreute, aber eng gewebte multinationale Großunternehmen lenkbar geworden. Die meisten von ihnen haben ausgeklügelte Lenkungssysteme, die den Vizekönigen zwar weitgehende Autonomie zugestehen, sie aber hinsichtlich ihrer Ausgaben und Investitionen vom Nervenzentrum her straff überwachen. Geneens Lenkung ist dagegen sowohl multinational wie auf eine große Produktenvielfalt ausgerichtet. In seinem System läßt sich keine logische Begründung ausmachen, weshalb nicht ein Unternehmen beliebige Produkte überall herstellen sollte.

Die großen Firmen konkurrieren untereinander, indem sie sich selbst als ‹multinationaler› darstellen als die anderen. In einer Untersuchung unter dem Titel «Wie multinational sind die Multinationalen?» verteilte das europäische Business-Magazin *Vision* Punkte an fünfzehn Großunternehmen in Europa, und zwar nach den Gesichtspunkten der Streuung von Umsätzen, Kapital, Management, Tochtergesellschaften und Forschung. Die ITT gelangte dabei auf den fünften Platz, und vor ihr lagen die vier anderen amerikanischen Konzerne General Motors, Du Pont, IBM, Kodak.[63] Doch auch ihre polyglotte Fassade kann nicht verhehlen, daß die ITT ein amerikanisches Unternehmen ist, in der Hand von amerikanischen Aktionären. (Bei ihrer gegenwärtigen Struktur könnte es auch von Gesetzes wegen gar nicht anders sein, denn die ITT World Communications steht unter Aufsicht der *Federal Communications Commission* und darf daher keine ausländischen Führungskräfte und Direktoren aufweisen.)

Dennoch bedeutet, wie wir gesehen haben, der ‹Hauptsitz Amerika› nicht, daß die ITT die Interessen der amerikanischen Regierung verfolgt. Infolgedessen steht die ITT auch dauernd unter zweiseitigem Beschuß: im Ausland, weil sie zu amerikanisch ist, im Ursprungsland, weil sie nicht amerikanisch genug ist; und der schwerste Angriff auf die multinationalen Unternehmen wird derzeit von den Gewerkschaften auf internationaler Ebene geführt (vgl. S. 262). Einerseits schielt die ITT auf die amerikanische Regierung, nach ihrem Schutz und ihrer Unterstützung, andererseits hat sie freie Hand, ihre eigene Politik zu verfolgen, indem sie Nationen gegeneinander ausspielt. Und je unübersichtlicher der ITT-Wal in den verschiedensten Ecken der Welt seine Fontänen ausspuckt und wieder taucht, desto schwieriger läßt sich feststellen, ob er überhaupt irgendwo eine Heimat hat.

Kapitel 6

# Das Konzernkastell

Die größeren Konzerne sind heute die wichtigsten Garanten dafür, daß unser gesamtes System funktions- und lebensfähig bleibt.

Harold S. Geneen, 1970

Bis 1969 hatte Geneen das Unternehmen, das er zehn Jahre zuvor übernommen hatte, von Grund auf umgewandelt. Die ITT war nun nicht mehr eine locker verknüpfte Gruppe von Telefonfirmen, die im Ausland arbeitete. Jetzt stellte sie eine hochgradig zentralisierte Organisation dar, die Firmen in allen möglichen Branchen kontrollierte; sie besaß 331 Tochtergesellschaften mit wiederum 708 Tochterfirmen der Töchter. Der Name International Telephone and Telegraph konnte nun dieses Spektrum nicht mehr umgreifen. Die ITT besaß Produktionsstätten in 27 Ländern und Unternehmungen in 70 Ländern; doch 60 Prozent ihrer Geschäftstätigkeit wurden jetzt in Nordamerika abgewickelt, was über die 55 Prozent, die Geneen vorgesehen hatte, hinausging. In zehn Jahren waren die Reineinnahmen von 29 Millionen auf 234 Millionen Dollar hochgeschnellt, die Umsätze von 766 Millionen auf 5,5 Milliarden Dollar gestiegen. Stetig war die Firma in der Fortune-Liste der Industriegiganten vom 52. Platz 1959 auf den neunten Platz 1970 geklettert, wo sie sich mit der IBM und Unilever den Rang streitig macht.

Und dennoch stand, wie in den Tagen des Colonel Behn, hinter alldem die Persönlichkeit eines einzigen Mannes. Die modischen Theorien John Kenneth Galbraiths und anderer, das Big Business werde neuerdings von Komitees, Technokraten und einer neuen Technostruktur beherrscht, wurden durch die ITT wie durch die anderen Mischkonzerne, die zur gleichen Zeit heranwuchsen, augenscheinlich widerlegt. Das Unternehmen schien, je breitgefächerter und ausgedehnter es wurde, tatsächlich um so stärker auf den Schultern nur eines einzigen Mannes zu ruhen. Das einzig ersichtliche

Bindeglied zwischen einem Hotel in Los Angeles und einer Pumpenfirma in Paris, zwischen Versicherungsunternehmen in London und Forstbetrieben in Kanada war der Ehrgeiz jenes Mannes, der diese Firmen zusammengebracht hatte. Die Namen ITT und Geneen verwuchsen zu einer untrennbaren Einheit, wie dreißig Jahre zuvor die Namen ITT und Behn untrennbar gewesen waren. Doch Geneens Herrschaft unterschied sich wesentlich von der Behns, wie Mrs. Sosthenes Behn II – die Colonel Behns Neffen geheiratet hat – in einem Brief an das Magazin *Time* vom 22. September 1967 beklagt:

> Ich bin froh, daß Colonel Behn nicht mehr erleben muß, wie sein Traum zu einem gigantischen Konglomerat verkommt, in dem persönlicher Kontakt und menschliche Werte im Bilanzbogen untergehen und im Streben um den allmächtigen Dollar ertränkt werden.

Die Person Geneens wirkt äußerlich keineswegs gewaltig wie etwa die der alten Räuberbarone; er ist nicht körperlich robust oder auffällig. Er sieht vielmehr aus, wie er ist: durch und durch Buchhalter, bebrillt, ordentlich. Sein Leben dreht sich allein um die Unternehmensbilanzen. Er wohnt nahe seinem Büro und arbeitet oft bis Mitternacht, wobei er die Bücher prüft oder seine Mitarbeiter ins Verhör nimmt. Er besitzt einen Landsitz in Key Biscayne – nahe dem Nixons – und eine Yacht namens *Genie IV*, mit der er zum Fischen fährt. Seine Angeleinladungen sind jedoch, wie sich zeigt, vielfach nach kommerziellen Gesichtspunkten zusammengestellt: Seine eigentlichen Fischzüge führt er *auf* der Yacht, nicht im Wasser durch, erklärte mir ein ITT-Mann. Wohin Geneen sich auch begibt, die Unternehmensbilanzen und -berichte hat er stets bei sich, und in Key Biscayne brütet er über ihnen in seinem besonders darauf eingerichteten ‹Grübelhaus›. Für aufwendiges Leben oder exquisites Essen hat er nichts übrig; er liebt Frikadellen und übernachtet in gewöhnlichen kleinen Hotelzimmern. Außer Unternehmensstatistiken liest er wenig. Einer seiner Mitarbeiter wunderte sich einmal darüber, daß Geneen auf einem Flug eine Frauenzeitschrift las; doch bald war ihm der Grund klar: die ITT hatte gerade die Kosmetikfirma Rimmel gekauft, und der Konzernherr studierte Kosmetikwerbung.

Wie die Staaten stilisieren die Großunternehmen ihre Lenker gern zu Mythen hoch, um sie begreiflicher zu machen. Geneen aber gibt dazu wenig her. Die Public Relations-Leute tun, was sie können, erzählen dieselben Anekdoten wieder und wieder. Da gibt es die Geschichte, wie Geneen einmal in San Francisco ein *topless*-Restaurant besuchte, fasziniert auf die halbnackte Kellnerin linste und sagte: «Wissen Sie, wenn ich Zeit genug gehabt hätte, hätte ich ein Mordsplayboy werden können.» Oder Schilderungen, wie er Banjo spielt, Dixieland-Schallplatten sammelt, Vaudeville schätzt oder genußvoll nach Hawaii zum Wellenreiten geht. Es kursierte das Gerücht, daß er ein Faible für Kricket entdeckt haben soll. Die PR-Leute behaupten immer wieder, zu seinen Hobbies gehörten Schwimmen, Fotografieren und sogar die Astronomie. Aber jeder weiß, daß das Steckenpferd, das ihm Tag und Nacht, wochentags wie sonntags am meisten Spaß macht, die ITT ist.

Es wäre unzutreffend, wollte man daraus ableiten, er sei nicht mehr als ein brillanter Buchhalter, der seine Marionetten mit Geld steuert. Wenn Geneen anfängt, Argumente darzulegen oder sich zu begeistern – mit fliegenden Armen und bohrendem Finger –, dann kommt jenes Glitzern in seinen Blick, das so viele Menschen in seinen Bann gezogen hat. Als ich ihm begegnete, erinnerte er mich an Bernard Cornfeld, den Ex-Präsidenten der IOS, der die gleiche koboldartige Fähigkeit besitzt, andere Menschen anzufeuern und in Fahrt zu bringen. Doch Geneen hat darüber hinaus auch die Fähigkeit, sie zu lenken, und es ist gerade diese doppelte Fähigkeit, sowohl das Große als auch das Kleine zu sehen, die ihm eine einzigartige Macht verleiht. In seiner Führungspraxis erinnert Geneen an Sir Arnold Weinstock, den Chef der britischen Firma General Electric, des Hauptrivalen der ITT in Großbritannien; Geneen jedoch ist noch wesentlich zielstrebiger auf das eine Ziel hin ausgerichtet, die Welt von Untauglichkeit und Unfähigkeit zu befreien, als Weinstock. Er läßt sich nicht von seinem Weg abbringen und auch von größeren Hindernissen wie etwa Nationen oder Familien nicht beeindrucken; wenn man seine Zielsetzungen erst einmal akzeptiert habe, müsse man ihn einfach bewundern, wie einer seiner ehemaligen Manager sagte. Während er Tag und Nacht seine Spitzenkräfte anleitet und die Kontrolle nicht aus der Hand läßt, schafft er zugleich eine Atmosphäre von Kreuzzüglertum, die mitreißt und begeistert. An denjenigen, die die ITT schließlich verlassen haben, stellt man – so ausgelaugt und verbittert sie auch sein mögen – immer noch jene Verwirrung fest, wie sie bei Leuten auftritt, die einem ganzen System den Rücken gekehrt haben – sei es die katholische Kirche, die kommunistische Partei oder die Armee in Kriegszeiten. Denn Geneen treibt das kapitalistische System bis an seine logischen Grenzen, und für jeden ambitionierten Geschäftsmann ist es eine Antiklimax, sich daraus wieder zurückzuziehen.

Um seine tausend Firmen beherrschen zu können, hat Geneen ein einzigartiges Kontroll- und Lenkungssystem entwickelt. In seinen Jahren als Buchhalter, in denen er die Fehler anderer untersuchte, hat er den Entschluß gefaßt, daß *seine* Organisation ihm niemals aus der Hand gleiten dürfe. Geneens System erlangte weit über die ITT hinaus Berühmtheit; es wurde zum Untersuchungsgegenstand in Handelsakademien, Zeitschriftenartikeln und Managementkursen in Amerika und Europa. Als der Begriff Management in Europa zum Schlagwort wurde, trat Geneen als der Meistermanager par excellence, ja als der «Michelangelo des Managements» hervor, wie das französische Magazin *Entreprise* ihn genannt hat. Dementsprechend hat er sich das höchste Großunternehmensgehalt in Amerika, 812000 Dollar jährlich, bewilligt, wenn auch dies, wie er *Forbes Magazine* gegenüber erklärt hat, eigentlich nicht viel ist für einen Mann, der den Wert seiner Gesellschaft in elf Jahren um 11 Milliarden Dollar gesteigert hat.

Er hat einen neuen Schlag von Managern ausgebildet, von denen viele später die Firma verlassen haben, um in anderen Unternehmen einzutreten oder sie zu leiten, was der ITT den Beinamen «Geneen-Universität» eingetragen hat. Er lehrte seine leitenden Angestellten, wie sie ihre Ziele sämtlich in Hinsicht auf den Profit zu überdenken haben, wie man sich Ziele setzt und sie einhält, wie man Details mit eiserner Disziplin kontrolliert; und viele seiner Methoden sind von den ‹kleinen Geneens› in andere Unternehmen eingebracht worden. Er hat sich bis ins Extrem auf die Theorie verlegt, daß ein guter Manager in jeder Sparte produktiv Leitungsfunktionen wahrnehmen kann – was die letztendliche Trennung des Profits von den Produkten bedeutet. Und infolge ihres weiten Einflusses sind Geneens Methoden über ihre Auswirkungen auf die ITT selbst hinaus von Interesse. Geneen hat ein System des Managements aufgebaut, das – darin war er sich sicher – ihn lange überdauern wird. Gleich Alfred Sloan, dem Gründer von General Motors und Geneens Vorbild (Sloan hat, wie Geneen, sein Unternehmen über alles andere gesetzt), schuf er für die Nachwelt. Wie er sein System darstellt, scheint es eher für die Beherrschung der Welt als für die Leitung eines Unternehmens entworfen zu sein. Als ich ihn traf, stellte ich ihm die Frage nach dem Umfang eines Unternehmens: Gibt es nicht einen Punkt, an dem Großunternehmen zu groß werden? Er fragte zurück, was ich denn damit meine, wenn ich von Unternehmensgröße spreche: Die ITT sei, wenn man sie sich genau ansehe, tatsächlich eine Gruppe von Firmen, von denen manche ziemlich klein sind; eine Unternehmensgruppe, die von einer gemeinsamen Logik, einem System der Vernunft zusammengehalten wird. Aber ist die Gruppe nicht zu groß, um von einem Mann gesteuert zu werden? Nein, er steuere sie nicht, er bringe nur Leuten bei, wie sie zu lenken sei; wenn andere erst einmal das System begriffen hätten, seien sie ebensogut in der Lage, es zu verwalten. Wenn man gesehen hat, wie es funktioniert – sagte er mit missionarischem Eifer in der Stimme –, dann sei einem klar, daß dies die *einzige Art* sei, wie sich solch ein System funktionsfähig gestalten lasse. Aber hat nicht der Umfang eines Großkonzerns herabwürdigende Auswirkungen auf die einzelnen, insbesondere auf junge Leute? Nein, sagte er, Leute in leistungsschwachen kleinen Unternehmen seien nicht glücklich;

Leistungsunfähigkeit weise nicht im geringsten befriedigende Momente auf. Die ITT könne die vollen Reserven und Fähigkeiten der Leute freisetzen, könne ihnen zeigen, wie man rationell arbeitet. Und was die jungen Leute betreffe, fuhr er fort, was wußten die schon, wie man arbeitet und Aufgaben löst? Sie stellten ein Problem dar, das er glücklicherweise der nächsten Generation überlassen könne.

Sein System beruhe – er betont es immer wieder – auf nichts Verwerflicherem als Logik. Es sei der einzige Weg. Im Jahresbericht 1971 hat er noch einmal seine Denkweise dargelegt:

> Mehr als zweihundert Tage im Jahr sind Managementkonferenzen in der ganzen Welt auf den verschiedenen Ebenen der Organisation vorbehalten. In diesen Konferenzen in New York, Brüssel, Hongkong, Buenos Aires werden Entscheidungen getroffen, die auf Logik basieren – auf einer Geschäftslogik, die zu Entscheidungen führt, die nahezu unumgänglich sind, da alle Fakten, auf die die Entscheidungen abgestellt sein müssen, verfügbar sind. Die Funktion der Planung und der Konferenzen besteht darin, diese Logik mit allen Mitteln herauszuarbeiten, zu erzwingen, damit ihr Wert und ihre Notwendigkeit von allen eingesehen werden. Diese Logik kann nicht per Gesetzeserlaß oder Befehl herbeigeführt werden. Sie setzt sich in einem natürlichen Prozeß durch.

Er leitet das Unternehmen, wie er gern erläutert, nicht durch Befehle, sondern durch Aufdecken der Fakten. «Der eigentliche Tyrann hier», sagte ein New Yorker Spitzenmanager, «ist nicht etwa Geneen. Es sind die Fakten und Zahlen. Geneen dreht durch, wenn er merkt, daß jemand seine Fehler vertuschen will. Und am glücklichsten ist er, wenn jemand zu ihm kommt und sein Versagen offen eingesteht. Ich habe miterlebt, wie Leute ihre Position auf diese Weise gefestigt haben.» Geneen beeindruckt seine Mitarbeiter durch seine Fähigkeit, die echten «unerschütterlichen Fakten» über eine Firma oder ein Produkt freizulegen, wobei er zunächst Schichten fehlweisender, falscher Fakten abträgt, ehe er auf die ‹Wahrheit› stößt. Auf Grund dessen ist die ITT gegen Katastrophen besser gefeit, als dies bei anderen Mischkonzernen der Fall ist. 1965 hat Geneen unter dem Titel «Fakten» eine kurze Kanzelrede vor seinem Stab gehalten: «Ab sofort wünsche ich, daß jeder Bericht am Anfang spezifisch, direkt und offen eine Zusammenfassung bringt, die die folgenden Fakten in dieser bestimmten Reihenfolge darlegt...» Er erklärte, «die hohe Kunst des Berufsmanagements» erfordere «die buchstäbliche Fähigkeit, ein ‹wirkliches Faktum› aus allen anderen ‹herauszuschnüffeln›». Sein gesamter Stab müsse, so betonte er, hinsichtlich der «unerschütterlichen Fakten» Kennerschaft entwickeln, und er warnte: «Sie werden über diesen Begriff ‹unerschütterliche Fakten› noch eine Menge zu hören bekommen, sobald wir losmarschiert sind.»

Die ausgeprägte Vielseitigkeit des ITT-Imperiums erleichtert es – so argumentieren die Manager –, das Unternehmen objektiv zu führen. Einer von ihnen hat dies folgendermaßen ausgedrückt: «Wenn man nur für ein einziges Produkt verantwortlich ist, sagen wir Autos oder Hotels, engagiert man sich emotional. Man fängt an, sich mit diesen Dingen zu identifizieren.» Die ITT-Direktoren bekommen beigebracht, in erster Linie nicht Produkte zu machen, sondern Geld; die Ingenieure mit ihrem hoffnungslosen Perfektionsfimmel sind für sie Schurken.

Da ihnen das Engagement gegenüber konkreten Gütern abgeht, sind sie um so mehr und um so einseitiger auf ihren Ehrgeiz und ihre Fähigkeit verwiesen, Profit zu machen. Auch in psychischer Hinsicht wirkt die Organisation der ITT nicht gerade beruhigend. «Sie ist keine angenehme Firma», sagte ein ITT-Mann, «für Leute, die eine strukturierte Welt bevorzugen. Man meint manchmal, man sei für irgend etwas zuständig, aber dann merkt man bald, daß zwei oder drei andere Leute an derselben Sache arbeiten.»

Es gehört zu Geneens System, daß kein Mann für irgendeine Sache allein verantwortlich ist; und je weiter oben die Manager auf der Stufenleiter stehen, desto mehr werden sie überprüft, kontrolliert und gegenkontrolliert. Der leitende Direktor einer großen Tochtergesellschaft mag nach außen als sein eigener Herr erscheinen; doch jede Abteilung seines Unternehmens wird von Experten des Hauptbüros überwacht – Experten für Buchhaltung, Produkte, Public Relations, Qualitätskontrolle oder Liegenschaften –, die unmittelbar mit der Konzernspitze in Verbindung stehen. Wie jede Despotie ist die ITT auf das Prinzip ‹Teile und herrsche› abgestellt; doch die Aufteilung läßt sich unter den Gesichtspunkten des Profits rechtfertigen. In jedem Monatsbericht und jeder Monatskonferenz müssen die leitenden Direktoren die ‹Rote Flagge›-Punkte darlegen, die darauf hindeuten, daß eine Vorhersage sich nicht erfüllt hat oder eine unvorhergesehene Überraschung eingetreten ist. Sobald die rote Flagge gehißt wird, treffen auch schon die Experten ein und «fallen über den Verantwortlichen her». Oder, um eine andere, in der ITT übliche Redwendung zu gebrauchen, «Geneen läßt die Meute los».

Zur Absicherung unterhält Geneen in jedem Unternehmen eine besondere Revisorengruppe, die dem Chefrevisor in New York unmittelbar berichtet; dieser, Herb Knortz, ist ein Buchhalter von legendärer Gründlichkeit, und er ist einer der wenigen, die es wagen, offen mit Geneen Auseinandersetzungen auszutragen. Von seinem Beobachterposten aus kann Knortz alle Bewegungen der Lagerbestände, Gewinne und Außenstände verfolgen und bereits die ersten Anzeichen bevorstehender Verluste, übergroßer Lagerbestände oder unprofitabler Produkte aufdecken; und sofern solche Punkte dem lokalen Vorstandsmitglied entgangen sein sollten, geht es ihm an den Kragen. In erster Linie ist Knortz das geheime Auge Geneens. «Wenn Sie einmal gesehen haben, wie Knortz' Büro arbeitet», sagte mir ein leitender Angestellter, «dann ist Ihnen klar, was es heißt Manager bei der ITT zu sein: Es kommt Ihnen vor, als lebten Sie in einem Raum, in dem Sie rundherum von Fernsehkameras beobachtet werden, und als sitze Ihnen der Teufel im Nacken.»

Geneen bietet den Managern genügend Anreize, damit sie sein System ertragen. Auf allen Ebenen sind die Gehälter bei der ITT höher als im Durchschnitt – Geneen schätzt, um ungefähr 10 Prozent[64] –, so daß man kaum von der ITT weggehen kann, ohne Lohneinbußen hinzunehmen. «Wir bekommen alle ein bißchen mehr, als wir wert zu sein meinen», sagte dazu einer der Beschäftigten. Und ganz oben, wo die Anforderungen am größten sind, reichen die Gehälter und Aktienbezugsrechte durchaus hin, um für die Härte des Jobs zu entschädigen. «Er hat sie mit Limousinen geködert», lästerte darüber einmal jemand. Im Jahre 1971 gab es an der Spitze der ITT mindestens sechs Leute, die mehr verdienten als der Präsident der USA (200 000 Dollar jährlich)*; überdies leben diese Männer in einer Welt der Firmenspesen, Firmenflugzeuge und Firmenparties, in der sie kaum Zeit und Gelegenheit haben, ihr Geld auszugeben.

Indem Geneen seine Leute mit goldenen Ketten an sich bindet, kann er die Spannung herstellen, die die Maschine betreibt. «Der Schlüssel des ganzen Systems», erläuterte einer seiner Männer, «ist die Gewinnprognose. Wenn sie durchgesprochen, revidiert und akzeptiert ist, obliegt es dem leitenden Vorstandsmitglied als persönliche Verpflichtung gegenüber Geneen, die Prognose einzuhalten. Auf diese Weise schafft Geneen jene Spannung, von der der Erfolg abhängt.» Diese Spannung geht durch das gesamte Unternehmen, sie schafft Ehrgeiz und manchmal strebsame Heiterkeit, aber immer steht eine gewisse Furcht dahinter: Was passiert, wenn das Ziel nicht erreicht wird?

An Kriterien humaner Art gemessen ist der Preis für diese Zielbesessenheit sehr hoch. «Geneen erwartet, daß wir alle genauso mit ganzem Herzen bei der Sache sind wie er», sagte ein Manager, «aber irgendwie ist das für uns nicht so befriedigend.» Die angespannte Atmosphäre im Park Avenue-Wolkenkratzer ist unverkennbar; es herrscht dort nicht nur die Spannung von Ärger und Arbeit, vielmehr spürt man auch, daß den Leuten die Befriedigung persönlicher Leistung fehlt. Dies äußert sich in schwerem Alkoholis-

* Geneen, Dunleavy, Bennett, Williams, Westfall, Perry.

mus, gescheiterten Ehen und einem trüben, benommenen Augenausdruck, der für die ITT-Leute charakteristisch zu sein scheint. Die Tyrannei der Fakten schließt unnachsichtig das Nachgeben gegenüber Ahnungen und jene Spekulationen aus, die dem Geschäftemachen gerade einen gewissen Reiz verleihen können, und sie verbietet emotionale Identifikation mit einem Produkt ebenso stark, als handelte es sich um ein Bunny im Playboy Club. Es gibt in der ITT keine Heldenlegenden, etwa, daß jemand tapfer zu einem anfangs erfolglosen Produkt wie der Xerographie oder dem Reißverschluß gehalten hat, bis schließlich der Glaube an die gute Sache belohnt wurde. Es nimmt nicht wunder, daß Geneen der Forschung skeptisch gegenübersteht, und die Produktenentwicklung ist eine der schwachen Seiten der ITT. Es darf keine Überraschungen geben, auf keinen Fall Überraschungen. Jede Sache muß getestet, analysiert, extrapoliert werden, und wenn die Prognose nicht eintrifft, müssen die Verluste durch rasche Gegenmaßnahmen so gering wie möglich gehalten werden. Die ITT ist sehr stolz auf die Geschwindigkeit, mit der sie ihren Kurs ändern kann, indem sie ein Projekt sterben läßt und ein anderes einleitet. Doch gelegentlich kommt es auch einmal zu einem kleinen Ausbruch aus den Bahnen der vorgeschriebenen Disziplin. Vor zwei Jahren wurde eine Filmparodie hergestellt, die ITT-Leute mit Vergnügen vorführen: Im ernstgefaßten Kommentar läßt sich der Film über die Errungenschaften der ITT aus – ihre gut funktionierenden Dienstleistungen, ihre fortschrittliche Technologie, ihre glatt laufende innerbetriebliche Kommunikation –, während im Bild Slapstick-Mißgeschicke, lautstarke Rangeleien, zusammenbrechende Möbel und Tortenschlachten vorgeführt werden. – Undenkbar, daß dieser Film von Geneen in Auftrag gegeben wurde. Vielleicht ist er der Ausdruck eines kollektiven Unbewußten, eine zaghafte Revolte gegen die Tyrannei der Fakten. Ein nachdenklicher ITT-Mann hatte an der Wand seines Büros ein schwermütiges Zitat aus John Maynard Keynes' Aufsatz ‹*Economic Possibilities for Our Grandchildren*› angebracht, das seine persönliche Haltung gegenüber dem Geschäftsleben spiegelt:

> Noch mindestens ein weiteres Jahrhundert lang müssen wir uns selbst und anderen vormachen, fair sei foul und foul sei fair; denn foul ist nutzbringend und fair ist es nicht. Habsucht und Wucher und arglistige Vorsicht müssen noch ein wenig länger unsere Götter sein. Denn nur sie können uns aus dem Tunnel der ökonomischen Notwendigkeiten ans Tageslicht führen.

«Oberstes Gebot für jeden leitenden Angestellten», hat Geneen oft gesagt, «ist sofortige Abkömmlichkeit.» Er muß immer seine Firma über seine

Familie stellen; er muß damit rechnen, zu jeder Tages- und Nachtzeit irgendwohin beordert zu werden oder auch schlicht abzuwarten, ob er gebraucht wird. Ein ehemaliger Vizepräsident erzählte mir, er habe einmal drei führende ITT-Leute beobachtet, wie sie den ganzen Abend warteten, weil Geneen angeordnet hatte, sie sollten sich bereit halten; keiner von ihnen wagte es, um Erlaubnis zu bitten, Essen gehen zu dürfen, oder zu fragen, welchen von ihnen Geneen zuerst zu sprechen wünschte. «Sofortige Abkömmlichkeit» bedeutet Verfügbarkeit für Geneen, denn da er seine Methode als universell ansieht, ist das ITT-System auf die Prämisse abgestellt, daß die wertvollste Kraft des Unternehmens Geneen ist.

Geneen hält seine Mitarbeiter gern in einem Gefühl der Unsicherheit befangen; dies mag entweder dazu dienen, seine eigene Unsicherheit zu kaschieren, oder es ist ein Bestandteil seines rationalen Lenkungssystems. Doch darf als zweifelhaft angesehen werden, ob dies Verfahren brauchbar ist. Ein ITT-Manager bemerkte einmal bitter: «Er kauft sie ein, er saugt sie aus, und er stößt sie wieder ab. Er behandelt Leute wie Maschinen. Die einzige Art, darüber mit ihm zu reden, besteht darin, daß man ihm sagt, selbst eine Maschine könne man nicht Tag und Nacht ohne Schmierung betreiben.» Ich fragte einen anderen erfolgreichen Ex-ITT-Mann, weshalb er gekündigt hatte. Er sagte: «Ich wollte wieder in die Menschheit zurückkehren.»

Es wäre absurd, anzunehmen, allein durch Geld ziehe Geneen seine Führungskräfte an und halte sie bei der Stange. Seine Ideale der Tüchtigkeit und Lenkung haben, gestützt auf seine Unternehmerpersönlichkeit, viele Männer zu großen Leistungen angespornt. Die Leistungsuntüchtigkeit eines kleinen Unternehmens könne, sagte mir Geneen, viel frustrierender sein als der Identitätsverlust in einem großen. Das Vorgehen der ITT bei der Übernahme einer verschlafenen Firma wie Sheraton oder Claude und dann das *tuning*, damit sie schließlich maximale Gewinne abwirft, kann für die Leute innerhalb eines solchen Unternehmens anregend und aufregend sein, kann Energien und Ambitionen freisetzen. Geneens Oberaufsicht, das Ritual des Leuchtfingers, ist eine rationalere und einsehbarere Lenkung und Kontrolle als die launischen Sanktionen von Investoren. Ein geschäftsführendes Vorstandsmitglied aus Europa hat mir dies folgendermaßen erklärt: «Man kann nicht mit der Börse diskutieren, aber mit Geneen kann man immer vernünftig reden.» Das Gefühl, in einer vollständig vernunftbeherrschten Welt zu leben, in der die unerschütterlichen Fakten offen dargelegt werden, kann geistig und seelisch sehr befriedigend sein. Trotzdem ist aber Geneens Welt nie ganz so vernunftbeherrscht, wie sie erscheint. An die Stelle der alten Unzulänglichkeiten setzt er neue – die Verschwendung der Zentralisation, der Konferenzen, der Fernverbindungen. «Es ist manchmal, als wolle man

Zuckermelasse mit der Wäscheschleuder ausschleudern», hat ein ITT-Mann einmal diesen Sachverhalt formuliert. Geneens System mag das einzige sein, durch das sich ein riesiges, weitverzweigtes Unternehmen gewinnbringend führen läßt, und andere Mischkonzerne haben manche seiner Methoden übernommen oder nachgeahmt; aber es wirft die Frage auf, ob eine derartige Größenballung aus der Sache heraus notwendig oder wünschenswert ist.

Trotz der Betonung der Logik ist die ITT dennoch wie ein Königshof organisiert, in dem alle Entscheidungen allein vom Monarchen getroffen werden. Geneen ist von einer Anzahl Ratgeber umringt, die nach außen als objektive Experten erscheinen mögen – von Herb Knortz, seinem Schatzmeister, von Ned Gerrity, seinem Außenminister, von Howard Aibel, seinem Ersten Kronanwalt –, doch deren Hauptaufgabe besteht darin, seine Einfälle in die Tat umzusetzen. Die Memoranden, die endlos im Gebäude zirkulieren, mögen den Anschein freien Gedankenaustausches erwecken, doch wenn immer es im Verteiler eines Memos heißt: «Kopie an H. S. Geneen», weiß jeder, daß das Papier eigentlich für einen Mann im zwölften Stock geschrieben wurde und daß die in ihm enthaltenen Fakten möglicherweise alles andere als unerschütterlich sind.

Könnte das ITT-Imperium auch ohne seinen Monarchen zusammenhalten? Diese Frage drängt sich beharrlich auf, denn Geneen ist trotz seines frischen Aussehens immerhin 63 Jahre alt, und sein gegenwärtiger Vertrag läuft mit Vollendung des 65. Lebensjahres ab. Man hat ihm oft eindringlich das Problem der Nachfolge vorgehalten, und 1968 hat er eine neue Abteilung eingerichtet, das Büro des Präsidenten, dem drei ranghohe und erfahrene Mitarbeiter angehören. Damit hat das Unternehmen nun – Bekundungen der ITT zufolge – drei Präsidenten. Sie sind allesamt Günstlinge Geneens, die er darauf eingeschworen hat, in der gleichen Weise wie er zu denken und zu handeln. Der jüngste von ihnen, Richard Bennett, ein Ingenieur, ist vor acht Jahren von der kleinen Firma Daystrom als Assistent Geneens zur ITT gekommen. Er ist ein kleiner, energischer Mann, der dicke Zigarren raucht und bei Konferenzen durch aufmunternde Redensarten brilliert, dem aber Geneens Finesse abgeht. Jim Lester, der wie ein grimmiger Mandarin dreinschaut, war früher Präsident von ITT-Europa; dort gelang es ihm zwar, die Leute in Angst und Schrecken zu versetzen, weit weniger jedoch, bei ihnen Begeisterung für die Sache zu wecken. Tim Dunleavy, ein leutseliger Ire und Vorgänger Lesters in Europa, ist wesentlich energischer und härter, als er wirkt, aber er ist auch weit menschlicher als Geneen; er hat in Brüssel Aufsehen erregt, als er den Sekretärinnen an einem besonders heißen und drückenden Tag gestattete, nach Hause zu gehen. Diesen dreien mangelt es nicht so sehr an Geneens Härte und Energie als vielmehr an seinem Ideenreichtum und Vorstellungsvermögen sowie seiner Fähigkeit, dem gesamten Mischkonzern einen Anstrich von Zweckbestimmung zu geben.

Im Dezember 1972 gab der Aufsichtsrat der ITT eine seit langem erwartete Entscheidung bekannt: daß Geneen Aufsichtsratsvorsitzender und daß Tim Dunleavy Präsident und Chief Operating Officer werden würde. Doch Geneen sollte auch Chief Executive Officer bleiben und auf diese Weise die Kontrolle fest in der Hand behalten, wie es Behn 25 Jahre vorher getan hatte. Die Ankündigung betonte, dieser Schritt würde die «geordnete Überleitung der Handlungsvollmacht sicherstellen» und die Beförderung Dunleavys sei nur der «logische Kulminationspunkt» des Top-Management-Programms. Aber Geneen sollte sich auch in der Folgezeit Tag für Tag im Gebäude aufhalten, und niemand hegte ernsthafte Zweifel, wer eigentlich der Chef sei.

## Non-Public Relations

Für die Verteidigung des Konzernkastells war es unabdingbar, daß die ITT einen eigenen Nachrichtendienst aufbaute. Seit den Tagen Colonel Behns war die ITT als Fernmeldeunternehmen in der vorteilhaften Situation, günstig Zugang zu allen Arten von Informationen zu haben – und dies oft rascher und umfänglicher als die Regierungen. Je weiter Geneens Imperium wuchs, desto größer wurde auch sein Nachrichtensystem. Mit ITT-Telefonen, ITT-Telegrafen und ITT-Fernschreibern konnten die weitverstreuten Unternehmen rasch und billig Kontakt miteinander halten; und die ITT konnte ihren Generalstab im Auge behalten, denn von jedem Telegramm, das in der Park Avenue eingeht – handle es nun von Verkaufszahlen oder von einer Lunchverabredung mit einer Geliebten –, geht eine Kopie zum Top-Management. Vor allem schossen die Memoranden ins Kraut, denn Memoranden und Aktennotizen sind nicht nur notwendig, um den Kontakt zu einem weltweiten Reich zu wahren; sie sind darüber hinaus die einzige Art, in der viele Stabsangehörige Geneen beweisen können, daß sie arbeiten. Die ITT ist ein von Memoranden und Aktennotizen besessener Konzern.

Die innere Sicherheit machte Geneen zunehmend Sorge, und es wurde unter Richard Lavoie eine neue Abteilung für Sicherung und Sicherheit eingerichtet, die Leckstellen verhindern soll. Ein Pamphlet über Industriespionage, von Lavoie verfaßt, umreißt das permanente Erfordernis der «Indoktrination, Erziehung und Umerziehung der Beschäftigten» und zeigt in Bildern mögliche Gefahren. Eine Bildunterschrift lautet: «Das elegante Paar, das in einer Pause neben Ihnen steht und eine Zigarette raucht, könnte Ihre gesamte Unterhaltung mit einem Miniatur-Tonbandgerät aufzeichnen, das sich leicht in der Manteltasche verbergen läßt.» Neue Verfahrensrichtlinien vom Dezember 1969 erläuterten im Detail die drei Kategorien geheimer Informationen – SYSTEMVERTRAULICH, PERSÖNLICH UND VERTRAULICH und RECHTLICH VERTRAULICH – und erklärten, wie die Geheimnisse zu schützen seien: «... um unerlaubten Zugang zu den in den Umschlägen enthaltenen Materialien auszuschließen, werden sie durch Aufkleben eines gummierten Schildchens über die Klappe des Umschlags versiegelt... Informationen zur Eigentums- und Ertragslage, die – wenn Eile geboten ist – über elektrische Kommunikationsmittel versandt wurden, sind als CRYPTEL-Botschaft [kodierte Meldung] aufzubereiten und zu übermitteln ...»[65]

Die Vorsichtsmaßnahmen erscheinen erschöpfend, ja fast übertrieben zu sein. Doch neigten, wie wir noch sehen werden, die ITT-Leute mit wahrer Besessenheit dazu, alles niederzuschreiben. Die Xerox-Kopierer waren ständig in Betrieb, unausgesetzt spuckten sie Kopien aus: Jede unzuverlässige Sekretärin hätte Kopien von einem Memorandum anfertigen und mitnehmen können, ohne daß es überhaupt jemand gemerkt hätte.

Das Hauptbindeglied zwischen Geneen und der Außenwelt ist der Senior Vice President für Public Relations, Ned Gerrity, der in unserem Bericht noch eine zentrale Rolle einnehmen wird. Er ist ein Typ, den man einfach gern haben muß; voller Gutmütigkeit und fast unausgesetzt lächelnd, sprudelt er unermüdlich Witze und Anekdoten hervor. Er sieht aus wie ein altmodischer Journalist, so als wäre er aus der Zeitschrift *Front Page* ins Leben getreten; er begann seine Laufbahn als Reporter bei der *Scranton Times* in Pennsylvania. Doch Gerrity ist weit bedeutender als er wirkt, und er ist weit mehr als ein gewöhnlicher Public Relations-Mann. Seit Geneen an der Spitze steht, ist Gerrity nicht nur für Public Relations, sondern überdies für politische Kontakte, Lobbypolitik und internationale Diplomatie zuständig, und das Bild, das sich Geneen von der Welt macht, wird von Gerrity zugeschnitten und gefiltert. Es heißt, er verdiene 200 000 Dollar im Jahr.

Gerrity leitet einen aufgeblähten Stab, der ungefähr 100 Millionen Dollar im Jahr für Werbung, Promotion und alle Arten Public Relations ausgibt. Mehr noch als in anderen großen Unternehmen gelten die Public Relations-Leute der ITT als besonders dickfellig; sie walzen durch die Welt wie Panzer durch eine Kavalleriebrigade. Doch der eine oder andere von ihnen verspürt gelegentlich Gewissensbisse. Eines Tages fuhr ich in der ITT-Zentrale, Park Avenue, mit dem Fahrstuhl abwärts, als ein älterer, melancholisch blickender Mann zustieg, der offenkundig gerade aus einer Public Relations-Konferenz kam. Er seufzte schwer und wandte sich in der Annahme, ich sei ebenfalls ein ITT-Mann, mir zu und zitierte eine Zeile aus Miltons ‹*Verlorenem Paradies*›: «Die schlecht're als die bess're Sach' erscheinen lassen.»

Für einen Gutteil der Aktivitäten ist die Bezeichnung *Public Relations* unpassend, denn die wichtigsten Beziehungen werden im geheimen geregelt; zwar besteht Geneen darauf, innerhalb der ITT die Fakten offen auf den Tisch zu legen, nach außen bemüht er sich jedoch, sie zu verschleiern. Wir haben bereits gesehen, welcher Methoden sich Gerrity im ABC-Fall gegenüber Eileen Shanahan und anderen Journalisten bedient hat (vgl. S. 77f), und andere aufschlußreiche Verhaltensweisen wurden offenbar, als die ITT von der *Federal Trade Commission* (FTC) gezwungen wurde, für ihr Profile Bread, über das sie in der Werbung falsche Angaben gemacht hatte, korrigierende Anzeigen zu veröffentlichen (s. S. 75). Bald darauf wurde von Professor Yale Brozen, einem Chicagoer Ökonomen, eine scharfe Attacke gegen die FTC geritten, in der er von «Salemer Hexenprozessen» und «Kabinettsjustiz» sprach; später mußte der Professor jedoch zugeben, daß er als bezahlter Berater für die Public Relations-Firma Harshe-Rotman arbeitete, die wiederum im Dienste der ITT stand.[66] Ned Gerrity wurde hierzu in den Senats-Hearings befragt, die zu jener Zeit abgehalten wurden[67]:

SENATOR BAYH: Fällt es in Ihre Zuständigkeit, in der akademischen Welt Leute dieses Schlages dafür zu gewinnen, der ITT-Position das Prüfsiegel für gute Haushaltsführung aufzudrücken?
MR. GERRITY: Ja, Sir.
SENATOR BAYH: Und dann bezahlen Sie sie für ihre Bemühungen?
MR. GERRITY: Ja, Sir.

Es gehört zu den Grundmerkmalen der ITT-Public Relations, daß sie um so effektiver, je weniger sie öffentlich sind; eine Sammlung von Memoranden über Puerto Rico, die ans Licht gekommen sind, illustriert das Vorgehen der ITT. Die puertorikanische Telefongesellschaft (von der ITT betrieben seit Sosthenes Behn sie 1914 gekauft hatte) war stetig verkommen, bis sie schließlich in den sechziger Jahren völlig leistungsunfähig wurde. Im Jahre 1965 klagte sogar der allgegenwärtige Admiral Ellery Stone in einem Brief an Geneen über die Untüchtigkeit dieses Unternehmens. Er schlug vor, die ITT solle Kontakt zu einem puertorikanischen Senator aufnehmen, der ein alter Freund von ihm, Stone, sei, um auf diese Weise zu versuchen, die Empörung der Öffentlichkeit abzumildern. Als schließlich 1967 die ITT die Gebühren anheben wollte, bestand die *Puerto Rican Public Service Commission* auf öffentlichen Hearings, um die Beschwerden zu untersuchen; an diesem Punkt startete der ITT-Stab eine umfangreiche Public Relations-Offensive, die in einer Folge von vertraulichen Memoranden umrissen und dargelegt ist, um das Image der Firma aufzupolieren.

Einer der in diesen Memoranden behandelten Problempunkte war eine

Organisation namens SOPRECAB (Gesellschaft zur Verhinderung weiteren Betrugs an der telefonierenden puertorikanischen Öffentlichkeit), die von einem verärgerten amerikanischen Geschäftsmann, John Hennessey, ins Leben gerufen worden war. Die ITT machte sich eilends daran, Nachforschungen über Hennessey anzustellen, doch das Schlimmste, was sie herausbekam, war eine Verurteilung wegen eines Verkehrsvergehens achtzehn Jahre zuvor. Ein ITT-Vertreter namens Zoffinger stattete ihm einen Besuch ab und sandte darüber später ein im Stil von Polizeiberichten abgefaßtes Papier an die ITT in New York:

> HENNESSEY: Ungefähr 45, Weißer, USA, gute körperliche Verfassung, intelligent.
> Einkommen schätzungsweise 10–20000 Dollar im Jahr.
> Wohnung gut eingerichtet, überwiegend konservativ gehalten, sauber.
> Lebt anscheinend allein mit Pudel; kein Hinweis auf Frau oder Kinder.
> Äußerlich ruhig und zurückhaltend. Reagierte nur einmal im Lauf der Unterredung merklich erregt und gereizt (bei Erörterung von Rechnungen).
> Beruf: Absatzvertreter (Van Haughton). Keine offenkundige Verbindung mit der Fernmeldebranche (hat im Iran ITT-Geräte benutzt).

Der Schnüffler konnte die Gründe, die Hennessey zu seiner Opposition gegen die Praktiken der ITT veranlaßten, nicht sinnvoll einordnen, daher vermutete er, daß der Geschäftsmann an einem Job in der Fernmeldebranche interessiert sein könnte.

Als die Hearings näherrückten, bereiteten die PR-Leute ein ausgefeiltes Programm von Reden und Anzeigen vor, strichen lokalen Honoratioren um den Bart und taten, was sie konnten, um öffentliche Kritik zu unterbinden. Sie wandten sich dabei nicht unmittelbar an die Öffentlichkeit, sondern vielmehr an Journalisten und Politiker. Ein Public Relations-Memorandum brüstete sich damit, daß die ITT über vierzig Artikel und Berichte in den Lokalzeitungen untergebracht habe und ein «fortlaufendes Programm intensivierter persönlicher Kontakte zu Journalisten in den Schlüsselressorts» in Gang setze. Ein anderes führte aus, daß der «*San Juan Star* im Februar keinen einzigen Beschwerdebrief gegen Ricotelco veröffentlichte … Ich glaube, ein Schlüsselfaktor für die Änderung in der Haltung ist nicht nur die mit dem leitenden Herausgeber getroffene Abmachung, sondern auch das offene Ohr, das die Telefongesellschaft gegenüber Bitten um Gefälligkeiten seitens des *Star* und seiner leitenden Mitarbeiter gezeigt hat.»

Die ITT umgarnte auch vorsichtig den jungen puertorikanischen Politiker Benny Frankie Cerezo, der die Telefonaffäre untersuchte; er wurde wiederholt zum Essen eingeladen, man bot ihm Rat an und offerierte, für ihn Kontakte zu ausländischen Telefonexperten herzustellen. Dem Bericht nach soll er in seiner Haltung langsam nachgegeben haben, andererseits aber waren die ITT-Leute über seine Unanfechtbarkeit verärgert: «Er versucht unausgesetzt, sich selbst einzureden, daß er ein Mann von Grundsätzen ist...» Man gab Nachforschungen über das Privatleben wichtiger Politiker, darunter das Cerezos, in Auftrag: «Offenkundig ist seine Ehe mit Carmen Consuelo Vargas, wie er Rechtsanwältin von Beruf, problemlos. Cerezo, der erst 25 Jahre alt ist, kommt aus kleinen Verhältnissen. Vielleicht lehnt er deshalb die Mitgliedschaft in Vereinigungen wie dem Rotary und dem Lions Club ab.»

Als die Hearings im September 1969 begannen, sicherte die ITT sich einige wohlgesonnene Berichte in der Presse schlicht dadurch, daß sie sie selbst verfaßte. Fernando Gomez von der ITT hat beschrieben, wie er zweimal über die Hearings unter Benutzung der Drähte von UPI berichtete.

Schließlich wurde eine Gebührenerhöhung erlaubt, und die PR-Leute entwickelten in ihren Empfehlungen für 1970 eine Strategie, wie die Gebührenanhebung vorzubereiten sei. Dieser Bericht zeichnet ein lebensnahes Bild davon, wie Public Relations bei der ITT begriffen wird:

> Es ist eine Konferenz für die gesamte Presse zu veranstalten. Der Präsident des Unternehmens gibt bei dieser Gelegenheit, flankiert von angesehenen Experten, voller Bedauern die schlechte Nachricht bekannt. Die ‹Fachleute› sollten dabei nicht allein als Dekoration dienen, sondern mit sachkundigen Detailargumenten die problematischen Punkte in der allgemeinen Erklärung des Präsidenten erläutern und ihn so unterstützen ... Es erscheint auch vielversprechend, einige renommierte Presseleute kurz vorab zu informieren, damit wir sicher sein können, daß intelligente und vernünftige Fragen gestellt werden und daß die übrigen Journalisten sich von diesen wenigen leiten lassen... Am günstigsten ist es, wenn unsere Manager breitgefächert persönliche Kontakte mit Journalisten und Politikern aufnehmen... Schritt um Schritt wird dann die Presse – die Summe ihrer einzelnen Mitarbeiter – eine freundliche statt einer ablehnenden Haltung einnehmen; so wird sie zu unserem Verbündeten, statt uns zu kritisieren. Wenn wir die Presse für unsere Sache gewinnen, so bedeutet dies einen gewaltigen Schritt in Richtung darauf, die öffentliche Meinung für uns zu gewinnen... Doch dürfen wir darüber nicht vergessen, daß Public Relations [im Sinne von ‹Öffentlichkeitspflege›. Anm. d.

Übers.] niemals offen betrieben werden sollte. Sie sollte sich im Hintergrund, außerhalb des Gesichtsfelds der Öffentlichkeit bewegen. Das Management muß vorn auf der Bühne agieren und dem Unternehmen sein Image geben, nicht die sogenannten Image-Macher selbst.

Doch die gesamte sorgfältig eingefädelte Image-Bildnerei brach abrupt in sich zusammen, als am 21. Dezember der *San Juan Star* den Inhalt einiger der Memoranden bekanntmachte. Benny Frankie Cerezo, der nun Gelegenheit hatte, den Bericht der ITT über sich selbst zu lesen, sagte: «Ich glaube, es ist jetzt jedem Puertorikaner klar, daß diese Leute zu allem fähig sind, nur um ihre wirtschaftlichen Zielsetzungen zu erreichen.»

## Undurchschaubare Bilanzierungsmanöver

Die ITT war nun nicht mehr in erster Linie eine Organisation zur Durchführung von Geschäften; vielmehr war sie zu einer Maschine für die Aufstellung von Berichten hervorragender Erträge geworden.

*Forbes Magazine*, März 1969

Geneen hatte beschlossen, daß die ITT eine fortlaufende Bilanz der Gewinne ausweisen sollte, die von Quartal zu Quartal steigen mußten, um auch dem skeptischsten Kapitalanleger sinnfällig vorzuführen, daß dies Unternehmen – ähnlich einem Luxusdampfer mit Kreiselstabilisatoren – ökonomischen Stürmen nicht ausgeliefert war. Denn die Erinnerung an den großen Börsenkrach 1928 – Geneen war damals Börsenbote – hatte ihn wie andere seiner Generation zu dem Entschluß gebracht, zyklischen Schwankungen Widerstand zu leisten[68]; vielleicht war dies Bedürfnis nach Sicherheit und Stabilität auch eher persönlicher Natur, vielleicht baute er deshalb hohe Mauern gegen die Außenwelt, wollte er auf keinen Fall Überraschungen. Derart gefestigt, könnte die ITT als Mischkonzern wie als multinationales Unternehmen, das in Hunderten von Branchen in zahlreichen Ländern operierte, beweisen, daß sie unbeschadet der Hurrikane, die kleinere Firmen aus dem Rennen warfen, ihren Kurs segeln konnte. Der stetige Anstieg der Gewinne grenzte ans Wunderbare, er mußte überzeugen. Im Februar 1973 gab die ITT für das 54. aufeinanderfolgende Quartal erneute Rekordgewinne bekannt: Es war ein Triumph von Geneens buchhalterischen Fähigkeiten.

Das gesamte massive Konglomerat, von Tokio bis Chile, vom Räucherschinken bis zum Telefon, ruhte wie eine riesige, auf die Spitze gestellte Pyramide auf einem winzigen Angelpunkt: dem Aktienkurs an der New Yorker Börse. Da jede Neuerwerbung mit ITT-Aktien finanziert wurde, bestimmte der Aktienkurs das Ausmaß und den Grad der Expansion. Wie beträchtlich und wertbeständig die Vermögenswerte auch sein mochten, der Aktienkurs stieg und sank nicht so sehr an Hand von harten Fakten, sondern auf Grund von Erwartungen, zeitweiligen Erscheinungen und dem mysteriösen Faktor Vertrauen. Andererseits war der Aktienkurs aber auch eng mit dem Kurs-Gewinn-Verhältnis verknüpft, das anzeigt, inwieweit die Kapitalanleger für die Zukunft Vertrauen in die Aktie als Wachstumspapier legen. Geneen war entschlossen, den Investoren jenes Gefühl des Vertrauens in die Zukunft der ITT zu geben, das durch ein hohes Kurs-Gewinn-Verhältnis hergestellt werden würde, und umgekehrt.

Doch der stetige Anstieg der Gewinne war nicht ganz so aufsehenerregend, wie er schien. Da jede Neuerwerbung vom ITT-Wal heruntergeschluckt wurde, gerieten auch die Einzelmerkmale, die im Bilanzbogen des Einzelunternehmens klar herausgearbeitet waren, so vollständig aus dem Blickfeld wie einst Jonas. Die einzelnen Gewinne und Verluste jeder Branche – seien es Hotels, Mietwagen oder Immobilien – ließen sich in der Konzernbilanz nicht mehr unterscheiden, und der Rückgang der Umsätze tauchte nur noch unter höchst verallgemeinernden Kategorien auf: «Verteidigungs- und Raumfahrtprogramme» oder «Dienstleistungen». Der zusammengebraute, ‹konglomerierte› Charakter der Unternehmensbilanzen wurde daher zu einer Herausforderung an die Kunstfertigkeit des Meisterbuchhalters; die Gewinne und Verluste von Unternehmen und Ländern konnten stillschweigend gegeneinander aufgerechnet werden, ohne daß es jemand durchschaute. Die Umsätze japanischer Wertpapiere, deutscher Fabriken oder Sheraton-Hotels konnten unter der Rubrik «Verschiedene Einkommen» durcheinandergerührt werden; und durch Zurückhalten von Erträgen des einen Jahres oder durch Vorgriff auf die des folgenden ließ sich die Kurve der steigenden Erträge erstaunlich stetig halten – nämlich bei einem Wachstum von 10 Prozent, von Quartal zu Quartal. Die Überschriften im *Wall Street Journal* wiederholten sich monoton: «Die ITT meldet Rekorderträge».

Darüber hinaus ermöglichte ihre Multinationalität der ITT in außergewöhnlichem Grade, sich gleich einem nomadischen Millionär vor Besteuerung zu schützen. Zwar traf es zu, daß die ITT im Grunde ein amerikanisches Unternehmen war, amerikanischen Aktionären verantwortlich sowie verpflichtet, sich der Inspektion und den Fragen der *Securities and Exchange Commission* und des *Internal Revenue Service* zu stellen; doch wurde diese Kontrolle durch das globale Ausmaß und den weltweiten Aktionsradius des Unternehmens abgeschwächt. Bald nachdem er Präsident geworden war, hielt Geneen mit seinen Spitzenjuristen und -buchhaltern eine Sonderkonferenz ab, um mit ihnen zu diskutieren, wie die ITT sich am günstigsten ausländischer Steuerparadiese bedienen und auf diese Weise ihre US-amerikanische Steuerlast senken konnte. Die Experten hegten Zweifel, aber Geneen bestand darauf, daß sich Wege finden ließen. Seither hat die ITT fortwährend die Buchhalter anderer Großunternehmen durch die relative Geringfügigkeit ihrer Steuerleistungen beeindruckt. In den Jahren 1969 und 1970, als die Gewinne erneut stiegen, zahlte die ITT faktisch weniger Steuern als in den voraufgegangenen Jahren.[69]

Sämtliche Mischkonzerne zogen, als sie in den sechziger Jahren emporschossen, erheblichen Nutzen aus der Konfusion der Buchhaltungsverfahren und der Flexibilität der Generally Accepted Accounting Principles (GAAP). Alteingesessene Unternehmen pflegten vielfach äußerst konservative Buchungssysteme, über die sie große Teile ihres Grundstücksvermögens verschleierten, und sie meldeten niedrige Erträge an, so daß ein potentieller Aufkäuferkonzern seinen Aktionären rasch erstaunliche Gewinne vorführen konnte, indem er schlicht aufdeckte, was in der Hinterhand gehalten worden war. Durch das Verfahren der ‹Interessenvereinigungs›-Buchhaltung konnte der Mischkonzern das Reinvermögen der aufgekauften Firma zu seinem alten Buchwert übernehmen, wenn er auch ein hohes Aufgeld für die Erwerbung bezahlt hatte. Dann konnte das Konglomerat diese erworbenen Realvermögen veräußern, und die Erträge, die zu den Einstandskosten in Beziehung gesetzt wurden, erschienen als enorme ‹Buchhaltungsprofite›, die der Konzern in seinen Erklärungen darstellen konnte, als seien sie tatsächlich verdient worden. Fast sämtliche von Geneens Erwerbungen wurden durch Interessenvereinigung getätigt. Nach dem Bericht eines Kongreßausschusses verheimlichte die ITT durch dies Verfahren im Laufe des Jahres 1968 744328000 Dollar, die sie sich mit ihren Aufkäufen herangezogen hatte.[70] Diese vertuschten Posten, die die versteckten Werte der aufgeschluckten Firmen darstellten, konnten dann von Geneen hervorgeholt werden, wann immer es nötig war, ohne daß jemand außerhalb des inneren Führungszirkels das Manöver überhaupt bemerkte. Es überraschte daher nicht, daß er eine stetige Wachstumsbilanz aufrechterhalten konnte. In einem Bericht der *Federal Trade Commission* heißt es dazu wörtlich: «Was die *tatsächliche* Ertragsleistung anbetrifft, verschwindet eine von einem Mischkonzern aufgekaufte Firma praktisch spurlos.»

Die Buchführung sämtlicher Konglomerate ist undurchsichtig, «ein Zweig des schöpferischen Schriftstellertums», wie ein Finanzredakteur zu mir sagte, «der aber keineswegs ausschließlich Dichtung liefert». Die Buchführung eines multinationalen Mischkonzerns wie der ITT aber ist noch undurchsichtiger, denn es können Bilanzposten die Grenzen überqueren, ohne daß jemand davon erfährt. Die Gewinne von Sheraton in Deutschland können als Gewinne in Boston erscheinen. Darüber hinaus sind ausländische

Tochtergesellschaften der Einsichtnahme durch Wertpapieranalytiker und Finanzjournalisten gegenüber weit unempfindlicher; denn lokale Experten neigen dazu, Unternehmen in ausländischer Hand – wie etwa die STC in Großbritannien, die nicht einmal an den lokalen Börsen notiert wird – zu ignorieren.

Die traditionellen Vertreter der Aktionärsinteressen sind – wie sollte es anders sein – die Wirtschaftsprüfer. Als in den späten sechziger Jahren einige Konglomerate zusammenzubrechen begannen, wurde an die Prüfer immer nachdrücklicher die Forderung gestellt, härtere Kriterien anzulegen; und der plötzliche Bankrott der Penn Central Company 1970 löste neue Proteststürme aus. Doch in den Grundsätzen hat sich an der Buchführung nichts geändert. Die Wirtschaftsprüfungsfirma der ITT, Arthur Andersen, gehört zu den halsstarrigsten Verfechtern des *laissez-faire* zugunsten ihrer industriellen Klientel (allerdings hat einer ihrer Teilhaber, Leonard Spacek, des häufigeren geschrieben, es müßten streng einheitliche Buchführungsrichtlinien durchgesetzt werden). Arthur Andersen ist eine internationale Rechnungsprüfungsgruppe, die sowohl in den USA wie in Großbritannien zu den «Großen Acht» gehört. Die Andersen-Gruppe war die Wirtschaftsprüfungsfirma von Bernard Cornfelds Investors Overseas Service, wobei sie von einigen Kritikern angegriffen wurde, sie akzeptiere allzu bereitwillig Cornfelds Bewertungen, etwa die von Ölfeldern in Alaska; allerdings war es auch die Andersen-Gruppe, die schließlich im Falle IOS Alarm geschlagen hat. Andersens größter Klient in den USA ist die ITT, und vor kurzem hat sie auch die Rechnungsprüfung sämtlicher ITT-Unternehmen im Ausland übernommen, was eine größere Flexibilität in der europäischen Rechnungsführung erlauben wird. Daher wollte die ITT 1969 Investmentanteile in Höhe von 844 000 Pfund in die Erträge ihrer Londoner Tochter STC einbeziehen – eine Praxis, die bei britischen Buchhaltern sehr ungewöhnlich ist und die der britische Wirtschaftsprüfer nicht billigen mochte. Daraufhin wurde er nach New York geflogen und schließlich von einem Mann der Firma Andersen überzeugt, dies Verfahren sei vertretbar; dementsprechend tauchte der Posten 1969 in der Gewinn- und Verlustrechnung auf. Die Andersen-Gruppe hat nun die Prüfung auch der britischen ITT-Firmen übernommen; sie hat unlängst gegenüber den ITT-Aktionären ein wenig mehr Informationen bekannt werden lassen als bisher üblich, aber sie wird kaum mehr enthüllen, solange sie nicht dazu gezwungen ist. Unter dem Titel «Ziele finanztechnischer Erklärungen» gab sie – mit dem eigenen Symbol, sinnigerweise eine fest geschlossene Doppeltür, auf dem Umschlag – 1972 eine neue Broschüre heraus. Darin heißt es bedauernd, die Überwachung der Rechnungsführung habe in letzter Zeit «eine übertriebene und unrealistische Bemühtheit um detaillierte Einförmigkeit» an den Tag gelegt, und vertrat im weiteren den Standpunkt, die Grundlage des Rechnungswesens hätten der Tageswert, nicht die ursprünglichen Anschaffungskosten zu sein. Aber gerade dies würde es den Mischkonzernen, wie der *Guardian* ausführte, noch leichter machen, ihre Vermögensbestände und Gewinne überzubewerten.[71]

Der Obskurantismus der Buchführung in den Mischkonzernen hat zunehmende Kritik laut werden lassen, die aus der Branche selbst kam. Einer der schärfsten Kritiker ist Professor Abraham Briloff, der am Baruch College in New York Buchführung lehrt; er ist ein drahtiger, lebendiger Mann, wohnt im *Gramercy Park Hotel* und hat unter dem Titel ‹*Unaccountable Accounting*› ein scharfsinniges Buch geschrieben, in dem er die Tricks analysiert, deren sich die Konglomerate bedienen können. Es macht ihm Spaß, über seine Berufskollegen in einer deftig bildhaften Sprache herzuziehen. So vergleicht er die Gründer großer Mischkonzerne und ‹Konglomeratoren› wie Geneen mit Cowboys, die ins Territorium der Farmer eindringen, den Mutterboden abtragen und verkaufen und das Land auf diese Weise ruinieren; sie expandieren durch die Vergewaltigung des Landes, Raubbau und Blendung. Er mokiert sich über «*hot-pants*-Buchführung», die das Aufreizende freilegt und das Wesentliche verhüllt. Er beschreibt, wie Geneen es gelingt, die Kosten seiner Vermögensanlagen zum größten Teil wie einen Eisberg zu verbergen. Briloff bemüht sich, die jungen Nachwuchs-Buchhalter und -Prüfer für eine engagiert ethisch fundierte kritische Haltung zu gewinnen, um sie zu ermutigen, den Großunternehmen Widerstand entgegenzusetzen, aber er weiß selbst am besten, daß es dafür noch eines langen und zähen Kampfes bedarf.

Die Unergründlichkeit der ITT-Bilanzen und Bücher hat auch einige jener Experten gegen den Konzern eingenommen, deren Aufgabe es ist, große Unternehmen zu analysieren: die Wertpapieranalytiker, die die Aktionäre beraten (fast die Hälfte der ITT-Aktien ist in der Hand von Finanzgruppen – von Banken, Versicherungsgesellschaften und Pensionskassen). Zwar sind die meisten Börsenleute mit den Bilanzen zufrieden, doch einige wenige Analytiker haben sich auf einen militanten Kampf um erweiterte Offenlegung der Bücher eingelassen. Ironischerweise hat insbesondere die stetige Steigerung der ITT-Erträge sie argwöhnisch gemacht, die quer durch die Konjunkturzyklen verläuft, durch Aufschwung- und Abschwungphasen, also auch durch Perioden, in denen andere Mischkonzerne ins Wanken gerieten oder zusammenbrachen. Einer von ihnen, der langhaarige, pausbäckige Ray Dirks, der für freche Berichte bekannt ist, leistet detaillierte Detektivarbeit, um herauszufinden, was die ITT tatsächlich verdient: «Ich glaube nicht», sagte er, «daß die Gewinnanstiege von Quartal zu Quartal irgend etwas aussagen, denn die ITT kann auf die verschiedenste Weise Zahlen manipulieren.» Zum Beleg dafür hat er aufgezeigt, wie die ITT 1968 einen Einkommensanstieg von 56 Millionen Dollar ausgewiesen hat, von denen allein 17 Millionen Dollar unter der Rubrik «Verschiedene und betriebsfremde Erträgnisse» geführt wurden. Durch Vergleich einer von der europäischen Tochtergesellschaft International Standard Electric herausgegebenen Erklärung über die Besitzverhältnisse konnte Dirks nachweisen, daß 11 Millionen Dollar dieser «verschiedenen Erträgnisse» tatsächlich aus dem «Verkauf verschiedener Vermögensbestände und Wertpapiere» stammten, so daß ein Fünftel des Anstiegs des ITT-Welteinkommens durch Veräußerung europäischer Vermögenswerte gewonnen wurde.

Ein Dorn im Fleisch der dickfelligen ITT sind auch die Effektenberater Bob Olstein und Thornton O'Glove, die einen «Bericht über die Beschaffenheit und Zusammensetzung der Gewinne» bei großen Konzernen herausgeben, um deren tatsächliche Ertragsleistung offenzulegen. Sie haben ebenfalls umfangreiche Verkäufe von Vermögensbeständen und Wertpapieren aufdecken können, die in der Bilanz als Einkommen klassifiziert wurden. Im Jahre 1972 schrieben sie – allerdings ohne Erfolg – an Geneen und baten um Aufschluß über achtzehn verschiedene Punkte, wobei sie ihm mitteilten: «Die ausweichende Haltung Ihrer führenden Mitarbeiter ist nicht im Sinne Ihrer Aktionäre. Ein Unternehmen mit so hervorragenden Wachstumserfolgen wie die ITT müßte ein Kurs-Gewinn-Verhältnis des sechzehnfachen oder für 1972 pro Aktie vorausgeschätzten Gewinns von 3,85 Dollar ausweisen» [damit, im Interesse der Aktionäre, der Kurs steigt. Anm. d. Übers.].

Dies traf den Nagel auf den Kopf. Nach 1971 war Geneen sich durchaus bewußt, daß trotz des stetigen Anstiegs der Gewinne und des raschen Wachstums das Kurs-Gewinn-Verhältnis der ITT äußerst enttäuschend war, verglichen mit Firmen wie IBM, die sich Geneen gern als Maßstab nahm. Der Vorwurf der beiden Wertpapierspezialisten war ein Schlag gegen sein Selbstwertgefühl, ein persönlicher Affront. «Er schaut sich das Kurs-Gewinn-Verhältnis jeden Tag an», sagte einer seiner Kollegen, «so als wäre es ein Spiegel, in dem er sehen kann, wie er vor der Welt dasteht.» Doch der Spiegel gab nie die erhoffte Antwort. Wie erklärte sich das? Steckte die Furcht der Börse dahinter, daß Geneen sterben könnte, die Furcht vor dem, was passieren würde, wenn Dunleavy oder andere das Unternehmen übernahmen? Oder weil die Gewinne der ITT, in Prozenten vom Umsatz gemessen, nicht hoch waren? Lag es, wie die Analytiker unterstellten, an der mangelhaften Offenlegung der Bilanzen? War, insbesondere nach dem ITT-Skandal von 1972, politische Angst im Spiel, war es ein Wertverlust der Aktien durch den Skandal? Lag es daran – wie Geneen selbst klagte –, daß die ITT *zu gut* abschnitt? Oder war die Kursschwäche durch das instinktive Gefühl der Anleger bedingt, daß irgend etwas faul sei an der ITT – «Sie sieht gut aus, aber sie stinkt!» wie ein Investment-Experte sagte.[72]

Diese bilanztechnische Undurchsichtigkeit der multinationalen Mischkonzerne bereitet nicht nur den Aktionären Sorge. Sie macht auch den Regierungen der Länder zu schaffen, in denen die Konzerne operieren. Große Summen können hinein- und hinausverschoben, Gewinne in Verluste verwandelt und Vermögensbestände verkauft werden, ohne daß jemand dies überschauen kann. Hinter allen anderen Merkmalen der Konzernsouveränität steht als wesentlichstes noch die Geheimhaltung der Bücher und Bilanzmanipulationen – die mindestens ebenso wichtig ist wie die Verschwiegenheit des Vatikans oder der Königin von England –, und solange sie nicht gebrochen ist, besteht wenig Aussicht, daß die Mischkonzerne auch in anderer Hinsicht durchschaubar werden.

Kapitel 7

# Die Kartellknacker

In dieser unserer Gesellschaft ist das beste Mittel zur Erlangung der politischen Demokratie die Streuung der Macht.

Senator Philip Hart, 1968

Wenn wir irgend etwas falsch gemacht haben, schicken Sie Ihren Mann zu meinem Mann, damit sie die Sache regeln.

J. P. Morgan zu Theodore Roosevelt, 1902

Während Geneen den europäischen Teil seines Imperiums fester unter Kontrolle nahm, lief die Expansion in Amerika weiter, und im Jahre 1968 häuften sich die Firmenaufkäufe der ITT mit Rekordgeschwindigkeit. Im Oktober 1968 kündigte er eine über Lazards getätigte Fusion mit der Canteen Corporation an, der führenden Firma des Nahrungsmittelverkaufs aus Automaten, spezialisiert auf das, was man bösartig «maschinelle Abfütterung» nennt, auf die massenproduzierte Tiefkühlmahlzeit. Ferner gab er die Fusion mit der Grinnell Corporation bekannt, dem größten Hersteller von Feuerschutzanlagen und größten Unternehmen dieser Art in Amerika, das 87 Prozent der Alarmanlagen in amerikanischen Feuerwachen produziert. Und am Jahresende, unmittelbar vor Weihnachten, ließ er nichts Geringeres als die größte Fusion der amerikanischen Geschichte ankündigen.

## Hartford

Eine Zeitlang hatte Geneen eine stattliche Versicherungsgesellschaft beobachtet, die Hartford Insurance Company mit Sitz in Hartford, Connecticut, der Versicherungsmetropole der USA. Die Hartford Insurance ist ein alteingesessenes Unternehmen, das 1810 gegründet wurde und schon Leute wie Robert E. Lee und Abraham Lincoln versichert hatte. Stets war es mit der Zeit gegangen und war so die fünftgrößte Vermögens- und Haftpflichtversicherung des Landes geworden, mit einem Prämienaufkommen von 969

Millionen Dollar im Jahre 1968 und Vermögenswerten von annähernd 2 Milliarden Dollar. Versicherungsgesellschaften sind für Mischkonzerne von besonderem Reiz, denn sie garantieren über die Prämien einen stetigen Bargeldzufluß, und sie verfügen über umfangreiche Wertpapierbestände, deren Kapitalgewinne sich durch Änderung des Buchführungssystems von Vermögensbeständen in Unternehmenseinkommen umwandeln lassen. Felix Rohatyn von Lazards hatte Geneen von der Bedeutung dieser Vermögenswerte und den langfristigen Zukunftsaussichten der Versicherungsbranche überzeugt. Die ITT besaß bereits eine Anzahl von Lebensversicherungsfirmen, darunter Hamilton Life, ITT Life, Mid-Western Life und, in Großbritannien, Abbey Life. Die Hartford Insurance nun würde die ITT zu einem der weltgrößten Allround-Versicherungsträger machen.

Die Direktoren der Hartford waren solide, konservative Leute, an ihrer Spitze der Vorsitzende, Harry Williams, der seit dreißig Jahren dem Unternehmen angehörte. Sie leiteten die Firma sehr umsichtig. Wie viele andere Versicherungsgesellschaften lenkte die Hartford Insurance, wenn sie Wertpapiere mit Gewinn verkaufte, die Erträge in ihre Kapitalreserven, um Steuern zu sparen, statt sie als Einkommen auszuweisen; in den beiden Jahren 1968 und 1969 beliefen sich diese Kapitalgewinne auf über 100 Millionen Dollar. Doch das Geschäft mit Unfallversicherungen lief nicht gut, und im Frühjahr 1968 war der Kurs der Hartford-Aktien stark gefallen. Die Direktoren merkten, daß die Firma nun dem Angriff durch ein Konglomerat, das ‹chinesisches Geld› oder kursüberhöhte Aktien anbot, kaum gewachsen gewesen wäre. Sie konsultierten ihren Emissionsbankier, Robert Baldwin von Morgan Stanley, um Verteidigungsmaßnahmen zu beraten. Im Sommer fanden Gespräche mit Dow Chemical, dessen Präsident Carl Gerstakker dem Hartford-Aufsichtsrat angehörte, statt, wobei es darum ging, ob der Chemiekonzern dem Versicherungsunternehmen Schutz bieten könne. Doch im Oktober scheiterten die Verhandlungen. Bald darauf trat Rohatyn an Baldwin heran und schlug eine Fusion zwischen Hartford und der ITT vor; Baldwin erwiderte auf dies Angebot, die Hartford stehe nicht zum Verkauf.[73] Dann, am 1. November, erhielt einer der Hartford-Direktoren, Bill Griffin, einen ominösen Anruf von André Meyer aus dem Bankhaus Lazards. Meyers Klient ITT hatte gerade die Option auf 1,2 Millionen Hartford-Papiere (6 Prozent des gesamten Aktienvolumens) von einem Investmentfond der Westküste übernommen.

An jenem Nachmittag flogen Meyer, Geneen und Rohatyn nach Hartford, um mit den ziemlich verschreckten Direktoren zu sprechen, und in den folgenden Monaten wurden für die wichtigsten Direktoren der Hartford zwei Lunches arrangiert, um Geneen und seine Leute zu treffen. Geneen zeigte sich sehr herzlich und erläuterte, wie gut doch die ITT und die Hartford Insurance zusammenarbeiten könnten. «Geneen wollte uns die Sache schmackhaft machen», erklärte später Hartford-Direktor Raymond Deck. Die ITT verfaßte einen geheimen Bericht über die Hartford Insurance, das sogenannte Tobacco-Memorandum, weil die Hartford darin als «Tobacco» belegt ist (die Stadt Hartford liegt im Tabakanbaugebiet von Connecticut). Darin sind die bestehenden Aussichten für eine Zusammenarbeit umrissen: Hartford könne Unfallversicherungen mit den ITT-Beschäftigten, den Aktionären, den konzerneigenen Lebensversicherungen in Europa und mit sonstigen ITT-Kunden abschließen, darunter 2,7 Millionen Leute, die im Besitz von Sheraton- und Avis-Kreditkarten sind. Die Hartford andererseits könne in Levitt's Land Banks, in das Rayonier-Land in Florida und in Sheraton-Grundeigentum und Immobilien investieren. Mit anderen Worten, die Hartford und die ITT könnten gemeinsam in ein in sich geschlossenes Paradies der Zukunft marschieren: Ihre Kunden und Beschäftigten könnten von der Wiege bis zur Bahre versichert werden, während sie im ITT-Mietauto von ihrem ITT-Heim zu ihrem ITT-Hotel fuhren. (An dieser Stelle muß gerechtigkeitshalber gesagt werden, daß die ITT nie in großem Umfang Wechselseitigkeitsgeschäfte im eigenen Konzernrahmen getrieben hat: So gibt es zum Beispiel eine große Anzahl Hertz-Vertretungen in Sheraton-Hotels. Doch über die Ambitionen der ITT ließ das Tobacco-Memorandum wenig Zweifel.)

Die Hartford-Direktoren waren auf eine Zusammenarbeit keineswegs erpicht, weshalb sie sich hinter den Kulissen hektisch bemühten, Verteidigungsmaßnahmen gegen den Angriff des Konglomerats zu ergreifen. Harry Williams trat insgeheim an Baldwin von Morgan Stanley heran und bat ihn, ein Anlagenstreuungsprogramm zur Selbstverteidigung in die Wege zu leiten. Baldwin erwiderte darauf, er würde sich Hartford nur als ihr Hauptgeschäftsführer anschließen, schließlich willigten die Hartford-Direktoren ein, woraufhin am 26. Dezember der Vertrag unterzeichnet werden sollte. Doch Geneen bekam Wind von der Sache. Drei Tage vor der geplanten Unterzeichnung durch Baldwin traf der Chefjustitiar der ITT, Howard Aibel, in Hartford mit einem Brief Geneens ein, in dem dieser sich beklagte, die Hartford Insurance habe die Kooperationsabsprachen mit der ITT nicht eingehalten; ferner kündigte Geneen an, die ITT werde ein Angebot für die gesamte Versicherungsgesellschaft unterbreiten. Sie bot ITT-Aktien, die von Lazards auf 1,5 Milliarden Dollar beziffert wurden, das entsprach dem doppelten Tageswert des gesamten Hartford-Aktienkapitals.

Auf dieses unwillkommene Weihnachtsangebot antwortete der Aufsichtsrat der Hartford höflich, es sei einer Überprüfung wert und gab sofort eine Untersuchung über die Auswirkungen einer Fusion bei der unabhängigen Wirtschaftsberatung Drexel Harriman Ripley in Auftrag. Doch Geneen war auf Opposition vorbereitet. Er hatte seinen Stab angewiesen, «unerbittlichen Druck» auf die Hartford und ihre Aktionäre auszuüben. Die ITT plante, sich voll zu wappnen und alle Kontaktmöglichkeiten auszuschöpfen, um eine ihr geneigte Stimmungslage im Hartford-Aufsichtsrat zu schaffen; sie überredete «einen Freund in der Versicherungsbranche», an Drexel «sozusagen auf eigene Initiative» einen Brief zu schreiben, in dem er die Vorzüge einer Fusion eindringlich herausstrich. Die ITT fuhr auch fort, trotz der dadurch entstehenden Steuerprobleme, Hartford-Aktien zu erwerben (s. S. 157f). Ned Gerrity wurde aufgetragen, er solle «mit außergewöhnlicher Aufmerksamkeit» auf mögliche Gegenzüge in Hartford oder Washington achten und verfolgen, ob sich bei den Aktionären Widerstand bemerkbar mache.[74] Hier war die Frage, ob die ITT ein Flottenverband kleiner Schiffe sei: In dieser Situation war sie ein einziges großes Schlachtschiff.

Der unerbittliche Druck zeitigte seine Wirkung, und gegen Mai willigten die Hartford-Aufsichtsräte unter dem Druck der Aktionäre in eine Fusion ein. Doch gab es noch eine weitere Hürde: der Regierungsbeauftragte für Versicherungen von Connecticut, William Cotter. Eine Anzahl früherer Angriffe der Großkonzerne auf Versicherungsgesellschaften hatte die Regierung von Connecticut so weit alarmiert, daß sie einen neuen Public Act, Nr. 444, verabschiedete, der dem Regierungsbeauftragten weitgehende Einspruchsvollmachten gab, um die Unternehmen vor den Mischkonzernen zu schützen. Der Regierungsbeauftragte Cotter war ein ehrgeiziger demokratischer Politiker – der Posten des Beauftragten wird von politischen Instanzen durch Ernennenung besetzt –, der die öffentliche Meinung am Ort sehr genau kannte. Die meisten Versicherungschefs des Staates waren gegen die Fusionierung; und obgleich die ITT sich bemühte, sie zu besänftigen, entschied Cotter im Dezember 1969 gegen die Fusion. Er bemängelte unter anderem, daß den Hartford-Aufsichtsräten von der ITT umfangreiche Aktienbezugsrechte zugesichert worden waren, und äußerte die Auffassung, die Hartford Insurance habe auf sich gestellt bessere Zukunftsaussichten, als im Verbund mit der ITT. Für die ITT ein aufsehenerregender Rückschlag.

Doch Geneen ließ sich nicht abschrecken, vielmehr verstärkte er den Druck. Er war entschlossen, ein ähnliches Fiasko, wie er es zwei Jahre zuvor mit der ABC erlebt hatte, unter allen Umständen zu verhindern. Kaum hatte Cotter seine Entscheidung bekanntgegeben, als ihm auch schon Howard Aibel von der ITT bei einem Besuch mitteilte, die ITT würde Berufung einlegen und ein neues Angebot unterbreiten; dies neue Angebot sollte sich übrigens vom ersten kaum unterscheiden. In den folgenden drei Monaten fiel eine Armee von ITT-Leuten, darunter Geneen, in Hartford ein, und belagerte die Telefonleitungen Cotters und seines Stabes. Just zu diesem

Zeitpunkt entschloß sich Cotter, für den Kongreß zu kandidieren, und er begann um Unterstützung für seinen Wahlkampf zu werben, dessen Kosten er auf etwa 100000 Dollar vorausschätzte.

Cotter hielt seine zweite Anhörung im März 1970 in Hartford ab. Geneen kam mit einer ganzen Schar ITT-Direktoren. Er führte für sich an, er wolle die Hartford-Zentrale in der Stadt belassen und ferner weder die Beschäftigtenzahl verringern noch in die Geschäftsführung eingreifen. Wie im Fall der ABC ließ er durchblicken, daß die Hartford die ITT wesentlich nötiger habe als die ITT die Hartford. «Unsere Meinung lautet», sagte er, «daß die Versicherungsbranche mehr Kapital braucht.» Und wie bei der ABC hob er die Autonomie der Tochterfirmen innerhalb des ITT-Systems hervor und versprach, daß die Hartford ihren eigenen Aufsichtsrat erhalten würde. Cotter stellte ein paar unbeholfene Fragen nach Avis und weshalb Townsend nicht einen einzigen Tag für ITT hatte arbeiten wollen. Doch auch Bud Morrow, der jetzt Avis leitete, war anwesend und versicherte, Townsend habe das nicht wirklich ernst gemeint. Eugene Black, der frühere Präsident der Weltbank und jetzige Vorstandsangehörige der ITT, gab zu Protokoll: «Ich kenne kein anderes Unternehmen, dessen Management und dessen Geschäftsführung mich so vorteilhaft beeindruckt haben wie die der ITT.»

Kurz nach dem zweiten Hearing kam Cotter zufällig mit Ralph Nader zusammen. Nader war, wie Geneen, in der Nähe von Hartford aufgewachsen, und im Zusammenhang mit seiner Kampagne für die Sicherheit von Kraftfahrzeugen hatte er ein besonderes Interesse an Versicherungsfragen. Er war eingeladen, auf einer Konferenz von Versicherungsagenten in Hartford zu sprechen; auch Cotter gehörte zu den Tagungsrednern. Nader war bereits im Falle der ABC gegen die ITT mobilisiert worden, und er hatte ein tiefes Mißtrauen gegen das Konglomerat und seine Methoden entwickelt, ein Mißtrauen, wie er es stärker nur noch gegenüber General Motors hegte. Schon bei der Nennung der Initialen – konnte ich beobachten – veränderte sich Naders gesamte Erscheinung; seine hochgewachsene, normalerweise unverkrampfte Gestalt spannt sich, er wird quicklebendig, seine dunklen Augen nehmen einen durchdringenden Ausdruck an, und er lächelt ein Unbehagen auslösendes Lächeln. Er schätzt Geneen als Diktator ein, der an Macht, nicht an Gewinn interessiert ist, der seinen eigenen wirtschaftlichen Nationalstaat errichten möchte und der liebend gern die USA kaufen würde, gäbe man ihm Gelegenheit dazu. Wenn Nader über Geneen spricht, hat man das Gefühl, daß Geneen hier einen gleichwertigen Gegner gefunden hat – einen Gegner von der gleichen Zielstrebigkeit, der Menschen führen und anregen kann und der auf ihr Privatleben keine Rücksicht nimmt. Aber Nader ist in einem Punkt im Vorteil: Er kann seinen Stab mit anderen Zielsetzungen als mit Profit motivieren.

Nach der Konferenz sprach Cotter mit Nader und lud ihn in sein Büro ein. Auskünften Naders zufolge hat Cotter dabei erklärt, er wolle das zweite Angebot zurückweisen, doch werde er erheblich unter Druck gesetzt, der Fusion zuzustimmen, und die ITT habe begonnen, Schnüffler auf ihn anzusetzen.[75] Cotter leugnete dies später vor Gericht und erklärte dazu, der Druck habe in nichts anderem bestanden als in Briefen und Anrufen von Börsenmaklern und Kapitalanlegern. Unbestritten jedoch bat Cotter Nader, ihm jede nur mögliche Information über die Hartford und die ITT zur Verfügung zu stellen.

Nader beauftragte daraufhin einen seiner besten Mitarbeiter – den hervorragenden jungen Rechtsanwalt Reuben Robertson III, der in der Angelegenheit ITT noch eine bedeutende Rolle spielen sollte –, den Fall zu untersuchen. Robertson ist ein wesentlich unverkrampfterer Charakter als Nader, ihm geht dessen bisweilen übersteigerter Enthusiasmus ab, aber dafür zeichnet er sich durch beharrliche Geduld und Hingabe an die Sache aus. Nach dem Examen an der Yale University hatte er bei Covington and Burling gearbeitet, Dean Achesons altem Rechtsanwaltsbüro in Washington; Covington and Burling zählte zu seiner Klientel, viele der großen Unternehmen und Konzerne, darunter auch die ITT. Wie andere kritische junge Rechtsanwälte stieß er bald an die Grenzen einer Praxis, deren Klientel sich weitgehend aus der Großindustrie rekrutierte. Er arbeitete ein Jahr lang als Jurist im Transportministerium und schloß sich dann Nader an. Als Nader ihn bat, den Fall ITT und Hartford zu übernehmen, setzte er all seine Kräfte daran; seitdem ist Robertson einer der hartnäckigsten Geneen-Jäger, dabei wird er von einem ganzen Stab junger Nader-Leute unterstützt. Seine Arbeit leistet er von einem zwanglos eingerichteten Büro über einem Laden für Künstlerbedarf in der Washingtoner Downton aus, wo er über Bergen von ITT-Dokumenten, geheimen Memoranden und Gerichtsakten brütet und Informationen für Journalisten und Politiker ausarbeitet; er hetzt von einem Verhandlungstermin zum nächsten, von einem Gericht zum andern.

Nachdem er das Belegmaterial untersucht hatte, kam Robertson zu der Überzeugung, daß Geneens wahrer Grund für den Aufkauf der Hartford genau das Gegenteil von dem sein mußte, was er Cotter gegenüber bekundet hatte; er benötigte vielmehr Hartfords riesige Vermögensbestände, um seine Kreditfähigkeit zu erweitern, und er brauchte den Bargeldfluß aus den Prämien. Robertson sandte Cotter eine Reihe von Gutachten, darunter ein Memorandum, in dem er die wirklichen Intentionen der ITT klar zum Ausdruck brachte und die finanzielle Stabilität des Konglomerats in Frage stellte. Doch in der Zwischenzeit schien Cotter aus irgendwelchen unerfindlichen Gründen nach und nach seine Gesinnung zu ändern.

Die ITT verstärkte nach dem öffentlichen Hearing ihren Druck. Sie hatte einen unbedeutenden lokalen Rechtsanwalt namens Joe Fazzano angeheuert, ohne jedoch ihre renommierten Rechtsvertreter von dem Auftrag zu unterrichten. Zufällig war Fazzano sowohl ein alter Freund Cotters als auch ein alter Freund Howard Aibels von der ITT, auch hatte er erfolgreich mit Hartford-Papieren spekuliert. Nun führte er in Restaurants, in seinem Büro und am Telefon mit Cotter lange Gespräche im Interesse der ITT. Was genau zwischen den beiden geredet wurde, wird nie bekannt werden, aber offensichtlich hatte Fazzano gewissen Einfluß auf Cotter und machte ihn der ITT geneigter.[76] Eines Samstagmorgens kam Geneen nach Hartford, um sich privat mit Cotter und einem leitenden Versicherungsangestellten, Peter Kelly, zu unterhalten. Er plauderte über seine Schulzeit in Suffield, über sein Haus nahe dem Richard Nixons in Key Biscayne, darüber, wie nützlich Tiefkühlkostautomaten der Canteen Corporation in Wohnungen sein könnten; er versicherte den beiden, daß die ITT-Vorstände und -Direktoren durchweg ehrbare Männer seien, die keineswegs Hörner trügen.

Zwei Monate nach dem zweiten Hearing, am 19. Mai, kam Cotter privat mit lokalen Demokraten zusammen, darunter der damalige Ortsvorsitzende Michael Kelly und Nicholas Carbone, der Vorsitzende eines Projekts zum Bau eines neuen Bürgerzentrums, das in finanziellen Schwierigkeiten steckte. Sie baten Cotter, die ITT um Unterstützung anzugehen. Er erklärte darauf: «Wenn ich die Fusionierung billige, könnten wir vielleicht auch etwas für die Stadt Hartford tun, und die ITT hat Bereitschaft bekundet, der Bürgerschaft eine wohltätige Spende zu machen.» Drei Tage nach dem Treffen reisten Howard Aibel und Ned Gerrity von der ITT an, um mit Cotter und den beiden anderen zu erörtern, wie man dem Bürgerzentrum helfen und wie man ein neues Sheraton-Hotel in Hartford errichten könnte; dann unternahm die Gruppe in einem Firmenwagen der ITT einen Ausflug über Land.

Am nächsten Tag gab Cotter bekannt, er werde die Erwerbung der Hartford Insurance durch die ITT gestatten. Die größte Fusion der Geschichte kam ins Rollen.

## Die Konzentrationskrise

In der Zwischenzeit allerdings geriet Geneen an ernst zu nehmendere Gegner in Washington. Die hektische Expansion der ITT hatte schließlich die Aufmerksamkeit der ‹Kartellknacker› auf das Konglomerat gelenkt. Die ITT war ein Paradebeispiel für den Trend zu überhitzter Kapitalkonzentration sowohl in Amerika wie in der gesamten westlichen Welt; und sie entwikkelte sich immer mehr zu einem Testfall für die Machtprobe zwischen Staat und Big Business.

Die ITT war nur eines – wenn auch das größte – von einer Anzahl sogenannter Konglomerate oder Mischkonzerne, die sich infolge der Eskalation des Vietnam-Krieges und des damit verbundenen langanhaltenden Kursanstiegbooms nach 1965 mit alarmierender Geschwindigkeit aufgebläht hatten. Eine Handvoll ebenso tatkräftiger wie gerissener Finanziers hatte Firmen mit den unterschiedlichsten Betätigungs- und Interessengebieten zu Konzerngebilden zusammengekleistert. Sie konnten dies mit nur geringem Zusatzkapital machen; sie nahmen Kredite auf, um neue Firmen aufzukaufen, und deckten aus deren Gewinnen die Zinslast. Sie kauften jedes beliebige Unternehmen, wenn es nur die entsprechenden Gewinne abwarf, wodurch eine verblüffende Ansammlung von Firmen unter einem einzigen Konzernmantel entstand. James Ling von Ling-Temco-Vought baute von 1960 bis 1969 eine obskure Zulieferfirma des Verteidigungsministeriums zum vierzehntgrößten amerikanischen Industriekonzern auf, der unter anderem eine Fleischkonservenfirma, eine Fluglinie, eine Mietwagenkette und einen großen Hersteller von Düsenflugzeugen unter sich vereinigte. Charles Bluhdorn, ein österreichischer Einwanderer, der durch Handel mit brasilianischem Kaffee zu Geld gekommen war, half der Gulf Western finanziell auf die Beine, als sie 1956 in Grand Rapids Stoßstangen für Autos herstellte, dann kaufte er 92 Unternehmen auf, die so ziemlich alles von Zink und Zukker bis zu Zigarren und Paramount-Filmen produzierten. Tex Thornton erwarb für eine Million Dollar eine kleine Elektronikfirma, die Litton Industries, und fügte ihr in neun Jahren 103 Firmen an, deren Produktionsbereich von Schiffen und Rechenmaschinen bis zu Schulbüchern und xeismographischen Geräten reichte. Saul Steinberg, der ‹Wunderknabe› von Leasco Data Processing, steigerte in nur vier Jahren seine Vermögens- und Anlagebestände von 8 auf 402 Millionen Dollar, wobei er sich in Container-, Versicherungs- und Immobilienunternehmen einkaufte.

Diese Konglomerate waren Ausdruck eines Trends zur Diversifikation oder Anlagenstreuung, dem auch viele andere Großunternehmen in Amerika und Europa folgten, die nicht alle ihre Eier in einem Korb aufbewahren wollten. In Großbritannien hatte Imperial Tobacco Yardley-Parfum und Ross-Tiefkühlkost aufgekauft; Unilever, die mit Seife und Margarine begonnen hatte, hatte Birdseye und Thames Board Mills übernommen. Doch die meisten dieser alten Anlagenstreuer investierten auf diese Weise ihre Gewinnüberschüsse, wohingegen die neuen Konglomerate eher Börsenzauber betrieben. Ihr Erfolg hing davon ab, ob es ihnen gelang, einen hohen Aktienkurs aufrechtzuerhalten, was seinerseits davon abhing, ob es ihnen gelang, ihre Wachstumsrate aufrechtzuerhalten, indem sie weitere Unternehmen aufkauften. Die Konglomeratoren, die Herren der Mischkonzerne, beharrten auf der Behauptung, daß ihre Fusionierungen verschlafene Unternehmen wachrüttelten und das Gesamtgefüge leistungsfähiger machten als die einzelnen Teile. Die Litton Industries verwandten dafür das hübsche Wort «Synergismus», was soviel wie ‹Zusammenwirken› bedeutet, und der Synergismus wurde zu einem integralen Bestandteil des Schwindels der Konglomerate, mit dem sie zu beweisen trachteten, daß 2 + 2 = 5 sei. Doch wie *Fortune* auf der Höhe des Konglomeratbooms im Februar 1969 erklärte, gab es auch einen «Kettenbrief-Effekt, dessen Endstation schmerzlich sein kann. Die große Bewegung auf die Bildung von Mischkonzernen hin ruft weitverbreitet Zweifel, Besorgnis und sogar Bestürzung hervor.»

Die Konglomeratoren selbst waren eine buntgescheckte Gruppe von Außenseitern; und je komplexer und gestreuter ihre Mischkonzerne wurden, desto mehr schienen sie – wie die ITT – auf den Schultern eines Mannes zu ruhen. Die meisten Konglomeratoren hatten kaum je ein altetabliertes amerikanisches Unternehmen von innen gesehen, und in der Tat schien ihr Auftauchen dem Begriff von traditionsreichen, gestandenen Unternehmen erst Bedeutung zu verleihen, denn die Alten hielten die Reihen fest geschlossen, um die Eindringlinge auszuschließen. Viele von ihnen waren Einwanderer der ersten Generation, etwa Bluhdorn, ‹der verrückte Österreicher›, oder Meshulam Riklis, der Palästinenser, der die Rapid-American Corporation aufbaute, oder Geneen selbst. Viele von ihnen waren früh von der Schule abgegangen und besaßen wenig Bildung. Und die meisten von ihnen waren grelle Eldorado-Figuren mit ausgeprägter Publicitysucht: Ling mit seinem Zwei-Millionen-Dollar-Palast in Dallas, Kerkorian mit seiner mit Walnußholz ausgeschlagenen DC-9, Riklis mit seiner Villa in Manhattan.

Geneen dagegen war anders. Auch er war ein Außenseiter, ein Einzelgänger, ein Einwanderer, der mit fünfzehn Jahren angefangen hatte zu arbeiten. Auch sein Ehrgeiz kannte keine Schranken. Aber nie war er ein Abenteurer, nie strebte er Schlagzeilen an, nie ließ er sich von seiner eigenen Publizität einschmeicheln. Er hielt an seiner unnachgiebigen Selbstdisziplin fest, bestand darauf, daß sein Gewerbe tiefgreifendes Management sei und daß sein Unternehmen stetig und nicht spektakulär wachsen müsse. Die etablierte Geschäftswelt mißtraute auch ihm; aber sie hatte von ihm gelernt.

Die Konglomerate waren nur der schillerndste Ausdruck des Trends zu Fusionen in den expansiven sechziger Jahren, der das Big Business nur noch größer machte. Im Jahre 1948 kontrollierten die 200 größten amerikanischen Industriegiganten 48 Prozent des Produktivvermögens; 1969 waren es bereits 58 Prozent.[77] Drei Viertel dieses Größenwachstums gingen auf Fusionen zurück, nur ein Viertel auf Eigenwachstum der Ausgangsunternehmen. Diese massive neue Konzentration des Kapitals wurde von vielen Ökonomen als notwendiger Preis für die Möglichkeit gerechtfertigt, hochentwickelte neue Technologie einzusetzen und langfristig zu planen; man lese hierzu John Kenneth Galbraiths beredte Apologie der Giganten.

Die Konzentration ließ sich auch mit der wachsenden Konkurrenz im Welthandel rechtfertigen; Giganten auf dem einen Kontinent provozierten rivalisierende Giganten auf dem anderen. In Europa nahm die Fusionswelle, angeregt durch die ‹amerikanische Herausforderung› und vielfach mit Unterstützung durch die Regierungen, sogar noch stärkere Ausmaße an. Renault fusionierte mit Peugeot, Montecatini mit Edison, Fiat mit Citroën, Dunlop mit Pirelli. In Großbritannien trug die 1967 in der Labour-Regierung geschaffene Industrial Reorganisation Corporation dazu bei, die beiden größten Kraftfahrzeughersteller zur British Leyland zu verschmelzen und durch Fusionierung dreier Großunternehmen der Elektrobranche die General Electric aus der Taufe zu heben. Anfang der fünfziger Jahre verfügten die 100 größten Unternehmen in Großbritannien über nur 22 Prozent des Produktivvermögens; 1970 waren es dagegen schon 50 Prozent. In der ganzen Welt waren die sechziger Jahre das Jahrzehnt der Giganten.

In Europa verlief die Welle der Fusionen weiter, ohne daß es zu erkennbaren politischen Komplikationen gekommen wäre; der Gemeinsame Markt war eher daran interessiert, die Konzentration voranzutreiben, als sie zu behindern. In Amerika dagegen rief die hektische Konzentration des Kapitals und insbesondere die Instabilität und Zweifelhaftigkeit der großen Mischkonzerne Ende des Jahrzehnts eine starke Abwehrreaktion hervor. Es war eine jener Stimmungen des Widerstands gegen das Big Business, die in Zyklen während der letzten hundert Jahre immer wiedergekehrt sind und die nach und nach zum Aufbau eines Kontrollapparats geführt haben.

## Big Business contra Staat

Insbesondere die Menschen außerhalb der USA beeindruckt die Anti-Trust-Maschinerie als Beispiel amerikanischer Demokratie und Selbstkorrektur; denn ein Land, das so leidenschaftlich ans Geschäft glaubt und es andererseits wagt, Geschäftsleute ins Gefängnis zu sperren, nötigt den Europäern, die an diskretere und gleichermaßen auch zweifelhaftere und unwirksamere Kontrollmechanismen gewöhnt sind, Bewunderung ab. Nichtsdestoweniger sind aber die amerikanischen Anti-Trust-Institutionen nie auch nur annähernd so grimmig gewesen wie sie aussehen, und es gehört zu den geharnischten Auseinandersetzungen zwischen Staat und Geschäftswelt, daß sie irgendwann rätselhaft im Sande verlaufen. Die Geschichte der Anti-Trust-Verfahren in Amerika ist eine Geschichte der Ausflüchte und Kompromisse, und wiederholt haben die größten der Großunternehmen sich als stärker erwiesen als die Regierungen.

Die letzte große Bewegung gegen die industrielle Kapitalkonzentration datiert auf die späten vierziger Jahre. Zu jener Zeit konnten die Großunternehmen trotz der voraufgegangenen Gesetzgebung (Sherman und Clayton Act) immer noch die Vermögensbestände anderer Unternehmen aufkaufen und über ihre Manager mit Konkurrenten geheime Kartellabsprachen treffen. In weiten Teilen der Bevölkerung wurde dieser Sachverhalt politisch begriffen. «Die Leute verlieren die Möglichkeit, ihr eigenes wirtschaftliches Wohlergehen zu lenken», sagte dazu Senator Estes Kefauver. Der Celler-Kefauver Act aus dem Jahre 1950 verschärfte den umstrittenen Paragraph 7 des Clayton Act und verbot Großunternehmen, Vermögensbestände «auf jedweder Ebene oder Stufe des Geschäfts in jedwedem Teil des Landes» zu erwerben, wenn dadurch der freie Wettbewerb eingeschränkt würde. Das Gesetz lief damit viel eher darauf hinaus, die Konzentration als solche zu begrenzen, als den freien Wettbewerb zu schützen, und der Bericht des Repräsentantenhauses beharrte, es müsse sich nicht nur auf horizontale und vertikale Fusionierungen beziehen, sondern auch auf Konglomerat-Fusionen, die sich über mehrere Branchen erstreckten. Der Celler-Kefauver Act schien auf die Geschäftswelt abzuzielen, und Kefauver selbst, der Vorsitzender des Anti-Trust-Senatsausschusses war, bewies seine Entschlossenheit in der dramatischen Untersuchung der ‹Elektro-Verschwörung› 1960, in der es um die General Electric ging, die den Staat um eine Milliarde Dollar betrogen hatte. In dem darauf folgenden Gerichtsverfahren verurteilte der Richter sieben der konspirierenden Geschäftsleute zu Gefängnis und die beteiligten Unternehmen zu 2 Millionen Dollar Geldstrafe. Es war das erste Mal in der Geschichte der Anti-Trust-Gesetzgebung, daß Geschäftsleute zu Freiheitsstrafen verurteilt wurden.

Doch waren die Kartellknacker immer noch für ihre Unterlassungen bekannter als für ihre Taten. Zum Teil lag das daran, daß sie mit unzureichenden Mitteln arbeiten mußten. Die Anti-Trust-Abteilung des Justizministeriums wuchs zwar mit jedem neuen Gesetzeserlaß, und auf Außenseiter wirkt der Umfang des Stabes beeindruckend: 316 Rechtsanwälte und Juristen, ferner 38 Ökonomen und Statistiker, bei einem Jahresbudget von 11,4 Millionen Dollar.[78] Doch in jedem Ernstfall werden diese Juristen von den Armeen der Gesetzeslücken-Fachleute zahlenmäßig überboten, die von dem bedrohten Großunternehmen in Sold genommen werden; und die Anwälte der Konzerne sind Experten im Erwirken von Aufschüben und Terminvertagungen, was das Verfahren dermaßen verzögern kann, daß es schließlich seine Bedeutung verliert.

Eine grundlegendere Schwäche des Anti-Trust-Ressorts besteht darin, daß es nie richtig von der Politik abgegrenzt und isoliert wurde. Es arbeitet innerhalb des Rahmens des Justizministeriums; alle seine Entscheidungen gehen über den Justizminister und seinen Stellvertreter; zudem muß sein Stab unausgesetzt vor dem politischen Druck der Großunternehmen auf der Hut sein, denen die Regierung in dieser oder jener Weise etwas schuldig ist. Couragierte Kartellknacker erleben immer wieder, wie sie durch Aufschübe, Kompromisse und die Widersprüche, unter denen sie arbeiten müssen, verschlissen werden.

Republikaner behaupten häufig, sie seien fähigere Kartellknacker als die Demokraten – so wie in Großbritannien die Konservativen für sich in Anspruch nehmen, sie seien besser in der Lage als die Labour Party, das Big Business zu kontrollieren. Als Begründung für diese Auffassung führen sie an, daß sie aufrichtiger an den Kapitalismus glauben und daher auch staatliche Eingriffe für notwendig erachten, um das freie Spiel der Kräfte zu garantieren. Mit anderen Worten: die Wirtschaftsordnung ist zu wichtig, um sie den Geschäftsleuten überlassen zu können. Gewiß war die Anti-Trust-Praxis der Demokraten in den USA zwischen 1960 und 1968 alles andere als beeindruckend. Die Kennedys, Präsident wie Justizminister, waren wenig geneigt, zum Big Business in offene Opposition zu treten, und Robert F. Kennedy lag sich mit seinem Anti-Trust-Chef Lee Loevinger (der später Berater der ITT wurde) ständig in den Haaren. Unter Präsident Johnson übernahm ein vielversprechender neuer Mann, Professor Donald Turner, das Ressort. Er hatte zusammen mit Carl Kaysen ein radikales Buch mit dem Titel ‹*Anti-Trust Policy*› geschrieben. In seiner Amtsführung jedoch verhielt er sich weit weniger radikal. Er wirkte zwar dabei mit, der ITT in ihrem Werben um die ABC (s. S. 76) eine Abfuhr zu erteilen, beharrte aber darauf, daß es besonderer gesetzgeberischer Maßnahmen bedürfe, um gegen die Konglomerate vorgehen zu können. (Später ließ er sich von der ITT als Berater engagieren, als es darum ging, die Hartford Insurance zu erwerben.) Erst in den letzten Monaten der demokratischen Regierungsperiode gab es Anzeichen für ein ernsthaftes Vorgehen gegen die Großkonzerne, als der damalige Justizminister Ramsey Clark ein Mammutverfahren gegen IBM einleitete, das heute noch schwebt. Und gerade in den acht Regierungsjahren der Demokraten vollzog sich die umfänglichste und schärfste Konzentrationsbewegung seit der Bildung der Trusts um die Jahrhundertwende.

Auch die Ausschüsse auf dem Kapitol-Hügel vollbrachten kaum Wirkungsvolleres. Der Vorsitzende des Senatsunterausschusses für Anti-Trust-Politik ist einer der geachtetsten Männer in der amerikanischen Politik, Philip Hart, ein demokratischer Senator aus Michigan und gläubiger Katholik. Er hegt Argwohn sowohl hinsichtlich der sozialen wie der ökonomischen

Auswirkungen der großen Fusionen, mit der die Macht aus den kleineren Zentren in die großen getragen wird. Im Jahre 1964 eröffnete sein Unterausschuß ein Hearing über die Probleme wirtschaftlicher Konzentration, bei denen Hart kein Blatt vor den Mund nahm. Doch wurde Hart von seinem eigenen Ausschuß in enge Schranken verwiesen, dessen Mitgliedermehrheit – darunter die dickschädeligen und extrem konservativen Republikaner Roman Hruska, Strom Thurmond und Hiram Fong – im Grunde nicht gegen die Trusts, sondern für sie eingenommen waren.

Im Repräsentantenhaus wurde der Anti-Trust-Unterausschuß von einem alten Kämpfer geleitet, dem vierundachtzigjährigen Emmanuel Celler, einem rauhen Haudegen, der den Celler-Kefauver Act aus dem Jahre 1950 mitkonzipiert hatte. Aber auch Celler hatte seine schwache Seite, denn seine eigene Anwaltskanzlei befaßt sich mit Anti-Trust-Verfahren; es sind überdies Fälle bekanntgeworden, in denen er im Sinne seiner Klienten politisch interveniert hatte. Und in den sechziger Jahren machte sich in Cellers Unterausschuß ein erhebliches Nachlassen der Aktivität bemerkbar, was mehrere Gründe haben kann: Vielleicht wurde Celler langsam alt, vielleicht gerieten ihm die zivilrechtlichen Seiten des Problems aus dem Griff, vielleicht verfing er sich auch in seinen persönlichen Konflikten.

Um 1969 hatte die Konzentration wirtschaftlicher Macht und insbesondere das Wachstum der Konglomerate sich derart alarmierend beschleunigt, daß man sie nicht mehr ignorieren konnte; nicht weniger als sechs Unterausschüsse und mehrere staatliche Instanzen befaßten sich mit dem Problem. Der aufsehenerregendste Angriff ging von der *Federal Trade Commission* aus, die normalerweise für gemäßigtes und gesetztes Verhalten bekannt ist; ihr wirtschaftlicher Stab unter Professor Willard Mueller publizierte einen Bericht über Großunternehmensfusionen, der vielen anderen Kritikern Munition lieferte. Zum Beispiel wies der Report nach, daß die 200 größten amerikanischen Unternehmen jetzt mehr als 60 Prozent des gesamten Produktivvermögens bzw. einen größeren Anteil am Produktivvermögen besaßen, als die 1000 größten Unternehmen 1941 besessen hatten; ferner, daß in den Jahren 1953 bis 1968 21 Prozent des Produktivvermögens der Großunternehmen durch Fusionen erworben worden waren. Der Bericht wies Zusammenhänge zwischen der Zentralisation der Industrie und dem Rückgang des Wettbewerbs nach und kommentierte:

> Diese untereinander verknüpften Entwicklungen stellen eine ernsthaftere Bedrohung für Amerikas demokratische und soziale Institutionen dar, denn sie schaffen einen Grad zentralisierter privater Entscheidungsgewalt, der mit einem System freien Unternehmertums un-

vereinbar ist – einem System, das sich auf die Kräfte des Marktes stützt, um private Wirtschaftsmacht in Schranken zu halten.

Unter den Ökonomen herrschte erhebliche Unstimmigkeit darüber, wie man gegen die Konglomerate vorgehen könne. Ein Bericht, der unter der Federführung Philip Neals, Dekan an der Universität von Chicago, verfaßt worden war, kam zu dem Schluß, das wahre Problem seien nicht die Konglomerate, sondern vielmehr die alten Oligopole, die Unternehmen der Automobil-, Stahl- oder Computerbranche, die man durch eine neue Gesetzgebung aufspalten müsse. Ein anderer Report, von einem anderen Chicagoer Professor, George Stigler, abgefaßt, riet ebenfalls davon ab, die Konglomerate aufzubrechen, ehe man nicht mehr über ihre wirtschaftlichen Auswirkungen wußte. Stigler stimmte mit Neals Vorstellungen hinsichtlich gesetzgeberischer Maßnahmen nicht überein, riet aber zu einer sorgfältigen Überprüfung der Oligopole und ihrer Preisfestsetzungspraktiken.

Das Vorgehen gegen die Konglomerate war gewiß nicht einfach, denn auf Grund ihrer Anlagenstreuung ließen sie sich mit den alten Definitionen des Monopols und der Wettbewerbsbeschränkung nicht fassen; und sie hatten nicht zuletzt auf die Anlagenstreuung zurückgegriffen, um Anti-Trust-Maßnahmen entgehen zu können. Einige wenige von ihnen beherrschten einen einzelnen Industriezweig, und theoretisch könnte die Weltindustrie von einer Handvoll riesiger Konglomerate gesteuert werden, von denen jedes mit einer ganzen Anzahl von Branchen in Wettbewerb tritt, ohne dabei im geringsten zu den Anti-Trust-Gesetzen in Widerspruch zu geraten. Die Argumentation gegen sie war im Grunde nicht sosehr ökonomischer als vielmehr politischer und sozialer Art. Sie beschränkten die Individualität und die Freiheit der Arbeitsplatzwahl; sie zentralisierten und konzentrierten Geschäfte und Geschäftstätigkeiten, die auch unabhängig voneinander bestehen konnten. Mit einem Wort: sie waren schlicht zu groß, zu allgegenwärtig, zu mächtig. Doch eine solche Anklage läßt sich juristisch kaum in Begriffe fassen und stichhaltig begründen.

## Der Elefant zwischen den Küken

Anfang 1969 hatte sich Emmanuel Celler endlich dazu durchgerungen, daß hinsichtlich der Konglomerate etwas geschehen – oder zumindest gesagt werden – müsse, und im Juli leitete er eine Serie von Hearings ein, wie es sie zuvor noch nicht gegeben hatte. Im Laufe der folgenden zehn Monate befragte der Unterausschuß 72 Zeugen und nahm Beleg- und Beweismaterial zu Protokoll, das sieben Bände und 6300 Seiten füllte. Er sonderte sechs Konglomerate für eingehende Untersuchungen aus, deren größtes die International Telephone and Telegraph Corporation war. Er verschaffte sich einen Berg interner Memoranden und Berichte der ITT, und am 20. November wurde Geneen selbst zu einer Zeugenaussage vorgeladen.

Es kam zu einer historischen Begegnung zwischen Geneen, dem systemgläubigen *entrepreneur*, und Celler, dem hartnäckigen alten Skeptiker, der dem Alter nach gut Geneens Vater hätte sein können. Geneen war in bester Verfassung; er begann, indem er die strahlenden Vorzüge seines Systems herausstrich und Professor Muellers FTC-Report attackierte, der an den Konglomeraten kein gutes Haar läßt. Er erläuterte, wie die Konglomerate trotz ihrer Größe doch nicht zu einer Konzentration des Marktes geführt, sondern tatsächlich den Wettbewerb und die Dezentralisation gefördert hätten, indem sie neue Geschäftszweige und Industrien in kleinere Städte verlagerten; ferner seien die Mischkonzerne für Kapitalanleger günstig, weil sie sie gegen Risiken absicherten. Celler hörte sich Geneens Ausführungen ungerührt an und sagte dann abschließend: «Ihre Erklärungen machen mich fast glauben, die ITT hätte Flügel.»

Celler befragte Geneen hinsichtlich seiner Führungsmethoden: «Mich wundert, daß der Herrgott jemandem die Meisterschaft, das Können, die Klugheit und die Fähigkeit gegeben haben sollte, all diese Unternehmungen zu steuern und im Griff zu behalten.» Geneen erläuterte, daß die ITT-Unternehmen in Wirklichkeit von zweitausend leitenden Angestellten geführt würden, die äußerst unabhängig seien. Wie aber, stellte Celler die Gegenfrage, könnten sie unabhängig sein angesichts der Kontrollen und Lenkungsmechanismen, die Geneen beschrieben hatte. «Ich könnte nicht einmal ein Hundertstel von dem leiten, was wir besitzen», erwiderte Geneen, «und ich tue dies auch nicht; aber in der Tat sehe ich darauf, daß diese Firmen geleitet werden.» Daraufhin fragte Celler, was mehr Wettbewerb mit sich bringe, mehr Firmen oder weniger Firmen? Geneen antwortete, unter dem System der ITT wären keineswegs weniger Firmen vereint, es seien aber schlicht Firmen mit mehr Input und Unterstützung im Rücken, damit sie wettbewerbsfähig blieben. «Selbstverständlich kann ich», entgegnete Celler, «keineswegs mit Ihnen übereinstimmen ... Angesichts der ungeheuren wirtschaftlichen Machtkonzentration in Ihrem Unternehmen fällt mir ein Satz wieder ein, den vor einigen Jahren jemand vor diesem Ausschuß ausgesprochen hat: ‹Jeder im Sinne seiner Interessen, sagte der Elefant, als er zwischen den Küken tanzte.›»

Kenneth Harkins, der juristische Berater des Unterausschusses, befragte Geneen nach den Praktiken der gegenseitigen Zusammenarbeit, nach dem «Kauf ich von dir, kauf du von mir». Er präsentierte eine Reihe von Memoranden, aus denen hervorging, daß und wie die ITT ihre Unternehmen zwang, einander Leistungen und Gefälligkeiten zu erbringen, um Konkurrenten auszustechen und den Einfluß des einen Unternehmens dafür geltend zu machen, dem anderen ins Geschäft zu verhelfen. Ein Brief des Chefs von Rayonier, Russell Erickson, erläuterte dessen Pläne, mehr Papierbrei nach Argentinien zu verkaufen: unter Zuhilfenahme des Einflusses der Continental Baking, die große Mengen Rindfleisch von Argentinien einkaufte. Berichte von Levitt, Sheraton und Aetna Finance beschrieben Vorhaben, einander Geschäfte zu vermitteln. Ein Brief Geneens an Robert Townsend erörterte, wie alle Beschäftigten der ITT zu Vertretern der Avis-Mietwagen gemacht werden könnten.

HARKINS: Sie schlagen darin also nicht nur vor, er solle als sozusagen unfreiwilligen Absatzmarkt die ITT-Beschäftigten heranziehen, sondern die Beschäftigten darüber hinaus als Werbetruppe benutzen?

GENEEN: Ich will offen dazu Stellung nehmen. Ich sehe nichts Schlechtes darin, wenn unsere Beschäftigten an unsere Gesellschaft glauben und für sie als Vertreter arbeiten.

Doch die ITT-Memoranden, deutete der Vorsitzende Celler an, ließen die Katze aus dem Sack: «Mr. Geneen, es gibt ein altes Sprichwort, das lautet: ‹Die Bibel sagt, tue recht. Ich sage, schreibe nicht.› Was hier vorliegt, haben aber Sie geschrieben.»[79] [Englisches Wortspiel: *The Bible says do right. I say, don't write.*]

Geneens Darlegung des ITT-Systems war ein brillantes Beispiel von Advokatur, des Sowohl-als-Auch. Er erläuterte, wie die ITT sowohl mehr Unabhängigkeit als auch mehr Kontrolle und Lenkung, mehr Rationalisierung wie mehr Wettbewerb gewährleiste. Wie Geneen sie beschrieb, hätte es kaum einen Grund geben können, weshalb die ITT nicht die gesamte amerikanische Wirtschaft übernehmen sollte. Doch Celler hakte ein: «Sie sind sich im klaren: Wenn das stimmte, was Sie sagen, brauchten wir überhaupt keine Gesetze... Jeder einzelne wäre dann so gut, so freundlich, so ritterlich, so frei von Übel, daß keinerlei Notwendigkeit mehr für irgendwelche repressiven Statuten bestände, oder sehen Sie das anders? Aber das Wesen der Menschen ist anders; das Wesen des Geschäftslebens ist anders.»

Erst ein Jahr nach Abschluß des Celler-Hearings erschien der Bericht darüber im Juni 1971. Er war ein provokatives Dokument von siebenhundert Seiten Umfang, die vollständigste Untersuchung, die bislang über die Konglomerate zusammengestellt wurde. Er entlarvte etliche der von den Konglomeraten aufgestellten Behauptungen, darunter die des eindringlich beschworenen Synergismus: «Tatsächlich haben Management-Krisen mit neu erworbenen Unternehmen gezeigt, daß die Zusammenlegung – wenn sie überhaupt Einfluß hatte – nachteilige Auswirkungen auf die Leistungsfähigkeit, die Produktivität und die Vermögenswerte der Unternehmen zeitigte.»

Der Abschnitt über die ITT fiel äußerst kritisch aus. Das Unternehmen, hieß es darin, habe die Entwicklung eines «in sich geschlossenen, unabhängigen Konzerngiganten» herbeigeführt, «der außerhalb der Reichweite des Staatswesens, innerhalb derer er Geschäfte macht, sein Eigenleben führt... Das Verhältnis der ITT zur Politik der Staaten, in denen sie operiert, legt es nahe, Einhalt zu gebieten.» Der ITT wurde vorgeworfen, das Prinzip der Gegenseitigkeit und den «konzerninternen Markt» zur Aufblähung ihrer Umsätze und zum Ausweis einer «erstrebenswerten Bedeutung» des Konzerns in bestimmten Märkten zu benutzen. Der Bericht beklagte, daß die Buchhaltungsmanöver der ITT die Schwächen neu erworbener Firmen verschleiern und deren Einkommens- und Gewinnanstiege übergroß darstellen würden. Die ITT sei finanziell weniger stabil als andere Großunternehmen; denn nach dem Verhältnis der langfristigen Verschuldung zum über den belastenden Teil des Vermögens hinausgehenden Wert ausgedrückt, lag die ITT vor Alcoa unter den 30 Unternehmen, die im industriellen Durchschnitt von Dow-Jones erfaßt werden, an zweitschlechtester Stelle. Die für Geneen vielleicht schädlichste Behauptung des Berichts war die, es gebe «Anzeichen, daß die Leistungsfähigkeit und Leistung ihrer wesentlichen Einzeleinheiten zurückgehen, sobald sie ins System der ITT überführt sind».

Der Report enthielt politischen Sprengstoff. I. F. Stone rief in einem alarmierenden Artikel zu den Waffen: «Auf den Seiten dieser Studie kann die Jugend die moralischen Grundsätze und die Gepflogenheiten kennenlernen, die unsere Wirtschaft formen und die unser politisches Leben eines Tages umzuformen drohen. Denn da die Konzentration der Großunternehmen zunimmt, wächst mit ihr die Drohung eines Großunternehmens-Staates.»[80] Doch bereits darin, wie Celler bei der Veröffentlichung des Berichts verfuhr, offenbarte sich seine Verlegenheit. Er verzögerte die Publikation bis zum Wochenende vor dem Labor Day (in den USA der erste Montag im September), als Washington fast leergefegt war, und präsentierte die Untersuchung ohne Billigung und Bestätigung durch den Kongreß als eine Arbeit des Stabes seines Unterausschusses. Gleichzeitig mit dem Bericht wurde eine Presseerklärung herausgegeben, die ihn wesentlich affirmativer und positiver darstellte, als er war. Der Bericht enthielt keinen Index, und er war schwierig zu lesen; er war ein Beispiel für die *new secrecy*, die neue Verschwiegenheit, in der sich explosive Enthüllungen durch die bloße Quantität des Belegmaterials verschleiern lassen, so wie sich ein Dieb in der Menge verbirgt.

## Auftritt McLaren

Schon bald nach ihrer Amtsübergabe im Jahre 1969 hatte die Nixon-Administration begonnen, hinsichtlich des Wachstums der Riesenkonzerne mehr Besorgnis an den Tag zu legen als ihre demokratischen Vorgänger. Im Juni jenes Jahres hielt Nixons Justizminister John Mitchell eine berühmte Rede vor dem Advokatenverband des Bundesstaates Georgia in Savannah, in der er die jüngsten statistischen Daten zum Konzentrationsanstieg bekanntgab und kommentierte:

> Die Gefahr, die die Überkonzentration für unsere wirtschaftliche, politische und soziale Struktur darstellt, kann gar nicht überschätzt werden. Konzentration in dieser Größenordnung wird wahrscheinlich den gegenwärtigen und zukünftigen Wettbewerb eliminieren. Sie verstärkt die Möglichkeit, Gegenseitigkeitsabsprachen zu treffen und andere Formen der Wettbewerbsminderung auszunutzen, wie zum Beispiel Einflußnahmen von Kundenfirmen auf Lieferanten eines Konzerns zugunsten von anderen Firmen des gleichen Konzerns. Sie bringt staatsumfassende Marketing-, Management- und Finanzierungsstrukturen hervor, deren enorme physische und psychologische Mittel für kleinere Firmen, die an einem freien Markt teilhaben möchten, wesentliche Barrieren darstellen. Und schließlich führt die Überkonzentration zur Bildung einer ‹Interessengemeinschaft›, die den Wettbewerb zwischen großen Firmen herabsetzt und am Markt ein Klima schafft, das immer neue Fusionierungen begünstigt.

Er beendete seine Ansprache mit einer höchst eindeutigen Warnung, daß das Justizministerium sich sehr wohl jedweder Fusion zwischen den 200 führenden Unternehmen der verarbeitenden Industrie entgegenstellen könne und höchstwahrscheinlich jeder Fusion zwischen ihnen und führenden Grundstoffindustrien widersetzen werde.

Um zu zeigen, daß er auf das Big Business abzielte, suchte sich Mitchell einen Anti-Trust-Chef, der auf Grund seiner Unabhängigkeit großes Ansehen genoß. Richard McLaren war ein einundfünfzigjähriger republikanischer Rechtsanwalt aus einer Chicagoer Anwaltsfirma, die sich darauf spezialisiert hatte, Großunternehmen in Anti-Trust-Verfahren zu vertreten: Er hatte die Sealy Mattress Company und die National Dairy Products verteidigt. Doch folgte McLaren einem ausgetretenen Pfad, wenn er vom Wildern zur Wildhüterei überwechselte, und in der Tat ist die Anti-Trust-Gesetzgebung dermaßen kompliziert, daß nur die mit ihr vertrautesten Experten der Gegenseite genau wissen können, wo die schwachen Stellen liegen, an denen man sie stärken muß. Mitchell und sein Stellvertreter Richard Kleindienst trafen McLaren im Dezember 1968 vor Nixons Amtseinführung im Hotel *Pierre* in New York, um ihm auf den Zahn zu fühlen und ihm das Amt anzubieten. McLaren stellte drei Bedingungen: Es müsse ein tatkräftiges Anti-Trust-Programm geschaffen werden; es müßten Fälle durch alle Instanzen bis zum Obersten Bundesgericht verhandelt werden; und die Fälle müßten ganz der Rechtslage gemäß ohne Berücksichtigung politischer Erwägungen entschieden werden.[81] Mitchell und Kleindienst nahmen die Bedingungen an und beriefen McLaren.

McLaren meinte, es bestehe eine gute Chance, einige der Konglomerate an Hand des bestehenden Clayton Act aus dem Jahre 1950 aufzubrechen, und er zog es vor, versuchsweise Prozesse zu führen, ehe er um gesetzgeberische Maßnahmen einkam. Es herrschte erhebliche Uneinigkeit unter den Anti-Trust-Juristen, ob sich der umstrittene Paragraph 7 des Clayton Act überhaupt gegen die Mischkonzerne anwenden lasse. McLarens Vorgänger Donald Turner und Edwin Zimmerman waren beide der Auffassung gewesen, dies gehe nicht, und diese Auffassung teilte auch der gegenwärtige Stellvertretende Justizminister, Erwin Griswold. Doch McLaren hatte sich sein Vorgehen überlegt, und er blieb dabei. Er war ein selbständiger, etwas draufgängerischer Mann mit der für Chicagoer typischen Skepsis gegenüber New York und Washington.

Er bereitete seine Verfahren sehr rasch vor und hielt mutige Reden. Im März 1969 sagte er vor dem *Ways and Means Commitee* des Repräsentantenhauses, daß es dringend notwendig sei, die Fusionen der Konglomerate mit ihren «schwerwiegenden wirtschaftlichen und sozialen Verschiebungen» zu unterbinden; und im gleichen Monat sprach er etwas später vor der American Bar Association (dem amerikanischen Advokatenverband) über «den galoppierenden Trend zu wirtschaftlicher Konzentration hin». Noch vor Ende jenes Monats ließ er seinen Worten Taten folgen. Das Justizministerium reichte ein Verfahren gegen den Mischkonzern Ling-Temco-Vought ein, um zu verhindern, daß er mit der Jones and Laughlin Steel Corporation fusionierte.*

Doch McLarens Hauptziel war unweigerlich die International Telephone and Telegraph Corporation. Sie war bereits damals der größte Mischkonzern, und sie konglomerierte immer weiter. Als McLaren sein Amt antrat, hatte die ITT gerade die Canteen und die Grinnell Corporation aufgeschluckt, und sie bereitete sich auf die Fusion mit der Hartford Insurance

* Die Fusion wurde schließlich unter der Bedingung gebilligt, daß LTV zwei andere Unternehmen, Braniff Airways und Okonite, veräußerte; die Genehmigung erfolgte weitgehend aus Befürchtungen heraus, die LTV könne irreparablen Schaden erleiden – was in gewisser Weise eine Parallele zu Argumentationen hinsichtlich der ITT darstellt.

vor. Von den vier Verfahren, die McLaren 1969 einleitete, richteten sich drei gegen die ITT wegen dieser drei letzten Fusionen.

McLaren zog zuerst gegen die Canteen zu Felde, deren Eheschließung mit der ITT am 10. April 1969 rechtsgültig vollzogen werden sollte. Er hatte triftige Gründe gegen diese Verbindung anzuführen, denn mit der Canteen in den eigenen Reihen war die ITT in der Lage, das Übel der Gegenseitigkeit zu praktizieren, indem sie die eigenen Unternehmen veranlaßte, Canteen-Geräte für die Firmenmahlzeiten der Belegschaften zu verwenden, so daß die Rivalen der Canteen aus dem Rennen geworfen würden. Drei Tage vor der geplanten Fusionierung empfahl McLaren dem Stellvertretenden Justizminister Kleindienst, eine Einstweilige Verfügung zu erlassen, um den Zusammenschluß zu verhindern; das war viel einfacher, als die Fusion nachträglich aufzubrechen. Die Anwälte der ITT stimmten dem Aufschub der Fusion zu, argumentierten dann aber sofort gegenüber Kleindienst und McLaren, daß die Canteen Corporation in Unordnung geraten sei und dringend eines guten Managements bedürfe. Bald darauf wurde die Fusion gestattet, während gleichzeitig ein neues Verfahren vorbereitet wurde, um sie später rückgängig zu machen. Dies war ein mysteriöses Ergebnis, das den Verdacht erregte, es sei manipuliert worden. Die Nader-Leute untersuchten später den Fall und kamen zu folgender Version: Die ITT habe ihre Lobby angesetzt im Weißen Haus, das daraufhin Kleindienst unter Druck setzte, die Sache fallenzulassen, und McLaren habe in seiner Wut mit Rücktritt gedroht. Das Ergebnis sei dann der Kompromiß gewesen, die Fusion erst zuzulassen und später anzufechten.[82] McLaren hat diese Version immer bestritten, doch die Verdächtigungen, die den Canteen-Fall umgaben, haben die Verdächtigungen in dem Skandal, der bald folgte, gefördert und bekräftigt.

Gegen die anderen geplanten Fusionen der ITT allerdings ging McLaren mit allem Nachdruck vor. Im August 1969, vier Monate vor Cotters ersten Hearings zur Fusion mit der Hartford, kam er um gerichtliche Verfügungen ein, um die Verschmelzung der Grinnell Corporation mit der ITT zu stoppen und – wichtiger noch – um die Fusion der Hartford mit dem Konglomerat zu verhindern. In der Klage gegen die Hartford-Fusion hieß es:

> Der faktische und potentielle Wettbewerb zwischen den beiden Unternehmen würde gemindert, und die Fusion wird Konkurrenten der Hartford Versicherungsabschlüsse der ITT und ihrer Kunden abschneiden, die Möglichkeiten der ITT und der Hartford, beim Verkauf von Versicherungsverträgen aus dem Gegenseitigkeitseffekt Nutzen zu ziehen, vergrößern sowie weitere Fusionierungen von Unternehmen nach sich ziehen, die sich vor den Auswirkungen dieser

Übernahme schützen oder ähnliche Wettbewerbsvorteile verschaffen wollen.

Dies war die Eröffnung des größten und umstrittensten Anti-Trust-Verfahrens der Geschichte. McLaren und Geneen waren auf einen Kollisionskurs geraten, bei dem zu guter Letzt ihrer beider Ambitionen Schiffbruch erleiden sollten.

Nach seinem Sieg über Cotter war Geneen auf neue Hindernisse gefaßt, und er leitete rasch seinen Gegenangriff ein; dessen volle Tragweite allerdings wurde erst später offenbar (s. Kapitel 10). Die ITT verfügte über eine riesige Armee von Juristen und Rechtsanwälten der verschiedensten Kaliber, um derartige Probleme zu lösen; es gehörte zu Geneens besonderem taktischen Geschick, daß er genau wußte, welchen Mann er an welcher Stelle einsetzen, welche Waffe er aus seinem Arsenal wählen mußte. Allein im Hauptquartier der ITT waren 150 Rechtsanwälte beschäftigt. Überdies verfügte man über zahllose freie Anwälte, die für Sonderaufgaben engagiert wurden und die von Joe Fazzano in Hartford bis zu Covington and Burling in Washington Fachleute aller Kategorien umfaßten. Geneen hatte schon vorher vorsichtshalber Donald Turner, den ehemaligen Anti-Trust-Chef, nach seiner Auffassung zur Fusion mit der Hartford Insurance befragt, und Turner hatte gemeint, gegen sie lasse sich kaum etwas einwenden. Nun wurden ganze Heerscharen von Anwälten mobilisiert, um die Anti-Trust-Entscheidung zu bekämpfen, und in zweiter Linie kämpften zu ihrer Unterstützung die Public Relations-Leute.

Später im Jahre 1970 unterbreitete die ITT formell einen Vorschlag zur Beilegung des Konflikts. Ephraim Jacobs von der Washingtoner Anwaltskanzlei Hollabaugh and Jacobs rief McLaren an und erklärte, die ITT sei bereit, sich von der Canteen Corporation, einem Großteil der Grinnell Corporation und von Levitt zu trennen, gesetzt den Fall, sie könne die Hartford behalten. McLaren blieb fest; er würde nur dann einen Vergleich akzeptieren, wenn die ITT sich auch von der Hartford trennte.[83]

Die beiden Klagen gegen die Fusionen mit der Grinnell Corporation und der Hartford Insurance kamen im Oktober vor Distriktsgerichten zur Verhandlung, und in beiden Fällen weigerte sich der Richter, eine Einstweilige Verfügung zu erlassen. Dies kam für McLaren nicht unerwartet; er hatte Mitchell schon vor seiner Ernennung wissen lassen, daß er die Rechtsprechung des Obersten Bundesgerichts in Anspruch nehmen wolle, und prompt legte er in beiden Fällen Berufung ein. Auch weiterhin hielt er Vorträge, in denen er behauptete, die vier Verfahren gegen Konglomerate hätten andere Mischkonzerne von Fusionen abgeschreckt, und im Jahre 1970 konnte er sagen, daß «Fusionen zwischen sehr großen Firmen und Aufkäufe von führenden Firmen fremder Branchen durch sehr große Unternehmen allem Anschein nach praktisch aufgehört haben».

In der Tat schälte sich McLaren immer mehr als republikanischer Anti-Trust-Held heraus; er knüpfte damit an die Tradition eines Theodore Roosevelt an, der seinerzeit gewagt hatte, mit einer Härte gegen das Big Business vorzugehen, wie es die Demokraten nie gewagt hatten. Celler lobte McLaren wegen seiner Initiative, und der rechte Flügel der Republikaner griff ihn wegen seiner feindseligen Haltung der Geschäftswelt gegenüber an. Der Kongreßabgeordnete Bob Wilson, von dem wir noch hören werden, klagte über seinen «Eifer, die Geschäftswelt niederzumachen»; James Ling sprach von «juristischer Vivisektion» und leitete eine persönliche Vendetta gegen McLaren ein. Andere Kritik war subtiler; etwa als vorgebracht wurde, McLaren richte seinen Angriff gegen das neue Kapital der Konglomerate, das zum größten Teil von Demokraten, Ausländern und Juden stamme, während er gleichzeitig das alte Kapital der etablierten Großkonzerne, von denen viele wesentlich stärker monopolistisch ausgerichtet seien als die Konglomerate, ungeschoren lasse.

Der Anti-McLaren-Kampagne schloß sich sogar der rechte Flügel in Großbritannien an, denn McLaren hatte sich zunächst der Fusion zwischen British Petroleum und der Ölgesellschaft Sohio widersetzt, und der *Economist* nannte ihn einen «schießwütigen Konzernknacker». Die britische Regierung, der die BP zur Hälfte gehört, übte später erheblichen Druck aus, und der Aufsichtsratsvorsitzende der BP, Sir Eric Drake, traf sich wegen dieser Sache mit dem amerikanischen Justizminister Mitchell. McLaren gab bald darauf seinen Widerstand auf und beharrte nur darauf, daß die BP einige von Sohios Kundendienstwerkstätten in Ohio und ihre Tankstellen im westlichen Pennsylvania verkaufen solle.

Während Washington sich wegen der Entwicklungen im Big Business Sorgen zu machen schien, förderten die Europäer immer noch Fusionen, statt sie aufzubrechen. In Großbritannien war unter der Labour-Regierung in wesentlichen Funktionen die *Industrial Reorganisation Corporation* (IRC) an die Stelle der *Monopolies Commission* getreten, und diese neue Institution leistete den Fusionen Vorschub. In ganz Europa wurden mit allem Nachdruck Fusionierungen betrieben, und viele davon hatten den Segen der Regierungen, die darin eine notwendige Verteidigungsmaßnahme gegen die massive Konkurrenz der amerikanischen und japanischen Invasoren sahen. In Hinsicht auf die Wettbewerbslage im Weltmaßstab trifft es zwar zu, daß sich die neuen europäischen Giganten recht bescheiden ausnahmen; im Kontext ihrer jeweiligen Länder aber gelangten sie in vorrangige Positionen.

McLaren trieb seinen Kreuzzug gegen die ITT voran, und alle drei Verfahren entwickelten sich zäh auf die Verhandlung vor dem Obersten Bundesgericht zu. Im Dezember 1970 befand das Distriktsgericht im Fall Grinnell gegen McLaren; die Klage war, wie er später sagte, «ein Schlag ins Wasser»[84]. Aber er hoffte immer noch, daß das Oberste Bundesgericht in seinem Sinne entscheiden würde. Das höchste Gericht der USA stand in dem Ansehen, in Anti-Trust-Verfahren hart durchzugreifen, und es hatte des öfteren schärfere Positionen bezogen als das Justizministerium. Die Anwälte der ITT fuhren fort, mit den Juristen der Anti-Trust-Abteilung zu verhandeln (dies ist in Anti-Trust-Verfahren, von denen 80 Prozent durch außergerichtlichen Vergleich beendet werden, üblich). Doch McLaren bestand immer noch darauf, daß die ITT sich von der Hartford trenne.

Im Juni 1971 gab McLaren ebenso plötzlich wie unerklärlich nach. Er sandte ein Memorandum (das erst später bekannt wurde) an den Stellvertretenden Justizminister Kleindienst. Darin erklärte er, er habe sich überzeugen lassen, daß die Auswirkungen eines Verzichts auf die Hartford für die ITT verheerende Folgen haben müsse, da sie einen hohen Aufpreis für die Versicherungsgruppe erlegte, als sie sie erwarb. Er schlug daher einen Vergleich vor, demzufolge sich die ITT von der Canteen, Levitt, Avis und einem Teil der Grinnell trennen sollte und es ihr fernerhin verboten wäre, ohne besondere Genehmigung Unternehmen mit Vermögensbeständen über 100 Millionen Dollar aufzukaufen.[85]

Es war eine völlige Kehrtwendung. Denn dieser Vergleichsvorschlag ähnelte stark dem, den Geneens Anwalt Ephraim Jacobs schon sieben Monate zuvor McLaren unterbreitet hatte; darüber hinaus forderte McLaren einzig den Verkauf der Avis und die Einführung der Hundert-Millionen-Dollar-Klausel. Der Vorschlag widersprach allen Erklärungen, die McLaren vorher abgegeben hatte. Und er verhinderte, daß auch nur eines der Verfahren vor dem Obersten Bundesgericht verhandelt würde, dessen letztgültiges Urteil McLaren angestrebt hatte. Der Vergleich wurde rechtzeitig am 31. Juli 1971 bekanntgegeben. Er löste eine Sensation aus. McLaren beharrte darauf, es sei ein großer Sieg, der den eindeutigen Führer des Fusionstrends «in seinen ureigensten Intentionen abgeschmettert» habe. Es war die größte je in einem Anti-Trust-Verfahren erreichte Entflechtungsaktion. Die Börse schien zuzustimmen, daß dies Ergebnis zwingend sei: Innerhalb der folgenden drei Tage fiel der Kurswert des ITT-Aktienkapitals um eine Milliarde Dollar. «Die Tage der großen Fusionen sind möglicherweise zu Ende», schrieb Gene Smith in der *New York Times*. Und trotz aller späteren Zweifel war es in der Tat ein epochemachender Vergleich: Die ITT würde in den USA nie wieder das werden, was sie war.

Für außenstehende Beobachter stand hingegen keineswegs in dieser Eindeutigkeit fest, welche der beiden Parteien den Sieg davongetragen hatte. Die *Business Week* überschrieb ihren Leitartikel: «Die Anti-Trust-Behörde steckt zurück» und kommentierte, McLaren hätte die Fälle bis vor das Oberste Bundesgericht bringen sollen, um die Rechtslage unbezweifelbar feststellen zu lassen. Und *Fortune* schrieb im September 1971: «Eindeutig hat Harold Geneen zumindest einen Teilsieg in den Verhandlungen errungen.» Zwei der wichtigsten ökonomischen Berater der Anti-Trust-Abteilung waren, wenn sie dies damals auch noch nicht offen aussprachen, gegen den Vergleich, aber sie wurden auch nicht gefragt. Professor Mueller, einer von ihnen, sagte später: «Der Umstand, daß die Entscheidung gleichsam am Abend vor dem Urteil des Obersten Bundesgerichts getroffen wurde – dessen Urteil Mr. McLaren unbedingt gewollt hatte, wie er immer wieder andeutete –, läßt darauf schließen, daß in der Politik auf diesem Gebiet eine scharfe Kehrtwendung stattgefunden hat.»[86] Was hatte McLaren, der so entschlossen seine Absicht verfolgt hatte, bewogen, plötzlich seine Haltung zu ändern? Die Lösung dieses Rätsels blieb im Labyrinth des Justizministeriums verborgen.

Sechs Monate später wurde McLaren in aller Eile für das Amt eines Bundesrichters in Chicago nominiert und ernannt, und er verließ die Anti-Trust-Abteilung. Er hatte immer schon ein Richteramt angestrebt, doch die Beförderung zu diesem Zeitpunkt rief neue Spekulationen hervor, ob er nicht mit der Aufgabe seiner Anti-Trust-Kampagne dem Druck seiner Umgebung stattgab – zumal gerade eine andere Fusion, die der Pharmazeutikfirmen Warner-Lambert und Parke-Davis, gegen seinen ausdrücklichen Willen genehmigt worden war.

In der Tat war die Bedrohung durch die Konglomerate – zumindest für den Augenblick – gebannt; allerdings hatte dies neben McLarens Kampagne noch andere, keineswegs weniger gewichtige Gründe. Im Laufe des Jahres 1969 verkehrte sich der wirtschaftliche Aufschwung in eine Talfahrt, und die meisten Konglomerate gerieten ins Stolpern. Für 1969 kündigte Ling-Temco-Vought riesige Verluste in Höhe von 38 Millionen Dollar an; der Kurs der LTV-Aktien, der 1967 169 betragen hatte, sackte im Januar 1970 bis auf 27 ab, und James Ling mußte den Aufsichtsratsvorsitz abtreten. Die Litton Industries, die durch den Weggang vieler ihrer besten Wissenschaftler geschwächt waren, sahen hilflos dem Sturz ihres Aktienkurses zu. Auch die Aktien von Gulf and Western fielen, und Bluhdorn unternahm keine weiteren Fusionen; aber immer noch regiert er von seinem Manhattaner Wolkenkratzer aus ein weites Reich, und nach wie vor tragen die Paramount

Pictures das Signet der Gulf and Western. Die Mischkonzerne hatten viel stärker unter dem Konjunkturtief zu leiden als die traditionellen Industriekonzerne, und die Altetablierten konnten den Zeigefinger erheben: «Das haben wir euch schon vorher gesagt.»

Ein Konglomerat jedoch überlebte die Rezession nahezu unangefochten. Allen Wechselfällen zum Trotz konnte Geneen immer noch Quartal für Quartal einen stetigen Aufstieg der ITT-Gewinne bekanntgeben. Sein kompliziertes Imperium war ihm nicht einen Augenblick aus der Hand geglitten; nie hatte er ein krankes Großunternehmen wie Jones and Laughlin aufgekauft. Das Konzernkartell war immer noch gut befestigt, und obwohl die Anti-Trust-Abteilung Geneen einige seiner Firmen wegnahm, verblieb ihm doch seine letzte und größte Erwerbung, diejenige, auf die er den größten Wert legte. Er konnte in den USA keine Unternehmen mit mehr als 100 Millionen Dollar Wert kaufen, aber er konnte immer noch in Europa – der Basis, von der er ausgegangen war – Firmen erwerben; und dort waren auch die Kartellgesetze weitaus schwächer.

Überdies konnte Geneen auf Grund mancherlei Anzeichen hoffen, daß die gesamte Anti-Trust-Bewegung ihre Stoßkraft verlieren würde. Denn als die amerikanische Position auf dem Weltmarkt immer stärker bedroht schien und die Konkurrenz von seiten Europas und – mehr noch – Japans zunahm, wurde das gesamte Anti-Trust-Konzept in Frage gestellt. Handelsminister Maurice Stans bescheinigte vor dem *Joint Economic Committee* (dem gemeinsamen Wirtschaftsausschuß beider Häuser des Kongresses) im Juni 1971, daß das gegenwärtige Anti-Trust-Konzept für Unternehmen, die mit ausländischen Firmen konkurrieren, möglicherweise nicht mehr angemessen sei. Und 1972 kamen Geneen die von John Connally, dem damaligen Finanzminister, geäußerten Auffassungen besonders zustatten. Connally empfahl, die Anti-Trust-Politik völlig umzukrempeln, so daß die Regierung in vielen Fällen Fusionen fördern würde, statt sie zu behindern ... «Washington muß der US-Industrie weniger Widerstand entgegenbringen und sich stärker zu ihrem kooperativen Partner entwickeln.»[87]

Es war wohl Japan, das seine Rivalen zwang, sich am japanischen Modell zu orientieren: an dem engen, zentralisierten Zusammenhalt von Staat und Industrie, die gemeinsam in die Welt hinausgingen, um gegen andere Nationen anzutreten. Warum sollte Washington – so argumentierte Geneen – Zeit für Versuche verschwenden, sein Konglomerat aufzuspalten, wenn es doch genau mit ihm über die Waffenart verfügte, die die USA benötigten, um ihre Stellung gegen die Mitsubishis und Sonys zu halten? Weshalb wollte oder konnte man nicht einsehen, daß die ITT mit ihrer starken amerikanischen Basis und ihren internationalen Industrien, die wertvolle Devisen für den Ausgleich der Zahlungsbilanz heimbrachten, ein gottgegebenes Werkzeug für den Gegenschlag war? Während McLaren – aus der Sicht Geneens betrachtet – noch in den veralteten Anti-Trust-Gesetzen befangen war, begannen die Finanzmächtigen in den USA langsam, die wahren Verhältnisse zu erkennen.

## Die Goldmine

Die ITT vollzog pflichttreu die Trennung von den vorgesehenen Unternehmen. Die Canteen, die nicht gut abgeschnitten hatte, ließ sich nur schwer verkaufen, und die erste Erklärung über ihre Besitz- und Rechtsverhältnisse wurde zurückgezogen. Die Avis dagegen wurde mit gutem Erfolg an der Börse angeboten, und sie hatte so rasch expandiert, daß 23 Prozent der Aktien schon mehr einbrachten, als die ITT sieben Jahre zuvor für das gesamte Unternehmen erlegt hatte. Der Präsident der Avis, Bud Morrow, war froh, das Unternehmen wieder auf eigene Faust führen zu können. «Als Geneen mich anrief, um mir mitzuteilen, daß wir abgespalten würden», sagte er, «konnte ich gerade noch mannhaft meiner Enttäuschung Ausdruck geben.» Er sei froh, sagte er mir, durch Geneens Schule gegangen zu sein, aber er ziehe es andererseits auch vor, selbständig arbeiten zu können. Für Geneen wog die Beschränkung weiterer Großaufkäufe schwer; doch er fuhr fort, kleinere Unternehmen zu erwerben. In den ersten neun Monaten nach dem Vergleichsabschluß kaufte die ITT zwanzig amerikanische und zwölf ausländische Firmen, deren Gesamtumsatz sich auf ungefähr 300 Millionen Dollar belief; die Größenbeschränkung galt übrigens nicht für die Unternehmen, die die ITT im Ausland aufkaufte.

Die Hartford Insurance erwies sich, wie Geneen und Rohatyn vorausgesagt hatten, als Goldmine für die ITT. Bereits 1970 erwirtschaftete sie ein Viertel der ITT-Gewinne – mehr als der gesamte Fernmeldesektor –, und in den beiden folgenden Jahren wiesen die Hartford-Gewinne spektakuläre Wachstumsquoten auf; die Umsätze stiegen um 36 Prozent auf 1,5 Milliarden Dollar, und die Gewinne um 57 Prozent auf 70 Millionen Dollar. Die Hartford kletterte vom fünften auf den dritten Platz unter den amerikanischen Unfallhaftpflicht- und Sachversicherungen, und sie arbeitete Pläne aus, nach Europa zu expandieren; im Dezember 1972 faßte sie Fuß in Großbritannien, indem sie ein Angebot für die krisengeschüttelte Versicherungsfirma Excess Holdings unterbreitete. Damit erwarb die ITT ein allgemein ausgerichtetes Versicherungsunternehmen in Großbritannien, das mit der Abbey Life Seite an Seite arbeiten konnte.

Ein Teil der Extragewinne der Hartford stammte aus einem allgemeinen Aufschwung im Versicherungsgewerbe, an dem die meisten Gesellschaften der Branche teilhatten, und ein anderer Teil stammte aus der Erschließung von Massenmärkten und der Begrenzung wie dem Ausschluß weniger ertragreicher Versicherungsverträge. Doch ein großer Teil wurde auch durch die Realisierung von Kursgewinnen durch Wertpapierverkauf erzielt, was sich allein 1970 auf 33,8 Millionen Dollar belief; diese Summe konnte auf der Konzernbilanz als Extraeinkommen ausgewiesen werden, und sie machte ungefähr 10 Prozent des Gesamteinkommens der ITT aus. Die Übernahme der Hartford ließ die Bilanz der ITT, die von einem Erbe hoher Schulden belastet war, wesentlich gesünder aussehen: Die ITT konnte ein Sondervermögen von ungefähr 500 Millionen Dollar ausweisen, so daß das Verhältnis der langfristigen Verschuldung zur Gesamtkapitalausstattung von 34 auf 30 Prozent sinken konnte.[88] Die verschleierten Gewinne innerhalb des Hartford-Anlagekapitals waren genau der Faktor, auf den Geneen abgezielt hatte, um seinen stetigen Aufwärtstrend in der Gewinnbilanz sicherzustellen. «Die ITT übernahm mit den Wertpapieren der Hartford meiner Meinung nach ein zurückgehaltenes Gewinnportefeuille von mindestens 250 Millionen Dollar. Sie ist damit in der Lage, diese Dollars zum Vorschein zu bringen, wann immer es in ihre Bilanzierungspraxis paßt», kommentierte hierzu Professor Briloff.[89]

In der Stadt Hartford schien die öffentliche Meinung sich beruhigt zu haben. Die Direktoren der Versicherungsgesellschaft arbeiteten auch unter der ITT weiter, und sie erhielten höhere Gehälter und Prämien. Gemäß dem Abkommen mit Cotter versprach die ITT, daß sie zehn Jahre lang die Beschäftigtenzahl der Hartford nicht senken, die Geschäftsstrategie des Unternehmens nicht ändern und nicht mehr an jährlichen Dividenden entnehmen würde, als die Versicherung erwirtschaftete. Das Projekt des Bürgerzentrums fiel in sich zusammen, doch die ITT begann mit dem Bau eines Sheraton-Hotels, das einen neuen Stadthallenkomplex in sich einschloß.

Die gigantische Fusion hatte die ITT umgeformt und sie vielleicht sogar vor einer größeren Finanzkrise bewahrt. Doch im Verlauf der Fusionierungsverhandlungen hatte sich Geneen eine Reihe Feinde gemacht – darunter in vorderster Linie Ralph Nader und Reuben Robertson –, die entschlossen waren, gegen ihn vorzugehen. Nader und Robertson forderten den Regierungsbeauftragten Cotter auf, eine erneute Untersuchung einzuleiten, und als dies abgelehnt wurde, leiteten sie das Verfahren Nader gegen Cotter vor dem höchsten Gerichtshof von Connecticut in Hartford ein. Im Schriftsatz führten sie Beschwerde über die Taktiken der Druckausübung, die die ITT gegenüber Cotter angewandt habe, und sie klagten die ITT an, ihre wahren Absichten hinsichtlich der Hartford Insurance verschleiert und falsch dargestellt zu haben, wie sie es schon drei Jahre zuvor im Fall der ABC getan hatte. Sie unterstellten, die Handlungsweise des Beauftragten sei «rechtswidrig, willkürlich und ein Mißbrauch der Ermessensfreiheit». Die

Klage wurde abgelehnt, aber die Feststellungen und Beweise, die aus dem Verfahren hervorgingen, warfen ein weiteres Licht auf Geneens Praktiken. Als Geneen im April 1971 in Hartford gegenüber Naders Anwalt Dwight Schweitzer eine Erklärung abgab, wurde er gefragt, ob er, falls die ITT mit ihren ausländischen Unternehmungen in Schwierigkeiten geraten sollte, nicht «zumindest versucht sein» könnte, Mittel aus der Hartford abzuziehen. Geneen erwiderte fest:

> Nun, wenn ich das klar sehe, glaube ich nicht, daß das, was mit unseren ausländischen Unternehmungen geschieht, irgendeinen Einfluß auf unsere Befähigung haben könnte, unseren heimischen Verpflichtungen nachzukommen... Ich glaube, die Theorien, die Sie da ansprechen, sind so hochgradig hypothetisch, daß sie in den fünfzig Jahren, die unser Unternehmen besteht, praktisch nicht eingetreten sind...

Dies klang ziemlich überzeugend. Doch wie später bekannt werden sollte, wartete die ITT in Washington zu fast derselben Zeit in derselben Sache mit den entgegengesetzten Argumenten auf: Daß die ITT, falls ihr nicht gestattet werden sollte, die Hartford zu behalten, hinsichtlich ihrer ausländischen Unternehmungen in eine schwere Liquiditätskrise geraten würde. Es gehörte zu den alteingefleischten Traditionen des Konzerns, an einem Ort die eine, am anderen die andere Argumentation aufzutischen, um sich selbst als so groß und unentbehrlich darzustellen, daß schließlich niemand daran zu rühren wagte.

Die Fusion mit der Hartford hatte auch bei der *Securities and Exchange Commission* und beim *Internal Revenue Service* Verdacht aufkommen lassen. Das Problem war technischer Natur, aber wichtig. Als Geneen zum erstenmal ein Angebot für die Hartford unterbreitete, hatte er zuvor 6 Prozent von deren Aktienkapital gegen bares Geld erwerben müssen, um sich ein Sprungbrett zu schaffen; doch es bestand eine Verfügung des *Internal Revenue Service,* daß die Hartford-Aktionäre nur dann die Zahlung von Steuern auf ihre Kapitalgewinne umgehen konnten, wenn die ITT alle Hartford-Papiere durch Aktienaustausch und nicht gegen Bargeld erwarb. Also mußte die ITT ihre 1,7 Millionen Hartford-Aktien so rasch wie möglich verkaufen, und der Verkauf mußte, nach den Regeln des *Internal Revenue Service*, bedingungslos erfolgen. Die ITT ließ den Verkauf über Lazards abwickeln, die eine italienische Bank, die Mediobanca, fanden – diese ist mit Fiat verbunden, und Fiat wiederum mit Lazards –, die das gesamte Paket kaufte und sich dafür ein Honorar von 1,3 Millionen Dollar vergüten ließ. Um auszuweisen, daß der Verkauf bedingungslos erfolgte, bot Lazards der

Mediobanca drei Optionen zur Bewertung des Papiers an; doch nur die erste Option enthielt ein gewisses Risiko für die Mediobanca, und diese Option wurde vor dem Verkauf abgelehnt. Als die Fusion vollzogen wurde, tauschte die Mediobanca ihre Hartford-Aktien ordnungsgemäß gegen ITT-Papiere aus und verkaufte dann diese. Daher konnte die Fusion durchgeführt werden, ohne daß die Hartford-Aktionäre Steuern zahlen mußten; sie sparten auf diese Weise etwa 200 Millionen Dollar. Die Frage war nun die, ob der Verkauf der Hartford-Papiere an die Mediobanca rechtens als bedingungslos bezeichnet werden konnte. War es wirklich ein Handel im echten Sinne, da doch die ITT es praktisch unternommen hatte, die Mediobanca gegen Gewinn oder Verlust abzusichern? Der *Internal Revenue Service* gestattete die Abwicklung des Geschäfts, ohne Steuern zu erheben, wobei offenkundig die Optionen als echte akzeptiert wurden; doch die *Securities and Exchange Commission*, die den Handel ebenfalls beobachtete, wandte später ein, daß Lazards über die Hartford-Aktien «in gewissem Grade Kontrolle ausgeübt» habe. Anders ausgedrückt, der Verkauf war *nicht* bedingungslos erfolgt.[90] Die Beschwerde der *Securities and Exchange Commission* wurde durch eine Einwilligungsverfügung – eine rechtsgültige Erklärung, durch die das Unternehmen einwilligt, damit aufzuhören, etwas zu tun, das getan zu haben es nicht eingesteht, und durch die es versichert, sich in Zukunft des gleichen Vorgehens zu enthalten – beigelegt, und der *Internal Revenue Service* verzichtete auf weitere Maßnahmen. Doch der Handel mit der Mediobanca löste heftige Kritik wegen Steuerhinterziehung aus, und einer der führenden Steuerexperten, Professor Boris Bittker von der Yale University, schrieb zwei Briefe an den *Internal Revenue Service*, in denen er die Verfügung kritisierte, die diese steuerfreie Behandlung des Fusionsgeschäfts gestattete. In der Zwischenzeit fuhr die *Securities and Exchange Commission* fort, andere Aspekte der Hartford-Fusion zu durchleuchten; sie stützte sich dabei auf 34 Kisten mit ITT-Korrespondenz, die sie beschlagnahmt hatte. Die *Securities and Exchange Commission* ging dabei Berichten über ‹Insider-Geschäfte› (kurzfristig abgewickelte Geschäfte auf Grund von internen Informationen) mit Hartford- und ITT-Aktien nach, die nicht nur von kleinen Börsenmaklern, sondern auch von führenden ITT-Managern getätigt worden waren, die ihre ITT-Aktien verkauft hatten, unmittelbar bevor der Vergleich in der Fusionsauseinandersetzung bekanntgegeben wurde. Es zeigte sich bald, daß die 34 Kisten alle möglichen Hinweise auf Zündstoff enthielten.

Doch viel mehr noch erwiesen sich die Beschaffenheit und der Zeitpunkt des Anti-Trust-Vergleichs als höchst brisanter Zeitzünder. Denn schon bald stellte sich heraus, daß hinter diesem Einigungsvergleich weit mehr steckte, als sich dem Auge auf den ersten Blick darbot.

Kapitel 8

# Der Parteikonvent

Tag für Tag werden in ganz Amerika von Gemeinden und geschäftlichen Interessengruppen Tagungen und Kongresse eingekauft, und jeder der in diesem Raum Anwesenden weiß das.

Senator Roman Hruska bei den Kleindienst-Hearings

San Diego ist eine Stadt, in der die Zukunft noch rosig aussieht. Es liegt in der Südwestecke von Kalifornien am Pazifik, träumt in der ganzjährig strahlenden Sonne vor sich hin und erweckt den Anschein, als sei es bislang von den Sorgen und Nöten des übrigen Amerika weitestgehend verschont geblieben. Selbst von Los Angeles, das mit seinem Smog und seinen rebellierenden Jugendlichen nur hundert Meilen weiter nördlich liegt, scheinen es ganze Welten zu trennen. San Diego ist an einem der hübschesten Flecken der Erde gelegen, zwischen einem riesigen natürlichen Hafen und der hohen Hügelkette, die in die Wüste überleitet. Die Bewohner von San Diego haben die Landschaft verächtlich behandelt und geschändet; sie haben die Hügelkuppen abgetragen, um Wohnsiedlungen zu errichten, sie haben die natürlichen Häfen ausgebaggert, um künstliche Inseln und Molen zu schaffen, sie haben die Insel mit einer hohen, weit ausladenden Brücke überspannt, die an eine Berg- und Talbahn erinnert und das natürliche Landschaftsprofil zwergenhaft erscheinen läßt. Die Stadt breitet sich unförmig entlang der Küste aus, im Süden bis nach Mexiko, im Norden über die halbe Wegstrecke nach Los Angeles. Die Autobahnen zerschneiden die Hügel und die filigranartige Küstenlinie, gesäumt von Drive-in-Schnellrestaurants, Tankstellen und Parkplätzen. Der Flughafen mit seinem Getöse liegt im Zentrum der Stadt, und die Maschinen donnern im Tiefflug über die alten Gebäude der Downtown und den Santa Fe-Bahnhof hinweg.

Die Stadt wächst noch. Im Gegensatz zu den nordkalifornischen Städten verfügt sie immer noch über die Arbeitskräfte, den Raum und den Ehrgeiz, die notwendig sind, wenn man Industrien anwerben will. Ihr Motto lautet:

«Stadt im Vormarsch», und sie ist derzeit das drittgrößte Gemeinwesen in Kalifornien. Ihrem ersten Wohltäter, der Marine, sind Unternehmen und Institutionen der Luftfahrtindustrie, der Elektronikbranche und der Ozeanographie gefolgt, und in jüngster Zeit entwickelt sie sich immer mehr zu einem Touristenzentrum. Hotels sind in großer Zahl aus dem Boden geschossen: Luxushotels entlang der Küste, schäbige Motels an den Highways und Wolkenkratzerhotels, die einander in die Fenster schauen, im Hotel *Circle*. Mit seinem halbtropischen Klima, seinen langen Stränden und Molen und den billigen mexikanischen Arbeitskräften ist San Diego für Zufluchtsuchende aus dem kalten Osten immer noch ein Traumland der Sehnsucht. Trotz ihrer industriellen Expansion wirkt die Stadt wie ein Paradies des süßen Nichtstuns; die Bewohner sprechen und bewegen sich wie Traumwandler, triefäugig von Sonne und Meer.

San Diego ist zutiefst konservativ. Die Suburbs sind voll von Pensionären, darunter viele Marine- und Heeresoffiziere, die ihr Leben lang gespart haben, um sich ein sorgloses Alter unter südlicher Sonne gestatten zu können. Die Jugend ist viel zu sehr mit Sport, Tauchen und Segeln ausgelastet, um noch Zeit für nennenswerte Aufsässigkeit zu haben; einzig gegen die Zerstörung des Küstenpanoramas hat sich eine harmlose Protestbewegung erhoben. Die Stadt selbst wird trotz ihrer Größe von einer Handvoll lokaler Tycoons beherrscht, wie eine Kleinstadt. Es ist eine Stadt, in der es als selbstverständlich gilt, daß Geld und politische Macht Hand in Hand gehen und in der sich Journalismus und Public Relations kaum unterscheiden. Die beiden Lokalzeitungen – eine erscheint morgens, die andere abends – gehören beide dem reichen Republikaner James Copley, einem leidenschaftlichen Bewunderer Nixons, der unablässig republikanische Ansichten verbreitet. Der ungekrönte republikanische König von San Diego ist seit den letzten zwanzig Jahren der legendäre C. Arnholt Smith, der die Stadt durch seine Bank, die U. S. National, und seinen Mischkonzern Westgate-California beherrscht. Mit dem Luxushotel *Westgate Plaza* hat er sich ein extravagantes Monument gesetzt, einen glitzernden Wolkenkratzer mit Louis-XIV-Dekor – Tapisserien, Schreibpulten, Kronleuchtern –, der von der Ausstattungsfirma seiner Frau möbliert worden ist. Arnholt Smith ist einer der lokalen Wohltäter der Republikaner, und es heißt, er habe 1968 für Nixons Wahlkampf eine Million Dollar an Spenden zusammengetragen; er genießt häufig die Gastfreundschaft des Präsidenten, wenn ihm auch diese Gunst nach einigen lokalen Finanzskandalen in letzter Zeit weniger offen zuteil wird.

San Diego ist Nixon-Territorium; in der Präsidentschaftswahl 1968 erzielten die Republikaner dort einen soliden Sieg, und Nixon nannte es «meine Glücksbringerstadt». Es liegt im Heimatstaat des Präsidenten und nur hundert Meilen von seinem Studienort Whittier entfernt. Es ist mit dem Helikopter in zwanzig Minuten vom Western White House aus zu erreichen, jenem Landsitz, den Nixon sich zugelegt hat und wo er sich gern aufzuhalten pflegt. Und auch Nixons Berater unterhielten enge Beziehungen zu San Diego: Bob Finch war Vizegouverneur von Kalifornien, und Herb Klein, Nixons Kontaktmann zu den Medien, war früher Chefredakteur der *San Diego Union* gewesen und hatte ihn in den frühen Wahlkämpfen treuergeben unterstützt.

Die republikanische Schlüsselfigur in der praktischen Politik von San Diego ist der lokale Kongreßabgeordnete Bob Wilson, der den Bezirk seit zwanzig Jahren im Kongreß vertritt. Wilson ist sehr beliebt in San Diego; er ist ein typischer und dementsprechend erfolgreicher Vertreter jenes in der Stadt vorherrschenden simplen Optimismus, jener Mentalität des «Betreibe deine Sache und komme voran». Im Blick die naive Unschuld, ist sein rundes, gemütliches Puppengesicht stets von einem scheuen, bekümmerten Lächeln geprägt. Seine Karriere außerhalb der Politik war allerdings keineswegs aufsehenerregend. Er ging vorzeitig von der Schule ab, wurde Kunststudent und dann Vertreter einer Molkerei; mit Norman Tolle zusammen – der die prosperierende Tolle Agency aufbaute, an der Wilson heute mit 6 Prozent des Aktienkapitals beteiligt ist und die lokalen Wahlkämpfe der Republikaner betreut – wechselte er in die Werbung über. Er wurde in die Armee eingezogen und haßte den Wehrdienst dermaßen, daß er Tolle veranlaßte, ihn herauszuholen[91]; diese Abneigung hindert ihn jedoch nicht, heute mit den Militärgrößen von San Diego blendend auszukommen. Er arbeitet hart in Washington, wenn es darum geht, Verteidigungsaufträge nach San Diego zu holen, und er sitzt im *Armed Services Committee* (Kongreßausschuß für die Streitkräfte). Im Vietnam-Krieg hat er sich als Falke hervorgetan. Zehn Jahre lang ist er Vorsitzender des Republican National Congressional Committee gewesen, wo er eine erstaunliche Befähigung bewiesen hat, für die Republikaner Geldspenden zusammenzuscharren. Für die Leute in San Diego ist er der Mann, der aus Washington Geld und Arbeitsplätze heimgebracht hat. Und er stand dem Präsidenten nahe, sah ihn nicht nur bei den vierzehntägigen ‹Führungs›-Frühstücken, sondern traf sich mit ihm auch zu privaten Gesprächen, in denen das Aufbringen von Geldmitteln für die Republikaner eindeutig im Vordergrund stand.

Seit Anfang der sechziger Jahre unterhält Wilson eine sehr freundschaftliche Beziehung zu Geneen. Sie lernten sich kennen, als Wilson eingeladen war, vor einem Seminar für leitende Angestellte der ITT einen Vortrag zu halten: Sie beide schätzten das Angeln; Wilson nahm Geneen später zum Thunfischangeln vor Mexiko mit, und Geneen lud Wilson zum gemeinsamen Forellenangeln in Maine ein. Während ihrer Angelpartien sprachen sie übers Geschäft. Die ITT besaß einige Produktionsstätten in Kalifornien, in San Diego aber außer einigen Nebenschößlingen wie Avis und Wonder Bread nichts. Und Wilson strich gegenüber jedermann die Vorzüge seiner Stadt heraus. Im Jahre 1967 wollte Geneen eine neue Fabrik aufbauen, die Unterwasserkabel für den Pazifik herstellen sollte, so wie die ITT-Fabrik in London Atlantikkabel produziert. Wilson machte bald ein vierzig Acre großes Gelände an der südlichen San Diego Bay ausfindig und sprach mit seinen Freunden bei der Port Commission, dem Hafenamt, die das Grundstück zu günstigen Bedingungen an die ITT verpachtete. (Als die ITT sich später über Mängel des gepachteten Grundstücks beschwerte, erhielt sie von der Pacht 400000 Dollar rückvergütet.)

Bob Wilson erzählte Geneen 1969 von einem Gartenhotel namens *Half Moon Inn* in San Diego. Es bestand aus einer Anzahl kleiner Chalets in kalifornisch-polynesischem Stil, die um einen Swimmingpool entlang der Mole errichtet waren, zu jedem gehörte ein strohgedeckter Volkswagenbus; alles in allem ein entzückendes Plätzchen mit Paradiesvögeln und Palmen. Die Eigentümer seien in Schwierigkeiten, sagte Wilson, und Sheraton könne den Komplex für 3 Millionen Dollar erwerben; das Hotel sei das ganze Jahr über ausgebucht. «Es ist eine einmalige Gelegenheit.»

Geneen war begeistert, und zu Wilsons Erstaunen griff er auf der Stelle zum Telefon und wies Bud James, den Präsidenten von Sheraton, an, das Hotel zu kaufen, was dieser auch umgehend tat (soviel zur Autonomie der ITT-Tochterfirmen). Wie sich herausstellen sollte, war das *Half Moon Inn* nicht der Goldesel, als den Wilson es dargestellt hatte. Es war alles andere als ausgebucht, und Sheraton handelte sich eine handfeste Rüge ein. Die Hotelkette kaufte ein benachbartes französisches Restaurant auf und wandelte es in das *Ye Ol' Port Royal* mit einer Piratenhöhle um, in der Grog und «Captain Ahab's Special» serviert wurden; die Kellner in Piratenmontur betreuten leere Tische, und die Piratenhöhle blieb meist leer.

Doch war das *Half Moon Inn* ein wichtiger Brückenkopf für die Landemanöver der ITT in San Diego. Bald darauf berichtete Wilson, ein anderes Hotel stehe zum Verkauf, das *Ramada Inn* nahe dem Flughafen, auf Harbor Island gelegen und mit Blick über die Bucht. Geneen kaufte auch dieses Unternehmen; es wurde rasch in *Sheraton Inn-Airport* umgetauft und ein großes S auf dem Dach angebracht. Und unmittelbar daneben wurde ein weiteres erstklassiges Grundstück von der Port Commission gegen Höchstgebot ausgeschrieben. Geneen wollte auch dieses Areal haben, und er bekam es. Das neue *Harbor Island Hotel* wurde von Anfang an als Schaustück des Sheraton-Imperiums entworfen, als eines der wenigen neuen Hotels, die sowohl von der Sheraton gemanagt wurden als auch in ihrem Besitz waren; es sollte 20 Millionen Dollar kosten und 700 Zimmer haben. Sehr bald erhob sich ein großes Gebäude mit Wabenstruktur auf der kargen Insel und beherrschte die Aussicht vom Flughafen aus. Auch hier gab es Verzögerungen und Schwierigkeiten mit der Grundstückserschließung, und die ITT setzte, vermittelt über Bob Wilson, ihre Interessen rücksichtslos durch, was ihr 50000 Dollar Pachtrückzahlung einbrachte.

Im Laufe von drei Jahren war die ITT in San Diego mit einer Kabelfabrik und drei Hotels von zusammen tausend Zimmern zu einem wichtigen Faktor geworden. Es war sogar im Gespräch, ob die Sheraton nicht ihre Zentrale von Boston nach San Diego verlegen solle. Geneen unterhielt nun ein sehr enges Verhältnis zu Wilson, eine trauliche Allianz. Die Tolle-Werbeagentur, an der Wilson beteiligt war, vertrat nun ITT-Unternehmen einschließlich der ITT selbst. Sie vertrat auch die Port Commission, bis einer der Kommissare wegen des Interessenkonflikts mit Sheraton Protest einlegte. Wilson war der ideale Drahtzieher und Kontaktmann, und für die meisten Leute in San Diego war das ganz in Ordnung.

Doch für die kleine Gruppe von Demokraten in San Diego war die innige Freundschaft zwischen Geneen und Wilson zutiefst anrüchig. In der Vergangenheit hatte Geneen beiden Parteien Spenden zukommen lassen, aber seit 1968 hatte er nur die Republikaner mit bis zu 10000 Dollar jährlich unterstützt.[92] Besonders dubios kam die Allianz dem Vorsitzenden der Demokratischen Partei in Südkalifornien, Larry Lawrence, vor, denn er war sowohl Demokrat als auch Hotelier. Lawrence ist ein etwas zwielichtiger Finanzier, der aussieht wie ein Filmstar. Er kaufte das älteste und prächtigste Hotel in San Diego, das *Hotel del Coronado*, einen phantastisch vererkerten Bau in viktorianisch-tropischem Stil mit ungeheurem räumlichem Aufwand; das *Hotel del Coronado* hat sogar eine Prince of Wales Bar, die eine besondere Stellung in der britischen Geschichte für sich beansprucht, weil in diesem Hotel der junge Prinz von Wales zum erstenmal Wallis Simpson begegnete. Lawrence sah in der Invasion der Sheraton und in Geneens Besuchen in San Diego eine Bedrohung für sein Hotel und für die Demokraten. Er meinte, die ITT würde die Bande zwischen den Republikanern und dem *big money* immer enger schmieden. Und auch andere Demokraten waren der Auffassung, Geneen würde sich für weit mehr als nur für Hotels interessieren. Einer von ihnen sagte mir: «Geneen wußte genau, in welcher Richtung die Politik sich entwickelte. Bob Wilson war für ihn das Musterbeispiel für die gesamte Republikanische Partei. Er war für Geneen der Schlüssel zum Glück. Er konnte Geneen loslassen!»

## Der Konvent

Während das neueste ITT-Hotel Anfang 1971 im Bau war, bemühte sich das Republican National Committee, eine Stadt für den Konvent der Partei im folgenden Sommer, bei dem der Präsidentschaftskandidat zu nominieren war, zu finden. Man hatte verschiedene Städte, darunter so gewohnte Tagungszentren wie Chicago und Miami, um Angebote gebeten, und unter anderem überraschenderweise auch in San Diego angefragt. Zwar hatte diese Aussicht die Stadt in Erregung versetzt, aber sie hatte kein Angebot unterbreitet. Sie war keineswegs ein idealer Tagungsort für einen Parteikonvent. Ihre Beherbergungsmöglichkeiten hatten mit der allgemeinen Expansion nicht Schritt gehalten, und trotz des großen Hotelbooms war sie immer noch knapp an Hotelzimmern. Ein Parteikonvent mußte immerhin für 2692 Delegierte und Stellvertreter und eine Armee von Mitzüglern Übernachtungsmöglichkeiten bereitstellen; das Republican Committee bestand auf 18000 erstklassigen Hotelzimmern, darunter tausend Suiten. Außerdem erfordert ein Parteikonvent genügend Taxis, Restaurants und Polizisten, um die plötzliche Invasion bewältigen zu können, und ferner eine große Kongreßhalle.

San Diego konnte also mit Miami oder Chicago kaum mithalten. Es verfügte in der Stadt selbst nur über etwa 13000 Hotelzimmer, und die Hotels lagen nicht, wie in Miami, dicht beieinander, sondern entlang der Küste verstreut. Wenn man 18000 Zimmer stellen wollte, so bedeutete dies, daß manche Delegierte im dreißig Meilen entfernten Oceanside oder sogar in der als anrüchig angesehenen Stadt Tijuana in Mexiko übernachten mußten. Außerdem hatte San Diego – anders als Miami – Hochsaison im August, und die Hotels wären ohnehin zu 90 Prozent ausgebucht. Folglich konnte der Konvent nicht dem Zweck dienen, Zimmer zu belegen, die ansonsten leer ständen: Vielmehr würden die Touristen verdrängt. San Diego hatte nicht genügend Taxis, es müßte sie zeitweilig importieren. Und das einzige Gebäude, das für einen Parteikonvent genug Raum bot, war die Sports Arena, ein düsterer grauer, bunkerähnlicher Betonblock, der von den meisten Hotels Meilen entfernt lag. Er gehörte einem exzentrischen kanadischen Millionär namens Peter Graham, der auf Zeitkarte von Vancouver herüberzupendeln pflegte und im Umgang äußerst schwierig war.

Und das Schlimmste war, die Geschäftsleute und Hoteliers von San Diego schienen den Parteikonvent gar nicht in der Stadt haben zu wollen. Seit die Hippies und Yippies 1968 in Chicago eingefallen waren – was zur Verwandlung der Stadt in ein Heerlager führte –, war auch das Interesse anderer Städte an der Ausrichtung von Parteikonventen merklich zurückgegangen. Der Bürgermeister von San Diego, ein Demokrat, bezeichnete die

Konventsdelegierten als «einen Haufen Kaufhaustütler», wobei er sich auf die Erfahrungen bezog, die San Francisco 1964 gemacht hatte, wo viele Delegierte ihr eigenes Essen in Kaufhaustüten mitgebracht hatten. Sie verbrachten zuviel Zeit mit Sitzungen, Gesprächen untereinander und Fernsehen am Abend und nicht genug Zeit mit Essen gehen und Barbesuchen, die den Geschäftsleuten der Stadt zuträglich gewesen wären. Im Zeitabschnitt des Konvents, in dem die Stadt für zusätzliche Polizeikräfte und zusätzliche Dienstleistungen bezahlen mußte, dürfte sie ohne weiteres einen Verlust hingenommen haben. Noch schärfere Opposition wurde dem Konventsplan von einer Gruppe namens Lesser San Diego entgegengebracht, die befürchtete, der Konvent würde zu einer Aufblähung der Wohnbevölkerung, zum Ruin der Landschaft und zu Steuererhöhungen führen.

Überdies würde der Konvent Geld kosten. Beide Parteien forderten eine Bargarantie von 800 000 Dollar allein dafür, daß sie ihren Konvent und ihre Publicity in eine Stadt brachten. Die Praxis, Konvente ‹einzukaufen›, ist häufig als Form der politischen Korruption scharf attackiert worden. Der Federal Corrupt Practices Act (Bundesgesetz über korrupte Praktiken) stellt nachdrücklich fest: «Es ist ungesetzlich, wenn irgendeine nationale Bank oder Gesellschaft, die kraft Autorität irgendeines Gesetzes des Kongresses organisiert ist, im Zusammenhang mit jedweder Wahl zu jedwedem politischen Amt oder im Zusammenhang mit jedweder Vorwahl oder politischen Versammlung finanzielle Beiträge leistet oder Ausgaben tätigt...» Doch beide Parteien sehen in ihren Konventsstädten nützliche Finanzquellen für die Parteikasse. Sie umgehen das Gesetz, indem sie Firmen auffordern, nicht der Parteikasse, sondern einem eigens eingerichteten Konventsfonds Gelder zukommen zu lassen, und die Unternehmen können ihre Spenden damit rechtfertigen, daß der Konvent dem lokalen Geschäftsleben zuträglich sei.

Die Einwohnerschaft von San Diego jedoch war keineswegs der Auffassung, daß der Konvent für das lokale Geschäftsleben tatsächlich förderlich sei oder daß er etwa 800 000 Dollar wert sei.

Warum sollten die Republikaner nun angesichts dieser passiv-ablehnenden Haltung derart an San Diego als Tagungsort interessiert sein? Die Antwort konnte nur in einem Wort bestehen: Nixon. San Diego war die Stadt, in der er sich geborgen und unter Freunden fühlte. Er konnte leicht vom friedlichen San Clemente aus herüberfliegen. Sein Lokalpatriotismus würde ihm helfen, die wichtigen 45 Wahlmännerstimmen Kaliforniens für sich zu gewinnen. Und wenn Nixon San Diego als Tagungsort haben wollte, konnte die Partei schlecht nein sagen.

Anfang Mai 1971 sah es ganz so aus, als wäre San Diego aus dem Rennen. Der offizielle Termin für die Abgabe von Angeboten war verstrichen, und es hieß, die Republikaner hätten San Francisco, Miami, Chicago und Houston in Erwägung gezogen. Doch Mitte Mai sprachen Anzeichen dafür, daß San Diego neuerlich rätselhaft unter Druck gesetzt wurde, in letzter Minute eine Bewerbung einzureichen. Verschiedene Leute aus dem Weißen Haus, darunter Bob Finch, Dwight Chapin und William Timmons waren in San Diego gesehen worden, und der stellvertretende Vorsitzende des Republican State Committee, Gordon Luce, der Nixon nahestand, drängte die Stadt plötzlich, ihre Bewerbung rasch anzumelden. Am 3. Juni hieß es, daß das mit der Auswahl des Tagungsortes befaßte Parteikomitee, dem der Parteivorsitzende Bob Dole vorstand, San Diego als möglichen Veranstaltungsort für den Konvent ins Auge gefaßt habe und prüfen wolle. Der Stellvertretende Gouverneur von Kalifornien, Ed Reinecke, ließ durchblicken, daß er mit dem Weißen Haus und mit Bob Dole über San Diego gesprochen habe; und Stadtdirektor Walter Hahn erklärte, der Stadtrat werde als eine Art ‹Pflichtübung› eine Bewerbung einreichen. Ferner verlautete nun, die Republikaner seien hinsichtlich ihrer Ansprüche doch flexibler und würden sich notfalls mit 12500 Hotelzimmern zufriedengeben.

Und im Laufe der vergangenen vier Monate hatte die Leitung des *Half Moon Inn* einen seltsamen Gast verzeichnet, der eine ungewohnte Hektik in die heitere Südsee-Atmosphäre brachte: eine kräftige, lebenslustige Dame mit dröhnendem Organ und einem reichhaltigen Repertoire an Slang-Ausdrücken und Schimpfwörtern. Sie logierte mehrfach – bisweilen gemeinsam mit ihrer Tochter – im *Half Moon Inn* und gab häufig Parties auf ihrem Zimmer; manchmal war Bob Wilson zu Gast, und zuweilen auch andere Lokalpolitiker. Es kam zu etlichen nächtlichen Gelagen, und eines Nachts wurde die Dame sehr spät in der Tat auch im Swimmingpool gesichtet. Leitung und Belegschaft des Hotels brauchten nicht lange, um festzustellen, daß Dita Beard – so hieß die Dame – nicht nur der ITT angehörte, sondern ein ganz besonderer Repräsentant des Konglomerats war. Trotz ihres ungewöhnlichen Gebarens verfügte sie augenscheinlich über die allerbesten Beziehungen, und sie befleißigte sich eines ausgesprochenen Befehlstons. Es ging bald das Gerücht, daß sie der eigentliche Cheflobbyist des Riesenunternehmens sei. Aber nicht jeder wußte dies, und es kam zu einer peinlichen Szene, als die Dame eines Nachts wegen Trunkenheit am Steuer verhaftet wurde. Ihre Tochter kam mit einem von ihr unterzeichneten Scheck zum Hotel zurück, um eine Kaution zu besorgen, aber da das Mädchen an der Rezeption nicht wußte, um wen es sich handelte, löste es den Scheck nicht ein. (Später intervenierte Bob Wilsons Freund Norman Tolle, damit die Strafe herabgesetzt wurde.)

Offiziell war Mrs. Beard damit befaßt, Verteidigungsaufträge für die neue Kabelfabrik zu arrangieren, was eine gute Portion Lobbyarbeit erforderte; oder, wie sie es in einem ein Jahr später bekanntgewordenen Memorandum beschrieb: «Unsere neue Abteilung erfordert dauernde Kontaktpflege mit dem Verteidigungsministerium, um Kontrakte über Kabel in einem Top-Secret-Programm abzuschließen, ferner Kontakte mit den Kongreßabgeordneten des Gebiets sowie dem Gouverneur und seinem Stab.» Ganz gewiß waren ihre Kontakte mit den Kongreßabgeordneten ergiebig. Sie hatte nicht nur zu Bob Wilson eine Beziehung geknüpft, sondern auch mit dem anderen Vertreter des San Diego District im Kongreß, dem Demokraten Lionel Van Deerlin, Freundschaft geschlossen. In dieser Zeit geschah es, daß Van Deerlin seinen ersten Europa-Urlaub mit der ganzen Familie – sechs Kindern und seiner Schwiegertochter – plante. Er erwähnte dies Vorhaben Dita Beard gegenüber, die rasch für ihn in die Wege leitete, daß er über eine Avis-Kreditkarte einen Fiat-Campingbus mieten konnte. Als Van Deerlin aus seinen Ferien zurückkam, weigerte sich Mrs. Beard schlicht, ihn die angefallenen Kosten in Höhe von 600 Dollar bezahlen zu lassen, bis Van Deerlin schließlich nachgab. Später erklärte er gegenüber der *San Diego Union*: «Es war einer jener Fälle, in denen es darauf ankommt, wie fest man auf seinem Standpunkt beharrt. Von heute aus betrachtet war es ein Fehler. Ich will keineswegs behaupten, ich hätte nennenswertes Urteilsvermögen bewiesen, indem ich nicht unbedingt darauf bestand, die Sache zu bezahlen.»[93]

Erst später kamen die Aktivitäten der Mrs. Beard in vollem Ausmaß ans Licht. Doch gab es einige Leute in San Diego, die schon vorher argwöhnten, hinter Mrs. Beards Gastfreundschaft und Entgegenkommen seien noch andere Motive zu vermuten als nur Kabel und daß diese Motive im Zusammenhang mit dem geplanten Parteikonvent der Republikaner zu suchen seien.

Das Interesse der ITT an San Diego wurde bald augenfälliger. Im Mai 1971 – die Anwälte der ITT verhandelten in Washington über den Anti-Trust-Vergleich, und McLaren widersetzte sich immer noch standfest der Fusion mit der Hartford – fielen Geneen und seine Direktoren in Kompaniestärke in San Diego ein, um ihre jährliche Generalkonferenz abzuhalten. Der Mischkonzern hatte es sich zur Gepflogenheit gemacht, eine Jahreskonferenz alljährlich in einem anderen Staat abzuhalten; dies diente einerseits dazu, Störenfrieden zu entgehen, andererseits dazu, in den unterschiedlichsten Gegenden Eigenwerbung zu treiben. In diesem Jahr kam man in C. Arnholt Smiths luxuriösem *Westgate Plaza* in San Diego unter einem Kandelaber zusammen. Geneen fand lobende Worte für den «goldenen Staat» Kalifornien, «der der ITT ein gutes Heim gewesen ist», beschrieb die Errungenschaften und Leistungen des Konzerns und kritisierte unter Bezugnahme auf den internationalen Wettbewerb die Anti-Trust-Politik der Regierung:

«Auch ohne daß uns der Anti-Trust-Schiedsrichter wegen angeblicher Verletzungen von Verordnungen und Gesetzen, die eigens und allein auf uns zugeschnitten sind, bestraft, haben wir schon ziemlich schwierige Auseinandersetzungen zu bestehen.»

Am selben Abend hatte Dita Beard auf dem Rasen des *Half Moon Inn* zwischen den Palmen und den polynesischen Chalets eine Dinnerparty im Freien arrangiert. Daran nahmen etwa siebzig Personen teil, darunter die Direktoren und Vorstände der ITT, Bud James, der Präsident von Sheraton, Bob Wilson und, selbstverständlich, Dita Beard. Bob Wilson unterhielt sich mit Geneen über das Hotelgewerbe und erwähnte beiläufig, er habe am Morgen noch mit Präsidentenberater Bob Finch in San Diego gesprochen. Finch habe gesagt, es bestehe noch immer eine Chance, daß San Diego den republikanischen Parteikonvent zugesprochen bekomme, wenn man die geforderten 800000 Dollar aufbringe. Geneen sagte daraufhin: «Warum machen Sie das eigentlich nicht?» und sprach darüber mit Bud James. Dann sagte er, Bekundungen Wilsons zufolge: «Schauen Sie, wenn Sie die Sache prüfen und hier im Ort finanzielle Unterstützung finden, garantiere ich Ihnen bis zu 400000 von den geforderten 800000 Dollar.»* Später gab es erhebliche Auseinandersetzungen über die genaue Höhe der versprochenen Summe und die Art der Garantie; Geneen behauptete beharrlich, er habe nur 100000 bzw. 200000 Dollar für den Fall zugesagt, daß andere eine Summe in gleicher Höhe beisteuerten. Doch Bob Wilson ging folgerichtig davon aus, daß die 400000 Dollar fest zugesagt seien. Er war zuversichtlich, sie eventuell gar nicht zu benötigen und das Geld von anderen Hotels bekommen zu können; aber Geneens Angebot war ein Köder für die übrigen: «Es erinnerte an die Geschichte, wie jemand J. P. Morgan fragte, ob er ihm 100000 Dollar leihen wolle; Morgan sagte daraufhin: ‹Nein, aber ich werde Ihnen meinen Arm um die Schulter legen und mit Ihnen durch die Halle der Börse flanieren.›»[94]

Die Summe von 400000 Dollar wirkt belanglos, vergleicht man sie mit den Weltumsätzen der ITT oder den 50 Millionen Dollar, die die Republikaner für den Wahlkampf ausgaben. Warum wurde soviel Aufhebens darum gemacht? Doch im Zusammenhang mit dem Konvent und den Beschränkungen des Gesetzes gesehen war es keine Summe, die sich leicht auftreiben ließ; unter diesen Aspekten scheuten sich die meisten Großunternehmen, Spenden in solcher Höhe zu geben. Wieder einmal konnte die ITT ihren Doppelcharakter als Konglomerat vorteilhaft für sich nutzen; in diesem

* Auch Dita Beard nahm für sich in Anspruch, Geneen von der Möglichkeit erzählt zu haben, den Parteikonvent nach San Diego zu holen. Ihrer Aussage nach soll Geneen zu Bud James gesagt haben: «Bud, bei unseren Investitionen hier kommt uns das bestens zupaß. Wir sollten unbedingt mit dem Convention Bureau etwas einfädeln.»[95]

Fall zeigte sie sich nicht als groß und zentralisiert, sondern als klein und lokal, und Sheraton hatte, darauf bestand sie, mit der ITT wenig zu tun. Warum sollten nicht lokale Hotels für einen Parteikonvent am Ort Geld aufbringen? Doch gleichgültig, ob es sich nun um Sheraton oder die ITT, um eine Verpflichtung, eine Zusage oder eine Garantie handelte; all dies berührte im Grunde nicht den Charakter von Geneens Angebot. Zur gleichen Zeit, da seine Anwälte einen Katzensprung entfernt in Washington versuchten, einen Anti-Trust-Vergleich herauszuhandeln, ließ Geneen der Republikanischen Partei und insbesondere Nixon das zukommen, was sie am sehnlichsten wünschten: die Spendenzusage, die sicherstellte, daß der Konvent in San Diego stattfand.

Was an jenem warmen Maiabend beim Gartenfest im *Half Moon Inn* in Geneens Kopf eigentlich vorging, wird wahrscheinlich nie ans Licht kommen. Konnte er unverfälscht der Meinung sein, es handle sich um eine schlichte Geschäftsinvestition zur Werbung für Sheraton, ohne politischen Widerhall? Sah er sein Angebot schlicht als einen Teil jenes ‹unerbittlichen Drucks› an, den er ausübte, um die Hartford Insurance behalten zu können, und machte er dies Angebot nur, um seinen Kampagnen in Connecticut und Washington den Rücken zu stärken? War er, wie seine Rede am gleichen morgen vermuten lassen könnte, durch die Anti-Trust-Problematik derart in seinem Urteilsvermögen getrübt, daß er zu jeder Waffe griff, die ihm zur Verfügung stand? Hielt er es für das beste, sich unmittelbar an die Spitze, an den Präsidenten zu wenden, wie J. P. Morgan es getan hätte, um die Streitpunkte zu klären? Hat es noch weit mehr gegeben als das zufällige Gespräch mit Bob Wilson, ging dem Angebot ein ausgekochter Handel hinter den Kulissen voraus? Diese Fragen werden sich wohl nie ganz klären lassen. Klar scheint jedoch zu sein, daß Geneen in seiner politischen Naivität damals nicht und auch später nicht den möglichen Sprengstoff in seinem Angebot erkannt hat; daß er nicht gemerkt hat, oder sich nicht daran gestört hat, daß er Nixon etwas anbot, das in Anbetracht des damaligen Zusammenhangs und Zeitpunkts nur als Bestechung gewertet werden kann.

## Sheraton macht's möglich

Nach der Dinnerparty im *Half Moon Inn* wurde Geneens Versprechen streng geheimgehalten; doch Bob Wilson eilte, unterstützt vom Stellvertretenden Gouverneur Reinecke und von Gordon Luce, von Hotelier zu Hotelier und von Geschäftsmann zu Geschäftsmann, um das restliche Geld zusammenzubringen. Zwei Wochen später, am 3. Juni 1971, erzählte er der *San Diego Union*, er habe eine Zusage über 400 000 Dollar erhalten, und es sei kein Problem, die restlichen 400 000 Dollar zusammenzutragen – die

Stadt könne also die Bewerbung um den Konvent einreichen; hinsichtlich des Großspenders jedoch schwieg er sich aus. Der Stadtrat war immer noch nicht sonderlich an dem Konvent interessiert; Bürgermeister Frank Curran klagte, die Erörterungen seien über seinen Kopf hinweg geführt worden, und der Stadtverordnete Landt bemerkte bissig, niemand wisse so wenig über die Diskussionen und Unterhandlungen wie der Stadtrat. Doch schließlich, am 30. Juni, stimmte der Stadtrat zu, 600 000 Dollar aus Übernachtungssteuern für die Bewerbung abzuzweigen, und zwei Tage später wurde dem Republican Committee ein formelles Angebot in Höhe von 1,5 Millionen Dollar unterbreitet. Der größte Teil der Summe wurde in Form von Dienstleistungen angeboten, doch von den 600 000 bar zu entrichtenden Dollars stammten 400 000 aus Wilsons mysteriöser Quelle.

In den folgenden sechs Wochen gelang es dem mit der Konventsausrichtung befaßten Bürgerausschuß, allerlei Spendenunterschriften bei lokalen Geschäftsleuten aufzutreiben, so daß Bob Wilson bei Bud James von Sheraton anrufen und ihm sagen konnte, daß das Convention Bureau von der Hotelkette nur eine Spendenzeichnung von 200 000 Dollar benötige, obwohl Sheraton am liebsten eine formelle Zeichnung nur über 100 000 Dollar sähe. Also sandte Bud James ein sorgfältig ausgearbeitetes Telegramm – per Adresse Bob Wilson, Washington – an das Convention Bureau in San Diego, in dem er in klaren Worten Sheratons Interesse an Hotels in San Diego dartat und eine Zweihunderttausend-Dollar-Spende für das Bureau zeichnete «in Erwägung des Umstands, daß das *Sheraton Harbor Island Hotel* als Hauptquartier des Präsidenten benannt» würde. Nun erschien die ganze Sache in der Tat als unverblümter Kuhhandel: Wir machen das Geld locker, wenn ihr den Präsidenten liefert.

Zwei Tage nach dem Telegramm, am 23. Juli, trat das Republican National Committee in Denver zusammen, um endgültig über den Tagungsort des Konvents zu entscheiden. Unter den Anwesenden befanden sich unter anderem, sichtlich erregt, Dita Beard und Bob Wilson, das Telegramm in der Tasche, um es im gegebenen Moment hervorzaubern zu können. Noch immer kämpfte Miami um den Konvent; der Vorsitzende der Republikaner von Florida warnte ausdrücklich, in Kalifornien gebe es mehr zweibeinige Knallschoten pro Quadratzentimeter als irgendwo sonst in der Welt. Doch das Weiße Haus gab nachdrücklich zu verstehen, daß es San Diego eindeutig den Vorzug gebe: Herb Klein trug sogar einen San Diego-Button, und in letzter Minute ließ Präsident Nixon einen Anruf zu Bob Dole, seinem Parteivorsitzenden, durchstellen. Schließlich stimmte die Versammlung 119 zu 12 für San Diego: Die Vorrechte des Präsidenten trugen einen eindeutigen Sieg davon.

San Diego verhielt sich dem Konvent gegenüber immer noch reichlich gleichgültig. «Jedermann scheint darüber freudig erregt zu sein, außer den Einwohnern von San Diego», mokierten sich die Demokraten. Junge Radikale schmiedeten Pläne für eine Masseninvasion, und ein Bewohner klagte: «Die ‹Stadt im Vormarsch› wird bald eine Stadt in Scherben sein.» Doch die Vorbereitungen schritten voran. Ein besonderes vollklimatisiertes Gebäude war neben der Sports Arena für die Unterbringung der Presse geplant; es war im Gespräch, einen Luxusliner mit 450 Zimmern gegenüber dem Hauptquartier-Hotel ans Kai zu legen. Hunderte von Freiwilligen sollten in «einem massiven Willkommensprogramm» die Delegierten am Flughafen in Empfang nehmen, und die Knappheit an Taxis sollte mit Hilfe C. Arnholt Smiths überwunden werden, der einige seiner Yellow Cabs aus San Francisco und Los Angeles herüberholen wollte.

Die Urheber der ursprünglichen Spendenzeichnung von 400000 Dollar blieben immer noch rätselhaft im Verborgenen, doch kursierten zunehmend Gerüchte in San Diego, daß ein Zusammenhang mit der ITT und dem neuen Sheraton-Hotel bestand, das im Uferbezirk emporwuchs. Am 5. August schließlich rückte Bob Wilson mit der Sprache heraus: Die ursprüngliche Garantie über 400000 Dollar sei zur Gänze von ITT-Sheraton gegeben worden. Er habe dies bislang geheimgehalten, erklärte er, weil Sheraton auch ein Hotel in Miami besitzt, das beleidigt hätte reagieren können, wenn Sheraton für San Diego Partei nahm. Auf jeden Fall seien die 400000 Dollar nur eine zeitweilige Zeichnung gewesen, bis die lokalen Geschäftsleute mitzogen, sagte er. Am selben Tag stellte das *Harbor Island Hotel* dem Convention Bureau einen Scheck über 100000 Dollar aus, der am nächsten Tag eingereicht und eingelöst wurde.*

Man konnte durchaus, wie Wilson und Geneen es später unausgesetzt taten, argumentieren, das Geld sei eine kluge lokale Investition, die mit Politik nicht das Geringste zu tun habe. Es wurde betont, die Spendenzusage stamme von Sheraton, nicht von der ITT. Wilson beharrte darauf, er habe die Einzelheiten mit Bud James, nicht mit Geneen ausgehandelt, und er leugnete sogar, die Sache mit Geneen besprochen zu haben – obwohl er sich, wie sich später herausstellte, mit ihm im Mai, Juni und Juli getroffen hatte.[96] Sheraton hat immer beachtliche Mittel für die anfängliche Förderung neuer Hotels bereitgestellt: Für das *Sheraton Waikiki*, das unlängst in Honolulu eröffnet worden war, sind 250000 Dollar aufgewendet worden, und für die Sheratons in Kopenhagen und Stockholm 100000 Dollar. Die Unterbringung des Präsidenten in dem neuen Hotel, die Wilson ausgehandelt hatte, würde durch die Berichterstattung über die Fernsehsender eine «unbezahlbare Publicity» mit sich bringen und den Namen Sheraton auf dem ganzen

* Eine Fotokopie des Schecks wurde von der ITT am 19. März 1972 freigegeben.

Kontinent fördern. (Geneen rechnete später vor, diese Publicity sei ohne weiteres eine Million Dollar wert.[97])

Der Tatbestand, daß es einen etwas undurchsichtigen Handel zwischen dem Weißen Haus und der ITT gegeben hatte, wurde nur wenigen Bewohnern San Diegos bekannt. Ein lokaler Werbemann, Jack Canaan, der für eine Baufirma gearbeitet hatte, unterhielt sich eines Tages am Bauplatz des Hotels mit einem Manager. «Wo Sie gerade stehen, wird sich bald der Hubschrauberlandeplatz des Präsidenten befinden», sagte er.

«Welches Präsidenten?»

«Präsident Nixon. Er wird hier wohnen. Das hat die PR-Tante aus Washington durchgedrückt!»

Canaan zeigte sich von der Kühnheit dieses Kuhhandels beeindruckt: «Eigentlich brauchte die ITT gar kein Scheinwerferlicht, Public Relations, Presseparties. Die leihen sich statt dessen den Präsidenten aus! Genau das hat das Weiße Haus gemacht – für 400000 Dollar den Präsidenten verliehen!»

Der Handel war für Sheraton eindeutig ein glänzendes Geschäft. Doch wenn man ihn nach den Buchstaben des Federal Corrupt Practices Act beurteilte, dann segelte die ITT wirklich hart am Wind. Acht Jahre zuvor waren die Demokraten unter scharfen Beschuß geraten, weil sie Anzeigenseiten im Programmheft für ihren Parteikonvent für 15000 Dollar das Stück an den Mann zu bringen versuchten; dies wurde als indirekte Möglichkeit für Großunternehmen kritisiert, um die Gunst der herrschenden Partei zu buhlen. Die Garantie der ITT war wesentlich flagranter als dieser Verstoß. Sie galt als die größte Zusage, die je von einem Konzern einem Parteikonvent gegeben wurde, und die Garantie betrug das Zwanzigfache von dem, was der großzügigste sonstige Spender in San Diego zu geben bereit war. Bob Wilson und Leon Parma, der Vorsitzende des Konventskomitees, insistierten, daß eine tatsächliche Zeichnung eine ganze andere Sache gewesen wäre, und die ITT hatte sich, wie sie später zu verstehen gab, rechtlich beraten lassen. «Es gibt eine Möglichkeit, gegen diese Art Geldspende Einwendungen zu erheben», erklärte Parma in einem Interview. «Das Gesetz ist in diesem Punkt höchst eindeutig.» Doch in demselben Interview sagte er auch: «Wenn wir darum nachfragten, könnten wir von ihnen [der ITT] einen Scheck über solch eine Summe bekommen, wann immer wir es wollten.»

Unzweifelhaft war die Zusage der ITT ungewöhnlich. Doch noch beachtenswerter an ihr war der Zeitpunkt, zu dem sie gegeben wurde: Denn am 30. Juli 1971, neun Tage nachdem Bud James sein Telegramm an Bob Wilson abgesandt hatte, wurde der Vergleich in dem Anti-Trust-Verfahren gegen die ITT bekanntgegeben.

## Kapitel 9

# Die Lobbyisten

Ich habe nichts aufgeschrieben. Wenn es wichtig ist, sollte man es nicht tun, und wenn es nicht so wichtig ist, warum sich dann die Mühe machen?

Dita Beard, 1972

Es dauerte nicht lange, da fanden Journalisten die Koinzidenz zwischen der Beilegung von ITTs Anti-Trust-Verfahren und der Spendenzusage für den Parteikonvent in San Diego verdächtig, war doch die Saat des Mißtrauens schon früher, als sie im Zusammenhang mit ABC und Hartford auf die ITT gestoßen waren, aufgegangen. Die ersten Hinweise auf die Fährte wurden kurz vor der Verkündung des Vergleichs aufgespürt. Der Chefkorrespondent des *St. Louis Post-Dispatch* in Washington, Richard Dudman, hatte Verbindungen zum Justizministerium und zur *Securities and Exchange Commission*, der Börsenaufsichtsbehörde, wo man den Vergleich mit Argwohn betrachtete; und zufällig hatte er im Restaurant *Jean-Pierre's* in Washington die Bemerkung eines ITT-Mannes aufgeschnappt, die darauf schließen ließ, daß etwas im Gange sei. Ebenso zufällig traf er einen Nachbarn, Henry Sailer, von der ITT-Anwaltsfirma Covington and Burling. Dudman hatte beiläufig gefragt: «Stimmt es, daß die ITT einen Vergleich schließt?» Sailer hatte wütend ausgesehen und geantwortet: «Kein Wort ist davon wahr.» Später sagte Dudman: «Mir war selbst gar nicht klar, wieviel ich wußte.» Er schrieb einen Artikel, kombinierte verschiedene Anhaltspunkte und ließ durchblicken, daß sowohl Bob Wilson als auch Felix Rohatyn in die Sache verwickelt seien. Aber die ITT hatte Wind davon bekommen, und der Vergleich wurde rasch bekanntgegeben, bevor der Artikel am 1. August erschien.

Die erste methodische Darstellung kam zwei Monate später von Reuben Robertson, der in den Vorgängen um die Hartford-Fusion herumgestöbert hatte. Am 21. September schrieb Robertson an Kleindienst, brachte alle möglichen Einwendungen gegen den Vergleich vor, beschwerte sich über die Geheimnistuerei und stellte zuletzt die Frage: Welcher Zusammenhang besteht zwischen dem Vergleich und ITTs Unterstützung für den republikanischen Parteikonvent? Robertson erhielt prompt eine kurze Antwort, nicht von Kleindienst, sondern von McLaren, der die letzte Frage mit den Worten beantwortete: «Es besteht keinerlei Zusammenhang zwischen dem Vergleich im ITT-Hartford-Verfahren und irgendwelcher finanziellen Unterstützung, die die ITT der Stadt San Diego angeboten haben mag.»

Zwei Monate später, am 28. November, war ein seriöser junger Korrespondent vom *Washington Evening Star*, Robert Walters, der mit Robertson Verbindung gehabt hatte, auf Urlaub in San Diego. Er traf Larry Lawrence vom *Hotel del Coronado*, der ihm erzählte, er habe den Verdacht, daß der Vergleich mit dem Parteikonvent verkettet sei; und Walters schrieb einen langen Artikel, erwähnte die Verdächtigungen von Lawrence und beschrieb die seltsame Geschichte der Vierhunderttausend-Dollar-Zusage.

Im Dezember griff Larry O'Brien, der Bundesvorsitzende der Demokratischen Partei, die Sache auf. Er schrieb an Justizminister Mitchell und fragte, ob er jeden Verdacht ausräumen könne, daß ein Zusammenhang besteht «zwischen ITTs plötzlicher Großzügigkeit gegenüber der republikanischen Partei und dem fast gleichzeitigen außergerichtlichen Vergleich bei einem der größten Fusionsverfahren der Wirtschaftsgeschichte». O'Brien erhielt am selben Tag eine Antwort, nicht von Mitchell, sondern von Kleindienst, in der es hieß, Mitchell habe sich von allen ITT- Verfahren zurückgezogen, weil seine frühere Anwaltsfirma für die ITT tätig gewesen sei. Kleindienst betonte dann sehr nachdrücklich, daß er von einer ITT-Spendenzusage keine Kenntnis habe, und stellte fest: «Der Vergleich zwischen dem Justizministerium und der ITT wurde ausschließlich von dem Abteilungsleiter im Justizministerium Richard McLaren abgewickelt und abgeschlossen.»

Erst zu dieser Zeit wurde die ITT-Spendenzusage einer breiten Öffentlichkeit und auch Direktoren der ITT bekannt. Zu denen, für die sie eine Überraschung war, gehörte Felix Rohatyn, der mit dem Vergleich zu tun gehabt hatte und durch die Enthüllung in Verlegenheit geriet, nicht zuletzt deshalb, weil er an demselben Tag ein politisches Abendessen organisierte, um Wahlgelder für den demokratischen Senator Muskie aufzubringen; unter den Gästen war auch Harold Geneen. Rohatyn fragte Geneen, warum die Gesellschaft die Spende gemacht habe, und Geneen versicherte ihm, sie sei nicht mit dem Vergleich verknüpft, sondern bloß eine «völlig normale Art» der Reklame für das Sheraton-Hotel in San Diego.[98]

Warum Kleindienst es für nötig hielt, eine Erklärung abzugeben, die überflüssig und außerdem unrichtig war, wie sich herausstellte, blieb ein Geheimnis. Aber vorläufig hatte die Sache damit ihr Bewenden. Allen Kritikern fehlte noch ein Stück des Puzzlespiels, um es zu vervollständigen – der Beweis aus dem Haus ITT selbst. Erst zwei Monate später eskalierte ein einziges, ungewöhnliches Dokument die Verdächtigungen zu einem nationalen Skandal.

Im Februar 1972 traf das Dokument im Washingtoner Büro des Kolumnisten Jack Anderson ein und wurde damit sofort höchst explosiv. Denn Anderson war der König der Korruptionsschnüffler; erst kürzlich hatte er die ‹*Anderson Papers*› veröffentlicht und damit Nixons Unterstützung für Pakistan im indisch-pakistanischen Krieg enthüllt. Er ist ein großer, poltriger Mann, halb Demagoge, halb Prediger. Seine Jugend hatte er in Salt Lake City verbracht und war eine Zeitlang mormonischer Missionar gewesen; in seinem Haus in Maryland, wo er mit seiner Frau und neun Kindern lebt, sind die einzigen Bücher, die man zu sehen bekommt, die Bibel und ‹*The Mormon Story*›. Aber er verbindet Glaubenseifer mit politischem Scharfsinn. Jahrelang hat er mit dem verstorbenen Drew Pearson zusammengearbeitet, dem erfahrenen Enthüller, und mit Pearson schrieb er das Buch ‹*The Case Against Congress: A Compelling Indictment of Corruption on Capitol Hill*›. Er übernahm Pearsons täglich in zahlreichen Zeitungen erscheinende Kolumne «Washington Merry-Go-Round» und machte sich zum Sprecher des kleinen Mannes (seine Kolumne erscheint auf der Witzseite der *Washington Post*, weil er glaubt, daß sie dort mehr gelesen wird). Er ist ebenso versessen auf Enthüllungen wie die großen Bürokratien auf Geheimhaltung. In seine Aktenordner voller vertraulicher Aktennotizen und Mitteilungen dürfen Besucher Einblick nehmen und sich abschreiben, was sie wollen. Manchmal ist er übers Ziel hinausgeschossen, zum Beispiel bei seinen Beschuldigungen gegen Senator Thomas Eagleton, und mußte sich entschuldigen. Aber durch ihre Enthüllungen ist Andersons Kolumne ein informeller, wenn auch unberechenbarer Bestandteil der amerikanischen Verfassung geworden.

Ralph Nader war es, der Anderson auf die Fährte der ITT brachte, als er ihn bat, mehr über die Hartford-Verhandlungen herauszufinden. Anderson interessierte sich natürlich für das «gefräßige Konzern-Raubtier», wie er es nennt, und auch hatte er seine Kontakte innerhalb der ITT. Er «säte einige Samen und ließ sein Brot über das Wasser fahren»; sein Assistent Brit Hume hatte Verbindung zu Reuben Robertson. Zu guter Letzt trugen die Samen Frucht, und auf geheimnisvolle Weise fiel ihm das ungewöhnliche Dokument in die Hände, das als das Dita Beard-Memorandum bekannt werden sollte. Hier ist es:

ITT

Washington Office
1707 L Street, N. W.
Washington, D. C. 20036
25. Juni 1971

An: W. R. Merriam
Von: D. D. Beard
Betr.: San Diego Convention

Soeben hatte ich ein langes Gespräch mit EJG. Mir tut der Anruf vom Weißen Haus leid. Denn ich konnte doch von unserer Abmachung ausgehen, daß aus unserem Büro unter keinen Umständen irgend jemand über unseren Anteil am Parteitag mit wem auch immer, mich eingeschlossen, sprechen darf. Außer John Mitchell, Ed Reinecke, Bob Haldeman und Nixon (und natürlich Wilson) wußte *niemand*, woher das Vierhunderttausend-Dollar-Engagement kam. Sie können sich nicht vorstellen, wie viele «Freunde» von mir etwas herausbekommen wollten, und jedesmal habe ich irgendeine Kenntnis der Situation geleugnet. Ich halte es für klug, wenn wir das auch weiterhin so halten, von wem auch immer die Nachforschungen kommen mögen; vom Weißen Haus oder von anderen, John Mitchell hat dies mit Sicherheit aus der höchsten Ebene nie ausschlüpfen lassen. Wir sollten doch in der Lage sein, es ihm gleich zu tun.

Ich hatte schon Angst, daß man über das Drei- bis Vierhunderttausend-Engagement bald reden würde ... Sie werden sich erinnern, daß ich vorschlug, uns völlig herauszuhalten ...

Wie ich von Ned höre, sind Sie beide darüber wütend, daß die 400 000 in Dienstleistungen gezahlt werden sollen. Glauben Sie mir, so hat Hal sich mir gegenüber nie geäußert. Kurz nach dem Gespräch mit Ned rief mich Wilson an, um über sein Gespräch mit Hal zu berichten. Hal hat Wilson niemals wissen lassen, daß unsere Spenden nur in Dienstleistungen gezahlt werden sollen. Zwar würde nur wenig in bar sein, aber einiges schon. Verschiedene Gespräche mit Loui bzw. mit Mitchell haben mich überzeugt, daß unsere noble Spende nun doch nach langen Umwegen dazu geführt hat, daß unsere Fusionsverhandlungen sich so entwickelt haben, wie Hal es wollte. Natürlich hat der Präsident Mitchell gesagt, er solle zusehen, daß die Dinge sich einigermaßen gut entwickelten. So bleibt nur noch das Mickey-Mouse-Spiel von McLaren, was uns Sorge macht ...

Ich hoffe, lieber Bill, daß all dies zwischen Hal und Wilson in Ordnung gebracht werden kann, wenn bloß alle hier im Büro dabei bleiben, von einer Spende der ITT, für wen auch immer, nichts zu wissen. Wenn darüber allzu viel geredet wird, dann werden unsere Verhandlungen mit dem Justizministerium scheitern. Mitchell hilft uns wirklich, aber er kann nicht zulassen, daß es bekannt wird.

Bitte vernichten, uff?

Das Dokument war so offensichtlich belastend, daß es alle Theorien über die konspirative Rolle der Machtelite zu rechtfertigen schien. In 360 Wörtern stellte es die Verbindung zwischen dem Präsidenten, dem Justizminister, Harold Geneen, Bob Wilson und Ed Reinecke her; und seine verblümte Ausdrucksweise ließ es nur noch unheimlicher klingen. Es war von ITTs einziger registrierter Lobbyistin, Mrs. Dita Beard, verfaßt und an den Chef des Washingtoner ITT-Büros, Bill Merriam, gerichtet. Es war am 25. Juni 1971 geschrieben worden (neun Monate, ehe es Anderson erreichte), also zu einer kritischen Zeit, als das San Diego-Angebot vorbereitet wurde und kurz vor dem endgültigen ITT-Vergleich. Mrs. Beard sagte darin, sie habe soeben ein langes Gespräch mit Ned Gerrity (EJG) geführt, der verärgert sei, weil ITT beschlossen habe, das Vierhunderttausend-Dollar-Angebot nur auf Dienstleistungen zu beschränken; aber Mrs. Beard beteuerte, daß Geneen (Hal) sowohl Bargeld als auch Dienstleistungen angeboten habe; und Bob Wilson habe gerade angerufen und das bestätigt.

Der wesentlichste Punkt der Aktennotiz war, daß die 400000 Dollar geheim bleiben müßten. Nur Bob Wilson, John Mitchell, Ed Reinecke und Nixon sowie der Berater im Weißen Haus, Bob Haldeman, wußten, daß das Geld von der ITT stammte.

Merriam sei offenbar jemandem im Weißen Haus gegenüber unvorsichtig gewesen, der gerade angerufen habe, und niemand dürfe über die ITT-Spende sprechen, denn Publizität könne den Anti-Trust-Vergleich zum Scheitern bringen. Mrs. Beard sei nach Gesprächen mit dem Gouverneur von Kentucky, Louie Nunn, überzeugt, daß ITTs «großzügiges Engagement» für San Diego viel dazu beigetragen habe, daß die Anti-Trust-Verhandlungen so ausgegangen sind, «wie Hal es wollte». Präsident Nixon selbst habe dem Justizminister Mitchell gesagt, er solle dafür sorgen, daß alles glattgehe, und «Mitchell hilft uns wirklich, aber er kann nicht zulassen, daß es bekannt wird». Die Aktennotiz schloß, was eine bittere Ironie ist, mit dem Satz, der in Washington ein geflügeltes Wort werden sollte: «Bitte vernichten, uff?»

Die Aktennotiz bot, wenn sie echt war, das fehlende Stück des Puzzlespiels. Da sie acht Monate vor der Wahl auftauchte, konnte sie an Brisanz kaum zu übertreffen sein.

Die augenscheinliche Verfasserin, Dita Beard, ist eine der interessantesten Angehörigen der Washingtoner Lobbyisten-Sippe und eine Freibeuterin innerhalb der ITT-Organisation – wie sich in San Diego zeigte. Sie war eine bekannte Persönlichkeit auf dem Kapitol-Hügel, wo sie überall auftauchte, überlebensgroß, als ob sie zu einer Broadway-Show gehöre – eine zähe, trinkfrohe, draufgängerische Frau. «Mutter Beard», wie sie sich gern nennen ließ, hatte mit ihren 55 Jahren ein bewegtes Leben hinter sich; als Colonels-Tochter war sie in der Armee großgeworden, wo sie sich ein Repertoire von derben Flüchen angeeignet hatte. Zweimal war sie verheiratet gewesen und hatte fünf Kinder. Als ihre zweite Ehe zerbrach, kam sie mit ihren Kindern nach Washington, um sich ihren Lebensunterhalt zu verdienen. Sie fand eine Stellung als Sekretärin bei der ITT, nachdem, in Geneens Anfangszeit, als gerade ein ITT-Büro in Washington eröffnet worden war. Mrs. Beard bewies bald, daß sie nützliche Beziehungen hatte, und Geneen beförderte sie zur Lobbyistin und allgemeinen Gutwettermacherin. Später beschrieb sie es so: «In sehr kurzer Zeit wurde mir klar, daß keiner von ihnen eine Ahnung hatte, worauf es in Washington ankommt. Sie hatten keine politischen Vertreter. Sie waren wie Säuglinge. Sie machten sich nicht klar, daß man wissen muß, was in Washington gespielt wird, wenn man eine Firma leiten will.»[99] 1966 war es so weit, daß ihr Bild, sehr soigniert wirkend, in *Fortune* erschien, und im Begleittext hieß es, sie gehöre zu den wichtigsten Lobbyisten in Washington und «ist bekannt für ihre bildhafte Sprache und dafür, daß sie weiß, was Abgeordnete in Schwung hält».

Sie war für Geneen wichtig und stand ihm ziemlich nahe – rein beruflich. Sie besaß dieselbe unbändige Energie wie ihr Chef und verstand es, seinen Arbeitseifer in Politik umzusetzen. Sie hetzte durch das ganze Land, zu Gouverneurskonferenzen, Parteikonventen und -sitzungen, sie sprach mit jedem Abgeordneten und Senator, den sie erwischen konnte. Sie war eine starke Trinkerin, aber die ITT ist an Trinker gewöhnt, und sie besaß eine bemerkenswerte Fähigkeit, wieder auf die Beine zu kommen. Bob Wilson sagte von ihr: «Ab und zu hat sie Herzanfälle, aber ein bißchen Nitroglyzerin und ein Schuß Whisky bringen sie wirklich drüber weg, verstehen Sie?» Ihre Aufgabe, wie sie sie beschrieb, war, «herauszufinden, was vor sich geht, warum und gegen wen – und wann es uns widerfahren wird». Sie war ihr Leben lang Republikanerin gewesen, und ihre Freundschaften klangen spektakulär: Melvin Laird hatte sie gekannt, «seit er ein Baby war, so scheint es»; Ed Reinecke «seit er in der Kandidatenschule war»; mit Bob Wilson und seiner Frau war sie seit «vielen, vielen Jahren» befreundet; und die Mehrzahl der Gouverneure kannte sie «außerordentlich gut».[100] Auch war das nicht unbedingt Prahlerei, und viele Politiker erwiderten das Kompliment: Bob Wilson sagte: «Sie hat ein so weites Herz wie Gott und kommt aus einer sehr guten Familie.» Zu Geneen sagte er: «Keine Firma hat einen so tüchtigen Lobbyisten wie Dita Beard.»

Dita Beard war die einzige registrierte Lobbyistin der ITT, aber sie war nur eine aus dem zahlreichen Washingtoner Personal, das herangewachsen war, seit Geneen die ITT übernommen hatte. Das Personal war gleichsam eine gewaltige industrielle Botschaft, die den Konzern gegenüber Politikern wie auch gegenüber ausländischen Diplomaten vertrat. Es gab Lobbyisten für jeden Zweck, wie aus einer bemerkenswerten Reihe von Aktennotizen hervorgeht, die das Personal im Juni 1971 (zur gleichen Zeit wie das Beard-Memorandum) geschrieben hatte und die mit so manchen anderen Aktennotizen ein Jahr später ans Licht kam.[101] Die Aktennotizen waren auf Wunsch des Washingtoner Direktors Bill Merriam geschrieben worden, der ‹Tätigkeitsberichte› haben wollte. Merriam schrieb die Aktennotizen auf ITT-isch um – wobei sie schwerfällig und langweilig wurden und nur passive Verbformen aufwiesen – und schickte sie nach New York – vermutlich, um bei Geneen Eindruck zu schinden; indiskrete Hinweise wurden ausgelassen; die ausgelassenen Zeilen sind die aufschlußreichsten. Diese Selbstrechtfertigungen der Lobbyisten zeigen nicht nur den Umfang des ITT-Apparats, um Druck auszuüben; sie lassen auch die fatale Sucht der Lobbyisten erkennen, alles aufzuschreiben, was eigentlich gar nicht zu ihrem Beruf paßt, der doch eher im Dunkeln operiert.

Raymond O'Brien zum Beispiel beschrieb, wie er seine Tage damit verbrachte, Kongreßausschüsse zu überwachen, und dann fügte er hinzu (von Merriam ausgestrichen): «Ich versuche auch, Regierungsangestellte zu unterstützen, wenn sie Anfragen von Wählern erhalten oder um Unterstützung bitten bei der Besorgung von Hotelunterkünften, einem Avis-Wagen usw.» Thomas Joyce rühmte sich, daß er Tag für Tag wisse, wie es mit jeder die ITT betreffenden Gesetzesvorlage auf dem Kapitol-Hügel stehe, daß er allwöchentlich zwei Abende mit Regierungsangestellten verbringe, und (das war ausgestrichen): «Fast jeden Tag esse ich mit einem Kongreßmitglied oder einem Mitarbeiter zu Mittag.» L. J. Stone beschrieb sein Lobbying für Rüstungs- und internationale Projekte und fügte hinzu (ausgestrichen): «Ich unterhalte gesellschaftliche und geschäftliche Beziehungen zu Informationsquellen in Botschaften, in der Regierung und der Industrie.» Bertram Willis beschrieb, wie er «Eingaben lieferte», um den Kongreß in Gang zu halten, Kongreßmitgliedern behilflich war und andere Firmen mobilisierte, um multinationale Interessen zu verteidigen. Jack Neal, der Experte für Lateinamerika (vgl. S. 232f), berichtete, daß er in den letzten zwei Wochen zu zehn Botschaftsempfängen eingeladen gewesen sei und daß der

**ITT**

*Washington Office*

*1707 L Street, N.W.*
*Washington, D.C. 20036*
*Tel. (202) 296-6000*

*To:* W. R. Merriam *Date:* June 23, 1971

*From:* R. V. O'Brien

*Subject:*

I spend the early part of my day in the office planning the rest of the day and determining what is involved in the future affecting ITT. [illegible] the Congressional Record each morning to determine what developments occurred the previous day that would be of interest and importance to ITT. These include bills introduced, reports filed, speeches given and positions taken by Members of Congress. I can determine what activity took place in a committee and in the Chambers and what will be coming in the future.

The rest of my day is spent on the Hill monitoring committee hearings, visiting Congressional offices and developing new contacts and maintaining old ones. I [illegible] company positions on legislation to Members of Congress and their staffs and advise them of our business activities in their states and Congressional districts.

In addition to the Congress, I keep in touch with friends in various Executive departments and agencies including the FTC, HEW and GSA.

I also try to assist Government personnel when they have inquiries from constituents or ask for help in securing hotel accommodations, an Avis car, etc.

An increasing part of my time is now devoted to problems at the State level -- checking on a tax bill in Pennsylvania or a parking contract in Rhode Island.

Lobby à la ITT. Raymond O'Brien, ein Washingtoner Lobbyist, beschreibt seine Kontakte und Aufgaben gegenüber dem ITT-Chef Washingtons, Bill Merriam, dessen redaktionelle Korrekturen in dieser Aktennotiz deutlich werden. Erst nachdem er Indiskretionen gestrichen hat, schickt er sie weiter nach New York.

Trend des wirtschaftlichen Nationalismus eine verstärkte ITT-Aktivität bei Regierungsstellen und Banken erheische. Bob Schmidt, der sich um die Demokraten im Kongreß kümmerte, lieferte der ITT Frühwarnungen über Ermittlungen, die peinlich werden könnten, zum Beispiel über (ausgestrichen) die Brotpreisfestsetzung. Bernard Goodrich, zuständig für die Beziehungen zur Presse, beschrieb, wie er sich über die Idiosynkrasien der Washingtoner Presse unterrichtete, nämlich «durch private Einladungen bei mir zu Hause und auf öffentlichen Veranstaltungen» (ausgestrichen). Ken Vigue, spezialisiert auf internationale Projekte, berichtete, daß seine Mitarbeiter 1970 dreihundert wichtige Persönlichkeiten aus dem Ausland bearbeitet und jede Woche sechs bis neun Botschaftsempfänge besucht hatten. C. R. Bergwin, für Export und Einfuhrlizenzen zuständig, erwähnte die Notwendigkeit «wirkungsvoller persönlicher Beziehungen zu den Lizenzen erteilenden Beamten». Jack Horner, Direktor des ITT-Nachrichtendienstes, berichtete, daß er täglich einen der Presseklubs besucht; er war auch verantwortlich für die Herausgabe des monatlich erscheinenden internen ITT-Mitteilungsblatts *Report from Washington*, das Klatsch und vertrauliche Informationen für das New Yorker Büro im angemessenen Jargon bringt.

Ein Großteil des Lobbying der ITT hat mit Rüstung zu tun, auf die vom ITT-Jahresumsatz 300 Millionen Dollar entfallen. Der Abgeordnete Bob Wilson vom Kongreßausschuß für die Streitkräfte war ein nützlicher Kontakt, und zweifellos ebenso die außerordentlich große Zahl ehemaliger Offiziere bei der ITT: 1969 gehörten zu ihnen drei Konteradmirale (darunter Ellery Stone), zwei Brigadegenerale, 22 Colonels und acht Captains.[102] Zwei Lobbyisten waren für die Rüstung eingesetzt: T. J. Gallagher hielt das Verteidigungsministerium unter ‹ständiger Überwachung› und hatte direkte Beziehungen zum Ausschuß für die Streitkräfte und zum Bewilligungsausschuß; T. H. Casey hatte gesellschaftliche Verbindungen ‹auf höchster Ebene› mit dem Verteidigungsministerium. Aber eigentlich haben alle Lobbyisten mit der Rüstung zu tun; Bob Schmidt war sehr aktiv, und 1972 wurde berichtet, er habe dem Büro eines namhaften Abgeordneten 500 Dollar bezahlt, um das Zustandekommen eines Auftrags für elektronische Flugplatzausrüstung in Vietnam zu erleichtern (den die ITT doch nicht bekam).[103]

Doch Dita Beard war die aktivste Lobbyistin von allen. Ständig war sie Kongreßmitgliedern und Senatoren behilflich. Wenn sie sich meistens auch auf die Republikaner konzentrierte, so scheute sie sich keineswegs, auch einem Demokraten unter die Arme zu greifen, wie dem Abgeordneten Van Deerlin in San Diego mit seinem Avis-Camper. Sie war bekannt für ihre Großzügigkeit. «Was mich schockierte», sagte ihre Sekretärin Susan Lichtman zur Zeit der Aktennotiz, «war, daß Kongreßabgeordnete manchmal Mrs. Beard um nicht gerade kleine Gefälligkeiten baten.» Senator Hartke zum Beispiel pflegte sich der ITT als «einer Art persönlichen Taxiunternehmens» zu bedienen. Dita Beard war immer gern bereit, kostenlose Dienstleistungen, fix und fertige Reden oder Freifahrten in ITT-Flugzeugen zur Verfügung zu stellen. («Wie in aller Welt kann man erwarten, daß ein Abgeordneter oder ein Senator auf dem Kapitol-Hügel bleibt und seine Arbeit erledigt und trotzdem draußen ist und Reden hält und am Wahlkampf teilnimmt? Manchmal kann man es sich aus zeitlichen Gründen einfach nicht leisten, bloß auf die Linienmaschinen angewiesen zu sein.»[104]) Sie half, sie erklärte, und das reichte von der Empfehlung eines Zahnarztes bis zu Ratschlägen über Wahlkampagnen. Sie stand immer zur Verfügung: «Ich bin eben die gute, alte Mutter.»

Ihre Stellung in der ITT-Hierarchie war einzigartig; im Organogramm, so erklärte sie, «sitzt Beard hoch oben ganz allein in einem Kästchen». Sie war sehr weitgehend die persönliche Sendbotin von Geneen, und viele leitende Angestellte wußten gar nichts von ihrer Existenz, bis der Skandal ausbrach. Sie operierte außerhalb der Grenzen des Konzernkastells und unterstand nicht einmal der Kontrolle von Herb Knortz, zu dem war sie die einzige ältere Frau in dieser ausgesprochen männlichen Firma (unter den dreitausend leitenden Angestellten sind nur drei Frauen). Ihre Sonderstellung erregte den Unwillen ihrer beiden nominellen Vorgesetzten, Ned Gerrity und Bill Merriam. Bob Wilson sagte, die beiden «haben einen ausgesprochenen Haß auf Dita, bloß weil Dita Einfluß auf Hal Geneen auszuüben vermochte». Besonders gespannt waren ihre Beziehungen zu Bill Merriam, einem umgänglichen Aristokraten in den Sechzigern, der einst mit der Familie von Kennedy befreundet war, aber viel weniger politische Begabung besaß als sie. Kein Wunder, daß Mrs. Beard das Gefühl hatte, ihre Stellung sei ungesichert – oder, wie Gerrity sagte: «Sie hatte große Schwierigkeiten mit ihrem Ich.» Einmal, als sie überzeugt war, daß sie gefeuert werden würde, intervenierte Wilson bei Geneen, und Geneen wies (laut Wilson) Gerrity daraufhin an, sie zu behalten. Aber Dita Beard beteuerte, daß ihre Beziehungen zum Washingtoner ITT-Büro im großen und ganzen sehr gut waren:

> Sie fanden sich alle mit mir ab. Ich weiß nicht, warum. Wir waren wirklich eine prachtvolle Gruppe, aber wenn die Sitzungen ein bißchen langweilig wurden … pflegte ich dem Unsinn schlankweg mit dem schmutzigsten Witz, der mir gerade einfiel, ein Ende zu bereiten, womit ich sie alle wieder in ihre Büros scheuchte und die Sitzungen ein wenig abkürzte. Das klappte immer.

Dita Beards Geschichte war so komisch und melodramatisch, daß man leicht vergißt, eine wie überaus leistungsfähige Arbeitskraft sie in Wirklichkeit war. Sie wurde gut bezahlt mit einem Gehalt von 30000 Dollar, einer jährlichen Gratifikation von 15000 Dollar und einem Spesenkonto von 3000 Dollar monatlich; doch wichtiger war, daß sie die Ressourcen eines riesigen Konzerns hinter sich hatte. Bei all ihrem Trinken und Witze reißen verlor sie nie ihre Aufgabe aus den Augen – die Sache der ITT zu verfechten, wo immer sie konnte. Ihre Loyalität für Geneen war unerschütterlich, «den Mann, von dem ich mehr halte als von allem anderen auf der Welt».

Es ist unter erfahrenen Geschäftsleuten Mode, zu behaupten, Lobbyisten seien heutzutage bei der subtilen gegenseitigen Abhängigkeit von Wirtschaft und Regierung überflüssig und sogar unnütz. Wenn das stimmt, wird ein Haufen Geld verschwendet, denn es gibt schätzungsweise fünftausend Lobbyisten in Washington – die Hälfte davon unregistriert –, so daß im Durchschnitt auf jeden Senator und jedes Repräsentantenhausmitglied zehn Lobbyisten kommen. Es ist richtig, daß Lobbyisten wegen der Art ihres Jobs nicht nachweisen können, was sie erreicht haben. Es ist symptomatisch für ihre Berufskrankheit, daß sie sich Geschehnisse als Verdienst anrechnen, die sowieso eingetreten wären, und aufschneiden, um ihren Vorgesetzten zu imponieren. Bei dem komplizierten Aufbau der ITT und dem Wert, der Aktennotizen beigemessen wurde, lag es auf der Hand, daß sich diese Tendenz bei der ITT verstärkte. Aber ein hartnäckiger Lobbyist kann erfolgreicher sein, als er sich klarmacht. Er erzeugt immer ein Gefühl von gutem Willen und Gemeinsamkeit der Interessen zwischen der Firma und den Politikern, so daß sie fast unmerklich in dieselbe Richtung einschwenken. Seine Hauptwaffe, so beteuert er, sei Freundschaft, und was ist daran böse? Die Gefahr, zuviel des Guten zu tun, ist nicht groß, denn der Lobbyist weiß, daß Politiker sich zwar darüber zuweilen beklagen, es aber in Wirklichkeit gern haben, von Lobbyisten umworben zu werden. Es sind nicht nur die Einladungen zum Mittagessen und die kostenlosen Flugreisen; es ist die Bestätigung, daß sie Leute sind, auf die es ankommt. Wie ein Nutznießer sagte: «Ich werde von Lobbyisten umworben, also bin ich.» Ein geschickter Lobbyist kann eine Atmosphäre schaffen, in der der ganze Konflikt zwischen Regierung und Wirtschaft unnötig erscheint, so daß allzu strenge Gesetzesvollstrecker notgedrungen den Eindruck von bloß nörgelnden Pedanten erwecken.

Geneen, stets voller missionarischem Eifer und so häufig in Schwierigkeiten mit der Regierung, erkannte die Bedeutung des Lobbying besser als die meisten. Er hat oft gesagt, das Recht auf Lobbying sei ein demokratisches Grundrecht. Da er die Arbeitsplätze von 400000 Betriebsangehörigen sichern muß, behauptet er, sei es seine Pflicht, die Forderungen der Gesellschaft durchzusetzen, und er zitiert das First Amendment, der das Petitionsrecht garantiert, «um Ungerechtigkeiten wiedergutzumachen». Aber der Fortgang unserer Erzählung zeigt, wie leicht sich die Regierungstüren dem großen Geld der Lobbies öffnen und wie verschlossen sie für jeden anderen sind. Überdies ist die ITT wie andere Großkonzerne eben auch beim Lobbying besonders im Vorteil: im Gegensatz zu den alten Industrieriesen, den Automobil- und Stahlfirmen, deren Produktionsstätten in ein oder zwei Staaten konzentriert sind, hat die ITT Fabriken in vierzig Staaten. Die ITT kann also notfalls Abgeordnete und Senatoren in der ganzen Union mobilisieren.

## Der Knüller

Sofort nachdem Jack Anderson im Februar 1972 die Aktennotiz von Dita Beard erhalten hatte, gab er sie an einen seiner Mitarbeiter weiter, Brit Hume, ohne ihm zu sagen, woher es kam. Hume ist ein junger, leidenschaftlicher Reporter mit nöliger Stimme und seelenvollem Blick, aber zäh in der Verfolgung eines Skandals. Er hatte mit seiner journalistischen Tätigkeit sechs Jahre zuvor bei der *Hartford Times* begonnen (wodurch er an der ITT zusätzlich interessiert war) und arbeitete damals seit zwei Jahren für Anderson. Er brauchte nicht lange, um sich darüber klarzuwerden, daß dies «das belastendste Stück Papier [ist], das ich je gesehen habe». Er brachte es gleich zu seinem Freund Reuben Robertson, der es ebenso aufregend fand wie er und ihm einiges über die Vorgeschichte erklären konnte. Sie beschlossen, Hume solle sich sobald als möglich mit Dita Beard in Verbindung setzen. Am nächsten Tag rief Hume sie an, sagte, er habe eine Unterlage aus ihren Akten und wolle gern mit ihr darüber sprechen. Sie forderte ihn auf, herüberzukommen, und er ging in das Büro der ITT, zwei Querstraßen entfernt, bewaffnet mit dem Original der Aktennotiz – nachdem er eine Kopie in seinem Schreibtisch deponiert hatte. Er wurde zuerst von dem bei der ITT für die Presse zuständigen Mann empfangen, Bernie Goodrich, und dann von einem PR-Mann, Jack Horner. Schließlich stürmte Dita Beard ins Zimmer. Brit Hume hat sie sehr lebendig beschrieben:

> Sie bot einen erstaunlichen Anblick. Eine vollschlanke Frau von Mitte Fünfzig mit grauem Haar, das in Spuren erkennen ließ, daß es einst rot oder blond oder in einer dieser Farben gefärbt gewesen war. Ihre Haut war ledern und aufgedunsen, sie trug kein Make-up. Eine Büroklammer hielt ihre Hornbrille zusammen, bei der eines der Scharniere zerbrochen war. Sie trug einen hellgrünen, kurzärmeligen Pullover und eine fleckige gelbe Hose. Ihre flachhackigen Sportschuhe waren

abgetragen und schmutzig. Ihre Stimme klang etwas rauh und scharf, was die Folge ihres Kettenrauchens sein könnte. Dennoch machte sie nicht den Eindruck einer verbrauchten Frau, sondern eher den eines Wildfangs mittleren Alters. Aus ihren Bewegungen und ihrer Redeweise sprach Selbstsicherheit, und als wir uns die Hand gaben, wurde mir deutlich, daß sie in diesem Büro beträchtlichen Einfluß besitzen müsse, wenn sie es sich erlauben konnte, mitten in der Woche in einem solchen Aufzug zu erscheinen. Sie erinnerte mich an Tugboat Annie. Mir gefiel sie.[105]

Hume, dem das Herz klopfte, versuchte ruhig zu erscheinen, als er die Aktennotiz aus der Tasche zog und sie vor Mrs. Beard hinlegte. Sie las sie schweigend. Dann schüttelte sie den Kopf. Sie sagte (laut Humes Bericht): «Wir waren gar nicht beteiligt. Wir sind gar nicht beteiligt... Ich hatte nichts mit dem Vergleich zu tun ... Wir haben lediglich angeboten, dabei behilflich zu sein, das Geld aufzubringen.» Doch leugnete sie nicht, die Aktennotiz geschrieben zu haben. Sie gingen sie zusammen durch, und sie hielt sich an die offizielle ITT-Version über den Parteitag von San Diego, wobei Goodrich (wie sie Hume später erzählte) ihr von Zeit zu Zeit unter dem Tisch auf den Fuß trat. Schließlich verabschiedete sich Hume, nahm eine Kopie der Aktennotiz mit und sagte ihnen, sie hätten massenhaft Zeit, darüber zu reden und ihre Akten nachzuprüfen. Er wollte verhindern, daß die ITT voller Panik rasch eine eigene Erklärung abgibt.

Am nächsten Tag rief Dita Beard Hume an und bat ihn, gleich in ihr Haus im Staate Virginia zu kommen. Ihm wurde von ihrem Teenager-Sohn, Bull Beard, die Tür geöffnet. Drinnen fand er eine ganz andere Mrs. Beard, gar nicht mehr so forsch, dafür mit rot verschwollenen Augen. Sie saßen zusammen auf Hockern in der Küche, während sie, von Tränen und derben Flüchen unterbrochen, von der Aktennotiz sprach. «Ich weiß, Sie haben sie von Jack Gleason», sagte sie, aber Brit Hume wußte damals nicht, wer Gleason war.[106] Später sagte sie: «Ich habe sie geschrieben, natürlich habe ich sie geschrieben», und dann erklärte sie, Bill Merriam, ihr Washingtoner Chef, sei politisch naiv, und sie habe das geschrieben, um «diesem dummen Scheißkerl Merriam ein bißchen Vernunft beizubringen». Sie sei es gewesen, erklärte sie, die auf die Idee gekommen sei, daß die ITT behilflich sein könne, den Parteitag nach San Diego zu bringen, nachdem sie mit dem Vizegouverneur, Ed Reinecke, gesprochen habe. Geneen habe der Idee begeistert zugestimmt, und Reinecke habe es bei einem Besuch in Washington Justizminister John Mitchell gesagt.

Schließlich, und das war die größte Sensation, gab sie zu, daß der Vergleich auf einer Absprache beruhte und sie ihn selbst ausgehandelt habe. Sie beschrieb, wie sie mit Justizminister Mitchell darüber gesprochen habe, als sie beide Gäste bei einem kalten Büfett waren, zu dem der Gouverneur von Kentucky, Louie Nunn, anläßlich des Kentucky-Derby im Mai 1971 eingeladen hatte. Mitchell hatte sie eine Stunde lang wegen ihres schonungslosen Lobbying beschimpft und dann erzählt, sogar der Präsident habe ihm gesagt, er solle einen vernünftigen Vergleich zustande bringen. Schließlich habe Mitchell sie gefragt: «Was wollen Sie?» – womit er meinte, welche Firmen die ITT bei dem Anti-Trust-Vergleich behalten wolle. Dita Beard habe geantwortet, daß die ITT Hartford behalten müsse, «wegen der Wirtschaftlichkeit», und auch einen Teil von Grinnell. Schließlich seien sie zu einer Verständigung gelangt, während sie am kalten Büfett entlanggingen und sich dann zum Essen hinsetzten: es war genau die Regelung, die dann tatsächlich mit der ITT getroffen wurde. Aber Dita Beard beharrte darauf, daß Geneen nichts von dieser Abmachung gewußt habe, und sie wiederholte ständig, daß es im Gegensatz zu dem, was in der Aktennotiz stand, keinen Zusammenhang zwischen dem Vergleich und der Parteitag-Spende gegeben habe. Nach zwei Stunden voller Gefühlsergüssen stand Brit Hume auf, um zu gehen, und zu seiner Überraschung umarmte ihn Dita Beard, als ob sie erwarte, daß er ihr wie ein Sohn einen Abschiedskuß geben würde. Er ging nach Hause und schrieb seine Notizen aus dem Gedächtnis.[107]

Am nächsten Tag rief Hume im Justizministerium an, denn er wollte versuchen, Mitchells Version von der seltsamen Geschichte über die Begegnung beim Kentucky-Derby zu hören. Mitchells Pressereferent, Jack Hushen, gab zu, daß Mitchell Dita Beard dort tatsächlich getroffen habe, aber gleichsam nur wie «Guten Tag – Auf Wiedersehen». Er beteuerte, Mitchell könne beweisen, daß die Aktennotiz falsch sei.

An jenem Freitag schrieb Hume seinen Knüller für Jack Andersons Kolumne «Washington Merry-Go-Round», zitierte auszugsweise die Aktennotiz und seine Unterhaltungen mit Dita Beard und schloß mit dem Dementi von Mitchell. Er unterließ es vorsichtshalber, zu erwähnen, daß eine Abmachung über den Parteikonvent getroffen worden sei. Anderson änderte ein paar Stellen und war mit dem Artikel einverstanden. Die Kolumne begann mit den sensationellen Worten:

> Wir haben jetzt Beweise, daß der Vergleich beim größten Anti-Trust-Vergleich der Nixon-Administration privat ausgehandelt worden war zwischen Justizminister John Mitchell und der Spitzen-Lobbyistin der betroffenen Firma. Wir haben es von der Lobbyistin selbst erfahren, der rauhbauzigen, tüchtigen Dita Beard von der International Telephone and Telegraph Company. Sie bekannte sich zu der

geheimen Abmachung, nachdem wir eine höchst belastende, von ihr geschriebene Aktennotiz aus den Akten der ITT erhalten hatten.

Die Aktennotiz ließ noch viele Fragen unbeantwortet. Deshalb versuchte Hume rasch, diese erste Kolumne noch weiter zu untermauern, ehe sie am folgenden Dienstag veröffentlicht wurde. Es gelang ihm, mit einem früheren ITT-Direktor, dessen Name nicht genannt werden kann, zu sprechen, der an der Hartford-Fusion beteiligt gewesen war und Hume gegenüber andeutete, daß die ITT auf sehr breiter Front Druck ausgeübt hatte. «Die globale Theorie des ITT-Managements», erklärte er sehr richtig, «lautete, daß wenn es mit einem Versuch klappen kann, es bei sieben Versuchen siebenmal besser klappen kann.» Er wies darauf hin, daß die Schlüsselfigur bei den Anti-Trust-Verhandlungen der Bankier Felix Rohatyn war: «Ich kann mich des Eindrucks nicht erwehren, daß die Dinge nach ein oder zwei weiteren Gesprächen zwischen Rohatyn und Kleindienst in Gang kamen.»

Hume telefonierte rasch mit Rohatyn und erwischte ihn auf dem Kennedy Airport. Er erzählte ihm von der Aktennotiz und begann sie ihm vorzulesen. Rohatyn unterbrach ihn: «Das ist absoluter Quatsch.» Er müsse es wissen, sagte er, denn er sei von Geneen beauftragt worden, die Sache der ITT der Regierung gegenüber in wirtschaftlicher Hinsicht zu vertreten; er habe etwa sechs Besprechungen mit Kleindienst gehabt, während die Rechtsanwälte der ITT gleichzeitig mit McLaren verhandelten. Erst später an jenem Tag, als Hume mit Reuben Robertson zu Abend aß, wurde ihm die volle Bedeutung dessen, was Rohatyn gesagt hatte, klar. Denn Robertson erinnerte ihn an den Brief, den Kleindienst zwei Monate zuvor an den demokratischen Parteichef Larry O'Brien geschrieben und in dem er behauptet hatte, der Vergleich sei «ausschließlich» von McLaren und seinen Mitarbeitern «abgewickelt und abgeschlossen» worden. Das wurde jetzt glatt widerlegt durch Rohatyns Bericht über seine Gespräche mit Kleindienst.

Hume fand auch Jack Gleason, den Mann, den Dita Beard im Verdacht hatte, die Aktennotiz hinausgeschmuggelt zu haben; es stellte sich heraus, daß er ein PR-Berater war, der im Weißen Haus gearbeitet hatte und jetzt für die ITT tätig war. Gleason sagte, zur Zeit der Aktennotiz habe Bill Merriam ihn gebeten, herauszufinden, was das Weiße Haus von der ITT in San Diego erwarte, und er habe seinen Freund William Timmons im Weißen Haus angerufen.[108] Das schien den ersten Teil der Aktennotiz zu bestätigen.

Es gab noch viele fehlende Glieder in der Geschichte; aber es lagen genügend Hinweise auf geheime Abmachungen zwischen der ITT und der Regierung vor. Humes nächste Kolumne begann mit den Worten:

Wir haben jetzt nachgewiesen, daß die Äußerungen des designierten Justizministers Richard Kleindienst über den plötzlich abgeschlossenen außergerichtlichen Vergleich im größten Anti-Trust-Verfahren der Nixon-Regierung eine glatte Lüge waren.

Der Zeitpunkt dieses Angriffs auf Kleindienst war besonders bitter, weil er genau am nächsten Tag als amtierender Justizminister das Justizministerium übernehmen sollte als Nachfolger von Mitchell, der aus der Regierung ausschied, um Nixons Wahlkampagne zu leiten. Erst eine Woche zuvor hatte der Rechtsausschuß des Senats, obwohl einige Mitglieder kein gutes Gefühl dabei hatten, Kleindiensts Ernennung zum Justizminister durch Nixon bestätigt.

Anderson und Hume zielten mit ihren Angriffen direkt auf das Herz der Nixon-Regierung, als sie die Integrität von zwei Justizministern in Zweifel zogen. Beide, Mitchell und Kleindienst, waren hartgesottene Vollblutpolitiker. Mitchell, Sozius von Nixons alter Rechtsanwaltspraxis, war Nixons Wahlkampfleiter gewesen. Kleindienst war zuerst 1964 in Arizona als Führer der «Goldwater-Mafia» hervorgetreten; 1968 war er einer der Hauptorganisatoren für Nixon gewesen und mit dem Posten als Stellvertretender Justizminister belohnt worden. In dieser Stellung war er für die Rechte ein Held und für die Linke ein Schurke geworden, ein untersetzter, breitschultriger ‹zäher Bursche›, der sich seiner unverblümten Redeweise rühmte: als die Polizei zehntausend Demonstranten gegen Vietnam verhaftet und in Lager eingesperrt hatte, sprach Kleindienst von dem «üblen Pöbel» und seiner «internationalen Gefährlichkeit». Der mehr grundsätzliche Einwand gegen Kleindienst war, daß er nicht widerstehen konnte, wenn mit Geld oder politischen Mitteln Druck auf ihn ausgeübt wurde. Zwei Skandale im Jahre 1970, die Affäre Harry Steward und die Affäre Robert Carson, hatten ernstliche Zweifel an seiner Redlichkeit erweckt. Im ersten Fall hatte Kleindienst mit einer sehr fragwürdigen Begründung einen Staatsanwalt entlastet, dem vorgeworfen worden war, die Untersuchung von Korruptionsfällen in San Diego verhindert zu haben; im zweiten Fall war Kleindienst von einem Senatsgehilfen, Robert Carson (der später wegen Meineid und Bestechung verurteilt wurde), Geld angeboten worden, und erst eine Woche später, nachdem er erfahren hatte, daß Carson vom FBI überwacht wurde, hatte Kleindienst es gemeldet. Als die Senatoren im Februar 1972 darüber zu befinden hatten, ob Kleindienst als Justizminister bestätigt werden könne, haben drei Mitglieder des Rechtsausschusses (Hart, Kennedy und Tunney) ihre Bedenken geäußert, wie er angesichts der jüngsten Skandale zu beurteilen sei. Aber schweren Herzens erklärten sie sich dann bereit, ihn zu bestätigen.

Als Andersons Kolumnen landauf, landab in siebenhundert amerikanischen Zeitungen erschienen, hatte das sofortige Auswirkungen. Gleich nach dem ersten Artikel gab die ITT ein Dementi heraus, das in Anbetracht dessen, was Rohatyn gesagt hatte, bemerkenswert unbesonnen war. Es wurde darin behauptet, daß «weder Mrs. Beard noch irgend jemand sonst außer den Rechtsberatern befugt war, solche Verhandlungen zu führen». Auch Mitchell stritt ab, in irgendeiner Weise mit den Verhandlungen über den Parteikonvent von San Diego zu tun gehabt zu haben; und er sagte, er habe «keine Kenntnis davon gehabt, daß irgend jemand aus dem [Konvent-]Komitee oder sonstwo mit der ITT verhandelt habe». Doch bei einem Telefongespräch mit Edgar Gillenwaters, Chef des kalifornischen Handelsdepartments, der sich dafür eingesetzt hatte, den Parteitag nach San Diego zu bringen, gelang es Hume, eine Widerlegung zu erhalten. Gillenwaters sagte Hume, daß er und Ed Reinecke, der Vizegouverneur, Mitchell schon Mitte Mai von dem ITT-Angebot erzählt hatten, also drei Monate ehe es bekanntgegeben wurde. Mitchell hatte gesagt: «Wenn Sie das fertigbringen, dann man los.»

Und dann, am Dienstagabend, handelte Kleindienst voreilig. Er wolle, sagte er, als Justizminister nicht bestätigt werden, solange ein Verdacht gegen ihn bestehe. Deshalb bat er, der Senat möge die Hearings über seine Eignung für das Amt wieder aufnehmen. Es war ein überraschender Schritt, weil zu dieser Zeit von keiner Seite Druck ausgeübt wurde, die Hearings neu zu eröffnen, und weil Kleindienst selbst gewußt haben mußte, daß der Senat wahrscheinlich peinliche Dinge enthüllen werde. Offenbar glaubte er, die Hearings würden kurz und wohlwollend sein und zu seinen Gunsten ausfallen. Aber Anderson machte sich keine Sorgen. Zu Hume sagte er: «Das ist das Dümmste, was er tun konnte.»

Kapitel 10

# Die Senatoren

Wir sind nur ein weiteres Kapitel in dieser bedrückenden Geschichte über den Vertrauensverlust der Menschen in das System.

Senator Philip Hart[109]

Am Donnerstag, dem 2. März, nur zwei Tage, nachdem Jack Andersons erste Enthüllungen erschienen waren, versammelte sich der Rechtsausschuß des Senats auf der halbrunden Empore im Saal 2228 des neuen Senatsgebäudes, um Kleindiensts Ernennung erneut zu überprüfen. Der kleine, aber hohe Raum war überfüllt, einige der Reporter mußten an der Wand stehen. Es war Wahljahr, die politische Atmosphäre war spannungsgeladen; über Nacht war die Affäre Dita Beard das Symbol für Korruption in der Regierung geworden. Bürgermeister John Lindsay sprach von der «Hochzeit zwischen einem Riesenkonzern und dem Justizministerium».

Scheinbar handelte es sich um ein ganz unkompliziertes Verfahren: als Wachhund gegenüber dem Justizministerium mußte sich der Rechtsausschuß von der Integrität des Justizministers überzeugen, um die Macht der Exekutive unter Kontrolle zu halten. Da der Ausschuß vorwiegend aus Demokraten bestand, hätte erwartet werden können, daß diese Überprüfung um so effektiver sein würde. Aber nichts im Senat ist ganz das, was es zu sein scheint, und der Vorsitzende, ‹Big Jim› Eastland, sorgte, wie ein Teilnehmer sich ausdrückte, für ein besonders kafkaeskes Element: der zähe alte Rechtsanwalt von 68 Jahren, die gewaltige Zigarre im Mund hin und her kauend, inszenierte das Hearing, wie Vorsitzende das können, mit sichtbarem Behagen. Er brachte Überraschungszeugen bei, unterbrach nach Lust und Laune die Sitzungen, begann dann plötzlich wieder mit dem Hearing und beschränkte die Fragezeit jedes Senators auf zehn Minuten. Obwohl Demokrat, war er doch äußerst konservativ, und bei der anschließenden Wahlkampagne wurde er tatsächlich von Präsident Nixon unterstützt. Er stand sich mit Kleindienst sehr gut, der ihn später bei seiner Kampagne in

Mississippi begleitete. Eastland hatte offensichtlich erwartet, daß das Hearing in zwei oder drei Tagen vorbei sei und Kleindiensts Name reingewaschen würde. Kleindienst hatte vorsichtshalber vor Beginn des Hearings mit jedem Ausschußmitglied einzeln gesprochen.

Die Mehrzahl der Ausschußmitglieder war konservativ, ihre Haltung war vorhersehbar. Dazu gehörten Erzreaktionäre wie Hiram Fong von Hawaii, Roman Hruska von Nebraska, Strom Thurmond von South Carolina und Marlow Cook, der Nixon am nächsten stand. Aber dem Ausschuß gehörte auch Philip Hart an, der angesehene Senator von Michigan, der sich im Anti-Trust-Unterausschuß des Senats so kritisch über Fusionen von Industrieunternehmen geäußert hatte. Und dann gab es eine Gruppe von drei jungen liberalen Demokraten, die entschlossen waren, das Beste aus dem Hearing herauszuholen: John Tunney, der Sohn des Boxers; Birch Bayh, der ungestüme Senator von Indiana, der mitten im Hearing plötzlich nach Afrika abreiste; und dann ihr Wortführer Edward Kennedy, Senator von Massachusetts. Diese drei sahen in dem Hearing nicht nur eine Gelegenheit, die Republikaner an einer verwundbaren Stelle zu treffen. Sie wollten die Chance nutzen, bei der kommenden Wahl mit dem kleinen Mann gegen das Big Business zu fechten. Und dafür war die ITT ein Symbol par excellence.

Auch Jack Anderson war entschlossen, Senator Eastland bei seinem Spiel nicht zum Zuge kommen zu lassen, und das ganze Aufgebot der Presse sollte mobilisiert werden. «Eastland hat nicht mit meiner Macht gerechnet», meinte er. «Meine Kolumne kommt an die Haustür eines jeden dieser Senatoren.»

Im allgemeinen, so erklärte mir Anderson, sehe er seine Rolle einfach als die des Journalisten, der auf eine Sache aufmerksam macht und sie dann von anderen weiterverfolgen läßt; aber diesmal fühlte er sich persönlich herausgefordert. Anderson rief die Senatoren persönlich an und sagte klipp und klar, daß er aussagen wolle und sein Gewicht in die Waagschale werfen würde. Als Eastland die Fernsehkameras aus dem Saal verbannte, wurden sie statt dessen draußen auf dem Korridor aufgebaut. Anderson nützte das nach Kräften aus und trug den Reportern und Interviewern seiner Version der Geschichte vor, so daß das Fernsehen den Senatoren die Show stehlen konnte.

Alle zogen mit: Jack Anderson, Brit Hume, Reuben Robertson, alle die sich die ITT aufs Korn genommen hatten. Sie lieferten der Presse eine ständige Flut neuer Leckerbissen, um die Geschichte ja nicht langweilig werden zu lassen. Sie arbeiteten eng mit Kennedy und seinen Verbündeten zusammen, während Kennedy seinen ganzen Mitarbeiterstab – fünf Anwälte und drei Assistenten – einsetzte, um die gewaltige Dokumentation zusammenzustellen. Das Kennedy-Team veranstaltete eine Schnitzeljagd durch das Labyrinth der Macht, verfolgte jede Spur und jeden Hinweis. So wurde die Ernennung von Kleindienst, wie Tunney sagte, «zum Kristallisationspunkt für eine neue Sicht alles dessen, was an dem ganzen System nicht stimmt». Es war das längste Ernennungs-Hearing in der Geschichte des Senats – 24 Befragungstage, verteilt auf zwei Monate. Das Protokoll umfaßte 1700 Seiten in zwei dicken grünen Bänden.

Das Hearing wurde immer unübersichtlicher und surrealistischer – mit absonderlichen Abschweifungen, komischen Zeugen und irrelevanten Argumenten. Es wurde immer weniger klar, wem was vorgeworfen wurde; und obwohl alle vierzehn Senatoren Anwälte waren, führten sie sich auf wie Anwälte auf Urlaub ohne Vorsitzenden, sie durften allen möglichen Gerüchten, jeder Menge Klatsch und ‹Angeltouren› nachgehen, um ein paar Hinweise zu fangen. Wie so oft bei Skandalen blieben bei dieser Untersuchung große Zentralbereiche im dunkeln; doch wie ein kreisender Suchscheinwerfer erhellte die Untersuchung alle möglichen nebensächlichen düsteren Winkel. Die erste Frage, ob Kleindienst als Justizminister geeignet sei, wurde bald überlagert von allen möglichen anderen Fragen. Sie betrafen das Weiße Haus, Dita Beard, John Mitchell und vor allem die ITT und Geneen. Bei Halbzeit des Hearings war der Riesenkonzern zum Hauptgegenstand der Untersuchung geworden: «Willkommen bei unserem ITT-Dita Beard-Hearing», sagte Senator Gurney zu Ed Reinecke. Das Hearing war zu einer Untersuchung geworden, in der die Methoden, mit denen das Big Business Druck auf die Regierung ausübt, herausgefunden wurden. Das machte die Sache so faszinierend.

## Der Feind sind wir

Zumindest theoretisch blieb jedoch die erste Frage des Ausschusses: Hat Kleindienst gelogen, als er behauptete, der Anti-Trust-Vergleich sei ausschließlich von McLaren «abgewickelt und abgeschlossen» worden? So saßen am ersten Tag am Zeugentisch Kleindienst, Richard McLaren, der ehemalige Anti-Trust-Chef, und Felix Rohatyn, ITT-Direktor und Partner von Lazards.

Zu Beginn dankte Kleindienst den Senatoren, daß sie ihm Gelegenheit boten, seinen Namen reinzuwaschen, dann verlas er eine vorbereitete Erklärung. Er gab zu, sich mehrmals mit Rohatyn getroffen zu haben; Rohatyn habe ihn aus heiterem Himmel am 16. April 1971 angerufen, drei Monate vor dem eigentlichen Vergleich, er wolle gern über die Konsequenzen der Veräußerung von Hartford mit ihm sprechen. Rohatyn trug ihm die Sache vor, und Kleindienst setzte dann eine weitere Besprechung für den 29. April an, bei der er, Rohatyn, McLaren und andere Anti-Trust-Beamte treffen sollte. Rohatyn sprach später noch mehrmals mit ihm über die möglichen Sanktionen. Aber all das seien keineswegs ‹Verhandlungen› gewesen. Von ITTs Zahlung für San Diego habe er, wie Kleindienst beteuerte, nichts gewußt.

Als McLaren und Rohatyn dann an die Reihe kamen, bestätigten sie Kleindiensts Aussage und bestanden darauf, daß die Gründe für den Vergleich rein finanzielle gewesen seien. Doch schon bald wurde das Knäuel dicker. Warum hatte Kleindienst Rohatyn überhaupt so bereitwillig empfangen? Zuerst blieb er Kennedy gegenüber dabei, daß Rohatyn ihn aus heiterem Himmel angerufen habe. Aber kurz darauf wurde beobachtet, wie Kleindienst besorgt mit Rohatyn sprach, woraufhin Kleindienst erklärte: «Mein Gedächtnis ist aufgefrischt worden; ich weiß jetzt, warum er mich überhaupt angerufen hatte.» Dann sagte er, ein Nachbar von ihm in Washington, Mr. John Ryan, der in ITTs Washingtoner Büro arbeitete, habe auf einer Nachbarschaftsparty mit ihm über ITTs Schwierigkeiten gesprochen und Kleindienst gefragt, ob er bereit sei, in dieser Angelegenheit jemanden von der ITT zu empfangen. Kleindienst sei einverstanden gewesen.

Und warum, fragte Kennedy, habe das Justizministerium in letzter Minute am 19. April (dem Tag, an dem Rohatyn Kleindienst zum erstenmal anrief) gebeten, die Verweisung eines der ITT-Anti-Trust-Verfahren an den Obersten Gerichtshof zu verschieben, und zwar den Prozeß wegen Grinnell? Kleindienst konnte sich nicht erinnern, auch McLaren nicht. Aber vier Tage später hatte Kleindienst sein Gedächtnis abermals aufgefrischt. Nun behauptete er, von Lawrence Walsh, einem ehemaligen Stellvertretenden Justizminister, der jetzt für die ITT tätig war, einen Brief erhalten zu haben. In diesem Brief sei er um mehr Zeit für den Grinnell-Prozeß gebeten worden. Kleindienst besprach sich mit McLaren und erklärte sich einverstanden.

Auch Rohatyn bestritt, verhandelt zu haben. «Was war das Ihrer Meinung nach denn sonst?» fragte Senator Hart. «Haben Sie da einen nationalökonomischen Kursus abgehalten?» – «Ich habe versucht, einen wirtschaftlichen Härtefall darzustellen, Sir.» Kleindienst behauptete Senator Bayh gegenüber, er habe sich alles nur angehört. Es sei seine Pflicht, sagte er, sich die Beschwerden der Leute anzuhören: «Wir sind für die ITT ebenso da wie für jeden anderen in diesem Land.» Er könne sich vor politischen Einflüssen abschirmen; später erklärte er bezeichnenderweise: «In meinem Verhältnis zum Weißen Haus stecke ich schließlich nicht in einem Präservativ.» Aber schließlich gab Kleindienst zu, selbst «eine Reihe von Geschehnissen in Gang gebracht» zu haben, die zu dem Vergleich führten. Konnte das mit seiner Erklärung in Einklang gebracht werden, daß «die Verhandlungen ausschließlich durch McLaren abgewickelt wurden»? Warum hatte er es für nötig gehalten, diese Erklärung überhaupt abzugeben? Es gab keinen Grund, als Stellvertretender Justizminister nicht an der Besprechung des Falls teilzunehmen. Die Ausflüchte und Gedächtnislücken ließen darauf schließen, daß auch andere Tatsachen verheimlicht wurden.

Hatte auch John Mitchell, wie in Jack Andersons Kolumne angedeutet, mit ITT-Leuten über den Vergleich gesprochen? Mitchell wurde vorgeladen, und wiederum leugnete er jede Beteiligung. Er beschrieb, wie Dita Beard ihn bei dem Kentucky-Derby angesprochen habe, bestritt aber, irgend etwas mit ihr vereinbart zu haben. Seine Darstellung wurde bekräftigt von einem Überraschungszeugen, Louie Nunn, dem Gouverneur von Kentucky. Mitchell sagte allerdings, er habe Felix Rohatyn im Laufe des Jahres 1971 viermal gesehen – dabei habe es sich jedoch, wie er beteuerte, einzig und allein um Börsenangelegenheiten gehandelt. Auch Geneen habe ihn im Juli 1970 aufgesucht, um die Anti-Trust-Politik zu erörtern, doch seien dabei, so Mitchell, keine bestimmten ITT-Prozesse erwähnt worden; dennoch war es schwer vorstellbar, daß die Unterhaltung sich nicht auf die ITT bezogen haben sollte. Er habe, so Mitchell weiter, die Beilegung der ITT-Prozesse unterstützt und oft mit Peter Flanigan vom Weißen Haus über Anti-Trust-Verfahren gesprochen, etwa auch über einen interministeriellen Ausschuß, der die Frage untersuche, ob nicht die Anti-Trust-Gesetze revidiert werden müßten. Es war klar, daß Mitchell *einiges* Interesse an der ITT-Frage hatte; seit jener militanten Rede in Savannah im Jahre 1969 hatte er einen weiten Weg zurückgelegt.

Was Mitchells Beteiligung an San Diego betrifft, so wurden die Aussagen immer unwahrscheinlicher. Schließlich wurden die beiden Kalifornier, Reinecke und Gillenwaters, gehört. Was sie jedoch zum besten gaben war so abwegig, daß Birch Bayh die Geduld riß und er zu Gillenwaters sagte: «Ihre Glaubwürdigkeit ist von hundert auf verdammt nahe bei Null gesunken.» Es wurde immer unglaubhafter, daß Mitchell im Mai 1971 nichts von dem bevorstehenden Vergleich und der ITT-Spende für San Diego gewußt haben sollte.

McLaren, jetzt Bundesrichter, war von allen, die hier unter Beschuß genommen wurden, in der peinlichsten Lage; denn ausgerechnet ihm, dem vormaligen heroischen Trustzertrümmerer, wurde jetzt vorgeworfen, klein beigegeben zu haben. Er war verletzt und wütend über diese Beschuldigungen. «Ich kneife mich manchmal, ob ich womöglich träume, Senator», sagte er zu Birch Bayh. «Wir haben ein Veräußerungsverfahren im Wert von einer Milliarde Dollar durchgeführt, das größte der Geschichte. Wir haben diesen Moloch von Erwerbungen abgehalten, die wir als wettbewerbsschädigend ansehen. Wir haben all dem Einhalt geboten, und jetzt stehe ich hier und muß mich verteidigen.» Später wurde er Tunney gegenüber ausfallend: «Ich finde es ausgesprochen empörend, wie dieser Ausschuß in dieser Sache ermittelt.» Doch als neue Beweise auftauchten, erschien es klar, daß auf McLaren starker politischer Druck ausgeübt worden war, um ihn zu einer anderen Ansicht über Hartford zu bringen. Es wurde deutlich, daß er allmählich mürbe wurde, wie sehr er auch glaubte, gegen Druck immun zu sein – wie so viele andere Anti-Trust-Chefs vor ihm.

Dem ganzen Hearing lag die fundamentale Frage zugrunde, ob die Macht des Big Business inzwischen so überwältigend sei, daß ihr kein Anti-Trust-Chef Widerstand entgegensetzen könne. Philip Hart, stets der interessanteste Sprecher des Ausschusses, befragte Erwin Griswold, den Stellvertretenden Justizminister, der flüchtig mit der Sache zu tun gehabt hatte, als er es ermöglichte, daß der Prozeß wegen Grinnell verschoben wurde: «Hat unsere Gesellschaft jetzt einen Punkt erreicht, an dem einer privaten Machtkonzentration erlaubt wurde, sich so gewaltig auszudehnen, daß es unmöglich geworden ist, auch auf sie unsere Rechtsordnung anzuwenden? Es wäre gut, wenn wir eine Antwort darauf erhalten», fuhr Hart fort, «sonst wird der Tag kommen, an dem private Machtzusammenballungen – und es braucht keine Amtsperson an ihrer Erschaffung beteiligt zu sein – nicht mehr zu fassen sind.»

Griswold erwiderte, dies sei eine sehr interessante und bestürzende Frage, aber er drückte sich um die Antwort. Er meinte lediglich, der Kongreß solle dem Gesetz in bezug auf Konzernfusionen Geltung verschaffen. Marlow Cook griff das auf: «Ich schließe mich voll und ganz der tiefschürfenden Auffassung von Senator Hart an. Aber das heißt doch: Wir sind auf den Feind gestoßen, und der Feind sind wir. Der Kongreß hat Abschnitt 7 des Clayton Act verabschiedet, und wenn der Kongreß will, daß in der Sache etwas geschieht, dann ist er es, der es tun sollte.»

Derweil saß Jack Anderson mit Brit Hume in der ersten Reihe und wartete ungeduldig darauf, aussagen zu können. Schließlich, am sechsten Tag, rief Senator Eastland ihn auf, und Anderson feuerte rasch eine volle Salve ab: «Die Haltung der staatlichen Stellen in bezug auf diese Episode ist voller Verlogenheit. Eine Aura des Skandals umgibt die ganze Sache.» Er warf Kleindienst vor, um das Wort *verhandeln* «einen semantischen Tango zu tanzen». Er warnte den Ausschuß, daß Ned Gerrity von der ITT einen Plan ausklügeln werde, um Dita Beard als Verrückte und Trinkerin hinzustellen. Er schloß mit einem letzten Trompetenstoß: «Mr. Kleindienst ist ein Mann, dem es schwerfällt, ein Verbrechen zu erkennen, wenn er eines sieht. Darüber müssen wir uns klar sein. Die Spende eines Konzerns von 400000 Dollar zur Unterstützung eines Parteitages, das ist ein Verbrechen ...»

Senator Gurney fragte, wie Anderson in den Besitz der Aktennotiz gekommen sei. Die Antwort wurde mit den Worten verweigert: «Senator, wenn die Quellen eines Journalisten festgestellt werden können und die Betreffenden dann jedesmal, wenn der Journalist einen Artikel schreibt, vor die Behörden gezerrt werden, dann ist der Erste Verfassungszusatz absolut bedeutungslos.» Brit Hume weigerte sich zuerst, die Notizen über sein Interview mit Dita Beard vorzulegen, aber als er es schließlich tat, bestätigten sie die Kolumnen und wurden das grundlegende Beweismittel des Hearings. Die republikanischen Senatoren versuchten, Anderson und Hume dadurch zu diskreditieren, daß sie frühere Artikel zitierten, die sich als falsch herausgestellt hatten. Anderson entschuldigte sich wegen eines Artikels, verteidigte jedoch seine journalistische Korrektheit. Er kam auf die Frage der Spenden für politische Parteien zurück, denn das sei «ein viel wichtigeres Problem, als die Bestätigung von Richard Kleindienst» – eine Frage, bei der die Senatoren äußerst angreifbar waren. Philip Hart erforschte wiederum sein Gewissen: «Ich möchte gern glauben, daß ich bei keinem Schritt, den ich je unternommen habe, durch eine Wahlspende beeinflußt worden war. In Wirklichkeit begreifen wir unsere eigenen Motive nicht einmal. Wir können nur hoffen, daß wir nicht beeinflußt waren. Aber die Öffentlichkeit macht sich unweigerlich darüber Gedanken, und dies ganz besonders in unserem Fall.»

Senator Hruska pflichtete ihm bei: «Ich glaube, Sie haben recht, wir alle glauben, wir seien jeder Verpflichtung denen gegenüber, die zu unserem Wahlfonds beitragen, frei und ledig. Ich weiß nicht, ob das immer stimmt, sei es nun bewußt oder im Unterbewußtsein.» Senator Scott fügte hinzu: «Soll doch jeder in diesem Ausschuß sagen, was er von wem bekam, dann ist mit dieser Scheinheiligkeit Schluß.»

## Die Suche nach Dita Beard

Derweil war die einzig entscheidende Zeugin, Dita Beard, verschwunden. Das Verfahren nahm eine surrealistische Dimension an, um so mehr, als es zeitlich mit der Affäre Howard Hughes zusammenfiel. Eastland erließ eine Vorladung unter Strafandrohung, aber immer noch fehlte von ihr jede Spur. Das FBI wurde eingeschaltet, um sie zu finden, und schließlich wurde bekannt, daß eine Frau, auf die die Beschreibung paßte, am 2. März auf dem Flug nach Denver krank geworden sei, Sauerstoff bekommen habe, es aber abgelehnt habe, ihre Personalien anzugeben. Sie soll gesagt haben: «Ich brauche keinen Arzt, verdammt noch mal.» J. Edgar Hoover berichtete schließlich, daß sie im Rocky Mountain Osteopathic Hospital in Denver, Colorado, entdeckt worden sei. Den FBI-Beamten wurde zuerst der Zutritt verweigert, bis ihr Herz von ihrem Privatarzt, Dr. Liszka, untersucht worden sei. Nachdem dann die Vorladung zugestellt worden war, erklärte der Arzt, Mrs. Beard sei zu krank, um auszusagen, es bestehe die Gefahr einer Koronarthrombose.

Dr. Liszka selbst erschien unter mysteriösen Umständen vor dem Ausschuß; er hatte sich am Freitag zuvor beim Justizministerium gemeldet, um seine Version der Geschehnisse vorzutragen. In zusammenhanglosem ungarischem Englisch berichtete er von Mrs. Beards Herzleiden und erklärte, sie sei von Zeit zu Zeit «gestört und irrational». Er habe durchaus den Eindruck gewonnen, daß Mrs. Beard die berühmte Aktennotiz geschrieben habe, doch habe sie zu ihm gesagt: «Ich war verrückt und verwirrt, als ich sie schrieb.» Aber an der Glaubwürdigkeit des Arztes tauchten bald Zweifel auf, als durchsickerte, daß gegen ihn und seine Frau wegen Krankenkassenbetrug ermittelt worden sei, außerdem sei er früher für eine Tochtergesellschaft der ITT, Hamilton Life Insurance, tätig gewesen.

Mrs. Beards Ärzte machten einen immer seltsameren Eindruck. Es stellte sich heraus, daß auch gegen ihren Herzspezialisten, Dr. Radetsky, der darüber zu bestimmen hatte, wann sie aussagen könne, wegen Krankenkassenbetrug ermittelt worden war. So bestanden erhebliche Zweifel, ob Dita Beard überhaupt krank war. Denn zwei weitere Ärzte aus Denver, Ray Pryor und Joseph Snyder, die zuerst die Diagnose auf Angina pectoris unterstützt hatten, erklärten später, es lägen keine objektiven Befunde vor und die Diagnose stütze sich einzig und allein auf Mrs. Beards eigene Klagen über Brustschmerzen, «was eine subjektive Information ist».

Erst am 10. März gab Dita Beard eine öffentliche Erklärung über die Aktennotiz ab, kurz nachdem Jack Anderson und Brit Hume ausgesagt hatten; ihre Erklärung wurde von einem Anwalt vorgelegt, David Fleming, der von der ITT beauftragt worden war, Mrs. Beard beim Hearing zu vertreten (wofür er eine Rechnung in Höhe von 15 000 Dollar einreichte). Mrs. Beard bestritt kategorisch, «daß es je eine Absprache zwischen der ITT und der Regierung über eine günstige Regelung der Anti-Trust-Verfahren gegeben hat»; aber sie behauptete nicht, die Aktennotiz etwa nicht geschrieben zu haben. Aber eine Woche später diktierte sie vom Krankenhausbett eine weitere Erklärung, in der es hieß, die von Anderson veröffentlichte Aktennotiz sei eine Ente mit gefälschten Initialen. Jack Anderson erwiderte darauf, daß sie die Aktennotiz früher nicht bestritten habe und ihre Erklärung absolut unglaubwürdig sei. «Ich kann mir das nur damit erklären, daß sie dreiundfünfzig ist, geschieden, fünf Kinder hat und Krankenhausrechnungen bezahlen muß. Sie ist der ITT wirtschaftlich auf Gnade und Ungnade ausgeliefert.»

Drei Wochen nach Beginn des Hearings durfte eine Gruppe von Senatoren schließlich Dita Beard vernehmen. Ein besonderer Unterausschuß, unter Vorsitz von Hart, dem Kennedy und Tunney angehörten, flog nach Denver, begleitet von einem Reporter und einem Fotografen, damit Mrs. Beard im Krankenhaus ihre Aussage machen könne. Ihnen bot sich ein erstaunliches Bild. Dita Beard saß aufgerichtet im Bett, angeschlossen an einen Elektrokardiographen, ihre beiden Ärzte, Radetsky und Garland, standen neben dem Atemgerät. Jede Veränderung im Rhythmus des Herzschlags, verkündeten die Ärzte, würde der Befragung ein Ende bereiten. Ihre Anwälte, David Fleming und Harold White, waren ebenfalls anwesend. Die sieben Senatoren, peinlich berührt von der melodramatischen Szenerie, saßen um das Bett herum: «Man kommt sich vor wie eine Art Leichenschänder», sagte Tunney.

David Fleming verlas Mrs. Beards Erklärung. Sie bestritt wiederum, die Aktennotiz geschrieben zu haben, und gab ihre Version von den Begegnungen mit Brit Hume zum besten, wobei sie behauptete, er sei entschlossen gewesen, einen Zusammenhang zwischen San Diego und dem Vergleich aufzuzeigen, was immer sie auch sagte. Aber bei der Vernehmung durch Kennedy gab sie zu, daß viele Einzelheiten der Aktennotiz ihr vertraut vorkamen, und sie erklärte sogar, warum sie sie aufgeschrieben habe. Sie erkannte die beiden ersten Absätze wieder, mit Ausnahme der Stelle über Mitchell. Ihr war auch der Inhalt des dritten Absatzes bekannt; aber danach, sagte sie, sei sie verwirrt gewesen – besonders durch den Hinweis auf Gespräche mit Gouverneur Nunn und «unser großzügiges Engagement». Sie konnte nicht verstehen, wie sie gesagt haben konnte, daß «der Präsident Mitchell gesagt habe, er solle dafür sorgen, daß alles glattgeht», aber sie räumte ein, daß «dieser letzte Absatz tatsächlich vertraut klingt».

Nach zwei Stunden Vernehmung hatte Senator Gurney gerade begonnen, Mrs. Beard nach dem Zeitpunkt zu fragen, zu dem sie Kleindienst in Tulsa, Oklahoma, getroffen habe. Sie keuchte und zuckte vor Schmerz zusammen. Dr. Radetsky trat einen Schritt vor. «Lassen Sie uns bitte eine Pause von etwa fünf Minuten einlegen.» Die Senatoren warteten, während die Ärzte sie untersuchten. Sie hatte Brustschmerzen. Es ging ihr zu schlecht, um weitere Fragen zu beantworten.

Kennedy, der auf eine Vernehmung von etwa neun Stunden im Krankenhaus gehofft hatte, war mißtrauisch – um so mehr, nachdem die Tatsachen über Dr. Radetsky ans Licht gekommen waren. Sein Mißtrauen verstärkte sich, als sie nur eine Woche nach ihrem mysteriösen Rückfall gesund genug war, um entlassen zu werden und im Fernsehen dem knallharten Interviewer Mike Wallace gegenüber zu stehen. Ihm enthüllte sie mehr, als sie den Senatoren gesagt hatte. Aber ihre Ärzte beharrten darauf, daß sie vor Ablauf von sechs Monate nicht wieder würde aussagen können, und ihr Anwalt David Fleming protestierte gegen die «skrupellose und verbohrte

Mißachtung» seitens Jack Anderson und Senator Kennedy. «Daß eine kranke und erregte Frau, die fünf Kinder großzuziehen hat, soweit getrieben wurde, sogar ihr Leben aufs Spiel zu setzen, damit die Wahrheit ans Licht kommt, ist ein trauriger und abscheulicher Kommentar zu der fast uneingeschränkten Macht von Jack Anderson, einem arroganten und unverfrorenen Journalisten, und seinem pathetischen Korruptionsschnüffler Brit Hume.»

## Das Memorandum

Die Frage, ob das Memorandum echt war, wurde immer unklarer. Darüber stritten sich bereits Schreibmaschinen-Experten, ohne die ja kein großer amerikanischer Skandal vollständig wäre. Der Vorsitzende Eastland hatte die Aktennotiz an J. Edgar Hoover im FBI geschickt, und in der Antwort hieß es, die angebliche Notiz sei auf einer IBM-Maschine Modell C, Schriftart «Dokument» mit Schritteilung von 32 Pitsch geschrieben worden, auf Papier mit dem Wasserzeichen Gilbert Bond 25 Prozent Baumwolle; diese Eigenschaften, ebenso wie das Farbband und das Einrücken bei Absätzen, würden übereinstimmen mit denen anderer ITT-Dokumente, die zur gleichen Zeit geschrieben worden seien. «Nichts wurde bei diesen Untersuchungen gefunden, das darauf hinwiese, daß die Notiz zu einer anderen Zeit als um den 25. Juni 1971 geschrieben worden sei.»

Aber auch der ITT war es gelungen, die Original-Aktennotiz in die Hand zu bekommen, und sie schickte sie an ihre Experten, Mr. und Mrs. Tytell in der Fulton Street in New York, die das fragliche Schriftstück tagelang untersuchten und feststellten, daß seine Fluoreszenz unter ultraviolettem Licht nicht dieselbe sei wie die von den anderen im Juni 1971 geschriebenen Dokumenten und daß die ‹Schreibe› sehr ähnlich sei der eines Briefes vom Januar 1972. Bewaffnet mit dem Tytell-Report brachte der ITT-Anwalt De Forest Billyou die Aktennotiz zu einem weiteren Experten-Ehepaar, Walter und Lucy McCrone in Chicago, Sachverständige für Papier-Chromatographie und ‹Micro›-Analysen. Sie entdeckten eine kleine Menge Bariumsulfat in der Papierbeschichtung, die, wie sie sagten, darauf hinwies, daß das Schriftstück 1972 geschrieben worden sei. Die ITT legte die Sachverständigengutachten den Senatoren vor, die indes im Hinblick auf den FBI-Bericht nicht geneigt waren, sie allzu ernst zu nehmen. Die Tytells erhielten, wie sich herausstellte, für acht Tage Arbeit 8000 Dollar und die McCrones 7000 Dollar.

Die ITT gab zudem am 20. März eine Presseerklärung heraus, in der es hieß, die Firma habe kürzlich das «echte Beard-Memorandum» entdeckt, wie sie es jetzt nannte, das unter demselben Datum geschrieben worden sei wie das angebliche ‹Anderson-Beard-Memorandum›. Damit sei bewiesen, daß es kein Abkommen gegeben haben könne, an dem Mrs. Beard beteiligt gewesen sei. «Das echte Beard-Memorandum» habe sich vielmehr als einer der Tätigkeitsberichte herausgestellt, die die Washingtoner Lobbyisten für Bill Merriam geschrieben haben, Mrs. Beard habe darin lediglich ihre Arbeit in San Diego erklärt, aber es beweise gar nichts. Die ITT legte dann noch eine eidesstattliche Erklärung von Susan Lichtman vor, die zur Zeit des Memorandums Dita Beards Sekretärin gewesen war und aussagte, sie erinnere sich, Teile der Aktennotiz getippt zu haben.

Jetzt gab es also drei angebliche Memoranden, alle vom 25. Juni datiert, einschließlich des abgeänderten Anderson-Beard-Memorandums, bei dem die belastenden Stellen fehlten, wie sich Dita Beard und ihre Sekretärin jetzt erinnerten. Aber diese letzte Version wurde nie wirklich überzeugend; denn obwohl Dita Beard sagte, sie habe diese Aktennotiz bei Merriam abgeliefert, konnten sich vor dem Ausschuß weder Merriam noch Ned Gerrity überhaupt daran erinnern.

Wenn das Anderson-Beard-Memorandum eine Fälschung war, warum hat Dita Beard es dann erst drei Wochen später bestritten? Bob Wilson, mit dem Dita Beard sprach, kurz nachdem Brit Hume ihr die Aktennotiz gezeigt hatte, entnahm ihren Worten nicht, daß es eine Fälschung sei; in einem Interview erklärte er, daß Merriam ihn am 28. Februar aufgesucht und gesagt habe, er habe die Aktennotiz bekommen, habe sie Dita aber zurückgegeben: «Die ITT verbreitet die Version, daß niemand die Aktennotiz jemals gesehen habe. Gerrity jedenfalls sagt, niemand habe sie jemals gesehen. Absolut unwahr. Merriam selbst hat mir vorigen Montag gesagt, er habe die Aktennotiz bekommen – er sagte, Dita habe darauf bestanden, die Aktennotiz zu schreiben ...»[110]

Jedenfalls wurde der Inhalt der Aktennotiz zum größten Teil allmählich durch die Aussagen bestätigt. Ein Zeuge nach dem anderen trug dazu bei, die Geheimsprache zu entschlüsseln, und Merriam sagte sogar, Dita Beard pflegte die Sätze «Hal und seine große Klappe» und «Bitte vernichten, uff?» häufig zu gebrauchen. Dita Beard selbst erklärte die Hinweise auf den Anruf vom Weißen Haus und die Notwendigkeit, die 400000 Dollar geheimzuhalten; und ebenso wurde von Gerrity und Merriam bestätigt, daß Unklarheit darüber geherrscht hatte, ob der Betrag in Dienstleistungen oder in bar zur Verfügung gestellt werden solle.

Noch nicht erhärtet war die stillschweigende Folgerung, daß Nixon und Mitchell beide die ITT unterstützt haben, und die Mutmaßung über eine Absprache («Unser großzügiges Engagement hat viel dazu beigetragen, daß unsere Verhandlungen so ausgingen, wie Hal es wollte»). Aber Anderson und Hume selbst hatten sorgfältig vermieden, diese Beschuldigung vorzubringen, und wenn wirklich eine Absprache getroffen worden war, würde das wahrscheinlich von niemandem zugegeben. Kleindienst selbst erklärte in seiner Aussage: «Wenn Mr. Flanigan mich bestochen oder eine Bestechung geplant hätte, bezweifle ich, daß er hier unter Eid aussagen und erklären würde: ‹Ja, ja, ich habe da mit Kleindienst so ein krummes Ding gedreht und wir haben uns mit 100000 Dollar kaufen lassen, um ein Anti-Trust-Verfahren im Wert von einer Milliarde niederzuschlagen.›»

Warum hat Mrs. Beard die Aktennotiz geschrieben, gesetzt den Fall, sie war echt? Die überzeugendste Erklärung scheint die von Bob Wilson zu sein: Das Washingtoner Büro sei durch interne Hauspolitik durcheinandergeraten; Gerrity und Merriam konnten sich nicht mit Mrs. Beards besonders engen Beziehungen sowohl zu Geneen wie auch zu den wichtigsten Republikanern abfinden; sie habe die Nase von den Mißverständnissen mit Merriam vollgehabt und wollte nun ihren eigenen, erheblichen Erfolg festgehalten wissen. Daß sie glaubte, das Geld für San Diego habe auch den Anti-Trust-Vergleich vorangebracht, sei sicher auf die berufliche Selbstüberschätzung der Lobbyistin zurückzuführen, aber ein Fünkchen Wahrheit könnte an der Sache schon sein.

Warum und auf welchem Weg die Aktennotiz in das Büro von Jack Anderson gekommen ist, wissen wir nicht. Von ITT-Leuten wird angedeutet, daß Dita Beard selbst es herausgegeben habe als ein allerdings fehlgeschlagenes Manöver, ihre eigene Position zu behaupten. Aber das verträgt sich überhaupt nicht mit ihrer Reaktion auf Brit Hume. Sie selbst ist überzeugt, daß Jack Gleason die undichte Stelle gewesen sei; es scheint durchaus möglich, daß irgend jemand aus dem weiteren Bereich der ITT halb im Scherz die Aktennotiz weitergegeben hat, ohne das Erdbeben vorauszusehen, das damit ausgelöst wurde.

## Der Reißwolf

Die Glaubwürdigkeit der ITT erhielt einen weiteren Stoß, als entdeckt wurde, daß einen Tag nachdem die Anderson-Aktennotiz enthüllt worden war, eine Massenvernichtung von Akten im Washingtoner Büro angeordnet wurde. Der Reißwolf – eine Maschine, die Dokumente verschlingt und in Fetzen wieder ausspuckt – wurde ein weiteres komisches Element. Die Senatoren forderten einen besonderen Bericht über die Aktenvernichtung von ITT an, der prompt vom Leiter ihrer Rechtsabteilung, Howard Aibel, vorgelegt wurde. Darin hieß es, nachdem Brit Hume zum erstenmal vorgesprochen hatte, habe Merriam seine Mitarbeiter angewiesen, alle Dokumente beiseite zu schaffen, die von Jack Anderson mißbräuchlich verwendet und mißdeutet werden könnten. Am Nachmittag traf ein Spionage-Abwehrbeamter der

ITT, Russell Tagliareni, aus New York ein, um die Aktenvernichtung «entsprechend dem üblichen Verfahren der ITT» zu überwachen. Die ITT behauptete natürlich, aus keinem der vernichteten Dokumente habe sich ein Zusammenhang zwischen dem Anti-Trust-Vergleich und dem Parteikonvent herauslesen lassen. Aber Kennedy sagte später: «Sogar die Anhänger des Kandidaten haben nicht mehr gesagt: ‹Es gibt keinen Fetzen eines Beweises›, denn sie erkannten, daß, soweit es sich um das Washingtoner ITT-Büro handelte, nur noch Fetzen von Beweisen da waren.»[111]

Als der unglückliche Bill Merriam an der Reihe war, auszusagen, machte er die Sache nur noch schlimmer. Er erklärte, auf seinem Schreibtisch landeten jede Woche Hunderte von Aktennotizen, und Senator Tunney sagte: «In denen hoffentlich nicht solche Behauptungen stehen wie in dem Anderson-Beard-Memorandum.» Merriam antwortete: «Na, Sie würden sich wundern.» (Gelächter.) Später befragte ihn Senator Sam Ervin:

ERVIN: Wer hat dem Washingtoner ITT-Büro die Anweisung erteilt, alle Unterlagen zu vernichten, die für die Firma oder irgendwelche Personen, die mit der Firma zu tun haben, peinlich sein könnten?

MERRIAM: Ich, Sir.

ERVIN: Ist das Usus bei ITT?

MERRIAM: Ja, wenn eine Aktennotiz wie die, von der wir reden, aus den Akten verschwunden und an die Presse gelangt ist.

ERVIN: Sie konnten aber diese Aktennotiz nicht vernichten, weil Sie sie nicht hatten.

MERRIAM: Das ist richtig, aber es hätten noch eine Menge andere wie diese da sein können. (Gelächter.)

(Merriam erklärte später Senator Gurney, der ihm zu Hilfe kam: «Ich meine, eine Menge anderer Aktennotizen, die für die Firma peinlich wären, wenn sie bekannt würden.»)

Der Reißwolf wurde ein neues Schlagwort, und der ITT-Bericht zauberte ein ganzes Netz von geheimen Firmen-Nachrichtendiensten hervor. Die Hersteller von Reißwölfen oder «Dita Beard-Maschinen», wie sie jetzt genannt wurden, erzielten in den folgenden Monaten Rekordumsätze, denn auch andere Gesellschaften bekamen Angst. Geneen sagte später, er glaube, das Aktenvernichten sei ITTs größter Fehler gewesen[112]; aber es war gewissermaßen ausgleichende Gerechtigkeit im Spiel, als der Konzern seiner eigenen Aktennotizsucht zum Opfer fiel. Die Flut von Aktennotizen war eine unvermeidliche Folge des Kontrollsystems der ITT; aber für eine Firma, die so tief verstrickt war in geheime politische Machenschaften, hätten die

Gefahren auf der Hand liegen müssen. Im Zusammenhang mit der Aktenvernichtung sagte Senator Ervin – in Anlehnung an Celler bei dessen Anti-Trust-Hearing: «Ich habe immer sagen hören: ‹Tue recht, und scheue keinen Mann, schreibe nie, und fürchte keine Frau.› Deshalb kann ich verstehen, warum das gemacht wurde.» Aber wie emsig der Reißwolf auch gewesen war, es gab noch viele Dokumente, die der ITT weitere Peinlichkeiten bereiten sollten.

## Der belagerte Konzern

Angesichts des Ansturms der Öffentlichkeit zogen sich die ITT-Bosse hinter die Mauern ihrer Ritterburg zurück, beschützt von einem ganzen Heer von Anwälten. Nur gelegentlich öffneten sie das Tor einen Spalt oder ließen die Zugbrücke herunter, um ein Dementi oder eine eidesstattliche Erklärung abzugeben. Die Reihen schlossen sich, und der Konzern erschien wie nie zuvor eine Einmannkapelle zu sein, die ohne Geneen nichts sagen oder tun konnte. Nur Lazards zeigte offen sein Unbehagen an der Taktik der Firma; denn dort war man sehr bestürzt über die Kapriolen von Dita Beard und die Washingtoner Lobbyisten. Felix Rohatyn sagte, Lazards mache sich Sorgen über ITTs Beteiligung an «irgend etwas, das politisch aussieht», vor allem über die Auswirkungen des Washingtoner Büros auf das Image des Konzerns.

Als Geneen selbst vor dem Ausschuß erschien, um auszusagen, klang er wie gewöhnlich zuversichtlich, unschuldig, weit überzeugender als seine Untergebenen. Er bestritt jeden Zusammenhang zwischen dem Vergleich und der Spende für San Diego, die, wie er sagte, ganz legal gewesen sei: er habe ein Rechtsgutachten eingeholt. Reuelos beschrieb er seinen Kreuzzug gegen McLarens Politik, er habe sich bemüht, seine Ansichten allen zur Kenntnis zu bringen, die sie hören wollten. Er umriß die heroische Geschichte der ITT: daß ihr Wachstum nicht eine Frage bloßer Vergrößerung sei, sondern ein Mittel, um ausländische Risiken auszugleichen; daß die Firma zu Unrecht verklagt worden sei, weil Größe per se angegriffen werde. Die Anti-Trust-Gesetze seien absolut überholt, wenn man an Amerikas gegenwärtig mißliche Wirtschaftslage im Konkurrenzkampf mit dem Gemeinsamen Markt und Japan denke.

Sein Ton war beleidigt und erstaunt: «Ich bin überrascht, daß eine Firma wie die unsere in die Kategorie einer nichtkonstruktiven und furchterregenden Macht in unserer Gesellschaft eingeordnet wird.» Er klang recht selbstsicher, aber im Grunde war er, wie seine Kollegen feststellten, verbittert und enttäuscht – nicht so sehr wegen der Angriffe der Demokraten und der Presse, sondern weil er keine Unterstützung durch die Geschäftswelt erhielt. Er war wirklich in keiner beneidenswerten Lage; denn der ITT war die Rolle des Ritualopfers auf dem Altar des Big Business zugefallen – das erwählte Sühneopfer, auf daß die Sippe losgesprochen werde. Andere Tycoons von Großunternehmen machten deutlich, daß Geneen stets ein Außenseiter und Abenteurer gewesen sei.

Die Presse hatte ihr Anti-ITT-Festival. Als der Skandal den Höhepunkt erreichte, brachte Jack Anderson ein weiteres dickes Bündel von ITT-Aktennotizen ans Licht, diesmal über Chile (s. S. 224f), die in mancher Beziehung mehr Schaden anrichteten als das Beard-Memo. Viele Zeitungen griffen Vorwürfe über Aktienbesitz der ITT-Angestellten auf und berichteten, verschiedene höhere ITT-Angestellte, darunter Howard Aibel, Hart Perry und Bill Merriam, hätten ihre ITT-Aktien verkauft kurz bevor die Einstellung der Verfahren öffentlich bekannt wurde. (Später, im Juni, bezichtigte die *Securities and Exchange Commission* formell die ITT und Lazards, eigenen Aktienbesitz zu haben, und es wurde eiligst ein Vergleich geschlossen, bei dem die Manager versprachen, es nicht wieder zu tun, obwohl sie es schon bestritten hatten.) Senator Kennedy beschuldigte die ITT, im Jahre 1971 keine Bundeseinkommensteuer bezahlt zu haben, ein Vorwurf, den Senator McGovern bei seiner Wahlkampagne aufgriff. Geschichten über ITTs Lobbymethoden und Druckausübung schossen wie Pilze aus der Erde.

Diesem Bombardement gegenüber konnten Ned Gerritys Public Relations-Maschine und Bill Merriams Lobbying-Maschine wenig tun. Sie mußten zu mittelwestlichen Zeitungen mit obskuren Namen ihre Zuflucht nehmen, um lobende Worte zu finden. Sie gaben eine Reihe von Erklärungen heraus und ein dickes blaues Aktenstück «Anschuldigungen gegen Fakten», aber auch diese Aussagen waren widersprüchlich und verwirrend. Der einzige Mann, der zu wissen schien, was wirklich geschehen war, war Harold Geneen, und er war für die Außenwelt nicht erreichbar, denn seine Anwälte bestanden darauf, daß er nichts aussagen dürfe. Für seine Angestellten war dieses Schweigen nicht eben beruhigend. Als Mike Wallace Dita Beard im Fernsehen interviewte, beklagte sie sich, daß sich niemand von der ITT mit ihr in Verbindung gesetzt habe.

WALLACE: Aber auf dem Weg hierher haben Sie mir doch gesagt, daß Sie die ITT immer noch mögen.

BEARD: Ja, als Firma habe ich sie gern, es ist eine unerhörte Organisation. Harold Geneen ist zweifellos der brillanteste Mann, der loyalste Mann ...

WALLACE: Er ist loyal? Sie haben doch nichts von ihm gehört.

BEARD: Na ja, ich möchte annehmen, daß 42000 Rechtsanwälte meinen, er solle keine Verbindung zu mir aufnehmen, bis all diese Zeugenaussagen vorbei sind.

Mit einem dergestalt zum Schweigen gebrachten Kapitän schien das Schiff völlig in Seenot geraten zu sein. Die ganze große Pyramide der Logik und der Kontrolle, des durchorganisierten Managements, des Gesetzes der Vernunft, löste sich auf in eine Gruppe besorgter und widersprüchlicher Zeugen. Es war schwer zu sagen, wer nach dem Hearing in einer schlimmeren Lage war, der Konzern oder die Regierung. Ein ITT-Direktor meinte: «Die Sache erinnert mich an das Ehepaar, von dem es hieß, sie hätten beide unter ihrem Stand geheiratet.» Aber der Zusammenbruch des ITT-Image war spektakulärer. Senator Ervin beschrieb es so:

> Die ITT-Manager fielen wie die Heuschrecken über Washington her, wie ein ganzer Heuschreckenschwarm, offenbar wollten sie mit jedem, der ihnen zuhören würde, über Anti-Trust-Politik reden. Die Art, wie sie sich dann in diesem Verfahren, bei diesem ganzen Prozeß verhalten haben, zeigt doch eines deutlich: Auch wenn sie einen Ausschuß der klügsten Männer der Welt gebeten hätten, ihnen eine Möglichkeit aufzuzeigen, Dummheiten zu begehen: Niemand hätte ihnen eine bessere Methode anraten können als die, die sie sich selbst mit ihrer eigenen Phantasie zurechtgelegt hatten.[113]

## Das Weiße Haus

> Hier haben Dollars nichts zu suchen; hier hätten sie gestoppt werden müssen.
>
> Senator Kennedy[114]

Die liberalen Demokraten unter Führung von Kennedy nahmen einen Zeugen nach dem anderen unbarmherzig ins Kreuzverhör, aber die Wahrheit bekamen sie dennoch nicht heraus. Für Kennedy war es drei Jahre nach Chappaquiddick eine Ironie des Schicksals, wie sich die Rollen vertauscht hatten. Ein ITT-Zeuge beklagte sich: «Als Kennedy zu mir sagte: ‹Erinnern Sie sich denn nicht? Erinnern Sie sich nicht?›, da hätte ich fast erwidert: ‹Hat es nicht eine Zeit gegeben, in der Sie sich auch nicht erinnern konnten?› Zum Glück saß mein Anwalt neben mir und hielt mich davon ab.» Als die Senatoren die Fährten durch den Irrgarten verfolgten, schienen sie immer näher an das Weiße Haus heranzuführen, wo vermutlich die Verknüpfung zwischen Parteitag und Vergleich ihren Ursprung hatte. Kennedys zur Schau getragene Empörung war zweifellos unaufrichtig, denn er wußte so gut wie jeder andere, wie häufig Präsidenten den Aktiengesellschaften zu Dank verpflichtet sind. Aber im Wahljahr war eine Verfolgung bis an Nixons Haustür besonders spannend.

Nixon selbst war sehr niedergeschlagen und verärgert über den Skandal, durch den der (wie sein Mitarbeiter Finch klagte) Glanz seiner triumphalen Rückkehr aus China getrübt wurde. Es gab Hinweise darauf, daß das Weiße Haus versuchte, die Untersuchung zu drosseln. Ken Clawson, der stellvertretende Pressesprecher, beschwerte sich bei Redakteuren über ihre Berichterstattung, und Marlow Cook, Nixons engster Verbündeter im Rechtsausschuß, tat, was er nur konnte, um die Kritiker zu diskreditieren. Jack Anderson behauptete sogar (am 23. März), daß «Dutzende von Regierungsspitzeln, Mitarbeiter des Präsidenten und politische Handlanger eingesetzt worden sind, um Nachforschungen über uns anzustellen, Angriffe auf uns vorzubereiten und Geschichten gegen uns in der Presse unterzubringen». Die ITT, sagte er, arbeite mit dem Weißen Haus und mit Intertel, den internationalen Detektiven, zusammen, um zu beweisen, daß er, Anderson, mit Dita Beard ein Komplott geschmiedet und die Aktennotiz ausgeheckt habe. (Später hat er sich, wie er mir sagte, selbst mit Intertel in Verbindung gesetzt und sie verwarnt.)

Aus den Ereignissen Anfang 1971 wurde klar, daß das Weiße Haus mehr als irgend jemand wünschte, den Parteitag in San Diego stattfinden zu lassen. War das Weiße Haus auch beim Zustandebringen des Vergleichs beteiligt, wie es im Beard-Memorandum angedeutet wurde? («Gewiß hat der Präsident Mitchell gesagt, er solle dafür sorgen, daß alles glattgehe.»)

Zu Beginn des Hearings erklärte McLaren, das Dokument, auf Grund dessen er seine Meinung geändert habe, sei der Ramsden-Bericht gewesen, der die finanziellen Konsequenzen der Veräußerung der Hartford-Gesellschaft untersuchte. Der Bericht war von Richard Ramsden, einem selbständigen jungen Investmentbankier, verfaßt, der glaubwürdige Argumente anführte. Sein Bericht war eine gewissenhafte Analyse, die zu dem Schluß kam, die Veräußerung würde für die ITT nachteilig sein, hauptsächlich wegen der Agios, das die ITT für Hartford bezahlt hatte. Aber manches an der Art und Weise, wie von dem Bericht Gebrauch gemacht wurde, war verdächtig. Erstens hatte McLaren ihn in großer Eile angefordert, nachdem er das ITT-Verfahren schon monatelang vorbereitet hatte (Ramsden schrieb den Bericht in zwei Tagen für ein Honorar von 242 Dollar). Zweitens vertrat der Bericht nicht die Theorie, daß die Veräußerung von Hartford Unsicherheit auf dem übrigen Aktienmarkt hervorrufen würde – eine Theorie, die sowohl McLaren als auch Kleindienst Rohatyn eindringlich vor Augen geführt hatte und die von McLaren anerkannt worden war. Drittens war, wie McLaren reichlich spät zugab, der Auftrag an Ramsden nicht direkt von

McLaren erteilt worden, sondern über den Wirtschaftsberater des Präsidenten, Peter Flanigan.

Als McLaren zum erstenmal Flanigans Namen erwähnte, ging ein leises Gelächter durch den Saal, denn in seinen drei Jahren im Weißen Haus hat sich Peter Flanigan den Spitznamen «Mr. Fummler» des Präsidenten eingehandelt. Ralph Nader, der von Flanigan an seiner Kampagne für Luftsäcke in Autos gehindert worden war, hatte ihn als einen «Mini-Präsidenten» bezeichnet, aber Flanigan, der reiche aristokratische Bankier und Politiker, schien sich über den Titel zu freuen. Es gab eine Reihe von Geschichten über Flanigans Unterstützung für Industrielle: Anaconda-Kupfer im Streit mit dem Amt für Umweltschutz, American and Western Airlines in einem Anti-Trust-Verfahren, Henry Ford in der Sache mit den obligatorischen Luftsäkken. Sehr wahrscheinlich wußte Flanigan eine ganze Menge über das Anti-Trust-Verfahren von ITT (er hatte mit Geneen im Februar 1971 gesprochen), und es wäre verwunderlich gewesen, wenn ihm nichts über die ITT-Spende für San Diego gesagt worden wäre, die so viele seiner Kollegen im Weißen Haus interessierte.

Die Senatoren beschlossen, Flanigan zu vernehmen, aber er ließ bald keinen Zweifel daran, daß er sich auf das «Prinzip des Privilegs der Exekutive» berufen werde, das den persönlichen Mitarbeiterstab des Präsidenten davor bewahrt, vertrauliche Informationen enthüllen zu müssen. Das Prinzip beruht auf der Doktrin von der Gewaltenteilung, aber seine Anwendung soll sich eigentlich auf Kommunikationen zwischen dem Präsidenten und seinen Mitarbeitern oder zwischen Beamten der Exekutive beschränken, die den Präsidenten als Regierungschef besonders unterstützen. Aber hatte nicht Nixon, kurz nach Amtsantritt, beteuert, er würde das Weiße Haus transparent machen? Und gab es nicht ein Memorandum, in dem es hieß: «Das Privileg der Exekutive wird nicht ausgeübt ohne besondere Genehmigung des Präsidenten»? Flanigans Weigerung, auszusagen, war also vermutlich von Nixon genehmigt.

So wurde Flanigan ein nur noch schlimmerer Buhmann für die Demokraten, ja selbst in einer Rede im Senat prangerte Thomas Eagleton «das Flanigan-Element» an. Mrs. Beard, so sagte er, sei nicht die einzige fehlende Zeugin:

> Da ist noch jemand, ein Mann, der im Dunkeln arbeitet – aber nur auf höchster Ebene, nur mit denen, die die größten Beträge für die Partei spenden. Dieser Mann ist Peter Flanigan ... es besteht Grund zu der Annahme, in ihm den führenden Kopf zu sehen. Und wahrscheinlich gehören ihm auch die Füße, deren eilige Schritte, wenn auch nur schwach, vernehmbar waren; Schritte, die sich in der Ferne verloren,

sobald sie einem vom Weißen Haus befohlenen Nachgeben gegenüber einem Riesenkonzern gefolgt waren.

Flanigan war gelassen. «Ich bin, wie meine Frau sagt, ein bißchen dickfellig geworden», erklärte er der *Washington Post*. «Es ist Wahljahr, und ich weiß schließlich, von welcher Seite diese Vorwürfe kommen.»

Der Argwohn der jungen Senatoren, daß eine Verbindung zum Weißen Haus bestehe, verstärkte sich, je näher sie der Sache kamen und je stärker von dort blockiert wurde. Jack Gleason, der ITT-Berater, der früher im Weißen Haus gearbeitet hatte, erschien zur Aussage mit seinem Anwalt Edward Taptich, und Reuben Robertson entdeckte zufällig, daß Taptich einen Telefonanruf vom Weißen Haus erhalten hatte. Senator Tunney fragte Taptich, ob er mit irgend jemandem im Weißen Haus gesprochen habe, und Taptich gab widerstrebend zu, daß er mit dem Präsidentenberater John Dean III gesprochen habe.

Es wurde eines klarer, daß hinter den Kulissen die Juristen der ITT und die Juristen des Weißen Hauses mit Hilfe ihrer Verbündeten im Rechtsausschuß eng zusammenarbeiteten, um ihre Klienten zu schützen. Als einer von Kennedys Mitarbeitern in das hinter dem Sitzungssaal gelegene Zimmer ging, das normalerweise für das Justizministerium reserviert ist, wurde ihm gesagt, es sei für das Justizministerium *und* für die ITT reserviert.

Am 6. April luden die Senatoren Flanigan offiziell zur Aussage vor, aber vier Tage später kam eine ablehnende Antwort von John Dean, in der er sich auf die Gewaltentrennung bezog und zu dem Schluß kam, daß «infolge dieses seit langem bestehenden und grundlegenden Prinzips unseres Regierungssystems Mr. Flanigan der Aufforderung des Ausschusses, vor ihm zu erscheinen, nicht Folge leisten kann». An diesem Punkt stellte Sam Ervin, der sechsundsiebzigjährige Senator von North Carolina, der führende Fachmann für Verfassungsrecht im Ausschuß und spätere Vorsitzende im Watergate Hearing, plötzlich ein Ultimatum. «Ich bin zu dem wohlerwogenen und unabänderlichen Schluß gekommen, daß ich keine vom Weißen Haus durch irgendeine Regierung vorgenommene Ernennung befürworten werde, wenn das Weiße Haus zum Senat sagt: ‹Wir gestehen euch nicht zu, daß ihr Zeugen aus unserem Machtbereich vernehmt, auch nicht wenn deren Aussagen sich auf die Frage beziehen, die zu entscheiden eure Aufgabe ist.›»

Damit war es zum offenen Konflikt zwischen Exekutive und Legislative gekommen. Sam Ervin wollte Flanigan unter Strafandrohung vorladen lassen, um dessen Anspruch auf das ‹Privileg der Exekutive› zu überprüfen, während andere Senatoren ihn privat zum Nachgeben drängten. Schließlich lenkte Flanigan ein und schrieb an Senator Eastland, er würde die Gelegenheit, vor dem Ausschuß zu erscheinen, begrüßen, vorausgesetzt, seine Aussage werde auf engbegrenzte Fragen beschränkt. In einer stürmischen Sitzung diskutierten die Senatoren darüber, welche Einschränkungen sie akzeptieren wollten. Kennedy lehnte Einschränkungen ab, aber er wurde mit zwölf zu eins überstimmt.

Am Morgen des 20. April erschien Flanigan schließlich, verbindlich und unbekümmert, zu der historischen Konfrontation zwischen Senat und Weißem Haus. Es sah aus wie ein Sieg für die Senatoren, der aber bald bitter wurde. Flanigan betonte, er sei nur eine Zwischeninstanz für die Weiterleitung des Ramsden-Berichts gewesen; aber als Senator Hart ihn dann fragte, ob Rohatyn sich bei ihm über die Veräußerung von Hartford beklagt habe, da sagte er, das falle unter die Einschränkungen. Die Senatoren begannen sich zu streiten und sich gegenseitig zu beschuldigen. «Wenn wir hier fertig sind, wird es aussehen wie die größte Schaumschlägerei in der Geschichte dieses Landes», klagte Senator Bayh (jetzt aus Afrika zurück). Als Bayh Flanigan die auf der Hand liegende Frage stellte, ob er je mit Kleindienst über die ITT gesprochen habe, wurde auch das wieder für regelwidrig erklärt, und Bayh brauste auf: «Wenn wir ihn nicht einmal fragen können, ob er mit dem Mann gesprochen hat, den wir im Amt bestätigen sollen, wenn wir ihn nicht einmal nach dieser angeblichen Absprache fragen dürfen, was hat das Ganze dann für einen Sinn?»

Die Senatoren wurden sich über ihre absurde Lage klar und beschlossen, Flanigan zwei zusätzliche Fragen schriftlich vorzulegen: die eine über seine Kontakte mit der ITT, die zweite, ob er nach dem Ramsden-Bericht noch irgendwelche Kontakte gehabt habe. Drei Tage später, am 24. April, gab Flanigan in seiner Antwort wichtige neue Anhaltspunkte. Ja, einen Monat vor dem endgültigen ITT-Vergleich habe er Rohatyn in seinem Büro empfangen, in erster Linie, um über den Effektenmarkt zu sprechen. Kurz bevor Rohatyn ging, habe er sich tatsächlich ihm gegenüber beklagt, die Anti-Trust-Vorschläge seien für die Firma unannehmbar hart. Auch habe er, Flanigan, zwei Tage später Kleindienst gegenüber das Gespräch mit Rohatyn erwähnt. Er verriet auch, daß Kleindienst zugegen war, als der Ramsden-Bericht McLaren übergeben wurde, doch seien dabei nur «nichtssagende Bemerkungen» gefallen. Für diese Hinweise hatten die Senatoren sieben Wochen gebraucht.

Inzwischen hatten die Senatoren beschlossen, nachdem die unregelmäßig abgehaltenen Sitzungen sich schon über zwei Monate erstreckt hatten, die Sitzungen zu Ende zu bringen, wogegen die Kennedy-Gruppe stark protestierte. Sie luden Kleindienst wieder vor, der jetzt zuversichtlicher und überzeugender schien, allerdings immer noch verdächtig vergeßlich – denn sein Gedächtnis schien gerade in bezug auf die wichtigsten Besprechungen teils sehr schlecht, teils äußerst präzis zu sein. Vorher hatte er gesagt, er habe kein Gespräch mit Flanigan geführt; doch Flanigan war dessen sicher. Und acht Wochen später kam dann heraus, daß das entscheidende Dokument, der Ramsden-Bericht, McLaren von Flanigan in Gegenwart von Kleindienst übergeben worden war. Kleindienst konnte sich nicht erinnern, dabeigewesen zu sein. Er sei ein sehr guter Freund von Flanigan, erklärte er, und stoße oft zufällig auf ihn. Aber dieses mysteriöse Zusammentreffen von drei wichtigen Persönlichkeiten machte es nach all den früheren Dementis noch schwieriger, zu glauben, daß «die Verhandlungen ausschließlich von McLaren abgewickelt wurden». Kennedy bemerkte in seinem eigenen Bericht: «Man könnte darüber staunen, daß sich drei hohe Regierungsbeamte treffen und einer von ihnen einem zweiten ein wichtiges Dokument übergibt, das sich auf drei wichtige Prozesse bezieht, und daß die ganze Unterhaltung darin besteht: ‹Danke, Pete.› – ‹Gern geschehen, Dick.›»

Die Verdächtigungen, daß enge Beziehungen zwischen der ITT und dem Weißen Haus bestanden, wollten auch lange nach Abschluß des Hearings nicht verstummen, und es gab Anzeichen von hektischen Vertuschungsmanövern. Insbesondere waren da die 34 Kisten mit ITT-Akten, die im Zusammenhang mit der Hartford-Fusion von der Börsenaufsichtsbehörde beschlagnahmt worden und damit dem Reißwolf entgangen waren, sowie ein dicker Briefumschlag, von dem angenommen wurde, daß er Beweise für ein geheimes Einverständnis mit dem Weißen Haus enthalte. Der Vorsitzende des Handelsausschusses, der die *Securities and Exchange Commission* überwacht, der Abgeordnete des Repräsentantenhauses Harley Staggers, war entschlossen, die Papiere einzusehen und schrieb im September 1972 an den Vorsitzenden der *Securities and Exchange Commission*, William Casey, der von Nixon auf diesen Posten berufen worden war (heute Unterstaatssekretär für Wirtschaft). Es gab einen scharfen Schriftwechsel. Casey konsultierte den Berater im Weißen Haus, John Dean, der ihm sagte, er solle die Akten nicht an Staggers geben.[115] Kurz darauf übergab Casey die 34 Kisten kurzerhand dem Justizministerium, das angeblich noch etwaige Meineide von ITT-Managern beim Senats-Hearing untersuchen wollte. Sobald die 34 Kisten erst einmal im Justizministerium begraben waren, bestand wenig Aussicht, daß ihr Inhalt jemals wieder in der Öffentlichkeit auftauchen würde.

Doch ehe die Kisten verschwanden, hatten Beamte der Börsenaufsichtsbehörde rasch über deren Inhalt Notizen angefertigt; so verlangte ein Jahr später der Senatsausschuß für Multinationale Konzerne in seinem Hearing über die ITT (s. S. 229f), daß die Firma einige der Briefe vorlege, auf die dort Bezug genommen worden war. Dabei kam ans Licht, daß die Kontakte zwischen der ITT und der Regierung, insbesondere dem Weißen Haus, noch ein viel größeres Ausmaß gehabt hatten. So hatte zum Beispiel Ned Gerrity den Vizepräsidenten Spiro Agnew, einen alten Freund, aufgesucht, um sich zu beklagen, daß «McLaren alles allein zu machen scheint»; woraufhin Agnew offenbar Druck auf Kleindienst und McLaren ausgeübt hatte. Der Lobbyist Ryan schrieb an Merriam und warf die Frage auf: «Ein wie guter Republikaner ist McLaren eigentlich?» Geneen selbst hatte John Ehrlichman und Charles Colson im Weißen Haus aufgesucht, die ihm versicherten, der Präsident habe das Justizministerium angewiesen, nicht der politischen Maxime «Größe ist schlecht» zu folgen. Hatte nicht schon John Mitchell Geneen gegenüber erklärt, der Präsident sei nicht gegen Fusionen, er, Mitchell selbst, wolle mit McLaren sprechen? Und zudem hatte Geneen John Connally für *seine* Hilfe bei der Erlangung des Aufschubs für das Grinnell-Verfahren gedankt, dem McLaren auf so mysteriöse Weise zugestimmt hatte. All diese Vorgänge, die der Rechtsausschuß nicht hatte herausbekommen können, zeigten, wie erfolgreich die ITT McLaren eingekreist hatte und wie bereitwillig das Weiße Haus dabei behilflich gewesen war. Als diese Briefe ans Tageslicht kamen, unterzog sich gerade Patrick Gray, der amtierende FBI-Direktor (inzwischen zurückgetreten), dem Hearing für seine Ernennung, wobei er enthüllte, daß Charles Colson vom Weißen Haus während des Kleindienst-Hearings Howard Hunt, einen der Watergate-Einbrecher, losgeschickt hatte, um Dita Beard zu interviewen. Außerdem kam heraus, daß John Dean, damals noch Berater im Weißen Haus, das Original des Beard-Memorandums an die ITT zurückgegeben hatte, um es durch deren Schreibmaschinen-Sachverständigen untersuchen zu lassen. Bestand also ein noch innigeres und unheilvolleres Einvernehmen zwischen der ITT und dem Weißen Haus? Aber all das kam erst ein Jahr nach dem Kleindienst-Hearing heraus.

## Was geschah?

Die am meisten erhellenden Aussagen betrafen nicht das Weiße Haus, Kleindienst oder McLaren; sie betrafen die unbarmherzige Maschinerie des Lobbying, die ein Riesenkonzern gegen die Regierung einsetzen kann – so daß die Frage auch anders lauten könnte: Wie vermag überhaupt jemand einem solchen Sperrfeuer zu widerstehen? Trotz ITTs Geheimhaltungs- und Aktenvernichtungsapparate und obwohl entscheidende Zeugen nicht erschienen, veranschaulicht das Kleindienst-Hearing in einzigartiger Weise die ausgedehnten Lobbying-Taktiken an den Fronten von Wirtschaft und Politik. Edward Kennedy sagte dazu:

Das anhaltende und raffinierte Anti-Trust-Lobbying der ITT von 1969 bis 1971 ist wohl ein Ruhmesblatt für die fortgeschrittene Kunst des Lobbying. Jedes Kabinettsmitglied und jeder Mitarbeiter im Weißen Haus, mit dem sich die ITT nicht in Verbindung setzte, muß Minderwertigkeitsgefühle haben und sich für einen Bürger zweiter Klasse halten. Wahrscheinlich ist es ein Statussymbol in amtlichen Kreisen, von Harold Geneen selbst bearbeitet worden zu sein, sicher ist es peinlich, nur von Leuten wie Ned Gerrity oder Bill Merriam besucht zu werden.[116]

Stets lag im Mittelpunkt des Netzes die wachsame Spinne Harold Geneen auf der Lauer: die Fäden liefen bei ihm und nur bei ihm zusammen. Ohne ihn ergibt die dem Hearing zugrunde liegende Geschichte keinen Sinn, aber sobald der Leser die Geschehnisse von Geneens Standpunkt aus betrachtet, werden all die ausgeklügelten Nebenhandlungen, die zweitrangigen Figuren und zufälligen Begegnungen als Teil einer wichtigen Strategie verständlich. Das Hauptkomplott hatten nicht Kleindienst oder Mitchell oder Nixon geschmiedet, sondern Geneen. Zweifellos war sich nicht einmal Geneen des Ausmaßes der Maschinerie bewußt, die er in Gang gesetzt hatte, aber er wußte weit mehr als jeder andere. Erst wenn versucht wird, sich in Geneen selbst hineinzuversetzen, wie er von der Park Avenue aus seine Puppen tanzen läßt, ergibt die ganze Geschichte einen Sinn.

Von Geneens sämtlichen Lobbyisten war er selbst der bei weitem erfolgreichste; kein anderer hatte so viel Elan, Überzeugungskraft und ein solches Zahlengedächtnis. In der Politik war er zwar noch gewissermaßen Außenseiter, aber oft war das von Vorteil. «Ich kam mir vor wie der Hochwürdige Paul», erklärte er, «wenn ich versuchte, die Leute aufzurütteln und auf das aufmerksam zu machen, was geschehen war.» Er vertrat die Sache der ITT bei jedem, der etwas damit zu tun haben könnte. Zweimal sprach er mit Maurice Stans, dem damaligen Handelsminister. Er sprach mit dem Finanzminister David Kennedy und seinem Nachfolger John Connally. Er sprach mit vier Mitarbeitern des Weißen Hauses, Arthur Burns, Charles Colson, John Ehrlichman und Peter Flanigan. Er sprach mit Paul McCracken, dem Vorsitzenden des Wirtschaftsbeirats, und mit Peter Peterson, dem Wirtschaftsberater im Weißen Haus. Er umwarb zahllose Senatoren und Mitglieder des Repräsentantenhauses, darunter Philip Hart, Vance Hartke, Emmanuel Celler und Bob Wilson.[117]

Bob Wilson war nicht nur in San Diego aktiv, sondern auch durch Reden im Kongreß. Am 2. Februar 1971 griff er McLarens Anti-Trust-Politik an und «seine Beflissenheit, das Big Business kaputtzumachen»; eine Woche später ließ er eine Rede von Lee Loevinger, McLarens Vorgänger als Anti-

Trust-Chef (später Rechtsberater bei der ITT) ins Protokoll aufnehmen, der die gegenwärtige Anti-Fusions-Politik einschließlich der ITT-Prozesse angriff. Gleichzeitig nahm das Interesse anderer Abgeordneter an der ITT auf mysteriöse Weise zu. Robert Price aus Texas, der sich früher anscheinend wenig für Anti-Trust-Fragen interessiert hatte, verpflichtete sich die ITT zu Dank, indem er eine Gesetzesvorlage einbrachte, die die Einsetzung einer Sonderkommission zur Überprüfung der Anti-Trust-Gesetze verlangte. Zwei Wochen später brachte Charles Wiggins aus Kalifornien eine fast gleichlautende Gesetzesvorlage ein. Am 2. März ließ Louis Wyman von New Hampshire einen Zeitungsartikel ins Protokoll aufnehmen, in dem an McLarens Verfahren gegen die ITT Kritik geübt wurde. Dann brachte William Minshall von Ohio eine dritte, ähnliche Gesetzesvorlage ein, und am 9. März brachte Price die seine noch einmal ein, diesmal von neun Abgeordneten unterstützt; einer dieser Abgeordneten, Michael Harrington aus Massachusetts, gab später zu, daß Merriam ihn bearbeitet habe und «alles nicht so war, wie es dargestellt wurde»[118]. Die Gesetzesvorlagen hatten von Anfang an nicht viel Aussicht, aber die Abgeordneten sind wahrscheinlich gebeten worden, sie einzubringen als Versuch, die Beamten mürbe zu machen; als die ITT dann im April Druck auf das Justizministerium ausübte, ließ die Kampagne im Repräsentantenhaus nach.

Welche von Geneens vielen Besprechungen mit Kabinettsmitgliedern erfolgreich waren, ist nicht bekannt. Aber seine Begegnung mit John Mitchell am 4. August 1970, als McLaren noch entschieden gegen die Hartford-Fusion war, war sicher nicht ohne Bedeutung. Mitchell hatte sich als außerstande erklärt, sich mit ITT-Angelegenheiten zu befassen, und er sowohl als Geneen behaupteten, sie hätten nur ganz allgemein über Anti-Trust-Politik gesprochen; aber da drei der vier anhängigen Anti-Trust-Verfahren die ITT betrafen, wäre es schwierig gewesen, sich *nicht* auf sie zu beziehen. Zudem ließen die Briefe, die später auftauchten, erkennen, daß Mitchell in der Tat *sehr* hilfreich gewesen war. Geneen hat es immer sehr gut verstanden, das Interesse der ITT mit dem nationalen Interesse zu verquicken. Immer wieder brachte er seine Argumente vor: ein multinationaler Konzern wie der seine entlaste die Zahlungsbilanz, heftige Konkurrenz im Ausland erfordere eine starke Basis im Inland, was für die ITT schlecht sei, auch für das Land schlecht. Geneens Überredungstaktiken begannen wirksam zu werden, und die ‹japanische Bedrohung› führte allmählich zu einer Sinnesänderung bei vielen Republikanern.

Aber neben diesen persönlichen Einsätzen von Geneen wurden auch ‹Gerritys Truppen› in den Kampf geschickt. Gerrity selbst hatte McLaren aufgesucht und ihm erklärt, daß die ITT eine sehr gute Firma sei und nicht ständig belästigt werden dürfe, dabei war McLaren nicht sehr ermutigend.

Gerritys Hauptaufgabe war es jedoch, die öffentliche Meinung zu beeinflussen. Birch Bayh gegenüber erklärte er: «Das Ziel war, jedem, der es hören wollte, zu sagen, daß nach unserer Ansicht die von der Regierung verfolgte Anti-Trust-Politik nicht im nationalen Interesse liegt...» Die PR-Armee in New York und Washington setzte Abgeordneten, Journalisten und Redakteuren mit sämtlichen ihnen zur Verfügung stehenden Mitteln zu. Aber das war nicht alles (wie Gerrity zu Bayh sagte):

> Wir schickten unsere Public Relations-Leute landauf, landab von einer Stadt zur andern. Wir suchten uns die wichtigsten Städte in den USA aus und schickten die Leute in alle diese Städte, wo sie im wesentlichen Wirtschaftsredakteure, Leitartikler und Rundfunk- und Fernsehsender aufsuchten. Wir schickten sie einfach los, und sie versuchten, möglichst jeden mit unserem Standpunkt bekannt zu machen.[119]

Doch am wichtigsten waren die großen Kanonen, die die Schlüsselstellungen in Washington erreichen konnten. Eine gewaltige Waffe war Richter Lawrence Walsh, Sozius der angesehenen New Yorker Anwaltsfirma Davis, Polk, ein erfahrener Jurist, der sich in den Beziehungen zwischen Regierung und Wirtschaft genau auskannte; er war zwölf Jahre lang – wie nun Kleindienst – Stellvertretender Justizminister gewesen und jetzt Vorsitzender des Gerichtsausschusses der American Bar Association, der für die Anwaltskammer die Berufungen zum Bundesrichter überprüft. Er war ein guter Freund von Kleindienst, und Kleindienst brauchte ihn ebenso wie er Kleindienst brauchte.

Deshalb trat Geneen an Walsh heran, denn ein Fachmann in Anti-Trust-Fragen war er nicht. Zusammen mit dem Leiter der ITT-Rechtsabteilung Howard Aibel war er im Frühjahr 1971 drei Stunden bei ihm, außerdem zugegen waren zwei Kollegen, Frederick Schwartz und Guy Struve. Geneen legte die übliche Platte auf und überredete Walsh – der zuerst ablehnend war –, zu versuchen, auf hoher Ebene eine Überprüfung der Anti-Trust-Politik der Regierung zu erreichen. Geneen wollte sich direkt an den Präsidenten wenden, aber Walsh redete es ihm aus, und sie einigten sich auf eine interministerielle Überprüfung durch das Justizministerium. Walsh bereitete einen kurzen Schriftsatz vor und schickte ihn am 16. April mit einem Brief an seinen Freund Kleindienst («Lieber Dick...»). In dem Brief bat er um Aufschub im Grinnell-Verfahren, das damals anhängig war, um eine vollständige Darlegung zu ermöglichen; der Schriftsatz enthielt Geneens bekannte Argumente. Es wurde um «eine umfassende Überprüfung durch die Regierung der im nationalen Interesse liegenden Folgen der Diversifikation durch Fusionen» gebeten.

Walshs Intervention war sehr wirkungsvoll. Kleindienst forderte ihn auf, mit ihm selbst, McLaren und Bundesanwalt Erwin Griswold darüber zu sprechen. Keiner der drei schien, wie sie selbst aussagten, eine Vertagung des Grinnell-Verfahrens zu wünschen, aber man einigte sich dennoch auf eine Vertagung. Als Kennedy McLaren fragte, warum sie zugestimmt hätten, wo doch keinem der Regierungsjuristen an einer Fristverlängerung lag, antwortete McLaren: «Ich nehme an, Richter Walsh lag daran.» Dieses Maklergeschäft hatte rasch geklappt.

Derweil begaben sich Gerritys Truppen an die Front. Am 18. März war eine Besprechung im New Yorker ITT-Büro mit einem ganzen Heer von Anwälten: Sailer und Schaeffer von Covington and Burling; William Gentes von Kirkland Ellis; Howard Aibel, Scott Bohon und andere von ITT selbst. Bill Merriam war mit seinem Stellvertreter John Ryan, dem ‹Lauschposten›, ebenfalls eingeladen.

Etwa um diese Zeit tat John Ryan einen guten Griff. Seine Aufgabe war, wie er erklärte, «mit jedem, der stillhält, über jedes Konzernproblem zu reden. Dafür werde ich bezahlt.» Er wohnte in Virginia zufällig nur ein paar Häuser entfernt von Kleindienst und gab in seinem Haus eine Nachbarschafts-Party für zwanzig bis vierzig Gäste, darunter Kleindienst. Ryan sprach Kleindienst an und war, wie Kleindienst es beschrieb, «sehr, sehr scharf in seiner Äußerung mir gegenüber, daß Mr. McLaren und ich bei den ITT-Anti-Trust-Angelegenheiten höchst unvernünftig seien...» Kleindienst nahm es offenbar nicht übel, daß der Lobbyist so scharf war: als Ryan ihn fragte, ob er bereit sei, mit jemandem von der ITT zu sprechen, stimmte er zu.

Ryan gab Geneen rasch Bescheid, und Geneen setzte Felix Rohatyn als seine nächste Waffe ein. Rohatyn war ein ebenso idealer Makler an der wirtschaftlichen Front wie Walsh es an der juristischen Front gewesen war. Obwohl er für den demokratischen Kandidaten Senator Muskie gearbeitet hatte, besaß er gute republikanische Beziehungen (im Mai 1971 wurde er Treuhänder für Peter Peterson). Und er war auch zu der Zeit Vorsitzender des Überwachungsausschusses der New Yorker Effektenbörse, als dieser Ausschuß bei der Aktienmarktkrise von 1970 für die Regierung besonders wichtig war, weil er den Zusammenbruch von Wall Street-Firmen verhinderte. So verkörperte er idealtypisch eben den Geist des Konsensus zwischen Wirtschaft und Regierung. Anfang April bat Geneen Rohatyn, er möge mit einem Bericht über die Folgen der Veräußerung von Hartford zu Kleindienst gehen. Rohatyn faßte seinen Bericht sehr warnend ab, beschrieb, wie die ITT als echt multinationaler Konzern den drittgrößten Beitrag zur amerikanischen Zahlungsbilanz leiste und wie dringend die ITT Hartford brauche, um ausländische Kunden, die knapp an flüssigen Mitteln seien, die

Finanzierung zu erleichtern. Die Veräußerung von Hartford würde also für die Aktionäre der ITT eine «beträchtliche finanzielle Härte» bedeuten. Dann traf Rohatyn eine Verabredung mit Kleindienst – der Weg dafür war von Ryan bereitet worden – am selben Tag, an dem Richter Walsh seinen Schriftsatz ablieferte. Die beiden Stoßführer (die sich offenbar untereinander nicht kannten) strebten also demselben Ziel zu.

Rohatyn schilderte Kleindienst den Fall in groben Zügen und fragte ihn, ob er den Anti-Trust-Beamten den Fall der ITT im einzelnen darlegen dürfe; Kleindienst war einverstanden. Diese erste Besprechung verlief so gut, daß Geneen Richter Walsh sagte, er brauche *seine* Bemühungen nicht fortzusetzen. Neun Tage später, am 29. April, ging Rohatyn zu einer Sitzung sämtlicher Anti-Trust-Beamten unter der Leitung von Kleindienst und McLaren. Es war ein bemerkenswerter Tag für Rohatyn, denn sowohl vor als auch nach dieser Anti-Trust-Sitzung sprach er in demselben Gebäude mit John Mitchell, Peter Flanigan und Ross Perot, dem Finanzier aus Texas, der verhandelte, um die gefährdete Brokerfirma von Du Pont zu retten, über die Börsenkrise. Vertieft in diese Krise, ließ Rohatyn die Anti-Trust-Sitzung fast eine Stunde warten, und als er schließlich kam, verlieh es ihm besonderen Glanz, daß er beim Chef gewesen war.

Rohatyn gab dann seine Darstellung, unterstützt von Howard Aibel von der ITT, Henry Sailer von Covington and Burling, Raymond Saulnier, Professor an der Columbia University, und Willis Winn, dem Dekan des Wharton County Junior College. Kleindienst machte sich Notizen mit Kritzeleien obenan und dem falsch buchstabierten Namen seines Besuchers: Rayaton. Rohatyn erging sich nun nicht nur über das allgemeine Problem der ITT wegen der Liquiditätsschwierigkeiten ihrer ausländischen Gesellschaften für den Fall des Verlusts von Hartford; er erwähnte auch den besonderen, unmittelbaren Grund – ein Grund, der beim Hearing nicht zur Sprache gekommen war. Er erklärte, die spanische Regierung habe kürzlich darauf bestanden, daß ihr ITTs spanische Firma SESA, die ein Monopol auf die Herstellung von Telefonanlagen besitzt, einen Dreijahreskredit für zukünftige Einrichtungen einräumt statt der üblichen Zahlungsfrist von drei Monaten – ein Kredit, der die ITT ungefähr 100 Millionen Dollar kosten würde, und die französische Regierung werde sich wahrscheinlich anschließen. Kleindienst notierte sich:

ITTs spanische Fa. Sesa verkauft der spanischen Reg. Ausrüstung – will jetzt 3 Jahre Zahlungsziel gegen 3 Mon. – muß sein – guter Kredit
Dasselbe in *Frankreich* –

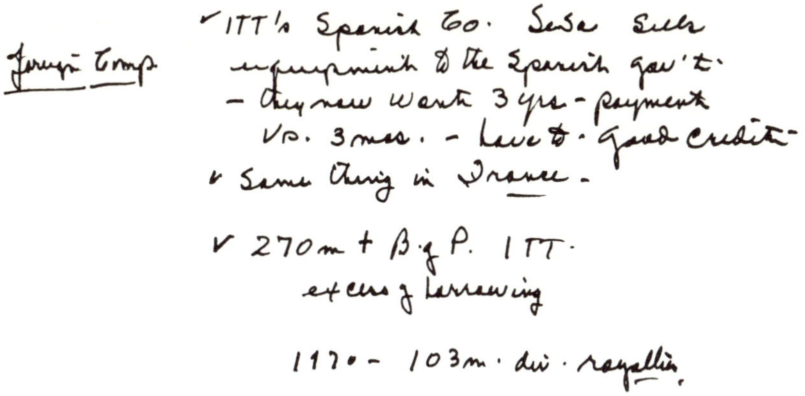
Foreign Comp.
✓ITT's Spanish Co. Sells equipment to the Spanish gov't. – they now want 3 yrs – payment vs. 3 mos. – have to – good credit –
✓ Same thing in France.
✓ 270m + B of P. ITT excess of borrowing
1970 – 103m. div. royalties

Notizen von Richard Kleindienst über die Schwierigkeiten der ITT mit der spanischen Regierung (‹*Kleindienst Hearings*›, Bd. III, S. 1274).

Das war es also, was mit «ausländischen Kunden, die knapp an flüssigen Mitteln sind», gemeint war, und es hatte erhebliche Bedeutung. Die ITT sagte damit, daß sie die flüssigen Mittel oder die Kreditwürdigkeit, die Hartford sicherte, behalten müsse, um spanische und französische Tochtergesellschaften zu finanzieren. Ihr Imperium war anscheinend finanziell so selbständig, daß ohne Connecticut Spanien und Frankreich gefährdet waren. Es war genau das gegenteilige Argument von dem, dessen sich Geneen in Connecticut bediente, aber es kam der Wahrheit näher. Die ITT war ernstlich knapp an flüssigen Mitteln; und die Spanier und Franzosen waren entschlossen, das für sich auszunützen. Daher, so argumentierte Rohatyn, sollte zum Vorteil der ITT und der Nation das Anti-Trust-Verfahren eingestellt werden. Die Bedrängnis der ITT, warnte er, könnte eine Unsicherheit auf dem Aktienmarkt auslösen; und da er gerade von seinen Gesprächen mit Mitchell über die Krise gekommen war, klang seine Warnung bedrohlich.

Rohatyn stieß nach seinem Vortrag in den nächsten drei Monaten im Sommer 1971 noch mit drei Besuchen bei Kleindienst nach und beklagte sich jedesmal über die starre Anti-Trust-Haltung. Rohatyns Argumente waren offensichtlich wirkungsvoll, denn bei den Hearings haben sowohl Kleindienst als auch McLaren über die schrecklichen Folgen, die, wie sie nun erkannten, nach der Veräußerung von Hartford eintreten würden, mit Formulierungen wie «absolutes finanzielles Verhängnis», «würde die ITT fast ruinieren», «verheerende finanzielle Konsequenzen» ausgesagt. Immerhin gab McLaren bei den Hearings zu, daß sie, als er zuerst das Verfahren wegen der Hartford-Fusion anstrengte, «erkannten, daß, wenn wir erfolgreich wären, es eine erhebliche finanzielle Auswirkung haben würde». Damals war seine Einstellung: «Das haben sie sich selbst eingebrockt.»

Nachdem Rohatyn wieder bei Kleindienst gewesen war, hatte sich McLaren bis zum 12. Mai jedenfalls so weit erweichen lassen, daß er durch Peter Flanigan im Weißen Haus einen neutralen Bericht bei Richard Ramsden in Auftrag gab. (Er erhielt ebenfalls einen Bericht vom Finanzministerium, doch der Rat von dort war, so wurde behauptet, minimal.) Ramsden wurde Rohatyns Untersuchung vorgelegt, aber er war anderer Ansicht. Er hielt sie für ‹dubios› und glaubte nicht an die Unsicherheit an der Börse. Er gab zu, daß die Veräußerung von Hartford ein Sinken des Marktwerts der ITT-Aktien verursachen würde, und zwar um 16 % oder 1,2 Milliarden Dollar, und daß eine indirekte Auswirkung auf den Beitrag der ITT zur Zahlungsbilanz eintreten könnte. Aber er glaubte nicht, daß eine Fluktuation von einer Milliarde Dollar einen Aktienmarkt mit einer Billion Dollar (tausend Millionen) an Effekten ernstlich durcheinanderbringen würde, und sein Bericht war weniger beunruhigend als der von Rohatyn.

Nach den Aussagen war es indes dieser Bericht, der McLarens Sinnesänderung herbeiführte: «Ich las den Bericht und fand ihn überzeugend.» Waren es wirklich die Argumente von Rohatyn und Ramsden, die ihn umstimmten, nachdem er zwei Jahre darauf beharrt hatte, Hartford loszueisen? Oder wurde hintergründig stärkerer politischer Druck ausgeübt, so daß der Ramsden-Bericht, wie Senator Tunney es ausdrückte, nur der Strohhalm war, die Krücke, um den Vergleich zu rechtfertigen?

Während diese großen Kanonen auf McLaren gerichtet waren, verstärkten die ITT-Lobbyisten ihre Kontakte und «zwanglosen Unterhaltungen». («Praktisch jeder wichtige Kontakt, von dem wir hier gehört haben», beklagte sich Kennedy, «wurde bei Geselligkeiten und bei diesen gewissermaßen formlosen Begegnungen hergestellt. Das war eine außerordentlich lehrreiche Einführung in die Art und Weise, wie die ITT vorgeht und tätig wird.») Eine dieser zwanglosen Unterhaltungen fand Ende April statt, als Dita Beard Ned Gerrity sagte, sie würde zum Kentucky-Derby gehen und John Mitchell antreffen. So, wie die Szene in Louisville, Kentucky, undeutlich beim Hearing auftauchte, war sie gleichsam die Karikatur einer Kameenschnitzerei, die den schonungslosen Lobbyisten bei der Arbeit zeigt. Es war in der palastartigen Residenz des Gouverneurs mit weitläufigen Hallen und hohen Bogengängen, wo vierzig Gäste nach dem Rennen zu einem kalten Büfett geladen waren, unter ihnen John und Martha Mitchell und natürlich Dita Beard, eine alte Freundin des Gouverneurs Louie Nunn (obwohl er später versuchte, das herunterzuspielen). Sie hatte den ganzen Tag Bloody Marys und Mint Juleps getrunken. Im Wohnzimmer plauderte Mitchell mit dem Gouverneur über seine Frau Martha und deren Telefonitis. Dita Beard (die Mitchell noch nicht kannte) bekam ihr Stichwort, als Telefone erwähnt wurden, und sie mischte sich ein und beklagte sich bei Mitchell über die «verdammt miese Behandlung» der ITT. Mitchell versuchte das Thema zu wechseln, und der Gouverneur schlug vor, sich nun zum kalten Büfett zu begeben; doch als sie gemächlich durch die Empfangsräume zum Ballsaal schlenderten, kam Mrs. Beard immer wieder auf das Thema zurück. Sie setzte sich zu Mitchell an seinen kleinen Tisch im Ballsaal und redete vor einer Geräuschkulisse von Orgelmusik weiter über die ITT, bis Mitchell schließlich die Geduld riß und er sagte, er habe das Thema gründlich satt und wolle nichts mehr davon hören. Kurz danach wurde Mrs. Beard, wie Nunn berichtete, ohnmächtig, sei es aus Erschöpfung oder vom Trinken, und mußte hinausgetragen werden; am nächsten Tag kam sie und entschuldigte sich.

Ob sich Mrs. Beard wirklich so schlecht benahm und ob ihre Piesackerei Mitchell beeinflußte, blieb sehr unklar. Mitchell und Nunn behaupteten beide, es sei nicht von einem Vergleich die Rede gewesen und betonten Mrs. Beards Trunkenheit, aber Mrs. Beard beharrte Hume gegenüber darauf, Mitchell habe sich mit einem Vergleich einverstanden erklärt, und selbst während der Hearings, nachdem sie es dann wieder bestritten hatte, sagte sie im Fernsehen zu Mike Wallace, daß Mitchell zu guter Letzt schrecklich nett gewesen und mit einem Augenzwinkern gesagt habe: «Ich glaube, es wird schon klappen, aber wie, weiß ich nicht.»

Die ITT setzte auch den persönlichen Kontaktmann zum Weißen Haus, Jack Gleason, ein. Gleason arbeitete ein Jahr lang im Weißen Haus und wurde dort Ende 1969 von Gerrity und Merriam aufgesucht, damit er sich für die ITT verwende. Gleason sprach (offenbar ergebnislos) mit einem seiner Freunde im Justizministerium, Kevin Phillips. Als Gleason im Januar 1971 das Weiße Haus verließ, baten ihn Gerrity und Merriam, als Berater für die ITT zu arbeiten, um sie auf dem laufenden zu halten, was die Regierung tue. Als Merriam herausfinden wollte, was das Weiße Haus in bezug auf den Parteikonvent in San Diego vorhatte, fragte er Gleason, der wiederum seinen Kontaktmann im Weißen Haus fragte, William Timmons, den Koordinator des Konvents. Und es war die unklare Antwort von Timmons an Gleason, weitergegeben an Merriam und damit auch an Mrs. Beard, die das Memorandum und demzufolge den ganzen Skandal herbeiführte. Aber wie eng diese Verbindung zwischen der ITT und dem Weißen Haus gewesen war, kam nie ans Licht, denn Timmons hat nie ausgesagt.

Alle diese Salven, Überfälle und Streifzüge steigerten sich zu einer hektischen Aktivität, als sich der Zeitpunkt des ITT-Vergleichs näherte, und erreichten im Juli einen Höhepunkt, als die Verhandlungen im Endstadium waren. Im selben Monat wählten die Republikaner, bewaffnet mit der Vierhunderttausend-Dollar-Spende der ITT, San Diego als Stätte ihres Parteitags. Wie viele Personen in der Regierung wirklich über die beiden Absprachen Bescheid wußten, war immer noch unklar, aber gewiß wußten es *einige* im Weißen Haus. Eine Dankesschuld an einen großen Konzern, über dessen Entflechtung gerade verhandelt wurde, war dem Vertrauen auf die Unparteilichkeit der Justiz nicht gerade förderlich.

Ist tatsächlich jemals ein Abkommen getroffen worden, wonach die ITT Hartford behalten durfte als Gegenleistung für das Geld zum Parteitag? Mir persönlich fällt es schwer, das zu glauben. Wahrscheinlicher ist wohl, daß die 400000 Dollar nur ein Teil eines massiven Angriffs auf jeden wichtigen Bereich der Regierung waren – eines Angriffs, der den Feind einkreiste und zermürbte und den Widerstand der Anti-Trust-Abteilung brach. Wie geplant, war es Geneen gelungen, eine Atmosphäre zu schaffen, in der Opposition einfach nicht der Mühe wert war. Der Druck war wahrlich unerbittlich.

## Das Urteil

Nach zwei Monaten war die Mehrzahl der fünfzehn Senatoren froh, daß das Hearing ein Ende nahm, und viele wünschten, sie hätten niemals damit angefangen. Sie hatten es so oft unterbrochen und wieder neu begonnen, daß der rote Faden schwer zu verfolgen war; die Aussagen wurden immer verwickelter, je mehr Zeugen auftraten. Es wurde immer schwieriger, sich daran zu erinnern, wem was vorgeworfen wurde. Am vorletzten Tag zitierte Sam Ervin:

> Lang währt die Kunst, und Zeit ist flüchtig.
> Und unsere Herzen, wenngleich kühn und tapfer,
> Schlagen leise, wie gedämpfte Trommeln,
> Trauermärsche bis zum Grab.

Die republikanischen Senatoren und einige der Demokraten hatten kein Verlangen, Kleindienst im Wahljahr Schwierigkeiten zu bereiten; zudem war es ohnehin von Anfang an nicht sehr wahrscheinlich, daß der Senat Kleindiensts Ernennung tatsächlich ablehnen würde. Daher war es nicht sehr überraschend, als der Unterausschuß dann mit elf zu vier Stimmen dem

Senatsplenum die Ernennung empfahl.

Acht der Senatoren kamen in ihrem Mehrheitsbericht zu dem Schluß, daß Kleindienst an keinerlei Absprache beteiligt war und «der Vergleich nach angemessenen Verhandlungen und Beurteilung des Für und Wider erzielt» wurde. Wenn sich Kleindienst auch mit den ITT-Verfahren befaßt habe, meinten sie, so sei das nicht dasselbe wie das Aushandeln eines Vergleichs, so daß er nicht gelogen habe. «Im großen und ganzen», befanden sie, «hinterläßt Mr. Kleindiensts Aussage entschieden den Eindruck, daß er keine wesentlichen Besprechungen mit irgend jemandem im Weißen Haus über die ITT-Verfahren geführt hat.» Nach genauer Lektüre der Zeugenaussagen fällt es mir schwer, mich dieser Meinung anzuschließen.

Andere Senatoren haben zwar die Anstellung befürwortet, doch betont, daß sie anderer Meinung seien. Charles Mathias aus Maryland, der Kleindienst an sich wohlgesonnen ist, hob in einem interessanten Bericht seine Besorgnis über den von der ITT auf die Trustentflechter ausgeübten Druck hervor. Er warf dem Kongreß vor, er habe das Gesetz so unpräzise gelassen, daß die ITT die Möglichkeit hatte zu «ungehörigem Ziehen und Zerren», aber der ITT warf er ihren massiven Konzernangriff vor und daß sie ihr Ziel «mit hinterhältigen Bitten und unwürdigen Forderungen» zu erreichen trachtete. «Es bedarf keiner Bestätigung durch Dita Beard, um mir die Beziehung zwischen einer Vierhunderttausend-Dollar-Spende für eine politische Partei, deren amtierender Präsident wahrscheinlich wiedergewählt wird, und einem riesigen Konzern klarzumachen, der tagtäglich mit irgendwelchen Regierungsstellen zu tun hat. Es war wie eine Versicherungsprämie für Sturmschäden ...»

Auch Philip Hart war anderer Meinung, obwohl er der Ernennung zustimmte. Er versuchte, McLarens mißliche Lage objektiv zu beurteilen. «Die Abteilung arbeitet nicht in einem Vakuum. Die immerwährenden Bindungen zwischen Washington und dem Big Business bedrohen ständig die energische Durchführung von Anti-Trust-Maßnahmen. Wir müssen unsere Bemühungen darauf richten, diese Druckausübung abzugrenzen, ihre Unvermeidbarkeit in Frage zu stellen und ihre Wirkung – ob bewußt oder unbewußt – auf den Prozeß des Treffens von Entscheidungen auf ein Mindestmaß herabzusetzen. Doch während solche ersten Steine zweifellos zum Kontext dieses wichtigen Prozesses gehörten, wie auch früher jedes anderen, ist es nicht leicht, sie zu werfen ... Hätte Richter McLaren diese verwickelten Umstände im Garten der Akademie, fern von Washington, mit demselben Ergebnis abgewogen? Wahrscheinlich kann das keiner von uns sagen, und er auch nicht. Aber ich bin zu dem Schluß gekommen, daß er die bestmögliche Entscheidung getroffen hat ...»

Inzwischen hatten Kennedy und seine Verbündeten (Tunney, Bayh, Burdick), die alle gegen Kleindienst gestimmt hatten, einen Bericht von beispielloser Länge zusammengestellt. Er kam einen Monat später heraus, 384 Seiten Text und Anhang nebst einer beigefalteten Chronologie von fast anderthalb Metern Länge – eine meisterliche Senatsuntersuchung. In dem Bericht wurden die Widersprüche, Tatsachenverdrehungen und unbeantworteten Fragen analysiert und darauf bestanden, daß der Ausschuß weitere Zeugen hören sollte, darunter Timmons vom Weißen Haus und Bud James von Sheraton. Doch sei es bereits klar, hieß es weiter, daß «Kleindienst eine entscheidende Rolle bei den Vorgängen gespielt hat, die zu dem Vergleich der ITT-Verfahren führten, und daß er seit Dezember aus bisher unbekannten Gründen versucht hat, der Öffentlichkeit und dem Ausschuß die vollständige Darstellung seiner umfänglichen Beteiligung vorzuenthalten».

Die Frage kam vor den Senat, und die Senatoren debattierten darüber, jetzt mehr unverblümt politisch, doch in einem fast leeren Saal. Roman Hruska war der Ansicht, die ganze Verzögerung sei ein politischer Trick gewesen. Senator Fannin verlas einen Brief von Senator Goldwater, der Kleindiensts Anständigkeit und seinen Kampf gegen das Verbrechen rühmte. Marlow Cook fand, die Hearings stellten einen Rekord an Belanglosigkeit dar.

Die jungen Demokraten nahmen den Kampf wieder auf. John Tunney griff die firmenstolze Arroganz der ITT an. Birch Bayh beklagte die mangelnde Glaubwürdigkeit. Kennedy sprach, wie üblich, am längsten, nasal und monoton, während seine Mitarbeiter mit Fakten und Papieren herein- und hinausstürzten. Er trat für den kleinen Mann gegen die großen Bataillone der Wirtschaft ein: «Ich mache es der ITT nicht zum Vorwurf, daß sie versucht, ihre Ansichten durchzusetzen, aber ich tadle diejenigen, die bereit sind, der ITT soviel Aufmerksamkeit zu schenken, wie sie offenbar fand.»

Die Presse feuerte ihre letzte Breitseite ab. Seit Jack Andersons ersten Behauptungen hatten die liberalen Zeitungen mit allen Enthüllungen, die die Senatoren aufgegriffen hatten, Schritt gehalten. In ihrem letzten Leitartikel gab die *New York Times* noch einen kräftigen Schuß ab: «Woran ernstliche Zweifel bestehen, das ist die Integrität seines [Kleindiensts] Urteils.» Die *Washington Post* brachte vier Leitartikel und schloß: «Das ist der eigentliche Kern der Ernennung von Kleindienst – die Aufrechterhaltung des Vertrauens der Öffentlichkeit zu unseren Regierungsverfahren ...» Aber das Gros der Senatoren war unerschütterlich; und als es im Juni schließlich zur Abstimmung kam, stimmten nur neunzehn Senatoren gegen Kleindiensts Ernennung. Mit einer Verzögerung von viereinhalb Monaten war Kleindienst endlich Justizminister.

Natürlich war viel Getue bei der Entrüstung der liberalen Demokraten im Spiel. Sie wußten genau Bescheid über die Verpflichtungen von Politikern gegenüber dem Big Business. Tunney gab es selbst zu: «Es ist traurig, aber wahr, daß keiner Administration die Muskelkraft der Konzerne, die hier angewandt wurde, erspart bleibt.» Die anschließende Wahlkampagne sollte dann noch eine Menge neuer Verpflichtungen mit sich bringen. Viele der Enthüllungen über enge Kontakte zwischen Wirtschaft und Regierung waren eigentlich nicht überraschend. Sie waren bloß ein weiteres Zeichen dafür, daß, wie Lyndon Johnson gesagt hatte, «die Wirtschaft den Laden in Schwung hält». In dieser Beziehung war es eher bemerkenswert, daß McLaren seinen Anti-Trust-Kreuzzug überhaupt unternommen hatte, als daß er schließlich damit scheiterte.

Dennoch liefen die Proteste auf etwas mehr als politischen Opportunismus hinaus; und die ITT-Affäre war viel tiefgreifender als die früheren Anti-Trust-Skandale. Teilweise lag es daran, daß die Bestrebungen, die Macht der großen Konzerne einzudämmen, militanter waren; die Angreifer, ob es nun Anderson, Nader, Robertson oder Kennedy waren, wußten, daß sie im Namen einer gewaltigen Wählerschaft sprachen. Doch noch wichtiger war, daß die neue Art von industrieller Macht, die Konglomerate und Multinationalen, deren Schrittmacher und Prototyp die ITT war, ein heimtückischerer Feind sind als die früheren Trusts und Kartelle. Die Größenordnung des Welthandels und der Technologie hat das Wachstum von Giganten gefördert, die ihre Regierungen in vieler Hinsicht wirkungsvoller beherrschen können, weil sie noch allgegenwärtiger sind. Die grundlegende Frage wurde von Senator Hart gestellt: «Hat unsere Gesellschaft jetzt einen Punkt erreicht, an dem einer privaten Machtkonzentration erlaubt wird, sich so gewaltig auszudehnen, daß es unmöglich geworden ist, auch auf sie unsere Rechtsordnung anzuwenden?»

Die Ausdehnung reichte weit über die USA hinaus; denn während des Hearings war eine davon ganz unabhängige Geschichte ruchbar geworden, nämlich wie die ITT auf eine dreitausend Meilen entfernte Regierung Druck ausübte – eine Geschichte, die noch weiter reichende und länger anhaltende Auswirkungen haben sollte.

Kapitel 11

# Die Meister der Spionage

Während die Kleindienst-Hearings noch im Gange waren, gerade als die Senatoren sich anschickten, Dita Beard in Denver aufzusuchen, und als bereits feststand, daß der Sündenbock bei den Wahlen die ITT sein würde, erschienen am 21. und 22. März zwei Kolumnen von Jack Anderson, die letztlich noch stärkere Auswirkungen haben sollten als das Beard-Memorandum. Anderson kündigte an, geheime Dokumente der ITT, die dem Reißwolf entgangen waren, hätten gezeigt, daß die ITT Pläne geschmiedet habe, um die Wahl des marxistischen Präsidenten von Chile, Salvador Allende, zu verhindern; daß die ITT regelmäßig mit dem Geheimdienst CIA verhandelt habe, um Chile in ein wirtschaftliches Chaos zu stürzen und das Militär zu einem Staatsstreich anzustacheln; und daß Harold Geneen dem Weißen Haus «bis zu siebenstellige Summen» angeboten habe, um Allende aufzuhalten. Die Dokumente, sagte Anderson, «zeigen die ITT praktisch als einen in sich geschlossenen Konzern-Staat».

Seine Anschuldigungen schienen wohlbegründet. Die achtzig Seiten Aktennotizen, die er bald darauf veröffentlichte (und die aus einer anderen Quelle stammten als das Beard-Memorandum), enthüllten höchst unheimlich klingende Diskussionen zwischen ITT-Managern, der CIA und dem Weißen Haus über Allendes Wahl. Sie waren teils von ITT-Leuten in Chile, teils in den ITT-Büros in New York und Washington geschrieben worden; und sie waren bemerkenswert nicht nur durch ihre Enthüllungen über Komplotte, sondern auch durch die Einstellung all dieser beteiligten ITT-Leute, die vor chilenischen Politikern ebenso wenig Achtung hatten wie vor Beamten des Außenministeriums der USA. Die Sprache war brutal und hart; die Aktennotizen hätten von einem marxistischen Romancier geschrieben sein können, der kapitalistische Kriegshetzer darstellt. Und die Korrespondenz war um so überzeugender und alarmierender, als John McCone daran beteiligt war, der ehemalige CIA-Direktor und jetzige ITT-Direktor. Die Memoranden lieferten auf dieselbe Weise den Beweis für die Einmischung der ITT in die Außenpolitik wie die Anti-Trust-Memoranden für die Einmischung in die Innenpolitik, und das Leitmotiv war durchweg, daß auf die amerikanische Regierung Druck ausgeübt werden könnte und sollte, damit sie sich den Auslandsplänen der ITT anpasse und daß die ITT viel wichtiger und über Lateinamerika besser informiert sei als das stümperhafte Außenministerium. So schrieb Bill Merriam an Henry Kissinger: «Diejenigen von uns, die in dem Gebiet seit fast hundert Jahren tätig sind, sind sich über diese Fehlschläge genau im klaren.»

Um zu verstehen, was den Enthüllungen über Chile zugrunde liegt, empfiehlt es sich, einen Blick auf frühere Engagements der ITT in Lateinamerika zu werfen, das in den letzten vierzig Jahren eine lukrative, aber verwundbare Profitquelle war und den chamäleonhaften Charakter der ITT stark prägte. In den zwanziger Jahren hatte Sosthenes Behn von Puerto Rico nach Kuba expandiert und sich dann auf dem ganzen lateinamerikanischen Kontinent ausgebreitet, hatte unter jeder möglichen Art von Regime Telefongesellschaften aufgekauft oder aufgebaut und mit seinem gewohnten Geschick mit Diktatoren und Revolutionären gleichermaßen Geschäfte gemacht. Doch im Zuge des aufkommenden Nationalismus war es nicht überraschend, wenn die Republiken daran Anstoß nahmen, daß ihre Telefonnetze von einer ausländischen Firma betrieben wurden; und Behn und seine Manager mußten, wie wir schon im zweiten Kapitel gesehen haben, immer mehr peinliche Verrenkungen vornehmen, zuerst, um den Betrieb aufrechtzuerhalten, dann, um angemessene Entschädigungen zu erzielen, wie etwa 1946 bei Perón in Argentinien.

Allenthalben wurde von lateinamerikanischen Politikern über die Bestechungen der ITT und die Unzulänglichkeit der Telefonsysteme geklagt; viele Regierungen beharrten darauf, die Gebühren niedrig zu halten, so daß die ITT keinen Anreiz hatte, das Netz zu verbessern. Kuba war ein besonders berüchtigtes Beispiel für Bestechungen und Unzulänglichkeit gleichermaßen: in einem Bericht der Weltbank über Kuba unter dem Battista-Regime aus dem Jahre 1950 wurde das überalterte ITT-Telefonsystem stark kritisiert, denn oft wurden Verbindungen unterbrochen und die Fernsprechteilnehmer mußten schreien, um sich verständlich zu machen. Als Castro an die Macht kam, enteignete er das Telefonsystem kurzerhand entschädigungslos. Das war bald, nachdem Geneen ITT-Präsident geworden war, und der Schock dieses Rückschlags trug zu Geneens pessimistischer Ansicht über die übrige Welt bei.

Es war klar, daß mit dem Betrieb von Telefonsystemen im Gegensatz zur Herstellung von Telefonen jetzt kein großes Geschäft mehr zu machen war, aber als die ITT sich davon zurückzog, schnitt sie dabei noch bemerkenswert gut ab: in Brasilien zum Beispiel wurden ihr 1962 für ihre Betriebsgesellschaft 7,3 Millionen Dollar und 1967 weitere 12,2 Millionen gezahlt. Nachdem in Peru die Militärjunta an die Macht gekommen war, vermochte die ITT dem Schicksal der International Petroleum Corporation zu entgehen, die entschädigungslos enteignet wurde, und traf ein Abkommen, wonach 17,9 Millionen Dollar für die Telefongesellschaft bezahlt wurden unter der Bedingung, daß 8 Millionen wieder in Peru investiert würden – was auch geschah, teilweise in Gestalt eines neuen großen Sheraton-Hotels in Lima. Das Umsteigen von Telefonen auf Hotels war symbolisch für die neue Rolle der ITT, die sich mehr auf sichere und nicht so sehr politische Investitionen beschränkte.

Die ITT machte sich immer weniger Illusionen über die Zukunft in Lateinamerika und legte kaum neues Kapital an, außer in Brasilien, in das Geneen großes Vertrauen setzte; ansonsten zog der Konzern Europa, Australien oder Südafrika vor. Doch war er immer noch einer der größten Investoren mit einem Netzwerk von Fabriken, Fernmeldeeinrichtungen und Hotels; und er wurde unterstützt durch seinen Nachrichtendienst, der, wie ein Direktor sich brüstete, besser sei als der des CIA und sehr hilfreich bei allen Verhandlungen. Es war Usus, Reporter zur Wahrnehmung der Public Relations anzuheuern, die Zugang zu führenden Politikern hatten und dem Washingtoner Büro regelmäßig ausführliche politische Berichte schickten. Ned Gerrity selbst hatte seine Ausbildung in Lateinamerika erhalten, und für ihren lateinamerikanischen Nachrichtendienst hatte die ITT jetzt einen aggressiven, politisch rechtsstehenden Journalisten namens Hal Hendrix, der für seine Berichte aus Miami über die kubanische Raketenkrise den Pulitzer-Preis erhalten hatte, wobei er sich auf ausgezeichnete CIA-Quellen stützen konnte. Mitarbeiter von Hendrix war ein begabter Reporter aus Mexiko, Bob Berrellez; und in Zusammenarbeit mit dem Stammpersonal der ITT und ihren Freunden unter den Politikern versorgten die beiden Gerrity und Geneen mit einer Flut von Informationen und Klatsch. In Washington standen der ITT noch viele andere Quellen zur Verfügung, die in ihrem eigenen Büro von Jack Neal koordiniert wurden, dem «antikommunistischen Kämpen», wie Gerrity ihn nannte; er hatte eine dreißigjährige Dienstzeit im Außenministerium hinter sich.

Stets hatte die ITT nach Kräften darauf aufmerksam gemacht, daß die amerikanische Regierung mit den lateinamerikanischen Ländern härter umspringen müsse, damit die ITT angemessene Entschädigungen erhalte. Hier übte sich Geneen selbst als aktiver Lobbyist; und er war stolz auf seine Rolle, das Hickenlooper Amendment durchgedrückt zu haben, das der amerikanischen Regierung ermöglichte, die Auslandshilfe für jedes entschädigungslos enteignende Land einzustellen. Geneen hatte einen wichtigen Verbündeten in Dr. Noobar Danielian, dem namhaften armenischen Nationalökonomen, der den Sankt-Lorenz-Seeweg propagiert und später die International Economic Policy Association gegründet hatte, eine Interessenvereinigung, die bei mehreren US-Regierungen darauf drängte, Hilfsprogramme zu streichen. Danielian war ein glühender Bewunderer von Geneen und sehr an Lateinamerika interessiert; auch hatte er gute Kontakte zum Kapitol-Hügel.

Nach der Verstaatlichung in Peru betrieb die ITT nur noch drei Telefonnetze: in Puerto Rico, auf den Jungfern-Inseln und in Chile. Der chilenische Betrieb war der wirtschaftlich und politisch wichtigste; 1970 wurden 6000 Arbeitskräfte beschäftigt, und die ITT bezifferte den Wert der Anlagen mit 150 Millionen Dollar. Colonel Behn hatte die Gesellschaft 1930 von den Engländern gekauft; seit Unterzeichnung der ursprünglichen Fünfzig-Jahr-Konzession hatte sie stets sehr hohe Gewinne abgeworfen. Es galt eine Vereinbarung, daß die ITT in Gold bezahlt werden sollte. Lange Zeit schien Chile eine sichere Basis zu sein, geschützt vor dem revolutionären Nationalismus ringsum. Zudem wurden neue Hoffnungen geweckt, als 1964 der christlich-demokratische Präsident Eduardo Frei gewählt wurde, der Reformen versprach, ohne die großen Konzerne zu bekämpfen; er war die Antwort der Gemäßigten auf Castro, ein Beispiel für das übrige Lateinamerika. Geneen setzte große Hoffnungen auf Frei; vor seiner Wahl hatten er und andere amerikanische Industrielle einen Wahlkampfbeitrag zu seiner Unterstützung durch den damaligen CIA-Direktor John McCone[120] (der ein Jahr später ITT-Direktor wurde) angeboten. McCone lehnte das ab mit der Begründung, der CIA nehme kein privates Geld, aber in Chile liefen zu der Zeit Gerüchte um, daß auf mysteriöse Weise viel Geld ins Land gekommen sei. Nach seiner Wahl stand die ITT mit Frei auf gutem Fuße: als die Chilenen 1966 ihr Telefonnetz erweitern wollten, machte die schwedische Firma Ericsson ein Angebot, um den Auftrag zu erhalten, und legte einen Bericht vor, in dem auf die Fehler des vorhandenen ITT-Systems hingewiesen wurde; aber die ITT bekam den Auftrag, obwohl ihr Angebot viel teurer war, und legte 144 000 neue Leitungen für 186 Millionen Dollar.[121] Frei einigte sich mit der ITT auf auf einen Plan über eine schrittweise Verstaatlichung, wonach die Regierung das Unternehmen allmählich käuflich erwerben sollte.

Frei geriet indes bald in politische Schwierigkeiten; seine begrenzten Reformen konnten die Radikalen nicht zufriedenstellen, und die chilenische Politik wurde stärker polarisiert. Der rechte Flügel spaltete sich unter dem früheren Präsidenten Jorge Alessandri ab, und die Marxisten waren unter ihrem Führer Salvador Allende immer noch stark; die christlichen Demokraten unter Radomiro Tomic schwenkten nach links ab. Bei den Präsidentschaftswahlen im September 1970 gewann Allende nur 36 Prozent der

Stimmen, weniger als bei den Wahlen von 1964, aber mehr als jeder seiner uneinigen Rivalen, Alessandri und Tomic. Nach der chilenischen Verfassung mußte die endgültige Entscheidung über die Präsidentenwahl bei den Kongreßwahlen sieben Wochen später durch die Abgeordneten getroffen werden, was eine hektische Periode mit Intrigen, Spekulationen und Panik zur Folge hatte; man wollte auf jeden Fall versuchen, einen marxistischen Sieg zu verhindern. Diese sieben Wochen sind der Zeitraum, in dem der größte Teil der von Jack Anderson veröffentlichten ITT-Memoranden geschrieben worden war.

In Chile wurden die Anderson-Enthüllungen in einem dramatischen Augenblick bekannt, als nämlich die Verhandlungen zwischen der ITT und Allendes Regierung ein kritisches Stadium erreicht hatten. Denn Allende hatte inzwischen die Telefongesellschaft übernommen und einen staatlichen Leiter eingesetzt, schon hatten lange Verhandlungen stattgefunden, um eine Einigung über die Entschädigung zu erzielen. Die ITT bezifferte den Wert mit 153 Millionen Dollar, die Chilenen (laut ITT) auf 24 Millionen. Die Chilenen hatten eine Gruppe internationaler Schiedsrichter vorgeschlagen, die von der ITT nicht akzeptiert wurden. Die ITT schlug eine internationale Wirtschaftsprüfungsgesellschaft vor, die die Chilenen wiederum nicht akzeptieren wollten. Die ITT argwöhnte, daß die Chilenen versuchten, die Gesellschaft bankrott zu machen, um überhaupt nichts zahlen zu müssen; die Chilenen warfen dem Konzern vor, er wolle gar keine Regelung und ziehe es vor, von der Versicherung Geld zu kassieren. Im März 1972 hatte der chilenische Botschafter in Washington, der die Verhandlungsdelegation führte, gerade eine neue Formel für eine gerechte Wertfestsetzung präsentiert, als Andersons Kolumne erschien und die ganze Situation veränderte; denn die Enthüllungen über die Komplotte der ITT schienen alle chilenischen Verdächtigungen zu bestätigen.

Allende nützte das natürlich nach Kräften aus. Eine Woche nach den Enthüllungen beschloß der chilenische Kongreß, die früheren Aktivitäten der ITT und CIA zu untersuchen. Einen Monat später gab Allende auf einer regierungsfreundlichen Kundgebung, an der zweihunderttausend Menschen teilnahmen, bekannt, daß er den chilenischen Kongreß bitten werden, die ITT-Telefongesellschaft zu verstaatlichen, die «imperialistische Einflußnahme» praktiziert habe. Allende, dessen wirtschaftliche Schwierigkeiten rasch zunahmen, griff weiterhin die ITT und die anderen ‹Multinationalen› an. Im Dezember 1972 kam Allende nach New York, um eine Rede vor der UN-Vollversammlung zu halten. Die ITT, so sagte er, «hat ihre Fangarme tief in mein Land geschlagen, sie hat vorgehabt, unser politisches Leben zu dirigieren. Ich beschuldige die ITT des Versuchs, einen Bürgerkrieg herbeizuführen.» Auch die anderen großen Konzerne griff er an, die, wie er sagte, «auf listige und erschreckende Weise uns erfolgreich daran hinderten, unsere Rechte als souveräner Staat auszuüben». Nach seiner Rede flog Allende direkt nach Moskau zu Gesprächen mit den russischen Führern; doch wäre es irreführend, seine Rede als von den Sowjets inspiriert anzusehen. Denn die Sowjets hatten nicht den Wunsch, Chile wirtschaftliche Hilfe zu gewähren, verhandelten sie doch selbst eifrig mit den Multinationalen. Die *Financial Times* wies darauf hin, daß «während Pepsi-Cola aus den Supermärkten in Santiago verschwindet, es für Verbraucher in Moskau zu haben sein wird».

## Hearings über die Multinationalen

In den USA hatten die Anderson-Enthüllungen inmitten der näherliegenden Suche nach Dita Beard zuerst keinen so starken Widerhall gehabt wie in Lateinamerika und in Europa. Wie üblich dementierte die ITT prompt, etwas Unrechtes getan zu haben, und gab eine Erklärung heraus, daß «die ITT in Chile wie auch in allen anderen Ländern, in denen sie Betriebe hat, ein Konzern mit guter staatsbürgerlicher Gesinnung ist». Der CIA gab keine Erklärung ab; John McCone bestätigte allerdings, daß leitende Angestellte der ITT in Zusammenarbeit mit der Regierung der USA Schritte gegen Allende erwogen haben. Er und Geneen, sagte er, bedauerten zutiefst die Art und Weise, wie die Aktennotizen geschrieben worden waren und wie sie von der Presse behandelt wurden, so daß «unsere wirkliche politische Linie verzerrt worden ist». Aber Geneen selbst äußerte sich nicht.

Eine Zeitlang sah es so aus, als ob der ganze Chile-Skandal im Sande verlaufen würde. Wenige Amerikaner machten sich die Mühe, den ganzen Text der Aktennotizen zu lesen, die in Chile und Großbritannien veröffentlicht worden waren, nicht aber in den USA, außer im *Congressional Record*; und obwohl sie eindeutig belastend zu sein schienen, war es nicht leicht, ihren Sinn zu begreifen, denn die Geschichte war lückenhaft, und viele Fragen blieben offen. Nicht einmal die Direktoren der ITT machten sich die Mühe, sie zu lesen, obwohl Geneen darin beschuldigt wurde, sich ohne ihr Wissen in die Außenpolitik eingemischt zu haben. Sie beauftragten zwei Rechtsanwaltsfirmen, die Papiere zu überprüfen und sich zu überzeugen, daß sie den Versicherungsanspruch der ITT nicht gefährden; und Geneen versicherte dem Aufsichtsrat, daß er nichts Illegales getan habe.[122]

Wie sich indes herausstellte, war der chilenische Skandal eine Zeitbombe mit Spätzündung. Zwei Tage nach der ersten Anderson-Kolumne hielt der außenpolitische Ausschuß des Senats unter Vorsitz von Senator Fulbright eine geschlossene Sitzung ab, um über die Anschuldigungen zu diskutieren. Der Außenminister William Rogers versicherte ihnen, die Regierung habe nicht «ungerecht gehandelt»; aber die Senatoren gaben sich nicht zufrieden. Es wurde ein Sonderausschuß beschlossen, der die Aktivitäten amerikanischer Firmen im Ausland untersuchen sollte. Der ‹Multinationale Ausschuß›, wie sein Name lautet, wurde prompt unter Vorsitz von Senator Frank Church eingesetzt. Church ist ein umgänglicher, sehr redegewandter Rechtsanwalt aus Idaho, der große Konzerne mit begründetem Mißtrauen betrachtet; manchmal wird er ungerechterweise als Isolationist bezeichnet, aber er ist nicht schlechthin ein Nörgler, sondern meint nur, die amerikanische Regierung müsse den wahren Sachverhalt über die Multinationalen aufdecken. Er übernahm seine neue Aufgabe mit Vergnügen und stellte einen tüchtigen und einsatzfreudigen Berater an, Jerome Levinson, der für die Allianz für den Fortschritt in Lateinamerika gearbeitet und ein sehr kritisches Buch darüber geschrieben hatte. Der Unterausschuß beschloß, drei Jahre für die Untersuchungen über die Multinationalen vorzusehen. Seine erste Ermittlung sollte das Verhalten der ITT in Chile und ihr Verhältnis zum CIA zum Gegenstand haben. Nach Abstimmung erhielt der Ausschuß die Befugnis, Angestellte der ITT und Regierungsbeamte unter Strafandrohung vorzuladen und er begann, noch weitere Dokumente aus den ITT-Akten anzuhäufen.

Es gab noch eine zum Thema gehörende Nebenhandlung, und zwar die Versicherungsfrage; denn ebenso wie andere Firmen, die in Entwicklungsländern arbeiten, war die ITT bei der staatlichen Overseas Private Investment Corporation (OPIC) versichert; und jetzt forderte die ITT 92 Millionen Dollar für ihre enteignete chilenische Gesellschaft. Aber der Anspruch an OPIC war unberechtigt, wenn nachgewiesen werden konnte, daß die Enteignung die Folge einer Provokation durch den Investor gewesen war – *sofern* nicht ebenfalls nachgewiesen werden konnte, daß die Provokation auf ausdrücklichen Wunsch der Regierung der Vereinigten Staaten erfolgt war. Die Anderson-Papiere schienen die Provokation zu beweisen, aber wenn der CIA sie verlangt hatte, dann könnte die ITT das Geld immer noch bekommen; das Geld würde von den Steuerzahlern aufgebracht werden müssen, denn OPICs Prämieneinnahmen konnten den Anspruch nicht dekken (obwohl die Verbindlichkeit zum Teil bei Lloyd's in London rückversichert war). Das OPIC-Problem war außerdem eine politisch heikle Frage, denn viele Leute, und zu ihnen gehörte Senator Church, vermuteten, daß OPIC lediglich die Unternehmen ermutige, die Regierung in kommerzielle Streitereien zu verwickeln, womit die Spannungen zwischen den Nationen nur verschärft werden würden. Gewiß lag der ITT nicht nur wegen ihres unmittelbaren Geldbedarfs an einer Zahlung von OPIC; vielmehr hatte sie (nach Churchs Auffassung) das Bedürfnis, allen Nationen zu zeigen, daß sie bei ihren Verhandlungen die amerikanische Regierung hinter sich hatte.

Erst am 20. März 1973 – genau ein Jahr nach Jack Andersons Enthüllungen – begann der Unterausschuß mit seinem Hearing. Das war schon das zweite Senats-Hearing, zu dem Anderson den Anstoß gegeben hatte. Die ITT-Skandale schienen allmählich in Vergessenheit zu geraten; aber am voraufgegangenen Wochenende waren durch Zufall einige alte Verdächtigungen wieder wachgerufen worden, als nämlich der Handelsausschuß des Repräsentantenhauses unter Harley Staggers einen Teil des Inhalts der geheimnisvollen 34 Kisten mit ITT-Akten bekanntmachte, die jetzt im Justizministerium lagerten. Nun war die ITT wiederum unter Beschuß, und zwar an zwei Fronten zugleich; aber Churchs Hearing war die härteste Feuerprobe. Es war sehr viel kürzer, aber viel lebendiger und peinlicher als das Eastland-Hearing ein Jahr zuvor (*dieser* Ausschuß beschäftigte sich jetzt mit der Frage der Ernennung von Patrick Gray zum FBI-Chef, die zwei Stockwerke tiefer nicht weniger Anziehungskraft ausübte). Es bestand kein Zweifel oder Unklarheit darüber, um was es bei dem Church-Hearing ging oder wer beschuldigt wurde. Die Angeklagte war die ITT, und in zweiter Linie verdächtig war der CIA; die Beschuldigung lautete, daß sie konspiriert hätten, um Wahlen im Ausland zu beeinflussen oder eine ausländische Regierung zu stürzen.

Die Gruppe von Senatoren vergeudete sehr wenig Zeit mit Abschweifungen oder Selbstrechtfertigungen, mit der gelegentlichen Ausnahme von Stuart Symington aus Missouri. Keiner war bereit, der ITT von vornherein Glauben zu schenken. Am verständnisvollsten war noch Charles Percy aus Illinois: als möglicher republikanischer Präsidentschaftskandidat trat er dem Big Business gegenüber behutsam auf, außerdem war er Präsident von Bell and Howell gewesen, als Geneen dort Revisor war; doch sogar seine Fragen waren manchmal zweischneidig. Clifford Case, der Republikaner aus New Jersey, kaute auf seiner Brille, rieb sich die Wange und schien zunehmend bestürzt und besorgt über die ständigen Ausflüchte, und oft wurde aus seinem Gemurmel eine scharfe, wütende Frage. Unter den Demokraten schien Edmund Muskie nach der Wahlniederlage seinen klaren Kopf und seinen Zorn wiedererlangt zu haben; und gelegentlich schaute William Fulbright herein, um eine peinliche Frage einzuwerfen oder Betrachtungen über die Weltlage anzustellen. Aber Church selbst beherrschte die Show, stellte die entscheidenden Fragen, gab laufend selbst den Kommentar dazu, starrte streng hinunter auf die Zeugen, schüttelte den Kopf, spielte mit seiner Brille und verzog dann und wann das Gesicht zu einem breiten, aber verwirrenden Lächeln. Er war viel schlagfertiger und energischer als Kennedy bei den vorangegangenen Hearings.

Die mysteriöse Geschichte enthüllte sich wie ein unwahrscheinlicher Krimi mit falschen Fährten und komischen Ablenkungen, aber immer stand die Frage im Mittelpunkt: Wofür war die Million Dollar? Denn die Aktennotiz, auf die Jack Anderson sich bezogen hatte, besagte unzweideutig, daß Geneen der CIA bis zu einer siebenstelligen Summe angeboten hatte. Am ersten Tag erschien wieder der unglückliche Bill Merriam wie ein betäubtes Walroß und beschrieb den erstaunten Zuhörern, wie er mehrmals mit William Broe, dem Chef des Geheimdienstes der CIA für Lateinamerika, im *Metropolitan Club* zu Mittag gegessen habe, obwohl Merriam, wie er behauptete, nicht wußte, daß Broe ein Geheimagent war («Wir aßen in Lokalen, wo drei- oder vierhundert andere Gäste waren»); sie hatten über Pläne gesprochen, um Chile wirtschaftlich zugrunde zu richten, sagte er, aber nichts sei tatsächlich getan worden. Am zweiten Tag wurde John McCone selbst aufgerufen, ein kleiner, weißhaariger Mann von 71 Jahren mit scharfen Augen und ehrwürdig gerunzelter Stirn. Er beschrieb gelassen und in gleichförmigem Ton, wie er 1965 Direktor bei ITT geworden war, während er insgeheim weiterhin Berater des CIA blieb (was selbst Geneen, wie er sagte, nicht wußte). Der erklärte unter dem Surren der Kameras, daß er mit seinem Nachfolger als CIA-Direktor, Richard Helms, über die chilenischen Wahlen gesprochen habe, daß er später Helms und Kissinger aufgesucht und Hilfe angeboten habe, um Allende aufzuhalten; aber Geneens Plan mit der Million Dollar, behauptete McCone, habe nicht darin bestanden, Chile wirtschaftlich zugrunde zu richten, sondern konstruktive Projekte im Wohnungsbau und in der Landwirtschaft zu ermöglichen. Die Senatoren waren höflich, aber ungläubig: Wie konnte Geneen angenommen haben, fragte Clifford Case, daß eine Wirtschaftshilfe von einer Million Dollar die Wahlen irgendwie beeinflussen könne, nachdem die USA bereits für Wirtschaftshilfe an Chile eine *Milliarde* Dollar gezahlt hatten?

Andere ITT-Leute machten die Geschichte noch verworrener. Jack Neal aus dem Washingtoner Büro, der die verhängnisvolle Aktennotiz geschrieben hatte, in der das Angebot von einer Million Dollar erwähnt war, erklärte, er habe nicht gewußt, wofür das Geld sei, und die ITT habe nichts Illegales getan. Die beiden Außendienstreporter wurden vorgeladen, als erster Hal Hendrix mit seiner heiseren Stimme und dem vom Wetter gegerbten Gesicht. Sie behaupteten, keine Kontakte mit dem CIA gehabt zu haben und nichts von Mr. Broe zu wissen; sie seien nur Reporter, die Nachrichten sammelten («Staubsauger» nannte Gerrity sie). Am dritten Tag erschien Ned Gerrity selbst, liebenswürdig wie immer, anscheinend gelassen, und gab eine dritte Version des Eine-Million-Dollar-Versprechens zum besten: Es sei Geneens Gedanke gewesen, sagte Gerrity, daß die ITT etwas tun solle, um ihr Vertrauen zu Chile zu beweisen; die Million sollte sozusagen ein Startgeld sein, um andere Firmen zu ermutigen, Projekte im Wert von vielen Millionen, einschließlich Wohnungsbau und Landwirtschaft, aufzustellen.

Aber wie kommt es, fragte Church, daß keine einzige Aktennotiz über Aufbauprojekte, dafür aber so viele über wirtschaftliches Chaos geschrieben wurden? Selbst Charles Percys Gleichmut war jetzt überfordert: «Da besteht einfach kein Zusammenhang. Es ist schlicht unglaubwürdig.»

Nach einer Woche sah die Lage der ITT gefährlich aus; der Trupp ITT-Lobbyisten und Public Relations-Leute, die während des Hearings geschlossen in einer Reihe saßen, blickte immer trübseliger drein; die ITT-Aktien fielen um fünf Punkte, und die Aussichten, das Versicherungsgeld von 92 Millionen Dollar zu kassieren, waren schwach, da alles auf Provokation hindeutete. Der Unterausschuß verfolgte eindeutig die Taktik – welche Ansichten die einzelnen Mitglieder auch vertraten –, die ITT von den übrigen Multinationalen als den alleinigen Bösewicht abzusondern; und eine ganze Reihe Bankiers – von der First National City Bank, Chase Manhattan, Bank of America – sagten fromm und gottesfürchtig aus, *ihre* Methode sei es nie gewesen, sich in die Politik irgendeines Landes einzumischen, in dem sie arbeiteten; wenn man an *sie* herangetreten wäre, wirtschaftliches Chaos herbeizuführen, dann hätten sie ganz entschieden nein gesagt. Das Außenministerium und das Finanzministerium schlossen sich der allgemeinen Lossagung an. Eine Zeitlang sah es so aus, als sei das ganze Komplott nicht mehr als ein phantastischer Plan der Aktennotizverfasser der ITT gewesen; aber dann gab Senator Church die sensationelle Neuigkeit bekannt, daß zum erstenmal in der Geschichte ein Angehöriger des CIA, William Broe, Aussagen machen werde, die veröffentlicht würden.

Broes Aussage war dann unzweideutig; er bezeugte, daß Geneen ihm im Juli 1970 für einen Wahlfonds des konservativen Kandidaten in Chile, Jorge Alessandri, tatsächlich eine ‹namhafte› Summe angeboten habe, die er über den CIA leiten wolle. Er, Broe, habe dies abgelehnt, obwohl er später selbst mit eigenen Vorschlägen, wie Chiles Wirtschaft zerrüttet werden könne, wieder an die ITT herangetreten war. Broes Aussage machte die «Projekte für Wohnungsbau und Landwirtschaft» noch unwahrscheinlicher; und am nächsten Tag bestritt Charles Meyer, ehemaliger Staatssekretär im Außenministerium, daß Jack Neal oder sonst jemand von der ITT Geld für Aufbauprojekte angeboten habe. Senator Church erklärte in seiner würdevollsten Weise: «Es ist offenkundig, daß jemand lügt. Und wir müssen ernsthaft die Frage von Meineid in Betracht ziehen.»

In der nächsten Woche wurden Ned Gerrity und Jack Neal nochmals vorgeladen, um die Widersprüche aufzuklären. Diesmal machten sie beide Rückzieher in bezug auf die Aufbauvorhaben. Neal sagte, ihm sei darüber von Merriam nichts mitgeteilt worden, und Gerrity sagte, er sei jetzt nicht sicher, ob Geneen das genau so gemeint habe: die Vision des großen ITT-Wohungsbau- und Landwirtschaftsprojekts löste sich ebenso schnell auf, wie sie aufgetaucht war.

Derweil warteten alle auf den letzten Zeugen, Geneen, der als einziger die ganze Geschichte kannte. Wie würde er sich aus dem Gewirr widersprüchlicher Aussagen herauswinden können? Er erschien im Hearing-Saal, braungebrannt und nervös, beschützt von zwei Anwälten und einer Leibwache, aber dennoch lächelte er seinen Kollegen dann und wann verschmitzt zu. Mehr denn je schien er der Geist zu sein, der alle anderen angeregt, für sich verpflichtet und überredet hatte, ausführliche Einzelheiten niederzuschreiben, während er selbst noch in den Lüften schwebte und nicht belangt und festgenagelt werden konnte. Ruhig und zuversichtlich gab er seine Erklärungen ab; er habe mit Broe im *Sheraton Carlton* gesprochen, wie er zugab, aber er könne sich kaum an etwas erinnern; er lasse Broes Wort gelten, daß er ein nennenswertes Angebot gemacht habe, aber das sei nur eine Anregung gewesen, die abgelehnt wurde, und damit sei der Fall erledigt gewesen; daß er mit Broe sprach, habe lediglich den Zweck gehabt, Auskünfte über Chile zu erhalten und sein Interesse zu bekunden. Es besteht überhaupt kein Zusammenhang, sagte er, zwischen diesem Angebot und dem späteren Eine-Million-Dollar-Angebot im September; mit dem zweiten Angebot sei nur teilweise beabsichtigt gewesen, Allendes Machtübernahme zu verhindern; es hatte auch den Zweck, Allende, wenn er an die Macht käme, zu veranlassen, sein Verstaatlichungsprogramm zu mäßigen. Etwaige Anregungen, wirtschaftliches Chaos oder Militärputsche herbeizuführen, seien strikt abgelehnt worden.

Wie gewöhnlich setzte sich Geneen zur Wehr und schien nie um Worte verlegen. Er sprach wiederum von den finanziellen Leistungen der ITT, ihrem Beitrag zur Zahlungsbilanz, ihren Gewinnen von 450 Millionen Dollar jährlich; aber als er gefragt wurde, wieviel Bundeseinkommensteuer die ITT bezahle, konnte er sich plötzlich nicht erinnern (Church entsann sich, daß die ITT ungefähr 2 Millionen Dollar bezahlte). Geneen beklagte sich, daß es die Veröffentlichung der Chile-Papiere gewesen sei, nicht etwa ihre Existenz, was für die Multinationalen nachteilig gewesen sei; und er deutete sogar an, daß das Hearing Amerikas Feinden nützt. Er trat entschieden für eine harte politische Linie ein. Als ich ihm zuhörte, erinnerte ich mich seiner Angriffe auf die Politik der britischen Regierung gegenüber Rhodesien bei unserer ersten Begegnung neun Monate zuvor. Eine Zeitlang schien es, als würde Geneen wiederum seinen Kritikern entschlüpfen; als ob der weiße Wal, umgeben von Harpunierern, wiederum plötzlich im schäumenden Meer untertauchte. Aber Church und Case nagelten ihn allmählich fest. Senator Case sagte klipp und klar, wenn er in Allendes Lage wäre, würde er Geneens Angebot als provokativ ansehen. Und wenn Geneen vom CIA nichts als Informationen über Chile haben wollte, fragte Church, warum habe er sich dann an den Chef des *Geheim*dienstes gewandt? Und was sei überhaupt aus dem Plan für Häuser und Landwirtschaft geworden? Es sei viel von Häusern geredet worden, erwiderte Geneen, aber in Wirklichkeit seien das nicht mehr als ein paar Ideen gewesen.

Zum Schluß gab Geneen eindeutig zu, daß er bei zwei verschiedenen Gelegenheiten Geld angeboten habe, um zu verhindern, daß Allende an die Macht kommt; das Angebot an Broe, gab er zu, war vielleicht unklug gewesen, aber er sei bestürzt gewesen über den Wandel der amerikanischen Außenpolitik. Nachdem die Senatoren das aus ihm herausgeholt hatten, sahen sie davon ab, in der Wunde zu stochern. Nach zwei Wochen Hearing faßte Church das Ergebnis kurz zusammen und wies darauf hin, daß die Multinationalen in den Ländern, in denen sie Geschäfte machen, willkommen sein müssen. Je mehr sie sich dem CIA gegenüber zurückhalten, um so besser für alle Beteiligten; und er würde gern Gesetzesanträge einbringen, sagte er, um Kontakte dieser Art zu unterbinden.

Eine Woche später, am 9. April, kam es zu einer kostspieligen Konsequenz des Hearings: Der Präsident von OPIC gab bekannt, daß die ITT-Forderung von 92 Millionen Dollar nicht anerkannt würde, weil die ITT rechtserhebliche Auskünfte nicht erteilt habe und «OPICs Verlustrisiko erhöht hat, weil sie versäumte, Abhilfe im Verwaltungsweg zu erlangen».

## Das mißlungene Komplott

Die Geschichte, die schließlich drei Jahre, nachdem sie geschehen war, aus den Aussagen hervorging, war in mancher Beziehung ein vertrautes lateinamerikanisches Epos in der Tradition der United Fruit, des Big Business, das kleine Republiken zu beherrschen versucht. Was die Sache so beunruhigend machte, war nicht nur, daß sie überholt und nicht im Einklang mit der offiziellen amerikanischen Politik war, besonders nach Vietnam nicht, sondern auch, daß das Komplott von den leitenden Männern eines Konzerns geschmiedet worden war, der sich selbst als einer der höchstentwickelten und modernsten der Welt bezeichnet; und zwar ein Konzern, der als multinationaler ständig in allen Teilen der Welt seine «gute staatsbürgerliche Gesinnung» betont – eine Politik, die für sein Überleben wohl tatsächlich wesentlich war. Die Geschichte schien auch nicht im Einklang zu stehen mit der Vergangenheit der ITT, mit den Grundsätzen von Colonel Behn, der sich so bemüht hatte, jedem Regime gefällig zu sein, mit dem er Geschäfte machte. Am Schluß des Hearings konnte kein Zweifel daran bestehen, daß die Initiative, den CIA aufzufordern, sich in die chilenische Politik einzumischen, von der ITT ausgegangen war – während sie gleichzeitig ein so hartnäckiges Lobbying bei der Anti-Trust-Behörde durchführte. Und so war das

Komplott entstanden, wie aus den eidlichen Aussagen bei dem Hearing hervorging:

Anfang 1970 machten sich Geneen und auch McCone, sein Mitdirektor, Sorgen über Chiles Zukunft und sprachen darüber bei Vorstandssitzungen; beide hatten dieselben starren, antikommunistischen Ansichten* und hielten es für möglich, Allende aufzuhalten. McCone sprach dann mit seinem guten Freund Richard Helms vom CIA, sowohl in Washington als auch in McCones Haus in Kalifornien, und er fragte Helms, ob die Regierung der USA etwas zu tun beabsichtige, um einen wohlwollenden chilenischen Kandidaten zu unterstützen. Helms antwortete, daß das *Forty Committee* – der geheime interministerielle Ausschuß unter Kissinger, dem der CIA untersteht – bereits entschieden habe, daß nichts getan werden solle. Es gebe anscheinend verschiedene Beurteilungen der Wahlen und der CIA habe selbst eine Meinungsbefragung durchgeführt, die voraussage, daß Alessandri, der von den USA begünstigte Kandidat, mit 40 Prozent der Stimmen die Mehrheit gewinnen würde.[123] Aber Helms sagte auch zu McCone, er persönlich glaube nicht, daß Alessandri gewinnen könne. Indes deutete er an, daß eine «minimale Anstrengung», Allende zu bekämpfen, im Rahmen des flexiblen CIA-Budgets unternommen *würde*; und McCone schlug vor, daß ein CIA-Mann sich mit Geneen in Verbindung setzen sollte («Für mich wäre das etwas ganz Natürliches»). McCone berichtete Geneen, daß der CIA nicht viel tun könne, und Geneen war enttäuscht.

Aber Helms verständigte prompt einen seiner ranghöheren Mitarbeiter, William Broe, einen erfahrenen sechzigjährigen Spionagemeister. Bill Merriam von der ITT setzte sich mit Broe in Verbindung und fragte ihn, ob er bei seinem nächsten Besuch in Washington Geneen treffen könne. So kam Broe um 10 Uhr 15 am Abend des 16. Juli 1970 in die etwas altmodische und verblichene Hotelhalle des *Sheraton Carlton* in Washington; kurz danach kam Bill Merriam, machte sich mit dem allein sitzenden Mann bekannt und plauderte mit ihm. Fünfzehn Minuten später kam Geneen (er läßt sogar den CIA warten), und Merriam stellte ihm Broe vor, woraufhin Geneen mit Broe zu der privaten Suite hinauffuhr, die die ITT für ihre leitenden Herren reserviert hatte; Merriam mußte unten warten. Oben quetschte er Broe rasch aus über die chilenische Wahlkampagne und die Aussichten von Allende, Alessandri und Tomic. Dann rückte Geneen mit seinem Vorschlag heraus: er sei bereit (wie auch schon bei den Wahlen von 1964), einen namhaften Wahlfonds für Alessandri zusammenzubringen, der CIA solle diesen

* Aussage McCone: «Der internationale Kommunismus hat immer wieder erklärt, sein Ziel sei die Vernichtung der freien Welt, wirtschaftlich, politisch und militärisch . . . Daran hat Geneen gedacht.» (Aber wie vereinbart sich das mit den Verhandlungen der ITT in Moskau? [vgl. S. 249f].)

Betrag überwachen und weiterleiten. Broe sagte Geneen, der CIA könne keine Wahlgelder weiterleiten, und die Regierung der Vereinigten Staaten unterstüze keinen Kandidaten bei den chilenischen Wahlen. Dennoch bat Geneen Broe, sich wieder mit ihm in Verbindung zu setzen, wenn er von einer Europa-Reise zurück sei. Broe sprach prompt am 27. Juli bei ihm vor, um ihm von den Fortschritten der chilenischen Kandidaten zu berichten; aber er war nur zwei oder drei Minuten da, weil Geneen sehr beschäftigt war. Kurz darauf sprach McCone wieder mit Helms, bevor McCone im August in Alaska Urlaub machte.[124]

Dann fanden am 4. September die allgemeinen Wahlen in Chile statt, und mit 36 Prozent der Stimmen errang Allende einen knappen Sieg über seine beiden Rivalen. Bob Berrellez, der ITT-Mann in Santiago, kabelte seine Interpretation drei Tage später an Hal Hendrix, Ned Gerrity und andere: Allendes Wahl bei den Kongreßwahlen, sagte er, sei praktisch gesichert durch die Unterstützung der christlichen Demokraten. Alessandri und sein Schwager Matte (mit dem die ITT engen Kontakt hatte) hofften immer noch, daß Alessandri mit Hilfe von Geld und ‹einflußreichem Druck› die Wahl zu seinen Gunsten entscheiden könne; aber Berrellez warnte vor einer Intervention. «Starker politischer und wirtschaftlicher Druck von außen», kabelte er, «der zu Arbeitslosigkeit und inneren Unruhen führt, wird gewiß den Linksextremisten Auftrieb geben.»

Am nächsten Tag fand die monatliche Aufsichtsratssitzung der ITT statt. Geneen sagte dem Aufsichtsrat nichts über die Kontakte mit dem CIA; aber mit McCone sprach er persönlich und sagte ihm, er sei bereit, eine Million Dollar zu bezahlen zur Unterstützung jeder Regierungspolitik, die eine Koalition der Oppositionsparteien gegen Allende zustande bringt, jener Parteien, «welche die unserer Regierung inhärenten Grundsätze vertreten». Der Plan sollte nicht (wie McCone betonte) von der ITT oder Geneen ausgehen. Geneen fragte McCone, ob er ihn befürworte, und McCone bejahte dies. Ein paar Tage später kam McCone nach Washington, um Helms und Kissinger aufzusuchen, die beiden Schlüsselfiguren im *Forty Committee.* McCone gab das Angebot weiter. Kissinger sagte, er werde sich melden, sobald ein Plan vorliege; aber (sagte McCone) er tat es nie.

Derweil nahm das Washingtoner ITT-Büro den Kampf auf. Jack Neal, der ‹antikommunistische Kämpe›, telefonierte mit Kissingers lateinamerikanischem Berater, Pete Vaky, und erklärte ihm, Geneen mache sich große Sorgen um Chile und sei bereit, bis zu einer siebenstelligen Summe beizusteuern, und er bat Vaky, das Angebot an Kissinger weiterzuleiten; Vaky nahm (nach seiner Aussage) das Angebot nicht ernst und leitete es nicht weiter. Auch sagte Neal etwas zu Charles Meyer vom Außenministerium – obwohl Meyer bestritt, daß irgendeine Summe genannt wurde –, und außerdem «traf er zufällig» John Mitchell, den Justizminister, auf einem Hochzeitsempfang in der südkoreanischen Botschaft; und da erwähnte er auch ihm gegenüber Chile.

Inzwischen war das *Forty Committee* zusammengetreten, um über Chile zu beraten. Wenn überhaupt etwas beschlossen wurde, dann bleibt unklar, was; doch gab es Andeutungen, daß sich die Haltung der USA gegenüber Chile verhärte und irgendeine Form der Intervention erwogen wurde. Am 16. September gab Kissinger vor Redakteuren in Chicago einen nicht zur Veröffentlichung bestimmten Lagebericht und wies warnend auf die Probleme einer Machtergreifung durch Allende in Chile hin: «Wir beobachten die Situation sehr genau.» Aber, so fügte er hinzu, es sei keine Situation, in der in eben diesem Augenblick die USA viel Einfluß auszuüben vermögen. Auch der amerikanische Botschafter in Chile, Edward Korry, schien eine härtere Haltung ins Auge zu fassen. Korry war ein energischer ehemaliger Journalist, der kein Blatt vor den Mund nahm und politisch rechts stand; aber er hatte sicher irgendwelche Unterstützung aus Washington, eher aus Richtung des Weißen Hauses als vom Außenministerium. Offenbar stand er auch sehr gut mit den Außendienstreportern der ITT, Hendrix und Berrellez. So ist die entscheidende, unbeantwortete Frage, wer damals eigentlich die Außenpolitik der USA gegenüber Chile gemacht hat.

Zwei Wochen nach den allgemeinen Wahlen schickte Berrellez eine weitere Aktennotiz aus Chile, die, nachdem Hendrix sie in New York redigiert hatte, an Ned Gerrity gesandt wurde. In dem Memorandum, dem blutrünstigsten und leichtfertigsten aller ITT-Dokumente, kam die Hoffnung zum Ausdruck, daß Allende jetzt daran gehindert werden könne, Präsident zu werden: Alessandri hoffe, eine Stimmenmehrheit im Kongreß zu erhalten, woraufhin er nach der ‹Alessandri-Masche› zugunsten von Frei verzichten würde, der dann neue allgemeine Wahlen verlangen würde. Aber die Schwierigkeit sei, daß Frei nur eingreifen würde, wenn die Verfassung ernstlich bedroht sei; deshalb «muß diese Bedrohung auf die eine oder andere Weise durch Provokation geschaffen werden». Berrellez ließ Alessandri durch Matte ausrichten, daß die ITT bereit sei, ‹wie immer› beizusteuern, was nötig sei*, und machte New York genaue Vorschläge. Dazu gehörte, die konservative Zeitung *Mercurio* mit Anzeigen vollzustopfen, Propagandisten am chilenischen Fernsehen und Rundfunk einzusetzen und die Leitartikel des *Mercurio* in ganz Lateinamerika und Europa zu veröffentlichen.

Dieser drastische Bericht wurde von der ITT in New York und Washington sehr ernst genommen. Jack Neal stattete dem Außenministerium einen

* Hendrix-Berrellez-Memorandum für Gerrity, 17. September 1970. Matte bestätigte, ein Angebot der ITT erhalten, es aber abgelehnt zu haben. (Associated Press-Bericht aus Santiago, 23. März 1973.)

Besuch ab und bestätigte erneut die Bereitschaft der ITT, alles nur mögliche zu tun; Bernie Goodrich ging zum United States Information Service, um die Leute zu drängen, *Mercurio*-Leitartikel in ihren Dienst aufzunehmen (was sie ohnehin schon taten), und ihnen zu sagen, daß die ITT den *Mercurio* unterstütze. Er fragte, ob die ITT irgend etwas tun könne, was eine Regierung nicht tun kann. Die Leute von USIS betonten, daß nichts getan werden dürfe, was als amerikanische Intervention interpretiert werden könnte; aber Goodrich beruhigte sie: «Unsere Leute sind sehr erfahren auf diesem Gebiet.»[125]

Auch William Broe war offenbar beeindruckt von der Aktennotiz; er war mit der ITT in Verbindung geblieben, und so hatte Bill Merriam sie ihm übergeben. Sie aßen am 22. September zusammen im *Metropolitan Club* zu Mittag, und Merriam fragte Broe, was er von den Vorschlägen halte; Broe erwiderte, sie seien in Ordnung und die Beurteilung der Lage sei recht gut. Merriam sagte dann, auf ihn werde von der ITT in New York Druck ausgeübt, er solle dafür sorgen, daß in Chile etwas geschehe, aber Broe merkte, daß Merriam nicht viel über Chile wußte; und die meiste Zeit sprachen sie «über Töchter und Erziehung und derlei Dinge».

Eine Woche später entwickelten sich die Dinge auf bemerkenswerte Weise. Mit Wissen der CIA-Chefs – «der Leute oben», wie Broe sie nannte – suchte er Ned Gerrity in New York auf, während Geneen in Europa war. Das war am 29. September, weniger als einen Monat vor den chilenischen Kongreßwahlen. Broe umriß Gerrity kurz einen Plan, bei dem es sich um nichts weniger als die systematische Erzeugung wirtschaftlicher Unsicherheit in Chile handelte: Banken sollten aufgefordert werden, Kredite hinauszuzögern; Firmen sollten bewogen werden, absichtlich schleppend ihre Rechnungen zu bezahlen und Waren und Ersatzteile verspätet zu liefern; Sparkassen und Kreditinstitute würden dann ihre Schalter schließen müssen; technische Hilfe würde eingestellt. All das gehörte zu einer CIA-‹These›, wonach eine Verschlechterung der wirtschaftlichen Lage die christlichdemokratischen Kongreßabgeordneten ermutigen würde, nicht für Allende zu stimmen. Wieweit das eine These, wieweit es ein definitiver Plan war, blieb unklar; aber Broe nahm die Sache ernst genug, um eine Liste von Firmen mitzubringen, die mit Chile Geschäfte machten und die sich, wie er erklärte, an dem Plan zur wirtschaftlichen Zerrüttung beteiligen könnten.[126]

Inwieweit war Broes Plan durch die Aktennotizen und Kontakte der ITT inspiriert, inwieweit war er durch die Geheimpolitik des *Forty Committee* und die militante Haltung von Botschafter Korry angeregt? Auch das bleibt im dunkeln. Aber zweifellos paßte Broes Plan gut zu den Vorschlägen der Leute vom ITT-Außendienst, und es schien, als habe das erste Herantreten der ITT an den CIA endlich doch Früchte getragen. Aber inzwischen hatte Gerrity zwei Berichte aus Chile bekommen, die Vorsicht empfahlen. Der eine war von einem Angehörigen des Council for Latin America, Enno Hobbing, der früher für den CIA gearbeitet hatte; einer von Alessandris Leuten hatte ihn besucht und geraten: «Behaltet einen kühlen Kopf, gefährdet die Sache nicht, wir machen Fortschritte.» Der zweite Bericht war eine weitere Aktennotiz von Berrellez, der die Aussichten, Allende aufzuhalten, jetzt pessimistisch beurteilte. Es würden, sagte er, heimlich Versuche unternommen, Sparkassen bankrott zu machen, was dazu beitragen könnte, Arbeitslosigkeit zu erzeugen, und das wiederum könnte Gewalttätigkeiten provozieren; aber Eduardo Frei sei schwach, und «einige Geschäftsleute, die ganz Feuer und Flamme zu sein schienen, Allende aufzuhalten, reden jetzt davon, daß sie versuchen wollten, sich mit ihm zu arrangieren». Berrellez gab den Rat, es müsse «unter allen Umständen dafür gesorgt werden, daß wir nicht öffentlich mit irgendwelchen Anti-Allende-Maßnahmen identifiziert werden». Nachdem Broe seine Vorschläge gemacht hatte, behauptete Jack Guilfoyle von der ITT in New York, er habe sich mit zwei der auf der Liste aufgeführten Firmen in Verbindung gesetzt, aber sie hätten genau einen gegenteiligen Rat gegeben.*

Gerrity kabelte daher an Geneen nach Brüssel, umriß den geheimen Plan und sagte, daß er nicht unbedingt damit übereinstimme: «Rein sachlich sehe ich nicht, wie wir andere Beteiligte dazu bringen können, den vorgeschlagenen Plan zu befolgen.» Geneen sprach mit McCone über den Plan; sie waren beide der Meinung, er würde nicht «laufen»[127] – mehr, weil er undurchführbar sei, nicht weil er etwa nicht wünschenswert sei. Geneen informierte Gerrity und fügte hinzu, er solle «sehr diskret» im Umgang mit Broe sein. Geneen indes machte sich immer noch Gedanken darüber, wie er Allende aufhalten könnte; dabei wirft ein sonderbares kleines Unterfangen einiges Licht auf seine Denkweise. In Brüssel war ihm eine Nummer des Londoner *Daily Telegraph* aufgefallen mit einer Balkenüberschrift über die ganze erste Seite, in der es hieß, Hunderte von Menschen seien in Kairo von dem prokommunistischen Regime ins Gefängnis geworfen worden. Er glaubte, ein solcher Schreckensbericht könnte vielleicht die öffentliche Meinung in Lateinamerika gegen Allende aufbringen. Deshalb schickte er ein Exemplar der Zeitung per Luftpost und Eilboten nach New York, von wo aus Hal Hendrix es nach Chile brachte und Vervielfältigungen davon an Kongreßabgeordnete verteilen ließ, um Kommentare dazu in der dortigen Presse anzuregen.

* Laut Gerritys Aktennotiz an Geneen; aber die beiden in Guilfoyles Aussage erwähnten Firmen – IBM und Anaconda – bestritten, daß sie angesprochen wurden.

Broe blieb weiterhin mit der ITT in Verbindung und rief am 6. Oktober Ryan im Washingtoner Büro an. Er berichtete, die Lage in Chile sei nicht rosig, denn die christlichen Demokraten würden Allende wahrscheinlich unterstützen; doch riet er immer noch, den Druck aufrechtzuerhalten, zum Beispiel mit einem Run auf die Banken, damit Allende weniger Unterstützung bekomme. Es bestehe «immer noch eine Chance, daß später etwas geschieht... das Militär könnte vielleicht noch etwas tun». Zwei Tage später aß Merriam wiederum mit Broe zu Mittag, der jetzt sehr pessimistisch war; an die chilenischen Streitkräfte war herangetreten worden, sie sollten eine Art Volkserhebung anführen, aber ohne Erfolg. Auch die amerikanischen Firmen wollten sich nicht daran beteiligen, ein Wirtschaftschaos herbeizuführen. Doch glaube er, so Broe zu Merriam, daß die Nixon-Regierung gegenüber Allende sehr energisch auftreten werde, sobald er gewählt sei. Merriam gab all das an McCone weiter (aber an keinen der anderen Direktoren), zusammen mit einer Nachricht von Hendrix und Berrellez. Auch die Reporter schätzten, daß eine Niederlage von Allende jetzt unwahrscheinlich sei, doch waren sie noch immer der Meinung, daß wirtschaftliches Chaos und Arbeitslosigkeit (wie Broe gemeint hatte) die christlichen Demokraten noch jetzt veranlassen könnten, nicht für Allende zu stimmen.

Mitte Oktober nahmen die Aussichten, Allende aufzuhalten, rapide ab. Hendrix schrieb an Gerrity, daß der Versuch eines Staatsstreichs durch General Viaux verschoben worden sei – wie es hieß, auf Anraten von Washington –, die Chance eines Umschwungs in letzter Minute sei nun gering. Schließlich zog am 20. Oktober Alessandri seine Kandidatur bei den Kongreßwahlen zurück und gab den Weg für Allende frei. Vier Tage später wurde Allende gewählt.

Aber die ITT-Lobbyisten hatten noch nicht aufgegeben; tatsächlich griffen sie jetzt auf viel breiterer Front an und versuchten, die ganze Politik des Außenministeriums gegenüber Lateinamerika zu ändern. Gerrity stellte einen aufrüttelnden Bericht über die politische Linie unter dem Titel «Die USA am Scheideweg» zusammen, in dem eine kompromißlose Haltung gegen Allende, die Einstellung der Wirtschaftshilfe für Chile und vielleicht sogar die Verminderung des diplomatischen Personals «in gewissen lateinamerikanischen Hauptstädten» empfohlen wurde. Gerrity schickte den Bericht am 21. Oktober an McCone und Geneen und schrieb für Geneen eine weitere Aktennotiz unter der Überschrift: «Chile – die Auswirkungen». Er legte darin dar, daß das Außenministerium in bezug auf Chile durchweg unrecht gehabt habe und schlug vor, den höchsten Stellen in der Regierung, auch Kissinger und dem Präsidenten, eine neue, unnachgiebige Haltung nahezulegen.

Beide Memoranden erinnerten stark an Geneens Ideologie, denn die «überall schwindende Freiheit» und die Rückkehr zu den «fundamentalen Prinzipien, auf denen dieses Land fußt» wurden erwähnt (die Prinzipien vermutlich, die Geneen unter Bezugnahme auf seine Schulzeit in Suffield beschrieb; vgl. S. 61). Gleichfalls am 21. Oktober fand eine wichtige Zusammenkunft mit Außenminister William Rogers statt, um über die Situation in Chile mit anderen Industriellen zu diskutieren; von der ITT nahmen Jack Guilfoyle und J. R. McNitt teil. Rogers war ermutigend und erwähnte zwei- oder dreimal, daß «die Nixon-Regierung eine wirtschaftsorientierte Regierung ist, die für die Wirtschaft eintritt, und deren Aufgabe es ist, die Wirtschaft zu schützen».

Auch Bill Merriam versuchte eifrig, Druck auf das Außenministerium auszuüben: am 22. Oktober traf er sich mit Jack Neal und dem unschätzbaren Dr. Danielian von der International Economic Policy Association, der eine Sitzung seines lateinamerikanischen Ausschusses plante, um sich Druckmittel einfallen zu lassen und dem Außenministerium den Nacken zu stärken; seine Ausschußmitglieder würden sich auch an die Senatoren Scott und Mansfield wenden und versuchen, sie dazu zu bringen, eine neue Bewilligung von Wirtschaftshilfe für Lateinamerika zu ‹vergessen›. Noch kühner war, daß Merriam direkt an Kissinger schrieb: «Unsere Firma weiß, daß die Völker der beiden Amerika eine bessere Lebensweise verdienen.» Er fügte noch einen weiteren Vorschlag für eine Neubeurteilung der ganzen Lateinamerika-Politik bei. Kissinger schrieb in einem höflichen Antwortbriefchen, er «habe es sorgfältig gelesen», was, wie Merriam bemerkte, «mehr als nichtssagend» war.

Zur gleichen Zeit machte sich die ITT systematisch daran, die Diplomaten zu verunglimpfen, die nicht am selben Strang zogen wie sie. Hendrix schrieb eine lange Aktennotiz über Charles Meyer, den integren Liberalen im Außenministerium, und bezeichnete ihn als den schwächsten Unterstaatssekretär in 22 Jahren: «Es wäre besser für uns, wenn er zu Sears Roebuck zurückkehrte»; Gerrity gab das an Geneen weiter und sagte: «Meyer hat keine gute Arbeit geleistet.» Sie hetzten auch gegen Edward Korry, den Botschafter in Chile, der zuerst die aggressive Einstellung der ITT geteilt hatte. Hendrix und Berrellez sagten Geneen, er sei launisch geworden, «eine Art männliche Martha Mitchell», mit seiner diplomatischen Karriere sei es vorbei. Es hieß, er ‹fische› nach einer Stellung bei der ITT, aber Geneen sagte klipp und klar, daß er nicht die Absicht habe, ihm zu helfen.

Diese aufeinander abgestimmten Angriffe auf die amerikanische Außenpolitik hielten an, und aus den Aktennotizen läßt sich nicht entnehmen, daß irgend jemand bei der ITT anderer Meinung gewesen wäre – mit Ausnahme eines Mannes, der als einziger erwähnt werden muß, weil er sich nicht beeinflussen ließ. R. R. Dillenbeck, der von der ITT mit der ständigen Vertretung in Lateinamerika beauftragte Anwalt, war entsetzt über die eingeschlagene politische Linie und die Unklugheit, offen die Regierungspolitik anzugreifen zu einer Zeit, in der die ITT heikle Verhandlungen mit dem Außenministerium führte und zudem eine Entschädigung von OPIC verlangte, falls ihre chilenische Firma enteignet würde. Er beschwerte sich bei Howard Aibel, dem Leiter der Rechtsabteilung der ITT, daß ihm der unbesonnene Brief an Kissinger nicht gezeigt worden sei; er sorgte sich so sehr über Gerritys Beurteilung in «Chile – die Auswirkungen», daß er eine Kopie an Robert Crassweller schickte, den liberalen Kenner Lateinamerikas, mit dem er zusammenarbeitete und der die darin aufgestellten Theorien widerlegte, besonders die ‹Domino-Theorie›, wonach Chile das übrige Lateinamerika anstecken würde. Dillenbeck kam zu dem Schluß: «Fragwürdige Tricks wie dieser seitens der Public Relations-Abteilung sind demoralisierend und durchkreuzen letztlich die wirtschaftlichen Ziele der ITT.»[128]

Nach Allendes Amtsantritt war die ITT in erster Linie mit der Entschädigungsfrage beschäftigt – ein Gebiet, auf dem sie immerhin über eine vierzigjährige Erfahrung verfügte. Ihre Taktiken in diesem Stadium enthüllen das ganze Ausmaß ihrer Doppelzüngigkeit, sowohl Allende als auch anderen Konzernen gegenüber. Anaconda, jene Kupfergesellschaft, für die in Chile sehr viel auf dem Spiel stand, war an die ITT herangetreten mit der Bitte, eine Reihe von ad hoc-Besprechungen mit anderen interessierten Firmen einschließlich Kennecott, der zweiten großen Kupfergesellschaft, zu arrangieren, um auf Chile Druck auszuüben. Bei der ITT war man einverstanden, und Bill Merriam hielt Anfang 1971 in seinem Büro verschiedene Besprechungen ab (ad hoc-Besprechungen, erklärte er später, sind «in Washington gang und gäbe»).[129] Die ITT übernahm natürlich die Führung beim Lobbying. Bei einer Besprechung am 9. Februar sagte Merriam den anderen, daß das chilenische Problem vom CIA und Henry Kissingers Büro bearbeitet werde und fast überhaupt nicht vom Außenministerium; die ITT hatte bereits bei Arnold Nachmanoff vorgesprochen, dem Nachfolger von Pete Vaky in Kissingers Stab, und Nachmanoff hatte versichert, daß die USA andere Länder darin bestärken würden, nicht in Chile zu investieren. Bei der ad hoc-Besprechung wurde vorgeschlagen, militante Reden auf dem Kapitol-Hügel anzuregen und bei den internationalen Organisationen darauf zu drängen, daß Länder, die mit Enteignung drohen, keine Kredite eingeräumt würden.[130]

Doch während die ITT sozusagen Schulter an Schulter mit den Kupfergesellschaften kämpfte, bestand im stillen der Plan, sie zu hintergehen. Am 11. Februar, zwei Tage nach der ad hoc-Besprechung, schrieb Gerrity eine vertrauliche Aktennotiz für Geneen und entwickelte eine listige neue Strategie. Der Gedanke war, einfach die in Peru angewandte Taktik zu wiederholen, wo die ITT sich klug von den anderen Firmen distanziert hatte. In Chile, darüber waren sie sich klar, würde Allende die Kupfergesellschaften entschädigungslos enteignen (was er auch tat). Da dies Kritik in aller Welt hervorrufen würde, sollte die ITT direkt an Allende herantreten und andeuten, daß er, falls ihr gute Bedingungen eingeräumt würden, «auf uns hinweisen könne als Beispiel dafür, ein wie faires Abkommen zustande komme, sobald beide Seiten die Sache vernünftig anpacken». Mit anderen Worten: die ITT würde ihren Vorteil aus der Katastrophe der Kupfergesellschaften ziehen und sie dann im Stich lassen.[131]

Diese Taktik schien in der Tat recht erfolgversprechend. Im März 1971 besuchte eine Abordnung von ITT-Leuten, darunter Dunleavy und Guilfoyle, Allende und fand ihn freundlich und gelöst; er sprach davon, aus der Telefongesellschaft ein Gemeinschaftsunternehmen mit der ITT zu machen, er erwähnte sogar, daß er eine raffinierte Telefon-Vorrichtung erfunden habe, die es anzeigt, wenn ein zweiter Anrufer einen besetzten Apparat erreichen möchte (was daraus wohl geworden ist?).[132] Im Mai gab Allende bekannt, daß er in der Tat die Gesellschaft verstaatlichen würde, aber in den folgenden Monaten verhandelte die ITT mit den Chilenen über eine Entschädigung, und obwohl die Kluft groß war, waren die Aussichten für ein Übereinkommen immer noch gut. Am 9. Juli schrieb Guilfoyle eine Aktennotiz für Geneen, erklärte wiederum die Taktik, die ITT von den Kupfergesellschaften zu trennen, und sagte: «Ich glaube, die Tür hat sich einen Spalt geöffnet.»

Doch mittlerweile stand Allende unter starkem Druck von seinem linken Flügel, er solle gegen die amerikanischen Imperialisten entschlossen vorgehen. Inwieweit Allende gemäßigt hätte bleiben können, wenn die amerikanische Regierung und die amerikanischen Firmen mehr echtes Entgegenkommen gezeigt hätten, ist eine offene Frage; gewiß machten die scharfen Maßnahmen, die die ITT befürwortete – und die teilweise durchgeführt wurden –, es Allende nicht leichter, seine Extremisten zu beschwichtigen. Aber jedenfalls wurde er unnachgiebiger. Zuerst enteignete er die Kupfergesellschaften, und als dann die Gespräche im September 1971 einen toten Punkt erreicht hatten, ernannte er einen ‹Vermittler›, der die ITT-Telefongesellschaft leiten sollte – eine diskrete Form der Verstaatlichung.

Die ITT schoß nun aus allen Rohren. Geneen hatte es kommen sehen, und so aß er zwei Wochen vor der Übernahme im Weißen Haus mit «Pete» Peterson, dem Präsidentenberater für internationale Wirtschaftsfragen, und mit Major General Haig, Kissingers Stellvertreter, zu Mittag. Er warnte sie, daß die ITT-Gesellschaft bald enteignet würde. Jetzt ließ er Bill Merriam einen Brief an Peterson schreiben, in der Anlage einen Achtzehn-Punkte-Plan, der über jeden früheren Interventionsvorschlag der ITT hinausging, denn er forderte schlichtweg den Sturz von Allende: «In aller Stille, aber wirkungsvoll sollte alles getan werden, um sicherzustellen, daß Allende die kritischen nächsten sechs Monate nicht übersteht.» Das Weiße Haus sollte einen Sonderstab bilden, um Chile unter Druck zu setzen; der müsse dafür sorgen, daß keine Kredite, sei es von amerikanischen oder ausländischen Banken, mehr eingeräumt würden. Er solle die Unzufriedenheit beim chilenischen Militär schüren. Er solle Allendes diplomatische Pläne zum Scheitern bringen. Die Zeitung *Mercurio* sollte subventioniert werden. Und mit dem CIA müsse darüber gesprochen werden, wie sie zu diesem ‹Sechs-Monate-Druck› beitragen könne. Dieser Vorschlag war weit skrupelloser als Broes Plan vom Jahr zuvor.

Inwieweit der von der ITT ausgeübte Druck, sei es durch Peterson oder jemand anderen, wirksam wurde, ist noch dunkel, denn die Quelle, aus der die Aktennotizen stammten, war inzwischen versiegt. (Peterson behauptete bei seiner Aussage, daß er den Achtzehn-Punkte-Plan, den Merriam ihm geschickt hatte, nie gesehen habe.) Jedenfalls war der Prozeß der wirtschaftlichen Isolierung Chiles bereits im Gange, Kredite wurden zurückgehalten und Wirtschaftshilfe eingestellt, ohne daß zusätzlicher Druck nötig gewesen wäre. Während die ITT weiter intrigierte, um Chile völlig zugrunde zu richten, verhandelte sie gleichzeitig immer noch um eine Entschädigung und erweckte den Anschein von Gutwilligkeit. Und im Februar 1972, vier Monate nachdem sie den Achtzehn-Punkte-Plan vorgeschlagen hatte, schickte Geneen Jack Guilfoyle nach Chile, um mit Allende zu sprechen und eine gemeinsame Formel zu finden. Erst als im nächsten Monat die Anderson-Kolumnen erschienen, brach Allende die Verhandlungen ab. Gewappnet mit diesem Beweis für die Einmischung und Feindseligkeit der ITT, forderte er den chilenischen Kongreß auf, die Telefongesellschaft entschädigungslos zu enteignen.

Die Geschichte der Beziehungen der ITT zu Chile zeigt auf ganz besonders deutliche Weise die bekannten Charakteristika der Firma – die Konzernarroganz, das unerbittliche Lobbying, die heuchlerische Einstellung, die korrupten Beziehungen. In keiner der Aktennotizen, die ans Licht kamen, findet sich die Spur irgendeines Angestellten, der an etwas anderem interessiert war als am Firmenprofit; und wer immer sich diesem Ziel in den Weg stellte – sei es Charles Meyer, Edward Korry, Pete Vaky oder der Expräsident Frei –, der wurde verunglimpft oder es wurde gegen ihn intrigiert. Mehr denn je erwies sich der Konzern als das Werk eines Mannes, der alle anderen antrieb. Unter all den Aktennotizen war keine von Harold Geneen; dennoch waren seine Ziele und sogar seine Ausdrucksweise –

«Grundlagen unserer Gesellschaft», «die überall schwindende Freiheit» – in allen erkennbar.

Die Dokumente und die Zeugenaussagen über Chile werfen weitgehendere Fragen auf über die Art der Beziehung zwischen dem Konzern und Regierungen als dies bei den Anti-Trust-Kontakten der Fall war; denn hier war die Beziehung eng verknüpft mit dem Nachrichtendienst. Erstens muß die Doppelfunktion von John McCone als Direktor der ITT und gleichzeitig als geheimer Berater des CIA beträchtliche Zweifel darüber aufkommen lassen, für wen er eigentlich zu arbeiten glaubte, als er Richard Helms so erfolgreich bearbeitete. Seine Instruktionen hatte er von der ITT, aber daß er Gehör fand, ging auf den CIA zurück; und er konnte leicht – wie so viele ITT-Leute vor ihm – das nationale Interesse mit dem Konzerninteresse verwechseln. Diese Verwechslung mag in der Vergangenheit hingenommen worden sein; aber sie kann bei einem modernen, multinationalen Konzern nicht geduldet werden, der sich als ‹guter Staatsbürger› in allen Ländern bezeichnet. Natürlich sind alle Nachrichtendienste, sei es in Amerika, Großbritannien oder Frankreich, in Versuchung, sich der multinationalen Konzerne als Tarnung für Spione zu bedienen, und es kann wenig Zweifel daran bestehen, daß sie es auch tun. Bei seiner Aussage erklärte McCone, der CIA sollte niemals multinationale Konzerne als Tarnung benutzen, denn «ich weiß nicht, wie eine Firma überleben könnte, wenn die Tarnung auffliegt». Doch in Anbetracht seiner eigenen Intervention braucht diese Warnung nicht so ernst genommen zu werden. Schon 1966 war Richard Bissell, der stellvertretende Leiter der Planungsabteilung im CIA, der Meinung, Spione ließen sich wirkungsvoller in großen Konzernen verbergen als in den Botschaften.[133] Und es gibt viele, die, wie Senator Percy bei den Hearings, nichts Unrechtes daran finden, wenn Konzerne mit dem Nachrichtendienst zusammenarbeiten. Aber das Signifikante bei der ITT-Kollaboration ist, daß sie von ganz oben kam. Der Präsident der ITT und der ehemalige Direktor des CIA sahen sich als eine natürliche Interessengemeinschaft; und warum hätte Geneen McCone überhaupt angestellt, wenn nicht für eine Aufgabe dieser Art?

Wieviel weiter reicht dieses Verhältnis über das hinaus, was ans Licht gekommen ist? Wenn man die Geschichte der ITT betrachtet – ihre langjährigen, engen Beziehungen zu ausländischen Regierungen, ihre Manipulationen im Kriege, ihre Konflikte und Wiederversöhnungen mit der eigenen Regierung –, dann ist es schwierig, nicht zu dem Schluß zu kommen, daß sie seit langem Verbindungen zum Nachrichtendienst unterhielt, die von Colonel Behn auf seine Nachfolger übergingen, deren Erbe Geneen war, und daß die Anstellung von John McCone nur ein Teil dieser Verbindungen war. Wie unheilvoll, wie notwendig das gewesen sein mag – diese Frage ist schwer zu beantworten; aber zwei Schlußfolgerungen liegen, glaube ich, auf der Hand. Erstens, daß diese Beziehung zum Nachrichtendienst teilweise zur Arroganz des Konzerns beigetragen hat und dazu, daß er Zugang hatte zu den höchsten Stellen. Zweitens, daß der Druck von ITTs eigenem Nachrichtendienst (wie sich jetzt nach den Chile-Dokumenten beurteilen läßt) auf das amerikanische Regierungssystem auf eine plumpe, gefährliche und verderbliche Weise ausgeübt wurde.

Kapitel 12

# Ein souveräner Staat

Als ökonomische Einheit ist der Nationalstaat nunmehr überholt.
Charles Kindleberger, 1969[134]

Der multinationale Konzern wird zerstörerisch wirken, falls sich keine politische Macht entwickelt, die die Wirtschaft in den Dienst des Menschen stellt und nicht den Menschen in den Dienst der Wirtschaft.
J.-J. Servan-Schreiber, 1972[135]

Während die ITT also in Chile leidenschaftlich bemüht war, die marxistische Regierung zu verhindern bzw. später sogar sie zu stürzen, verhandelte zur gleichen Zeit der Konzern mit großem Nachdruck in Moskau um jenen riesigen Markt, der sich mit dem Ende des Kalten Krieges aufzutun schien. Dieser Vorgang läßt nicht nur die widersprüchlichen Aktivitäten der ITT erkennen, er zeigt auch die neuen gewaltigen Maßstäbe, nach denen die Wirtschaftsdiplomatie nun handelt: Denn ausgerechnet die Sowjets verhandelten mit den riesigen multinationalen Konzernen wie mit unabhängigen Staaten. Jean-Jacques Servan-Schreiber hat darauf hingewiesen: «Der multinationale Konzern wird das entscheidende Werkzeug zum Öffnen der kommunistischen Staaten sein. Die Kommunisten wollen deshalb mit großen Konzernen verhandeln, weil es ihnen eben gegen den Strich geht, mit einer Vielzahl verschiedener kleiner Firmen zu verhandeln.»[136] Beide Seiten zeigen füreinander die gleiche Attraktivität: Die Russen brauchen ein diszipliniertes, zentralisiertes System als Partner, während die Multinationalen in der Sowjet-Union eben jene für sie so vorteilhafte Aussicht auf geordnete Märkte, streikfreie Fabriken und vorausberechenbare Fünf-Jahres-Pläne vorfinden. Vielleicht wird die Sowjet-Union für Geneen die Erfüllung seines Traums von stetiger Expansion bringen, die nicht mehr von Rückschlägen oder Konkurrenz aufgehalten werden kann, ja vielleicht ist die Sowjet-Union sein eigentliches Arbeitsfeld, wo es dann ‹keine Überraschungen› mehr gibt.

In völligem Widerspruch zu ihrem Zusammenstoß in Budapest 1950 bewegte sich die ITT in den letzten zehn Jahren langsam, aber sicher auf Moskau zu. Obwohl die Kommunisten einen ITT-Mann hingerichtet und zwei weitere eingesperrt hatten, blieb die Faszination der ITT als ein Glied der Macht und Technologie Amerikas bei ihnen stets lebendig. Das Büro in Wien arbeitete weiter, von hier aus wurden mögliche Geschäfte mit Osteuropa ausgekundschaftet, persönliche Kontakte zu Spitzenfunktionären in Rumänien und Polen angeknüpft. Und sehr zur Trauer einiger anderer ITT-Leute begann ITT-Wien, komplizierte elektronische Einrichtungen in die sozialistischen Staaten zu verkaufen. Als das Klima sich gegen Ende der sechziger Jahre noch weiter verbesserte, wurden die britischen und französischen ITT-Firmen angehalten, engere Kontakte zu den Russen herzustellen. Französische ITT-Firmen verkauften, als Folge von de Gaulles Aussöhnung mit Moskau, die Fernmeldeanlage DS 4 an die sowjetische Fluglinie AEROFLOT. Die Verhandlungen dafür dauerten zwei Jahre, und die Anlage wurde im Oktober 1972 durch Marc Lauvergeon, den Präsidenten von CGCT, eröffnet. Aber die Franzosen mußten etwas verbittert feststellen, daß sie von der New Yorker Zentrale nur als Schrittmacher benutzt worden waren und daß die amerikanische Zentrale selbst sie im Zuge der sowjetisch-amerikanischen Entspannung überholt hatte. Während der feierlichen Übergabe durch das französische ITT-Team im Hotel *Metropol* in Moskau veranstaltete am gleichen Tag ein riesiges amerikanisches ITT-Aufgebot eine Vorführung des gesamten ITT-Systems vor sowjetischen Funktionären. «So konnten die französischen Tochterfirmen», wie der *Express* kommentierte, «einmal am eigenen Leibe die Grenzen erfahren, die ihnen durch die Multinationalität ihres Konzerns gezogen sind.»[137]

Die New Yorker Zentrale hatte in der Tat zusammen mit dem Wiener Büro schon seit langem diese Invasion vorbereitet. New Yorker Manager waren schon häufig in Moskau gewesen, und 1969 hatte es ein sorgfältig erarbeitetes Symposion in Moskau gegeben. Der Chef des Ostbüros, Jan Garvin, hatte persönliche Kontakte zu den entsprechenden sowjetischen Funktionären aufgebaut. Im Dezember 1971 war das Eis dann endgültig gebrochen. Kurz nach dem Besuch von Nixons damaligem Wirtschaftsminister Maurice Stans gab es eine wichtige Zusammenkunft in Moskau. Angeführt von Garvin und Frank Barnes aus New York saßen die fünf ITT-Manager einem Team des sowjetischen Staatskomitees für Wissenschaft und Technik gegenüber, die für die meisten Verhandlungen mit ausländischen Firmen zuständige Behörde. Dieses Komitee ist eine nicht leicht durchschaubare Instanz. Es ist durchsetzt mit Leuten des KGB und anderer Nachrichtenorganisationen, die es als Tarnung für ihre Observation westlicher Organisationen benutzen[138] seine Hauptaufgabe besteht in dem, was man «technischen Strip-tease» nennt, nämlich so viel wie möglich an westlicher Technologie herauszubekommen, ohne direkt dafür bezahlen zu müssen. (Die eigentlichen Verträge können nur vom Außenhandelsministerium unterzeichnet werden.) Hier stand die ITT Leuten gegenüber, die es, was Rücksichtslosigkeit betrifft, durchaus mit ihr aufnehmen konnten.

Der eigentliche Chef des Komitees ist sein stellvertretender Direktor, Dr. Gvischiani, der Schwiegersohn von Kossigyn, ein geschickter und einfühlsamer Verhandlungspartner. Er leitete die Verhandlungen mit den ITT-Leuten. Jan Garvin hat ihn in einem vertraulichen ITT-Memorandum beschrieben: «Sein Aussehen, sein Auftreten, seine Sprache und andere Eigenschaften sind die eines höflichen, aber überlegenen, phantasievollen und harten Unterhändlers, er kennt sich im westlichen Geschäftsleben und in der westlichen Managementphilosophie und Praxis ausgezeichnet aus, er ist die Schlüsselfigur der Sowjets für die Brücken zu den Volkswirtschaften der westlichen Welt...»

Auf der Sitzung beschrieben die Männer der ITT die Wundertaten, die ihr Konzern in der Lage sei zu vollbringen, brachten ihren Wunsch nach einem Kooperationsabkommen zum Ausdruck und versprachen eine audiovisuelle Präsentation des Konzerns. Gvischiani zeigte sich interessiert an allen Einzelheiten der ITT-Unternehmungen, er wollte über die nach einheitlichem Maßstab gebauten Wohnanlagen von Levitts, über Farbfernsehen, Tonbandgeräte, Kassetten und Hi-Fi-Anlagen ebenso informiert werden wie über Tiefgekühltes, über Fertiggerichte, die Hotels und das Reservierungssystem und das Verlegen wissenschaftlicher Werke. Und vor allem natürlich über das Fernmeldewesen, auch nach Meinung der ITT das wichtigste Produkt für eine enge Verbindung mit der sowjetischen Regierung. Persönlich interessiert zeigte sich Gvischiani an der Kalkulation für die Autovermietung (dafür hatten die Sowjets sich schon in den Tagen von Chruschtschow interessiert); denn er glaubte, daß das Mietwagensystem den Druck der Russen auf Privatautos so lange abfangen könnte, bis die Massenproduktion sowjetischer Autos in Gang gekommen sei.

Die ITT schien genau der richtige Konzern für die Wünsche der Russen, denn er konnte ein ganzes Paket von technischen Errungenschaften liefern; umgekehrt bestand das Komitee jedoch auf eine ausgewogene Zahlungsbilanz der ITT. Der Konzern sollte seinerseits sowjetische Lizenzen und Fertigwaren kaufen sowie Koproduktionen eingehen. Garvin hatte den Eindruck, daß die ITT nur ins Geschäft kommen könnte, wenn sie ihrerseits von den Russen kaufen würde. Auch hier blieb, wie stets, die Regierung der Vereinigten Staaten von den Verhandlungen ausgeschlossen. Ihrem Charakter nach war das eine Verhandlung zwischen zwei Staaten. Wie Garvin später erklärte, kam es zunächst darauf an, ein günstiges Gesprächsklima herzustellen, um «die bilateralen Aspekte des ITT-UdSSR-Handels in Gang zu bringen».

Über diesen persönlichen Kontakt zu Gvischiani war die ITT äußerst zufrieden. Sie ging davon aus, daß man hier auf einer sehr persönlichen Art und Weise vorgehen müsse und daß Gvischiani in alle wichtigen Vorhaben einzubeziehen sei. Garvin schrieb über dieses Treffen mit den Kommunisten einen langen Bericht an Geneen, in dem mit keinem Wort von irgendwelchen Sorgen über Verteidigung, Sicherheit oder gar Ideologie die Rede war. Und dabei hatte die ITT einige Monate zuvor in ideologischem Zorn die marxistische Tyrannei der chilenischen Regierung leidenschaftlich angeprangert: «Die Freiheit stirbt überall». Diese Allianz zwischen der ITT und der UdSSR sollte in der Folge blühen und gedeihen. Heute gibt es ein ITT-Büro in Moskau, und inzwischen haben weitere Besuche mit audiovisuellen Präsentationen stattgefunden. Die ITT hat gute Aussichten, einen langfristigen Vertrag zu erhalten, so daß da eine durchaus glückliche Ehe zwischen der Staatsbehörde und dem Mischkonzern entstanden zu sein scheint.

Natürlich muß dabei viel dem Tauwetter und der allgemeinen Öffnung der Sowjet-Union zugeschrieben werden. Die Entwicklung von Konsumindustrien wird schließlich dabei helfen, die Sturheit der Sowjets zu mildern und sie weg von der Politik der Aggression auf den Weg materiellen Komforts bringen. Die enge Zusammenarbeit zwischen den Industrien des Westens und der Sowjet-Union könnte die Gefahren künftiger Konfrontationen mindern. Daran werden unvermeidlich die Riesenkonzerne einen Hauptanteil haben; denn nur sie verfügen über die nötigen Ressourcen.

Aber diese Verbindung von großen Monolithen miteinander wird sehr wahrscheinlich kaum etwas zur Sache der individuellen Freiheit beitragen. Wenn man dieses Zusammentreffen einer Supermacht mit der hochzentralisierten Technologie – und gar mit der Kommunikationstechnologie! – betrachtet, so beschleicht einen doch eine gewisse Angst, Angst vor den sich auftuenden Aussichten vereinheitlichter Planungssysteme und kontrollierter Märkte, weder gestört durch Konkurrenz noch durch Anti-Trust-Behörden. Wie hieß es doch im Bericht der *Tariff Commission* 1973: «Planung und Überwachung der Plandurchführung haben in den größten und höchstentwickelten multinationalen Konzernen ein Ausmaß und eine Detailpräzision erreicht, die ironischerweise nicht nur oberflächlich den nationalen Planungsverfahren kommunistischer Länder ähneln.» Beide kümmern sich um Kontroll- und Überwachungstechniken, die im vergangenen Jahrzehnt so hervorragend entwickelt worden sind; sind diese Techniken schon äußerst alarmierend für den Westen, so bekommen sie im Osten eine noch sehr viel düsterere Bedeutung. Beide Seiten verfügen über ihre selbstbewußten und in sich abgeschlossenen Bürokratien, beide sind gegenüber Abweichlern und Rebellen äußerst intolerant. Mit dem Verschwinden von ideologischen Auseinandersetzungen können die Multinationalen einem einheitlichen globalen System entgegensehen. Dabei ist es nur natürlich, daß sie es vorziehen, ihre Investitionen in Ländern vorzunehmen, deren Regierungen ihnen Sicherheit und vor allem die Disziplin der Arbeitnehmer garantiert. Und dies um so mehr, je stärker das Ausmaß ihrer Unternehmungen wächst, so daß sie bald ganze Regionen, Städte und Küstenstriche entwickeln. Vor Ländern wie Chile, die außerhalb des disziplinierten Systems zu agieren versuchen, werden sie sich hüten.

Es darf in einem solchen Szenarium nicht überraschen, wenn auf beiden Seiten der Welt eine neue Generation gegen übergroße Organisationen revoltiert, ob sie nun als Arbeitgeber, als Produzent oder als politische Macht auftreten. Denn so sehr sie auch die Vergrößerung der Freiheit und die finanziellen Mittel, sich ihrer zu erfreuen, anbieten, so fordern sie doch als Gegenleistung die absolute Loyalität gegenüber ihrem System. Aus sich selbst heraus kann dieses System aber den Freiraum für Menschlichkeit nicht schaffen.

## Skandal-Discount

Wie so viele amerikanische Skandale schien der Anti-Trust-Skandal der ITT in Washington ebenso rasch wieder abzuflauen, wie er sich entzündet hatte, begraben in einer Lawine von Beweisen und Gerede, überschattet von neuen Skandalen – vor allem durch die Watergate-Affäre – und durch die Präsidentenwahl. Das Weiße Haus schien ganz offensichtlich an seiner Verwicklung in den Skandal keinerlei Schaden zu nehmen. Nixon feierte seinen gewaltigen Wahlsieg, Kleindienst blieb Justizminister, bis dann endlich der Watergate-Skandal ihn seines Amtes enthob. Die ITT machte weiter, als sei nichts geschehen. Ned Gerrity leitete weiter die Public Relations-Abteilung. Dita Beard erhielt nach einer langen Ruhepause einen neuen Job als Marketing-Spezialistin in Colorado; jedoch blieb ihr Gesundheitszustand unklar. Und so wußte man im Februar 1973 nach einem Besuch durch Beamte des Justizministeriums von einer weiteren Herzattacke zu berichten. Bill Merriam wurde diskret nach Rom versetzt, um sich dort mit Fragen der internationalen Handelsbeziehungen zu beschäftigen. Geneen selbst blieb weiter Hauptgeschäftsführer, wurde aber gleichzeitig zum Aufsichtsratsvorsitzenden befördert, Tim Dunleavy wurde Präsident, nun mit dem mysteriösen Titel «Chief Operating Officer». Aber die wichtigsten Reports gingen wie stets direkt an den Aufsichtsratsvorsitzenden.

Gerrity und seine Leute blieben bei ihrer Meinung, daß der Anti-Trust-Skandal ihrer Kampagne für ein einheitliches Firmenimage eher geholfen habe, so daß die ITT nun überall bekannt sei. Einer der Public Relations-Leute versicherte mir, das Publikum würde schnell vergessen, weshalb es damals all die Publizität gegeben hatte, es würde sich eben nur an die Buchstaben ITT erinnern. Aber als ich einen der leitenden Geschäftsführer fragte, wieviel der Skandal der Gesellschaft gekostet habe, antwortete er: «Zwischen einer und anderthalb Millionen Dollar.» Das entsprach tatsächlich ungefähr dem Verlust des Marktwertes der Aktien, weniger, als man hätte erwarten können, das war der unvermeidliche Skandal-Discount. Als sich das multinationale Hearing im März 1973 mit Chile beschäftigte, und als weitere Beweise über das Anti-Trust-Verfahren in die Öffentlichkeit drangen, sank der Preis der Aktien noch weiter. Das Chile-Hearing hatte vor allem im Ausland einen noch sehr viel stärkeren negativen Einfluß auf die Glaubwürdigkeit der ITT, da hierüber sehr ausgiebig in der Weltpresse berichtet wurde. Für den Aufsichtsrat wurde nun Geneen mit seinen Geheimkontakten zur CIA immer peinlicher. Aber man befand sich in einem unangenehmen Dilemma, denn wie politisch angeschlagen Geneen auch immer sein mochte, sie wußten genau, es gab niemand, der auch nur im entferntesten seine Fähigkeit besaß, den Konzern zu leiten. Er hat ihn aufgebaut, und nur er wußte, wie man mit ihm umgeht. Und was wäre aus all den ausgetüftelten Managerbesprechungen, den Kontrollsystemen und Berichten geworden ohne sein Adlerauge?

Geneens amerikanisches Imperium schrumpfte nun nach dem Anti-Trust-Abkommen ziemlich zusammen. Avis wurde nach und nach mit großem Gewinn verkauft. Bei Canteen hatte man sehr viel weniger Erfolg (beide Entflechtungen wurden durch Lazards durchgeführt, die seinerzeit die Firmen auch angekauft hatte). Auch Levitt sollte verkauft werden. Dabei blieb jedoch der gewinnträchtigste Teil, die Entwicklungsvorhaben in Florida, bei der ITT: Dort wird mit einer Investitionssumme von 750 Millionen Dollar auf dem Hunderttausend-Morgen-Gelände von Palm Coast eine vollständige Stadt für Rentner geplant, ein sich selbst versorgendes ITT-Land. Aber die etwa vierhundert anderen Firmen blieben beim Konzern. Dazu gehört Hartford, dessen Gewinne weiterhin stiegen und das so für die regelmäßige Geldflut sorgte, die ITT so verzweifelt braucht. Firmen, die im Wert unter 100 Millionen Dollar liegen, konnte Geneen ja nun weiterhin erwerben, und er fuhr fort, sie zu sammeln. Im Januar 1973 bot er 16 Millionen Dollar für den 135 Jahre alten Verlag G. P. Putnam's Sons (dazu gehört Coward, McCann and Berkley), mit dem die Liste der schon vorhandenen ITT-Verlage vervollständigt werden sollte. Aber als im Mai 1973 die ITT-Aktien fielen, scheiterte dieses Geschäft.

Da es in Europa keine offiziellen Restriktionen gegen den Erwerb von Firmen gab, kaufte Geneen dort alles, was er finden konnte, vom Parfum bis zum Hundefutter. So verursachte die ITT in Großbritannien im Januar 1973 einige Aufregung, als sie ein Angebot auf die Versicherungsgruppe mit dem bezeichnenden Namen Excess Holdings machte, die geradezu exzessiv expandiert hatte. Es gab etwas Widerstand von den Londoner Versicherungsgesellschaften, und der Präsident des Bundes der Versicherungsmakler, Gordon Hayman, beschrieb die Sache als «Schulden beim Teufel». Aber die ITT versprach eine Zweiundzwanzig-Millionen-Dollar-Spritze in bar, die die Firma dringend brauchte, und die Aktionäre waren erleichtert, für 16 Millionen Dollar an die ITT verkaufen zu können.

Noch war Europa ein fabelhafter Zufluchtsort vor Anti-Trust-Gesetzen, und Geneen, der so hart daran gearbeitet hatte, die Balance von Europa zugunsten Amerikas zu verändern, sah sich nun gezwungen, nach Europa zurückzukehren, dem Kontinent, wo sich das Vermögen des Konzerns zuerst gebildet hatte. Und das trotz seiner Sorgen über den Gemeinsamen Markt und alle möglichen Linksbewegungen. Nun sah Geneen in Europa ein besseres Investitionsklima als in Amerika. Aber er wußte, daß er sich beeilen mußte; denn der Widerstand gegen amerikanische Investitionen wuchs, nicht nur in Frankreich, sondern auch in Deutschland und Großbritannien. Auch im Gemeinsamen Markt begannen die Trustjäger aufzuwachen. Wie mir ihr neuer resoluter Chef Willy Schlieder erklärte, sei seine Behörde sehr viel besser gegen politische Pressionen gewappnet als die entsprechende in den USA, die Kommission der Europäischen Gemeinschaft sei schließlich nicht gezwungen, auf Stimmenfang zu gehen oder politische Schulden zu übernehmen. Jedoch ist die Brüsseler Anti-Trust-Mannschaft im Vergleich zu Washington sehr klein, und auch sie hat große Schwierigkeiten, ein Verfahren gegen Mischkonzerne anzustrengen, die außerhalb der herkömmlichen Definitionen von Monopolbildung und Markteinengung operieren. Es gehört zur Natur der Mischkonzerne, daß sie ebenso viele soziale und politische Fragen aufwerfen wie juristische und daß jeder Einschränkungsversuch ein Element von Willkür mit sich bringt. Hinzu kommt, daß die gegenwärtig herrschende Haltung der Europäer gegenüber den amerikanischen Riesen weniger darauf abzielt, diese einzuschränken, als vielmehr darauf, eigene Großkonzerne aufzubauen, die mit den Amerikanern nicht nur in Europa, sondern auch in Übersee konkurrieren können. Und hierbei sind die Europäer zunehmend erfolgreicher geworden, so daß die Großkonzerne heute weniger ein amerikanisches als ein globales Phänomen geworden sind.

Sowohl was das Ausmaß seiner Kontrolle als auch was andere Besonderheiten betrifft ist die ITT eher die Karikatur eines multinationalen Mischkonzerns, also kein typisches Beispiel. Ihre hier dargestellte Vergangenheit hat ihr den Charakter eines Einzelgängers gegeben. Zuerst durch die Aktivitäten des ‹wilden Behn› im Ausland und dann durch die ehrgeizigen Ziele seines Nachfolgers Geneen: Jeder dieser beiden Unternehmer verfügte über die Kräfte, aber auch über die Beschränkungen des klassischen Außenseiters, begabt mit gewaltiger Energie, wußten sie jedoch nie, wo ihre Grenzen lagen. Kein anderer multinationaler Konzern zeigt die gleiche Wildheit und nomadenhafte Heimatlosigkeit, kein anderer ist so sehr von jedem Gefühl für Gemeinschaft oder Zugehörigkeit abgeschnitten. Die meisten anderen haben einen sehr viel solideren und greifbareren Hintergrund. Sie gründen ihre Politik weit mehr auf miteinander verwandte Produkte und intensive Forschung als auf Buchführung. Jedoch bietet die ITT, wie ich meine, den anderen Riesenkonzernen so manches, aus dem sie lernen können; denn einige ihrer Grundzüge, sei es als Misch- oder als multinationaler Konzern, sind für die anderen durchaus verlockend. Darum haben viele der Fragen, die sich aus den ITT-Skandalen und den Hearings ergeben, durchaus eine über die ITT hinausgehende Bedeutung. Hat sich private Macht, wie Senator Hart fragte, nun so weit entwickelt, daß keine Regierung sie mehr kontrollieren kann? Braucht der Umfang des Welthandels Konzerne von einer Größe, gegen die sich die Heimatregierungen nicht mehr behaupten können? Haben sie das Recht und die Macht, ihre eigene Außenpolitik zu betreiben? Die anderen Multinationalen werden wahrscheinlich nur noch äußerst vorsichtig operieren und im übrigen über die Peinlichkeiten der ITT-Skandale hinweggehen. Aber an diesen Fragen kommen wir nicht vorbei.

Die erste Frage, die sich stellt, heißt: Verfolgen diese riesigen Mischkonzerne überhaupt irgendein Ziel, haben sie einen Sinn? Große Firmeneinheiten mögen für produktenspezifische Industriekonzerne, die global operieren müssen – etwa Öl, Stahl, Autos oder Computer –, notwendig sein, obwohl auch dies mehr und mehr angezweifelt wird. Aber was Geneen hier bis zum äußersten entwickelt hat, ist das Konzept des Mischkonzerns, dessen Hunderte von weitverstreuten Firmen nur zusammengehalten werden durch die gemeinsame Erzeugung von Profiten. Und hierbei hat er eine ganz erstaunliche Technik entwickelt. Geneens Apparat überlebte Krisen, durch die so viele andere Mischkonzerne zusammenbrachen; der Apparat hatte Bestand, und dies verdankt er wohl in erster Linie, trotz Geheimbuchführung und verborgenen Aktiva, seiner Überbetonung des Kontrollwesens. Viele seiner Methoden werden sicher auch bei anderen Schule machen, etwa das Jagen nach Fakten, das Managen mittels langer Konferenzen, das Bestehen darauf, «keine Überraschungen» zu haben. Denn in einem hatte er recht, als er zu mir sagte: «Anders geht es nicht.» Denn nur durch die strikteste Gegenkontrolle, nur durch tiefes Mißtrauen in die Unzulänglichkeit des Menschen kann ein so komplexes Imperium davor bewahrt werden, sich in Chaos aufzulösen. Aber wo liegt der Sinn, die wirtschaftliche oder soziale Zweckmäßigkeit, ein solch außergewöhnliches Sammelsurium überhaupt zusammenzubringen? Oder – in den Worten von Emmanuel Celler –: «Ich frage mich, ob der liebe Gott irgendeinem Menschen den Mut und die Erfahrung und die Genialität verliehen hat, all diese Operationen zu kontrollieren.»

Das überzeugendste Argument, das Geneen dabei vorbringt, ist seine These, daß die Diversifikation seiner Interessen den Mischkonzern sehr viel besser gegen die Stürme wirtschaftlicher Unwetter absichert. Um zu garantieren, daß seine Gewinne stets gleichmäßig steigen, hat er nicht nur die Möglichkeit, die Verluste hie und da auszugleichen, sondern verfügt über eine riesige Produktenskala, mit der er den Geschäftsgewinn im Gleichmaß halten kann. Damit kommt das Konzept des unangreifbaren Konzernkastells jedoch in die Gefahr, die eigentliche Basis unseres Wirtschaftssystems, die Risikobereitschaft, über Bord zu werfen. Der Aktionär hat keinerlei Möglichkeit mehr, die Entwicklung einzelner Industriezweige zu verfolgen; denn Außenseiter können heute überhaupt nicht mehr wissen, was profitabel ist und was nicht. Jenes «einzigmögliche System», nach dem Geneen handelt, versucht das Element der menschlichen Entscheidungsfreiheit und des Zufalls soweit als möglich auszuschalten; es werden Fünf-Jahres-Pläne und langfristige Vorausberechnungen aufgestellt, und daran müssen sich sowohl die Manager als auch die Öffentlichkeit halten, sie müssen sich den Erwartungen des Konzerns anpassen. Wo dies so weit getrieben wird, gehört der Mischkonzern schon nicht mehr in das traditionelle Bild freien Unternehmertums, sondern eher zu dem japanischen Typus des Wirtschaftsstaats bzw. dem des kommunistischen Planungssystems.

Und dabei ist es gar nicht zu vermeiden, daß gerade die Ausdehnung der Unternehmungen die politische Macht des Konzerns, Druck auf Regierungen und andere Firmen auszuüben, verstärkt. So ein globaler Mischkonzern hat irgendeine Verbindung eigentlich mit jedem Industriezweig und mit jedem Staat. Der ITT kann niemand entgehen, ein Tatbestand, aus dem ihre Lobbyisten, Anwälte und Public Relations-Leute stets versuchen, das meiste herauszuholen; denn es liegt in der Natur von Geneens Dynamik, daß er seine Vorteile bis zum äußersten ausnutzt. Die Geschäftswelt auf beiden Seiten des Atlantik sieht den Ruf Geneens heute durchaus widersprüchlich: Sie bewundert den Supermanager, ja, ahmt ihn nach, während sie andererseits seine politischen Machenschaften verurteilt. Aber zu einem System des Managements, in dem alle Probleme auf simple Zahlen reduziert werden, gehört nun einmal, daß alle persönlichen und politischen Faktoren eliminiert werden. Diesem System sind Regierungen das gleiche wie andere Hindernisse, die dem Management im Wege stehen, nämlich Belästigungen, die man entweder umgeht oder beseitigt.

Das hochorganisierte Management nun von vornherein als unerwünscht abzutun, wäre absurd; denn eine Firma, die von der ITT oder irgendeinem anderen Mischkonzern erworben wird, mag tatsächlich sowohl an Selbstbewußtsein wie an Profitabilität gewinnen. Viele der aufgekauften Gesellschaften wie Sheraton in Amerika oder Excess Holdings in Großbritannien brauchten dringend ein neues Management, das eben nur durch einen neuen Eigentümer eingesetzt werden konnte. Gerade britische Firmen brauchen oft eine solche Schocktherapie, um sie aus ihrer Lethargie zu reißen. Wie lange allerdings diese Verbesserung anhält, ist keineswegs ausgemacht. Warum soll die ITT nicht Firmen aufkaufen, sie reorganisieren, aber dann wieder verkaufen (wie sie es ja bei Avis, Levitt oder Canteen gezwungen war)? Dadurch kann ein für die Firma nützlicher Gesundbrunnen entstehen, mit dem Verschwendung und Unfähigkeit ausgemerzt werden. Aber Geneen besteht darauf, daß sein System wie das von General Motors für die Ewigkeit eingerichtet sei, eine nicht nachvollziehbare Logik. Langfristig glaube ich, wird sich die Schwäche dieser ITT-Methode von selbst herausstellen. Denn die ITT ist so aufgebaut, daß sie nur einen einzigen Unternehmer an der Spitze duldet, originelle Außenseiter und dickköpfige Forscher, beides wesentliche Voraussetzungen für jede echte Innovation, haben dort keinen Platz. Imagination und Träume sind Geneen und seinen Kontrolleuren zuwider; denn sie bringen Überraschungen. Aber Überraschungen, gute oder schlechte, sind für neue Erfindungen und echtes Unternehmertum unabdingbar. Nach meiner Meinung wird sich die ITT wahrscheinlich nach Geneens Ausscheiden als unfähig erweisen, ohne den Ansporn und die eiserne Kontrolle des Chefs zusammenzuhalten. Es wird eine ziemlich unangenehme Periode folgen, genauso wie nach dem Ausscheiden von Colonel Behn. Die einzelnen Firmen werden wieder an Selbstbewußtsein zunehmen, und dann werden die Grundfehler des Systems, der Mangel an Innovation, an Unternehmerpersönlichkeiten und an logischer Verbindung der einzelnen Operationen offen zutage treten. Wahrscheinlich werden dann schließlich die größeren Tochterfirmen ausbrechen, wenn dies auch kein leichter Prozeß sein dürfte. Zurück wird ein schwer entwirrbares Knäuel von losen Enden bleiben. Ob diese Einzelfirmen besser innerhalb oder außerhalb des Mischkonzerns geleitet werden, wird nie ganz klar auszumachen sein; denn die Dokumente verschließen sich der Analyse der Experten. Daß jedoch die

Überanstrengung, die hohen Kosten des Verwaltungsüberbaus und die Arbeitskosten für die Kontrolle des Konzernsammelsuriums insgesamt sehr teuer sind, ist nur allzu deutlich geworden.

## Die Multinationalen

Äußerst bedrückende politische Fragen, die sehr viel weiter reichen als die Probleme des Mischkonzerns, ergeben sich jedoch aus den multinationalen Aktivitäten der ITT; denn ihr ganzes Verhalten, wie es sich aus den Akten und bei den Hearings herausgeschält hat, paßt so gar nicht zur allgemeinen Auffassung von der Rolle und dem Verantwortungsgefühl der Multinationalen. Das Verhalten der globalen Giganten und die Probleme des Übergewichts gegenüber kleinerer Staaten ist in den letzten Jahren in vielen Artikeln und Büchern untersucht worden. Darin werden die Großkonzerne zumeist als sehr einfühlsam beschrieben, aber gerade hierfür gibt es überhaupt keine Fallstudien einzelner Konzerne. Professor Charles Kindleberger behauptet: «Der multinationale Konzern versucht sich in jedem Staat, in dem er auftritt, gut staatsbürgerlich zu verhalten.»[139] Und Professor Raymond Vernon meint gar: «Große Firmen zeigen sich bemerkenswert zurückhaltend, die Hilfe der amerikanischen Regierung in Anspruch zu nehmen, um die durch andere Regierungen entstandenen Hindernisse zu beseitigen.»[140] In diese besänftigende Welt der Theorie ist die ITT mit der Zartheit eines wütenden Elefanten hineingetrampelt, hinter sich einen Schwanz von Aktennotizen, die keinen Zweifel über ihre Motive und Intentionen aufkommen lassen.

Wie die Internationalisierung der Eisenbahn und Telegrafen im 19. Jahrhundert ist heute die Entwicklung der multinationalen Konzerne unvermeidbar und nicht mehr rückgängig zu machen. Wie könnte ich daran zweifeln, der ich hier an einer Olivetti-Schreibmaschine sitze, nach einem Grundig-Diktiergerät schreibe, zum ITT-Telefon greife und mir morgen bei Avis einen Wagen mieten werde? Aber wie alle plötzlichen Machtzusammenballungen sind auch solche Konzerne stets in Gefahr, die Macht zu mißbrauchen; und die Geschichte der ITT zeigt einen ganzen Katalog von so ziemlich allen möglichen Gefahren und Exzessen auf.

Schon von Anfang an nutzte die ITT die einzigartige Gelegenheit, ihre modernen Kommunikationsmittel für Piratenstücke zu mißbrauchen. Sie konnte auftauchen und verschwinden in den verschiedensten Teilen der Welt, konnte sich einer beflissenen Sprache bedienen, um sich der jeweiligen Zeit und dem betreffenden Ort stets anzupassen. Und das mit atemberaubender Selbstsicherheit: Erst ganz freiwillig Pro-Nazi, dann sehr fromm Anti-Nazi, dann entschlossen Anti-Moskau, dann Riesengeschäfte mit

Moskau; ja manchmal nahm sie in verschiedenen Teilen der Welt gleichzeitig einander entgegengesetzte Haltungen an. Diese Anpassungsfähigkeit wird als Ausdruck einer echten Neutralität verteidigt, aber die ITT nimmt häufig sehr entschieden Partei.

Wenn es ihr paßt, tritt die ITT mit der Gebärde, die nationalen Interessen zu verteidigen, auf, während sie in Wahrheit rücksichtslos ihre eigenen Interessen verfolgt, wie im Fall der Lobby für «Deep Freeze». Zur amerikanischen Regierung sind die Beziehungen der ITT deshalb so besonders undurchschaubar, weil es hier auch um Spionage ging. Zwar ist die ITT ganz ohne Zweifel vom CIA und seinen Vorläufern benutzt worden. Heute scheint es jedoch sehr wahrscheinlich, daß sie ihrerseits weit mehr den CIA benutzt hat. Außenpolitisch war das Maß an von ihr selbst gemachter Politik sicher ebenso groß wie ihre Einbindung in die offizielle Politik.

Besonders gegenüber Regierungen haben die ITT-Leute es verstanden, ihre besondere Fähigkeit, eben als Mitarbeiter eines multinationalen Konzerns, voll einzusetzen, nämlich an einem Ort die Sache so darzustellen und an einem anderen völlig anders. Im Anti-Trust-Fall gaben sie in Connecticut vor, Hartford brauche Geld von der ITT, während sie in Washington behaupteten, es sei die ITT, die Geld von Hartfort brauche. Genauso verhielten sie sich, als sie ABC erwerben wollten: Bei der *Federal Communication Commission* sagten sie, daß sie vorhätten, Geld in die ABC zu pumpen, ihren eigenen Leuten gestanden sie, daß Geld aus ABC herausgezogen werden sollte. Mal geben die Tochterfirmen vor, völlig autonom zu sein, im nächsten Moment heißt es, der Konzern sei vollständig zentralisiert, ein Trick, der in San Diego besonders nützlich war, als Geneen das Geld für den Parteitag der Republikaner in der Verkleidung eines örtlichen Hoteliers spenden konnte. Wenn es opporatun ist, kann die ITT durchaus sehr unscheinbar auftreten, aber in wichtigen Momenten kann sie alle ihre Kräfte auf einen einzigen Platz konzentrieren, was sie gegenüber Cotter in Connecticut bzw. Kleindienst und McLaren in Washington intensiv tat.

Innere Folgerichtigkeit und Wahrheitsliebe sind nie die starken Seiten der ITT gewesen. Sie ist Expertin der bewußten Verschleierung, wie sie sie etwa mit der «Non-Public Relation» in Puerto Rico praktizierte, oder der versteckten Lobby, wie sie aus den Aktennotizen ihrer Washingtoner Mitarbeiter hervorgeht. Die Bilanz der ITT an Verlogenheit und Doppelzüngigkeit, die bei dem ABC-Hearing so deutlich wurde, läßt auf eine tief verankerte Verantwortungslosigkeit schließen. Bei dem Gedanken daran, daß der Konzern sich noch sehr viel mehr im Medienbereich ausdehnt, sei es im Verlagswesen, im Fernsehen oder bei Telefonsystemen, muß jeden erschrecken.

Viele Einzelaspekte, die in diesem Buch beschrieben wurden, haben die Souveränität des multinationalen Konzerns deutlich werden lassen. Sie zeigt sich an seiner Unabhängigkeit gegenüber Regierungen, seiner in sich abgeschlossenen Organisation, seinem firmeninternen Handel, seiner privaten Diplomatie und seinen eigenen Kommunikationsnetzen, an der ständigen Vermeidung, Steuern zu zahlen, und an der Geheimhaltung der Akten. Das Argument der Souveränität sollte jedoch nicht übertrieben werden; denn schließlich haben die Gaststaaten immer noch das Recht zur Verstaatlichung oder zur Investitionskontrolle, wodurch sie eine gewisse Handlungsfreiheit behalten. Nationale Konzerne wie die GEC in England oder Michelin in Frankreich sind zuweilen schwerer zu kontrollieren als multinationale. Noch verfügen Regierungen über sehr wirksame Waffen; schließlich war die Regierung der Vereinigten Staaten durchaus fähig, ein Teil des ITT-Imperiums herauszubrechen. Und in einigen Aspekten ist die ITT heute weniger mächtig als die frühen Trusts der Morgans und Rockefellers. Und doch hat ihnen ihre globale Diversifikation unter dem Gesichtspunkt weltweiter Konkurrenz eine neue Art von Unverwundbarkeit verliehen. Heute scheint der multinationale Konzern der zentrale Motor des Welthandels zu sein, durch den der Nationalstaat Gefahr läuft, eingeschränkt zu werden. Geneen hat immer wieder das Argument vorgebracht, daß alles, was gut für die ITT sei, auch gut sei für die USA und gut für die Welt. Immer mehr wird globale Konkurrenz zur Rechtfertigung für übergroße Organisationen in der Heimat, so daß wir mit Senator Bayh fragen müssen: «Haben wir uns in eine Situation hineinmanövriert, in der es nicht mehr darauf ankommt, was die Gesetze dazu sagen, wenn nur die Fusion groß genug ist?»

Aber ist das von Bedeutung? Warum sollen wir die Einschränkung nationaler Souveränität bedauern, wenn immer mehr Leute den Nationalismus als eine überkommene und häufig gefährliche Kraft ansehen, oft verstanden als Ausdruck von Vorurteilen, Aggressionen und Kriegen? Die überzeugtesten Befürworter der Multinationalen stellen sie als edle Friedensmächte dar, sowohl wirtschaftlich wie politisch. Friedensmächte, die uns zu einer neuen Weltgesellschaft hinführen, die die Bigotterie und Engherzigkeit lokaler Herrscher vertreiben, so wie die frühen Handelsherren die Macht primitiver Häuptlingsherrschaft und winziger Fürstentümer zerbrochen haben. Dieses Bild ist nicht völlig falsch. Keiner hat die Entwicklung zu einer globalen Organisation mehr vorangetrieben als die multinationalen Konzerne. Ihre auf ein einziges Ziel verpflichteten Manager bewohnen schon heute eine Welt, in der Nationalitätenunterschiede kaum noch erkennbar sind. Gerade Europäern, deren Väter sich früher wenigstens einmal in jeder Generation gegenseitig umbrachten, sollten diese Vorzüge nicht von der Hand weisen; denn schließlich haben die Multinationalen durchaus ihren Anteil an der Vermischung der Völker Europas, ein Traum, den Jean

Monnet und die Gründer des Gemeinsamen Marktes einst träumten.

Aber die Internationalisierung der Wirtschaft wird aus sich selbst heraus keine Weltgesellschaft hervorbringen. Die Bankiers des 19. Jahrhunderts begrüßten die Eisenbahnen als Vorreiter einer neuen Einheit. Aber 1870 und 1914 zeigte sich, daß sie weit eher Mittel noch schrecklicherer Zerstörung waren. Wirtschaftliche Expansion bringt nur winzige Schichten der Völker zusammen, und falls diese sich nicht vergrößern, könnte gerade die Expansion bei all jenen, die sich bedroht fühlen, eine verbitterte nationalistische oder regionalistische Reaktion hervorrufen, wie das Beispiel des 19. Jahrhunderts lehrt. Der Charakter der multinationalen Konzerne verbietet es, in ihnen die Hüter sozialer Wohlfahrt, Sicherheit oder des Umweltschutzes zu sehen; denn ihre ganze Rechtfertigung basiert auf Profit und rascher Veränderung. Und damit werden stes jene Gebiete und Wirtschaftssektoren beiseite geschoben, die keinen Profit bringen können. Unkontrolliert unterminieren sie vielmehr die Grundlagen der allgemeinen Wohlfahrt und Sicherheit. Sie hinterziehen Steuern, treiben die Inflation an und spekulieren mit Währungen.

Es liegt auch nicht unbedingt im Interesse der multinationalen Konzerne, daß die Staaten sich allzu eng zusammenschließen. So machte etwa gerade Geneen auf sehr taktlose Weise deutlich, daß er die Entwicklung des Gemeinsamen Marktes eher als eine Bedrohung denn als Vorteil empfand. Und die Telefonsysteme der ITT, immer noch ihr größtes Geschäft in Europa, profitieren weit mehr davon, daß die Regierungen nicht zusammenarbeiten, als wenn es eine gemeinsame europäische Politik gäbe, durch deren Regulierung die Konkurrenz wieder härter würde. Notgedrungen sind multinationale Konzerne stets versucht, nach dem System Divide et Impera zu arbeiten. Haben sie erst mal ihre Fabriken innerhalb der Staaten errichtet, so sind sie möglicherweise Anhänger eines neuen Protektionismus; denn dann können sie durch Zollbarrieren nicht mehr abgeschreckt werden, die ihnen jedoch sichere Märkte und abgesicherte Planungsmöglichkeiten bieten. Heute ist man sich der Rolle der globalen Konzerne beim Durchlässigmachen von Grenzen sehr viel weniger sicher als noch vor einem Jahrzehnt.[141]

Daß die Multinationalen sehr viel wirksamer kontrolliert werden müssen, wird auch von vielen ihrer Mitarbeiter akzeptiert. Aber wer kann sie kontrollieren? Hier gilt als gängiges Heilmittel die Organisierung der Staaten zu größeren Einheiten und schließlich zu einer Art von Weltregierung. So könnte der Mißbrauch eingeschränkt werden. Bei diesem Prozeß wären indirekt die Multinationalen ein Antrieb für die Bildung einer Weltgesellschaft durch den Prozeß des begrenzten Konflikts. Und in der Tat fängt dieser Prozeß langsam an, vor allem im Gemeinsamen Markt. Pierre Malvé,

Wirtschaftsrat der Europäischen Gemeinschaft in Washington, meinte im Jahre 1972 dazu: «Wollen wir die Auswüchse der multinationalen Konzerne vermeiden, so brauchen wir mehr und mehr die Zusammenarbeit der Regierungen.» Die Anti-Trust-Behörde in Brüssel unter ihrem Chef Willy Schlieder beobachtet immer aufmerksamer die Beeinträchtigungen des freien Markts, und auch die Gewerkschaften schließen sich langsam zu internationalen Verbänden zusammen als Gegengewicht gegen die Macht der globalen Arbeitgeber. (Besonders die ITT ist bevorzugte Zielscheibe der Gewerkschaftler: Als die spanische ITT, SESA, 1971 gegen einen Streik in Madrid durch Verhaftung der Streikführer vorging, gab es Solidaritätszusammenkünfte und Sammelaktionen von Arbeitern in Frankreich, Deutschland und Amerika; eine besondere Arbeitsgruppe zur Beobachtung der ITT hat der internationale Verband der Metallarbeiter in Genf eingesetzt.)

Ohne Zweifel werden diese Gegenkräfte wachsen. Aber keiner, der die Entwicklung des Gemeinsamen Marktes verfolgt hat, wird erwarten, daß dies schnell geschieht. Vielleicht würde eine größere Katastrophe, etwa der Bankrott eines der großen Multinationalen, raschere Aktionen erzwingen; aber nicht einmal der Zusammenbruch von Bernard Cornfelds IOS hat zu effektiveren Kontrollen geführt (etwa zu einem europäischen Gegenstück der amerikanischen *Securities and Exchange Commission*). Auf der globalen Ebene ist eine effektive Gegenmacht angesichts der Uneinigkeit der Dritten Welt, wie sie etwa auf den Welthandelskonferenzen demonstriert wird, nur schwer denkbar. Professor Kindleberger stellt sich einen internationalen Ombudsman vor, der für Fairplay zwischen den Multinationalen sorgen und sie daran hindern soll, den einen Staat gegen den anderen auszuspielen.[142] Aber woher soll dieser Ombudsman die dafür nötige Autorität erhalten? Die Aussicht auf eine wirksame globale Kontrolle ist, wie ich glaube, ebenso vage wie die auf eine Weltregierung: sie ist eines jener Ziele, die man nie aus den Augen verlieren sollte, aber von denen keiner annehmen kann, daß er sie noch erlebt.

Die Vorstellung von weltweiten Kontrollen ist zwar attraktiv, aber kann doch leicht als Alibi dazu verwandt werden, andere Maßnahmen mit realistischeren Erfolgsaussichten aufzuschieben. Aber selbst wenn die globale Lösung erreichbar wäre, sie könnte nie genügen; denn ein Großteil der Wohlfahrt des einzelnen wird auch weiterhin an seine Nation geknüpft bleiben; denn an ihr hat sich ja der ganze Apparat von Besteuerung und Wohlfahrtsstaat aufgebaut, und gerade bei diesen Funktionen des Nationalstaates hat sich der Nationalismus überlebt; denn der fortschrittliche Staat der Gegenwart wird heute weit weniger mit Vorstellungen von militärischer Macht und Verteidigung verbunden als mit denen von sozialer Sicherheit, allgemeinem Schutz, Erziehungswesen, Krankenhäusern, Altenheimen und

Kindergeld. So ist der Nationalstaat heute weit mehr eine Protektions- als eine Aggressionsorganisation, und seine Bürger würden nur sehr unwillig gerade diese Schutzfunktionen auf eine höhere Organisationsform verlagert sehen.

Unvermeidlich wird diese Art von Sicherheit durch die dynamische und oft zerstörerische Energie der globalen Konzerne bedroht, so daß der Nationalstaat sich wehren muß. Die Konflikte, die sich daraus ergeben, scheinen mir ebenso unvermeidlich wie wünschenswert; denn jede Seite braucht das Gegengewicht der anderen. Die politischen Führer wissen sehr wohl, wenn sie es auch nicht zugeben, daß sie die Ressourcen und die Fähigkeiten der Multinationalen brauchen: Das Versagen der Telefonnetze ist nur ein Beispiel für die nationale Begrenztheit. Natürlich geben die meisten Manager multinationaler Konzerne durchaus zu, daß sie nicht in der Lage sind, das ganze Spektrum der Lebensbedürfnisse der Menschen zu befriedigen und zu schützen: Sie wissen genauso gut wie jeder andere, daß es der Staat ist, der fast alle Elemente absichert, die unsere moderne Zivilisation ausmachen. Daß die multinationalen Manager hier keine Sonderrolle spielen, läßt sich schon an ihren ganz persönlichen Verhaltensweisen erkennen: wie übernational und kosmopolitisch sie auch geworden sein mögen, spätestens um die Fünfzig herum suchen sie sich wie jeder andere einen Ort, wo sie sich der durch den Staat gewährleisteten Stabilität und einer ruhigen Umwelt erfreuen können; ja selbst innerhalb der ITT, deren Manager sooft verzweifelt über die britischen Arbeiter und die Schwäche des Pfundes schimpften, kann man beobachten, daß viele von ihnen – auch Geneen, Lester und Bergerac – England als Zufluchtsort der Sicherheit und Ruhe auch für sich selbst ansehen.

In der überschaubaren Zukunft ist nur der Nationalstaat stark genug, es mit den Multinationalen aufzunehmen und bei den Menschen vergleichbare Loyalität zu wecken. Und nur er ist in der Lage, das gegenwärtige Ungleichgewicht wieder auszugleichen. Der Begriff der Souveränität scheint ein bißchen altmodisch und vielleicht irreführend. Aber er drückt noch präzis genug den Grundkonflikt und die zentrale politische Frage aus: Wer bestimmt den Rahmen und die Lebensformen, unter denen Menschen künftig existieren? Wenn Geneen gesagt hat (vgl. S. 108), die größeren Konzerne seien zum Garanten dafür geworden, daß das gesamte System funktions- und lebensfähig bleibt, so muß ihm geantwortet werden: Es mag sein, daß sie es antreiben, aber die jüngste Geschichte der ITT zeigt, daß man den Multinationalen nicht erlauben kann, sich auch zum Garanten des ‹Systems› aufzuschwingen.

Jede ernsthafte Beurteilung der Wirkungen von multinationalen Konzernen muß notgedrungen mit einem gewissen Gefühl der Ratlosigkeit abschließen; denn ebensowenig wie Engländer und Amerikaner des 19. Jahrhunderts überschauen konnten, was die industrielle Revolution ihrem Land oder ihrer Gemeinde antat, kann ein Zeitgenosse der Gegenwart beurteilen, was die Konzerne der sechziger und siebziger Jahre der ganzen Welt zufügen. Es fällt leicht, ihre Bedeutung sowohl zu überschätzen wie zu unterschätzen. Zwar umspannen die Giganten die Erde, schaffen neue Kommunikations- und Organisationssysteme, erzwingen neue Formen der Disziplin, der Zentralisation und der Einschränkung persönlichen Freiheitsraums, deren Folgen wir wohl erst in einigen Jahrzehnten überblicken können. Aber diese neuen Organisationen unterliegen doch zugleich auch selbst großen Beschränkungen: sie sind verstrickt im Einsatz von Mitteln, aber ohne irgendwelche Ziele; sie sind viel zu sehr damit beschäftigt, die Gefahr des Auseinanderbrechens abzuwehren, als daß sie fähig wären, weit in die Zukunft zu blicken.

Es ist für den Kritiker sehr verlockend, die Multinationalen als geplante Verschwörer darzustellen, davon besessen, die Welt nach ihrem Bild neu zu schaffen. Und für diese Betrachtungsweise gibt es ja in der Geschichte der ITT durchaus Hinweise – von den Geheimkungeleien eines Colonel Behn mit den Diktatoren bis zu den Notizen der Dita Beard und Hal Hendrix oder die Kampagne von Geneen gegen die Anti-Trust-Gesetze. Aber ich glaube, daß selbst im Fall der ITT die Verschwörungstheorie nicht aufrechterhalten werden kann: Stets in seiner Geschichte hat dieser Konzern auf sehr dünnem Seil balanciert, um sein Vermögen zu schützen und sein Risiko abzudecken; seine Komplotte und Kampagnen entspringen sehr viel mehr seinem dauernden Unsicherheitsgefühl als einer genialen Meisterplanung. Einige seiner krassesten Fehler nur durch diese Unsicherheit lassen sich übrigens erklären. Die Spitzenmanager der ITT und die anderer Multinationaler sind über die Folgen ihrer Maßnahmen genauso verwirrt wie jeder andere, vielleicht sogar noch mehr.

Aber auch ohne Komplott haben die Multinationalen in den letzten zwanzig Jahren durch das Entstehen weltweiter Kommunikationsnetze eine Position neuartiger und plötzlicher Vorherrschaft erlangt: Sie stießen auf ein Vakuum und haben es ausgefüllt. Ihre Fähigkeiten und ihre moderne Technik haben durchaus neue Vorteile gebracht und den Weg für weitere geebnet; aber sie haben gleichermaßen ein gefährliches Ungleichgewicht erzeugt, zwischen ihrer zentralisierten Energie auf der einen Seite und dem zersplitterten und verwirrten Zustand all der Staaten und Gemeinden auf der anderen Seite, mit denen sie zu tun haben. Dieses Ungleichgewicht muß stetig ausgeglichen werden. Und zwar dadurch, daß die Staaten ihrerseits lernen, sich auf den neuen Zustand dieser Welt einzustellen, sich enger zusammenzuschließen und ihre eigenen Kommunikations- und Kontrollsysteme aufzubauen. Aber bis dahin müssen sich die Multinationalen ihrerseits der Kritik und der Einsichtnahme öffnen, wollen sie erbitterte Konflikte mit ihren Gastgeberstaaten vermeiden. Ich kann nur hoffen, daß das Verhalten der ITT, das eher zufällig der Öffentlichkeit bekannt wurde, nicht typisch ist für alle Multinationalen. Aber es ist ein Beispiel dafür, wie stark weltweite Verbindungen der Korruptionsgefahr ausgesetzt sind, vergleichbar dem Brunnen, der von vergiftetem Grundwasser bedroht ist. Die ITT gibt auch ein Beispiel dafür, wie leicht die Stärke der Multinationalen mißbraucht werden kann, solange es keine Gegenmacht gibt. Bevor man sie dazu zwingt, sollten die großen Konzerne selbst die Initiative ergreifen, sich gegenüber der Öffentlichkeit ehrlicher als bisher darzustellen. Nur so können sie die Ängste beschwichtigen, die sie selbst hervorgerufen haben.

# Anmerkungen

## Kapitel 2

1 Gut anderthalb Meter Akten in den Washingtoner Nationalarchiven über die ITT der Jahre zwischen 1930 und 1945 stellen eine einzigartige Quelle detaillierter Informationen über die Aktivitäten des Konzerns während der Kriegsjahre dar; darunter befinden sich einige Kassetten mit Niederschriften der Telefongespräche Colonel Behns im Krieg, die allein schon genug Material für ein Buch böten (*Record Group 259 – Records of the Board of War Communications*).

2 Ein Reporter der *Washington Post*, Lemuel Parton, beschrieb in der Ausgabe vom 24. September 1936, wie er von Colonel Behn auf eine Bewerbung um einen Public Relations-Job in Spanien hin ins Verhör genommen wurde: «Bei dem Gespräch mit dem nervösen, aggressiven, bohrenden Mr. Behn kam es mir vor, daß er, unverblümt ausgedrückt, zwar einen Presseagenten haben wollte, daß aber das letzte, das er auf dieser Welt gewollt hätte, Publicity war.»

3 «Wie es geschehen konnte, daß das Management der ITT, dem einige der besten Bankiers Amerikas angehörten, diese Unregelmäßigkeiten nicht vorher entdeckte, erscheint unbegreiflich» (George Soloveytchik: ‹*Ivar Kreuger*›. London 1933. S. 142).

4 Befragung Schröders, 16. November 1945.

5 Ebd., 19. November 1945.

6 Sayler-Memorandum 1943.

7 Maurice Deloraine: ‹*An ITT Memoir*›, 1971.

8 Geoffrey Cox: ‹*The Defense of Madrid*›, 1937.

9 Befragung Schröders, 20. November 1945.

10 *The Times*, 11. und 20. August 1940.

11 Vgl. Ladislas Farrago: ‹*The Game of the Foxes*›, 1971. S. 403.

12 FCC interoffice memorandum, 23. Februar 1943.

13 *The New York Times*, 9. Juli 1941.

14 Spruille Braden: ‹*Diplomats and Demagogues*›, 1971. S. 341.

15 Ebd.

16 Ebd., S. 296.
17 Bericht von Robert Wohlforth an Thurman Arnold von der Anti-Trust-Abteilung, 20. Februar 1942.
18 Privatinformation.
19 Deloraine, a. a. O.
20 Ebd.
21 4. August 1945.
22 *Washington Post*, 1. November 1945; auch Privatinformation.
23 James Stewart Martin: ‹*All Honourable Men*›, 1950, S. 54; auch Schröder-Befragungen.
24 Vgl. Prevent World War III, Nr. 18, Januar 1947; veröffentlicht 1947 von der Gesellschaft zur Verhütung des dritten Weltkriegs, Madison Avenue 515, New York, N. Y.
25 Vgl. Martin, a. a. O., S. 210.
26 Ebd.

## Kapitel 3

27 Robert Vogeler: ‹*I was Stalin's Prisoner*›. New York 1952.
28 ‹*Robert Vogeler and Edgar Sanders and their Accomplices before the Criminal Court*›. Budapest (Staatliches Ungarisches Verlagshaus) 1950.
29 Christopher Felix (Pseudonym): ‹*The Spy and his Masters*›. London 1963.
30 *The Guardian* vom 19. August 1953. 24 Jahre später, im März 1973, stimmten die Ungarn zu, 19 Millionen Dollar für verstaatlichte amerikanische Vermögen zu zahlen. Einen großen Anteil an dieser Summe wird die ITT erhalten.
31 Vgl. U. S. Court of Claims: Commercial Cable v the U. S., April 1968, S. 3.
32 Später Lord Sherfield.
33 Später Lord Caccia, gegenwärtig ITT-Chef in Großbritannien.
34 Feldmarschall Lord Harold Alexander.

## Kapitel 4

35 *Forbes Magazine* vom 1. Mai 1968.
36 Jahresbericht 1967, der die Rede von Geneen vor New Yorker Kreditsachverständigen im März 1960 kommentiert.
37 ‹*Conglomerate Hearings*› (zur Kartellgesetzgebung), Bd. III, S. 258 f.
38 Ebd., Bd. IV, S. 266.
39 Ebd., Bd. III, S. 236.
40 *Wall Street Journal* vom 12. Januar 1970.
41 ‹*Conglomerate Report*›, S. 106–124.
42 Ebd., S. 124.
43 ‹*Conglomerate Hearings*›, Bd. III, S. 774.
44 Ebd., S. 329.
45 Ebd., S. 331.
46 Ebd., S. 1353.
47 Vgl. die Aussage von Geneen in: ‹*Conglomerate Hearings*›, Bd. III, S. 134.
48 Vgl. die Aussage von Felix Rohatyn; ebd., S. 223.
49 Ein kleines, aber bezeichnendes Beispiel ereignete sich in Großbritannien, als ich an diesem Buch schrieb. Eine Studie über Hastings Banda, den Präsidenten von Malawi, sollte bei Penguin gedruckt werden. Penguin ist heute Teil des Longman-Konzerns

und mit der *Financial Times*, Lazards usw. verbunden. Im Dezember 1972 entschloß sich Penguin, dieses Buch nicht zu veröffentlichen. Penguin begründete dies damit, daß Longmans Geschäfte in Malawi ernstlich Schaden nehmen würden. Hätte Penguin nicht mit der größeren Verlagsgruppe fusioniert, so wäre ein derartiger Eingriff undenkbar gewesen.

50 ‹*Conglomerate Hearings*›, Bd. III, S. 352.

51 Ebd., S. 345.

52 Ebd., S. 359.

53 Ebd., S. 719–729.

## Kapitel 5

54 ‹*Conglomerate Hearings*›, Bd. III, S. 141.

55 Ebd., S. 747.

56 Jean-François Ruges: ‹*Le Téléphone pour tous*›. Paris 1970.

57 Willard Mueller: «Zunehmende Fusionierungen». In: ‹*Conglomerate Report*›, S. 95.

58 ‹*Conglomerate Hearings*›, Bd. III, S. 142.

59 International Metalworkers' Federation: News, März 1972.

60 ‹*Conglomerate Hearings*›, Bd. III, S. 748.

61 Vgl. John Brooks: ‹*Business Adventures*›, S. 359.

62 Vgl. Rede Gordon Haymans von der British Federation of Insurance Brokers, in der er gegen ITTs Erwerb von Überschußaktien protestiert (22. Januar 1973).

63 *Vision* vom 15. Juni 1972.

## Kapitel 6

64 ‹*Conglomerate Hearings*›, Bd. III, S. 303.

65 ‹*Kleindienst Hearings*›, Bd. II, S. 705 f.

66 *The New York Times* vom 14. April 1972.

67 ‹*Kleindienst Hearings*›, Bd. III, S. 1176.

68 Vgl. Geneens Ansprache vor Aktionären, 1970, S. 6; und: Aus der Kurzbiographie, die Michael Herblay im Oktober 1972 in *L'Expansion*, Paris, über Geneen schrieb.

69 Vgl. Dirks Brothers: ‹*The Managers*›. In: *Newsletter* vom 10. Mai 1972.

70 ‹*Conglomerate Report*›, S. 414.

71 *The Guardian* vom 24. Oktober 1972.

72 Vgl. *Fortune*: ‹*Geneen's Moneymaking Machine*›, September 1972.

## Kapitel 7

73 Baldwin deposition, 16. März 1971.

74 Notiz von C. T. Ireland an Geneen, 2. Januar 1969. In: ‹*Kleindienst Hearings*›, Bd. III, S. 1217.

75 Aus dem Schriftsatz des Zivilklägers Nader gegen Cotter, Januar 1972.

76 Welche Doppeldeutigkeit in den Fazzano–Cotter-Gesprächen steckt, ist nachzulesen in: *The Hartford Courant* vom 8. November 1970 und 13. März 1972.

77 Rede von Attorney General John Mitchell, Savannah, 6. Juni 1969.

78 Vgl. Mark Green: ‹*The Closed Enterprise System*›, 1972.

79 ‹*Conglomerate Hearings*›, Bd. III, S. 101.

80 *I. F. Stone's Bi-Weekly* vom 20. September 1971.
81 ‹*Kleindienst Hearings*›, Bd. II, S. 117.
82 Green, a. a. O., S. 44 f.
83 ‹*Kleindienst Hearings*›, Bd. II, S. 102.
84 Ebd., S. 171.
85 Ebd., Bd. III, S. 1582.
86 Ebd.
87 Vgl. Geneens Rede vor Aktionären, Mai 1972.
88 Vgl. Ramsden-Report, ‹*Kleindienst Hearings*›, Bd. II, S. 103 f.
89 Interview in: *Dun's Review*, Oktober 1971.
90 Securities an Exchange Commission gegen ITT, Mediobanca, Lazards und andere. Klage vom 16. Juni 1972.

## Kapitel 8

91 Vgl. Joseph John Trento: ‹*Voice of San Diego*›. In: *The Nation* vom 7. August 1972.
92 ‹*Kleindienst Hearings*›, Bd. II, S. 671.
93 *San Diego Union* vom 28. April 1972.
94 Interview mit Robert Cox, ‹*Kleindienst Hearings*›, Bd. III, S. 890.
95 Ebd., S. 876; Bd. II, S. 756.
96 ‹*Kennedy Report*›, S. 87.
97 ‹*Kleindienst Hearings*›, Bd. I, S. 657.

## Kapitel 9

98 ‹*Kleindienst Hearings*›, Bd. II, S. 165.
99 Ebd., Bd. I, S. 745.
100 Ebd., Bd. I, S. 746.
101 Ebd., Bd. II, S. 1312–1329. Vgl. auch Robert Walters in *Washington Evening Star* vom 1. Mai 1972.
102 ‹*Conglomerate Hearings*›, Bd. III, S. 1105.
103 Jack Andersons «Washington Merry-Go-Round» vom 11. April 1972.
104 Interview mit Mike Wallace, ‹*Kleindienst Hearings*›, Bd. II, S. 16–42.
105 Brit Hume: ‹*Checking Out Dita Beard's Memo*›. In: *Harper's Magazine*, August 1972.
106 ‹*Kleindienst Hearings*›, Bd. II, S. 454.
107 Die Notizen wurden später dem Rechtsausschuß als Beweismittel ausgehändigt (‹*Kleindienst Hearings*›, Bd. I, S. 491).
108 Ebd., Bd. II, S. 455.

## Kapitel 10

109 ‹*Kleindienst Hearings*›, Bd. II, S. 121.
110 Interview mit Robert Cox; ebd., Bd. III, S. 880.
111 ‹*Kennedy Report*›, S. 24.
112 Rede vor den Aktionären in Memphis, Mai 1972.
113 ‹*Kleindienst Hearings*›, Bd. III, S. 1637.
114 ‹*Kennedy Report*›, S. 21.

115 Vgl. Caseys Aussage vor dem Untersuchungsausschuß des Handelsausschusses des Repräsentantenhauses, 13. Dezember 1972.
116 ‹*Kennedy Report*›, S. 12.
117 Geneens Brief an den Vorsitzenden James Eastland. In: ‹*Kleindienst Hearings*›, Bd. II, S. 779–780.
118 Robert Walters im *Washington Evening Star* vom 24. April 1972.
119 ‹*Kleindienst Hearings*›, Bd. III, S. 1174.

## Kapitel 11

120 Bestätigt durch McCones und Geneens Aussagen, 21. März und 2. April 1973.
121 *Nouvel Observateur* (Paris) vom 8. Mai 1972.
122 Aussage von Rohatyn, 29. März 1973.
123 Aussage von Edward Korry.
124 Aussage von McCone, 21. März 1973; Aussage von Broe, 28. März 1973.
125 Goodrich an Merriam, 23. September 1970.
126 Aussage von Broe, 27. März 1973.
127 Aussage von McCone, 21. März 1973.
128 Dillenbeck an Aibel, 28. Oktober 1970.
129 Aussage von Merriam, 20. März 1973.
130 Aktennotiz von Ronald Raddatz an Robert James von der Bank of America, 9. Februar 1971.
131 Gerrity an Geneen, 22. Februar 1971.
132 Hendrix an Perkins, 12. März 1971.
133 Vgl. *The Guardian* vom 23. März 1973.

## Kapitel 12

134 ‹*American Business Abroad*›. Yale University Press 1969. S. 206.
135 *Business Week* vom 14. November 1972.
136 Ebd.
137 *L'Express* vom 20. November 1972.
138 Vgl. etwa: ‹*The Penkovsky Papers*›. London 1965. S. 112. Oleg Penkowski, selbst ein Doppelagent, war «einfach überwältigt» von der Zahl der Geheimakten im Komitee.
139 ‹*American Business Abroad*›, a. a. O., S. 180.
140 *Foreign Affairs*, Juli 1971.
141 Vgl. Hugh Stephenson: ‹*The Coming Clash*›. London 1972. S. 90.
142 ‹*American Business Abroad*›, a. a. O., S. 207.

*Die Affären im Vorfeld von Watergate*

# ITTs Glanzjahr

Die Chronologie der folgenden Seiten zeigt dreierlei:

1. Die intensiven Methoden der Bearbeitung von Spitzenfunktionären des Staates durch Spitzenfunktionäre des Konzerns.
2. Das zeitliche Zusammentreffen dieser Lobby-Aktivitäten von so unterschiedlichen Themen wie Allendes bevorstehender Wahlsieg in Chile und der Kampf gegen die Entflechtungsbemühungen der Anti-Trust-Behörde. Überall spielt das persönliche Engagement des Chefs des Weltkonzerns die zentrale Rolle.
3. In der Chronologie tauchen die Namen der inzwischen durch Watergate aus dem Amt entfernten Spitzenpolitiker der Nixon-Administration auf. ITT ist nur einer der großen Konzerne der Vereinigten Staaten. Wenn sich amerikanische Regierungsspitzen so intensiv mit deren Problemen beschäftigen und auch nur ein Bruchteil der amerikanischen Wirtschaft ähnliche Lobby-Methoden anwendet, stellt sich die Frage, wann diese Politiker Zeit finden zum Regieren, oder ob Regieren hier nicht vielmehr heißt, stets den Bemühungen der Verwaltung um Einhaltung der Gesetze durch politische Einflußnahme entgegenzuwirken. Damit stellt sich die Frage nach der Staatsloyalität führender Politiker.

Die Chronologie ist dem Kennedy-Report über das Kleindienst-Hearing entnommen. Ergänzungen wurden nach Materialien der SEC-Akten und dem Senats-Hearing über Chile vom Autor hinzugefügt.

## *ITTs Glanzjahr*<br>*oder die Lobbysymbiose zwischen Wirtschaft und Staat*

| Subversion in Chile | Fusionslobby | San Diego u. 400 000 $ |
|---|---|---|
| | (Anfang 1970) *Geneen* spricht mit Wirtschaftsminister *Stans* über Anti-Trust. | (Anfang 1970) *Geneen* geht mit Bob *Wilson* in der Nähe von San Diego angeln. |
| | (Anfang 1970) *Gerrity* sucht *McLaren* auf, der darauf besteht, daß ITT *Hartford* aufgibt. | (Anfang 1970) In San Diego wird mit dem Bau eines neuen Sheraton-Hotels begonnen. Die Werbeagentur *Tolle*, an der *Wilson* beteiligt ist, übernimmt die PR-Aktivitäten. |
| | (Anfang 1970) *Geneen* und andere ITT-Leute bearbeiten *Hartford*/Connecticut, um den Regierungsbeauftragten *Cotter* von der Fusion zu überzeugen. | (8. März) *Bob Finch* vom Weißen Haus bespricht mit Reportern die Möglichkeit eines republikanischen Parteitages. |
| (Mai 1970) *Geneen* und *McCone* sind über die Wahl in Chile beunruhigt. *McCone* von ITT spricht mit *Helms* von der CIA. | (19. Mai) Der Regierungsbeauftragte *Cotter* bittet ITT um Unterstützung für ein Bürgerzentrum in *Hartford*. | |
| | (23. Mai) *Cotter* genehmigt die Fusion von *Hartford* mit ITT. | |
| (im Juni) *McCone führt* weitere Gespräche über Chile mit *Helms*; *Helms* ist bereit, einen CIA-Mann zu *Geneen* zu schicken. | (27. Mai) *Geneen* trifft während eines Essens im Weißen Haus mit *Mitchell* zusammen. | (Mitte 1970) *Geneen* führt weitere Gespräche mit *Wilson*, der ihn mit der Hafenkommission zusammenführt, wegen Grunderwerbs für Kabelstationen. |
| (16. Juli) *Geneen* trifft *Broe* von CIA im Sheraton-Carlton-Hotel in Washington: er bietet eine ‹bedeutende Summe› an, um *Allende* zu stoppen. | (4. August) *Gerrity* trifft *Agnew*; sie reden über Anti-Trust-Vorfälle. Übt *Agnew* Druck auf *Kleindienst* aus? | (Mitte 1970) *Dita Beard* verhandelt mit der Hafenkommission wegen Grunderwerb für Kabelstation. |
| (August 1970) *McCone* telefoniert mit *Helms* über Chile. *McCone* verbringt seinen Urlaub in Alaska. | (4. August) *Geneen* trifft *Mitchell*; sie reden über Anti-Trust-Vorfälle. | (August 1970) Die Kabelstation wird von der Hafenkommission an ITT verpachtet. |

| Subversion in Chile | Fusionslobby | San Diego u. 400 000 $ |
|---|---|---|
| | (6. August) *Chaffetz* (ein ITT-Anwalt) spricht mit *McLaren* über den ‹Canteen›-Fall. | |
| | (7. August) *Geneen* und *Merriam* treffen mit *Colson* und *Ehrlichman* vom Weißen Haus zusammen. | |
| | (7. August) *Gerrity* fragt *Agnew* nach Möglichkeiten, *McLaren* unter Druck zu setzen. | |
| (17. August) *Neal* von ITT spricht mit State Department über Chile; spricht mit *Gerrity.* | (10. August) *Gerrity* ruft die ITT-Lobby gegen *McLaren* auf. | |
| (18. August) *Gerrity* berichtet *Dunleavy* von ITT: «Ich bin dabei, *Hendrix* dazu zu bringen, 50 % der Zusage zu realisieren.» | (19. August) *Ryan* von ITT spricht mit *Stans,* der bezüglich Anti-Trust einen «spürbaren Schnitt» wünscht. | |
| | (24. August) *Ryan* zu *Merriam*: hofft, daß *Agnew* auf *McLaren* Einfluß ausüben kann: ‹dies könnte unsere Chance sein›. | |
| (4. September) *Allende* gewinnt die Volkswahlen in Chile. | | |
| (Anfang September) Die Kommission der vierzig trifft sich zum Thema Chile: diskutieren Möglichkeiten? | | |
| (9. und 10. September) Sitzung des ITT-Board. *Geneen* und *McCone* beschließen ein zweites Angebot, um *Allende* zu stoppen. | | |
| (11. und 12. September) *McCone* erklärt *Kissinger* und *Helms* vom CIA das Angebot. | | |
| (13. September) ITT plant eine Party für Minister | | |

*Rogers* mit der Familie *Geneen, Mitchell* u. a.

(14. September) *Neal* von ITT berichtet dem Weißen Haus von dem Millionen-Dollar-Angebot.

(17. September) *Hendrix'* Berichte, wie *Allende* zu stoppen sei, gehen an den CIA weiter.

(22. September) *Gerrity* schickt *Geneen* Notiz; er ist mit *Hendrix'* Strategie einverstanden.

(29. September) *Hendrix* berichtet von dem ‹Gefühl einer Niederlage› in Chile.

(29. September) *Broe* vom CIA berichtet *Gerrity* von einem Plan für ein wirtschaftliches Chaos in Chile.

(September/Oktober) *McCone* und *Geneen* sind sich einig: *Broes* Plan wird nicht ausgeführt.

(7. Oktober) *Broe* berichtet ITT: Die Situation ist nicht sehr rosig.

(9. Oktober) *Merriam* mit *Broe* zum Essen, berichtet an *McCone* weiter.

(15. Oktober) *Neal* sucht Botschafter *Korry* auf: diskutieren eine harte Linie.

(21. Oktober) Minister *Rogers* trifft sich mit ITT und anderen zum Thema Chile; er sagt, die *Nixon*-Verwaltung ist ein Geschäft.

| Subversion in Chile | Fusionslobby | San Diego u. 400 000 $ |
|---|---|---|
| (24. Oktober) *Allende* gewinnt die Kongreßwahlen. | | |
| (November 1970) Anaconda ruft zu einem Ad-Hoc-Komitee von Firmen gegen *Allende* auf. | | |
| (9. November) *Kissinger* dankt *Merriam* für seine «Harte Linie»-Notiz. | | |
| | (25. November) ITT schlägt eine Einigung vor, die *Hartford* einschließt; *McLaren* lehnt ab. | |
| | (31. Dezember) Das Distriktgericht entscheidet im *Grinnell*-Fall gegen die Regierung. | |
| (Januar 1971) Das erste Ad-Hoc-Treffen findet in *Merriams* Büro statt: ITT, Anaconda, Kennecott u. a. Firmen. | | (Januar/Februar 1971) Lt.-Gov. *Reinecke* beauftragt *Beard* (lt. *Beard*), San Diego als Austragungsort des Parteitages zu untersuchen. |
| | (vor Februar 1971) *Geneen* spricht mit Minister *Kennedy* über Anti-Trust | (Anfang 1971) Der Bürgermeister von San Diego, *Curran*, weigert sich, zu einem republikanischen Parteitag in San Diego einzuladen. |
| | (Februar) *Geneen* spricht mit *Flanigan* über Anti-Trust | |
| | (2. Februar) *Bob Wilson* greift im Kongreß *McLaren* an, andere Kongreßmitglieder schließen sich an. | (Januar bis April 1971) *Dita Beard* erkundigt sich nach Räumlichkeiten für einen Parteitag in San Diego. |
| (5. Februar) ITT trifft sich mit *Nachmanoff* aus *Kissingers* Stab, der zu einem ‹gelinden Druck› auf *Allende* rät. | | |
| (9. Februar) Zweites Ad-Hoc-Treffen: ITT rät, auf *Kissinger* Druck auszuüben. | | |
| (11. Februar) *Gerrity* rät *Geneen*, allein mit *Allende* zu verhandeln und Anaconda u. a. im Stich zu lassen. | | |

| Subversion in Chile | Fusionslobby | San Diego u. 400 000 $ |
|---|---|---|
| (5. März) Die Ad-Hoc-Kommission tritt wieder zusammen. | (März od. April) *Ryan* von ITT trifft auf einer Party mit *Kleindienst* zusammen, der sich bereit erklärt, einen ITT-Mann über Anti-Trust anzusprechen. | (März oder April) Der republikanische Abgeordnete *Bob Dole* schlägt gegenüber *Wilson* vor, für den Parteitag nach San Diego einzuladen. |
| (10. März) *Dunleavy* u. a. von ITT besuchen *Allende* in Chile, sie diskutieren gemeinsames Vorgehen, sehr freundliche Atmosphäre. | | |
| (März–April) ITT verhandelt mit *Allendes* Team über Entschädigung bei Verstaatlichungen und gemeinsamen Vorgehen. | (18. März) ITT gibt Anwälten und Lobbyisten eine Erklärung über Anti-Trust | |
| | | (19. März) San Diego lehnt es ab, zu einem demokratischen Parteitag einzuladen. |
| | (8. April) *Geneen* bittet Richter *Walsh*, die Regierung zu drängen, ihre Anti-Trust-Politik neu zu überdenken. | |
| | (16. April) *Walsh* schreibt *Kleindienst*, bittet um eine Überprüfung und Aufschub für den *Grinnell*-Fall. | |
| | (19. April) *Kleindienst* bittet – entgegen dem Rat von *McLaren* – um Aufschub für *Grinnell*. | |
| | (20. April) *Rohatyn* trifft *Kleindienst*, der eine ITT-Schenkung arrangiert. | |
| | (20. April) *Geneen* dankt *Peterson* für Unterstützung bei der Verzögerung. | |
| | (20. April) *Merriam* dankt Minister *Connally* für Unterstützung bei der *Grinnell*-Verzögerung. | |
| | | (26. April) Lt.-Gov. *Reinecke* trifft sich mit *Mitchell* im Justizministerium. |

| | | |
|---|---|---|
| | | (27. April) In Washington findet ein San-Diego-Empfang statt, an dem *Reinecke* teilnimmt; es wird über den Parteitag gesprochen. |
| | (29. April) *Rohatyn* trifft *Mitchell*, unterbreitet *Kleindienst* und *McLaren* den ITT-Wunsch, *Hartford* zu behalten. | (Ende April) *Reinecke* u. a. arbeiten mit offiziellen Stellen in San Diego zusammen. |
| | | (Frühjahr 1971) *Bob Finch* und *Herb Klein* vom Weißen Haus fahren nach San Diego. |
| | (1. Mai) *Beard* trifft *Mitchell* während einer Kentucky-Derby-Party. | (Anfang Mai) *Timmons* vom Weißen Haus hält sich 2 Wochen in San Diego auf, untersucht Möglichkeiten für den Parteitag. |
| | (10.–12. Mai) *McLaren* bittet *Flanigan, Ramsden* für einen Bericht über *Hartford* zu kontakten. | (12. Mai) *Finch* berichtet *Wilson*, daß *Nixon* den Parteitag in San Diego abhalten möchte. *Wilson erzählt dies Geneen, der verspricht, für den Parteitag 400 000 $ zur Verfügung zu stellen.* |
| | | (12. Mai–3. Juni) *Wilson* und *Reinecke* bemühen sich um lokale Unterstützung für den Parteitag in San Diego. |
| | (17. Mai) Minister *Connally* befürwortet eine Umformulierung der Anti-Trust-Gesetze. | (17.–22. Mai) *Reinecke* trifft sich in Washington mit *Beard*, diskutieren die Aktivitäten für den Parteitag. |
| | (20. Mai) *Ramsden* übergibt *Flanigan* den Bericht (*McLaren* ist in Europa). | |
| | | (22. Mai) *Reinecke* im Weißen Haus. |
| | | (Ende Mai) *Merriam* (ITT) nimmt mit *Timmons* vom Weißen Haus wegen des Parteitages Kontakt auf. |
| (26. Mai) Chilenische Regierung informiert ITT, daß sie beabsichtige, die Telefon- | | |

| Subversion in Chile | Fusionslobby | San Diego u. 400 000 $ |
| --- | --- | --- |
| gesellschaft schnellstens zu verstaatlichen. | | |
| | | (Mai bis Juni) *Beard* spricht mit Gouverneur *Nunn* über *Mitchell* und ITT's «edle Zusage». |
| | | (2. Juni) San Diego bittet, für eine Einladung zum Parteitag ein Angebot zu unterbreiten. |
| | | (3. Juni) *Wilson* gibt die Sicherstellung von 400 000 $ bekannt. |
| | (10. Juni) *Flanigan* übergibt *Ramsdens* Bericht an *McLaren* im Beisein von *Kleindienst.* | |
| | | (11. Juni) *Wilson* und *Dole* besuchen San Diego. |
| | (17. Juni) *McLarens* Notiz an *Kleindienst*: ist einverstanden, daß ITT *Hartford* behält. | |
| | | (24. Juni) *Wilson* sucht *Geneen* in New York auf, diskutieren die Finanzierung des Parteitages. |
| | | (24. Juni) *Merriam* wird wegen des Parteitages vom Weißen Haus angerufen. Es bestehen Unklarheiten. *Beard* ist verärgert. |
| | (25. Juni) Minister *Stans* befürwortet eine modifizierte Anti-Trust-Politik. | (25. Juni) *Dita Beard* verfaßt eine Notiz, die auf einen Zusammenhang zwischen Parteitag und Anti-Trust-Entscheidung hinweist. |
| | | (28. Juni) *Wilson* im Weißen Haus, diskutiert Parteitag. |
| | (29. Juni) *Rohatyn* trifft *Flanigan* und *Kleindienst,* beklagt sich über *McLaren.* | Der Stadtrat von San Diego gibt seine Genehmigung für den Parteitag. |
| | (Anfang Juli) *Flanigan* gibt | (3. Juli) Es wird berichtet, |

| Subversion in Chile | Fusionslobby | San Diego u. 400 000 $ |
|---|---|---|
| | *Rohatyns* Klagen an *Kleindienst* weiter. | daß *Geneen* den «Löwenanteil» von den 400 000 $ zur Verfügung stellt. |
| (8. Juli) ITT trifft mit OPIC zusammen: bitten um Sicherung. | (1.–30. Juli) ITT-Direktoren verkaufen ITT-Aktien. | |
| (9. Juli) ITT-Verwaltungsrat diskutiert Chile. *Guilfoyle* schlägt *Geneen* vor, mit *Allende* zu verhandeln, um aus der Verstaatlichung von Anaconda Nutzen zu ziehen. | | |
| | | (11. Juli) *Wilson* besucht *Geneens* Angelplatz in Maine. |
| | (15. Juli) *Rohatyn* beklagt sich wieder bei *Kleindienst.* | |
| | | (21. Juli) ITT-Sheraton schickt *Wilson* ein Fernschreiben, in dem er ihm 200 000 $ für den Parteitag verspricht. |
| | | (23. Juli) Die Republikaner erklären sich mit dem Parteitag in San Diego einverstanden. |
| | (31. Juli) Eine Erklärung wird veröffentlicht, die es ITT erlaubt, *Hartford* zu behalten. | |
| | | (5. August) *Wilson* bestätigt das Finanzierungsversprechen von ITT-Sheraton. |
| (14. September) *Geneen* mit *Peterson* und *Haig* im Weißen Haus zum Essen. | | |
| | (21. September) *Reuben Robertson* fragt *Kleindienst* nach Zusammenhang zwischen der Anti-Trust-Entscheidung und dem Parteitag. *Kleindienst* streitet dies ab. | |
| (29. September) *Allende* ernennt chilenischen Geschäftsführer für die ITT-Telefongesellschaft. | | |
| (1. Oktober) *Merriam* schickt *Peterson* 18-Punkte-Plan, um *Allende* zu stürzen. | | |

# Register

*Die hochgestellten Sternchen verweisen auf die Fußnoten*


Abbey Life Insurance 99 f, 131, 155
Abelin, Pierre 95
Acheson, Dean 50, 135
Adams, Charles Francis 59, 61
Aetna Finance 145
Agnelli, Gianni 67
Agnew, Spiro T. 211
Aibel, Howard 117, 132, 133, 136, 201, 204, 214, 215 f, 243; Anm. 128
Alba, Herzog von 20
Alessandri, Jorge 227 f, 233, 236 f, 240, 241
Alexander of Tunis, Harold, Earl 53; Anm. 34
All-American Cable Office 30
Allende, Salvador 224, 227 f, 232, 234 f, 236 f, 239 f, 243 f
Allgemeine Elektricitäts-Gesellschaft (AEG) 22
America Western Electric 21
American Broadcasting Company (ABC) 73, 75 f, 133, 134, 141, 156, 173, 259
American Telephone and Telegraph (AT & T) 20 f, 38 f, 43, 90 f, 92, 101
Andersen, Hans Christian 83
Anderson, Jack 7, 8, 175, 177, 184, 185, 188 f, 190 f, 194, 195 f, 197, 199, 200 f, 204, 206, 222, 223, 224, 228, 231, 232; Anm. 103
Antonescu, Ion 27
*Armed Services Committee* 161
Arnold, Henry 31, 32 f,
Arnold, Thurman Anm. 17
Austin, Charles 61
Avis, Warren 68
Avis-Rent-a-Car 68 f, 72, 73, 83, 100, 134, 152, 155, 253, 257, 258

Balbo, Italo 52
Baldwin, Robert 131 f
Balin, Marquez 95
Banda, Hastings Kamuzu Anm. 49
Barkley, Captain 46
Barnes, Frank 249
Barroso, General 95
Bayh, Birch 8, 120, 191, 193 f, 209, 214, 218 f, 221 f, 260
Beard, Bull 185
Beard, Dita 166 f, 168*, 170, 173, 175 f, 178 f, 184 f, 189, 190, 192, 194, 195 f, 200 f, 203 f, 206, 207, 211, 219, 221 224, 229, 252, 264
Behn, Hernand 19 f, 22
Behn, Nando 29
Behn, Sosthenes 8, 19 f, 22 f, 29 f, 35 f, 42 f, 52, 56, 59, 60, 62, 63, 66, 80, 89, 101, 108, 109, 118, 120, 225, 227, 235, 246, 255, 257, 264; Anm. 1, 2
Behn II, Mrs. Sosthenes 109
Behn, William 35
Behrenbrouch, Ruys de 30
Bell Telephone 90
Benn, Anthony Wedgwood 97
Bennett, Richard 114*, 117
Bergerac, Mike 12, 93, 95, 263
Bergwin, C. R. 181
Berrellez, Bob 226, 237, 238, 240 f
Billyou, De Forest 199
Bisdee 47
Bissell, Richard 246
Bittker, Boris 158
Black, Eugene 92, 134
Blake, Thomas 35
Bluhdorn, Charles 137, 138, 153
Boeynants, Paul van den 87
Bohon, Scott 215
de Bonneval, General 95
Boonisar, Richard 82
Braden, Spruille 31; Anm. 14
Briloff, Abraham 7, 127, 156
Broe, William 232, 233, 234 f, 236 f, 239 f, 245; Anm. 124, 126
Brooks, John Anm. 61
Brozen, Yale 120
Burdick, Senator 221 f
Burge, Wendell 38
Burns, Arthur 212

*Business Week* 153; Anm. 135

Cable and Wireless Company 53, 54
Caccia, Sir Harold 53, 56, 92, 98; Anm. 33
Caldwell 32
Canaan, Jack 172
Canteen Corporation 130, 148 f, 152, 155, 253, 257
Carbone, Nicholas 136
Carson, Robert 188
Case, Clifford 231, 232, 234
Casey, T. H. 181
Casey, William 210; Anm. 115
Castro, Fidel 63, 225, 227
Celler, Emmanuel 8, 66, 142, 143 f, 151, 203, 212, 256
Cerezo, Benny Frankie 122, 123
Chamberlain, Arthur Neville 26
Chapin, Dwight 166
Chruschtschow, Nikita S. 250
Church, Frank 230 f, 233 f
Churchill, Sir Winston Leonard Spencer 26, 53
Clark, Ramsey 141
Clark, Tom 38
Clawson, Ken 206
Colson, Charles 211, 212
*Commerce Committee* 22
Compagnie Générale de Constructions Téléphoniques 90
Compañia Telefónica España 20, 25
Compañia Unión Telefónica (CUT) 30
‹*Conglomerate Hearings*› 8; Anm. 37, 44, 47, 50, 54, 58, 60, 64, 79, 102
‹*Conglomerate Report*› 8, 84; Anm. 41, 57, 70
*Congressional Record* 229
Conally, John 154, 211, 212
Continental Baking 74 f, 145
Cook, Marlow 191, 195, 206, 222
Copley, James 160
Corfield, Ken 98, 101
Cornfield, Bernard 110, 126, 262
Cotter, William 133 f, 149, 150, 156, 259; Anm. 75
Cowdray, Lord 66
Cox, Sir Geoffrey Anm. 8
Cox, Robert Anm. 94, 110
Crassweller, Robert 243
Cruciana, Aida da s. u. Aida Geneen
Curran, Frank 170

*Daily Mail* 36
*Daily Telegraph* 240
Danielian, Noobar 226 f, 242
David-Weill, Pierre 66
Day, Pat 9
Dean III, John 208, 210, 211
Deck, Raymond 132
Deloraine, Maurice 8; Anm. 7, 19
Denniston, Robin 9
Dillenbeck, R. R. 243; Anm. 128
Dillon, Douglas 56
Dirks, Ray 7, 127 f
Dole, Bob 166, 170
Dory, Baronin Edina 48, 49
Drake, Sir Eric 151
Drake, Sir Francis 19
Dudman, Richard 173
Dulles, Allan Welsh 37
Dulles, John Foster 55 f
Dunlap, Margaret 21
Dunleavy, Tim 13, 114*, 117 f, 128, 244, 252
*Dun' Review* Anm. 89
Du Toit, Betty 9

Eagleton, Thomas 175, 207
Eastland, James (‹Big Jim›) 190 f, 195, 196, 199, 208; Anm. 117
Échegaray, Claude 95
*Economist, The* 151
Eden, Sir Robert Anthony, Earl of Avon 26, 53
Eduard, Herzog von Windsor 163
Ehrlichman, John 211, 212
*Entreprise* 111
Erickson, Russell 145
Ericsson 22, 39, 95, 227
Ervin, Samuel James 202 f, 205, 208, 220
Excess Holdings 155, 254, 257

Fannin, Senator 222
Farrago, Ladislas Anm. 11
Fazzano, Joe 136, 150
*Federal Communications Commission* (FCC) 18, 22, 28, 34, 76, 79, 106, 259
*Federal Trade Commission* (FTC) 93, 120, 125, 142
Felix, Christopher Anm. 29
*Financial Times* 229
Finch, Bob 161, 166, 168, 206
Flanigan, Peter 194, 201, 207 f, 212, 216, 218
Fleming, David 197 f
Fong, Hiram 142, 191
*Forbes Magazine* 111, 123; Anm. 35
Ford, Henry 26
Ford II, Henry 207
*Foreign Affairs* Anm. 140
*Foreign Claims Settlement Commission of the United States* 41**
Forrestal, James V. 39, 40*
*Fortune* 138, 153, 178; Anm. 72
*Forty Committee* 236, 237 f
Franco Bahamonde, Francisco 25, 34, 42, 95
Frei, Eduardo 227, 238, 240, 245
Friedman, Alvin 68
*Front Page* 119
Fulbright, James William 229, 231

Galbraith, John Kenneth 108, 139
Gallagher, T. J. 181
Garland, Dr. 198
Garvin, Jan 249 f
Gaulle, Charles de 95, 249
Geiger, Imre 44, 46 f
Geneen, Aida 60
Geneen, Harold Sidney 7,

12 f, 16, 17, 18, 59 f, 66, 68 f, 72 f, 75 f, 81 f, 84 f, 88 f, 91, 93, 94, 95, 96, 97 f, 99 f, 103 f, 106, 108 f, 118 f, 123 f, 127, 128, 130 f, 136, 138, 144 f, 150, 152, 153, 154 f, 161 f, 167 f, 168*, 169, 171 f, 174, 177, 178 f, 182 f, 185 f, 192, 194, 201, 202, 203 f, 207, 211, 212 f, 217, 220, 224, 225 f, 229, 231 f, 236 f, 236*, 239 f, 240*, 248, 251, 252 f, 255 f, 260, 261, 263, 264; Anm. 36, 47, 68, 74, 87, 117, 120, 131
General Anilin and Film Corporation (GAF) 26 f
General Electric Company 22, 102, 140
General Motors Corporation 102, 103, 106, 111, 134, 257
Gentes, William 215
Georgia Insurance 99 f
Gerö, Ernö 45
Gerrity, Edward J. G. (Ned) 13, 77 f, 117, 119 f, 133, 136, 177, 182, 195, 200 f, 204, 211, 212 f, 219, 226, 232 f, 237, 238, 238*, 239 f, 240*, 252 f; Anm. 131
Gerstacker, Carl 131
Gill, Sir Frank 28
Gillenwaters, Edgar 189, 194
Gleason, Jack 185, 187, 201, 208, 219
Glendevon, Lord 98
Goldenson, Leonard 75 f
Goldwater, Barry Morris 222
Gomez, Fernando 122
Goodrich, Bernard 181, 184 f, 239; Anm. 125
Göring, Hermann 24, 26
Graham, Peter 164
Gray, Patrick 211, 231
Green, Mark Anm. 87, 82
Grey, Rex 94
Griffin, Bill 131
Grinnell Corporation 130, 148, 149, 150, 152, 186, 193, 195
Griswold, Erwin 148, 195, 215
*Guardian, The* 40*, 127; Anm. 30, 71, 133
Guilfoyle, Jack 240, 240*, 242, 244, 245
Gurney, Senator 192, 195, 198, 202
Guyot, Jean 95
Gvischiani, German 250 f

Hahn, Walter 166
Haig, Major General 244
Haldeman, Bob 176 f
Hanley, Captain 46
Harding, Sir John 53
Harkins, Kenneth 144 f
*Harper's Magazine* Anm. 105
Harrington, Michael 213
Harrison, William 43, 54, 59
Hart, Philip 130, 141 f, 188, 190 f, 193, 195 f, 198, 209, 212, 221, 223, 255
*Hartford Courant, The* Anm. 76
Hartford Insurance Company 99, 130 f, 141, 148, 149 f, 152, 155 f, 167, 169, 173, 186, 192, 195, 206, 209, 215 f, 218, 220, 253, 259
*Hartford Times* 184
Hartke, Vance 182, 212
Hayman, Gordon 254; Anm. 62
Helms, Richard 232, 236 f, 246
Henderson, Ernest 81, 82
Henderson III, Ernest 82
Henderson, Forest 55
Hendrix, Hal 226, 232, 237, 238, 240 f, 264; Anm. 132
Hennessey, John 121
Herblay, Michael Anm. 68
Hertz 69, 71
Hill, Charles 56
Himmler, Heinrich 23, 37
Hitler, Adolf 8, 23, 24 f, 27, 37, 41, 68
Hobbing, Enno 240
Hofer 36
Hoover, John Edgar 196, 199
Horner, Jack 78, 184
Hruska, Roman 142, 159 191, 196, 222
Hughes, Howard Robard 196
Hull, Cordell 36
Hume, Brit 7, 175, 184 f, 191, 195 f, 197 f, 200 f, 219; Anm. 105
Hunt, Howard 211
Hushen, Jack 186
Hyde, Montgomery 8

*Interdepartmental Advisory Committee on Hemisphere Communications* 28
*Internal Revenue Service* 124, 157 f
International Business Machines Corporation (IBM) 88, 91 f, 101, 103, 106, 108, 128, 141, 240*
International Standard Electric Company (ISEC) 21, 39, 128
International Western Electric 21, 39*
Ireland, C. T. Anm. 74

Jacobs, Ephraim 150, 152
James, Bud 82, 162, 168, 168*, 170, 171, 172, 222
James, Robert Anm. 130
Jay, Antony 103, 103*
Jefferson, Thomas 104
Johnson, Lyndon Baines 141, 223
Johnson, Nicholas 77, 78, 79, 80
*Joint Economic Committee* 154
Joyce, Thomas 179

Karpe, Fish 51
Kaysen, Carl 141
Kefauver, Carey Estes 140
Kelly, Michael 136
Kelly, Peter 136
Kennedy, David 212
Kennedy, Edward Moore 8,

188, 191, 193, 198 f, 202, 204, 205, 208 f, 211, 215, 218, 221 f, 231
Kennedy, John Fitzgerald 141, 182
Kennedy, Robert Francis 141
‹*Kennedy Report*› 8; Anm. 96, 111, 114, 116
Keppler, Wilhelm 23
Kerkorian 138
Kern, Gordon 38
Keynes, John Maynard 115
Kindleberger, Charles 248, 258, 262
Kissinger, Henry Alfred 225, 232, 236, 237 f, 241, 242 f
Klein, Herb 161, 170
Kleindienst, Richard 8, 148, 149, 152, 174, 187 f, 190 f, 192 f, 195 f, 198, 201, 206, 209 f, 214 f, 220 f, 252, 259
‹*Kleindienst Hearings*› 8, 217; Anm. 65, 74, 81, 83, 88, 92, 94, 97, 98, 104, 106, 107, 109, 113, 117, 119
Knortz, Herb 113 f, 117, 182
Knowlton, Hugh 59, 68
Kolumbus, Christoph (Cristoforo Colombo) 19
Korry, Edward 238, 239, 242, 245; Anm. 123
Kossygin, Alexej N. 250
Kovach, Colonel 48
Kraft, Colonel 48
Kreuger, Ivar 22

Laird, Melvin 178
Landt 170
Lannan, J. Patrick 43
Lauvergeon, Marc 249
Lavoie, Richard 118
Lawrence, Larry 163, 174
Lazard Frères 66 f, 68 f, 72 f, 79, 95, 130 f, 157 f, 192, 203, 204, 253; Anm. 49, 90
Leavey, Edmond 59
Lederer, Lajos 9
Lee, Robert Edward 130
Le Matériel Téléphonique 90
Lester, Jim 13, 117, 263
Levinson, Jerome 230
Levitt 73 f, 132, 145, 150, 152, 253, 257
Levitt, William 73 f, 145
*L'Express* 249; Anm. 137
Lichtman, Susan 181 f, 200
Lie, Trygve 92
Lincoln, Abraham 130
Lindsay, John Vliet 190
Ling, James 137, 138, 151, 153
Liszka, Dr. 196 f
Loevinger, Lee 141, 212
London and Edinburgh Insurance 99 f
Lorenz AG., C. L. s. u. Standard Elektrik Lorenz AG.
Luce, Gordon 166, 169

Mackay, Allister 101
Maclaren, Gordon 55
Macmillan, Harold 53 f, 55 f, 79, 92
Makins, Sir Roger 53; Anm. 32
Malvé, Pierre 261
Manchester, William 41*
Mann, Henry 22
Mansfield, Michael Joseph 242
Marshall, George Catlett 40*
Martin, James Stewart 8, **38**, 40; Anm. 23, 25
Mathias, Charles 221
Matte 237, 238, 238*
McCone, John 92, 224, 227, 229, 232, 236 f, 236*, 240, 241, 246; Anm. 120, 124, 127
McCracken, Paul 212
McCrone, Lucy 199
McCrone, Walter 199
McGovern, George 204
McGrigor, Admiral 53
McLaren, Richard 147 f, 152 f, 155, 167, 174, 176, 187, 192 f, 203, 206 f, 209 f, 212 f, 215 f, 221, 223, 259
McNitt, J. R. 242
Mediobanca 157 f; Anm. 90
Merchant, Livingston 55 f
*Mercurio* 238 f, 245
Merriam, William R. 176 f, 179, 180, 182, 185, 187, 200 f, 204, 211, 212 f, 215, 219, 225, 232, 233, 236, 239, 241, 242 f, 252; Anm. 125, 129
Meyer, André 66 f, 69, 73, 131
Meyer, Charles 233, 237, 242, 245
Milton, John 119
Mindszenty, József Kardinal (Joseph Pehm) 43
Minshall, William 214
Mintz, Morton 7
Mitchell, John 147 f, 150, 151, 174, 176 f, 185 f, 188, 189, 192, 194, 198, 200, 206, 211, 212 f, 216, 217, 218 f, 238; Anm. 77
Mitchell, Martha 219, 242
Moehring, Dieter 96
Monnet, Jean 261
Montevideo Telephone Company 29
Moore, Robert 81
Morgan d. Ä., John Pierpont 130, 168, 169
Morrow, Bud 69, 70 f, 134, 155
Mueller, Willard 93, 142, 144, 153; Anm. 57
Muskie, Edmund 68, 174, 215, 231
Mussolini, Benito 27

Nachmanoff, Arnold 243
Nader, Ralph 7, 75, 77, 134 f, 156, 175, 207, 223; Anm. 75
*Nation, The* Anm. 91
Neal, Jack 179, 226, 232 f, 237, 238, 242
Neal, Philip 143
*New York Herald Tribune* **26**
*New York Times, The* 23, 27, 77, 152, 222; Anm. 13, 66

*Newsletter* Anm. 69
Nicholls, Sir Leslie 54
Nissl, Frank 25
Nixon, Richard Milhous 109, 136, 147, 148, 160 f, 165 f, 169, 170, 172, 175, 176 f, 188, 190 f, 200, 206 f, 210, 212, 249, 252
*Nouvel Observateur* Anm. 121
Nunn, Louie 177, 186, 194, 198, 219

O'Brien, Larry 174, 187
O'Brien, Raymond 179, 180
Ogilvie 45, 46
O'Glove, Thornton 7, 128
Olstein, Bob 7, 128
Onassis, Jacqueline 67
O'Neill, Pete 31

Parma, Leon 172
Parton, Lemuel Anm. 2
Pearson, Drew 175
Pearson, Lester 55, 79
Pease, Henry 28
Penkowski, Oleg Anm. 138
Penney, Lord 98
Pepermans 87, 92
Percy, Charles 231, 233, 246
Perkins Anm. 132
Perlmutter, Howard 106
Perón, Juan Domingo 31, 32, 42, 225
Perot, Ross 216
Perry, Hart 73, 114*, 204
Peterson, Peter 212, 215, 244 f
Petrie, Donald 69
Philips Gloeilampenfabriken, N. V. 22, 45, 50, 51, 103
Phillips, Kevin 219
Pinkney 30, 47
Pius XI., Papst 21
Pompidou, Georges 67
Poole, Lord 66
Porter, Paul 18
*Prawda* 36
Price, Robert 213
Primo de Rivera y Orbaneja, Marqués de Estella, Miguel 20
Pryor, Ray 197
*Puerto Rican Public Service Commission* 120
Putnam's Sons, G. P. 253

Raddatz, Ronald Anm. 130
Radetzky, Dr. 197 f
Radó, Zoltan 46 f
Rákosi, Mátyás 44
Ramsden, Richard 206, 218
RCA Corporation 76, 91, 103
Reinecke, Ed 166, 169, 176 f, 178, 185, 189, 192, 194
Ribbentrop, Joachim von 26
Riklis, Meshulam 138
Robertson III, Reuben 7, 135, 156, 173 f, 184, 187, 191, 208, 223
Rogers, William 229, 242
Rohatyn, Felix 66, 68, 69, 72, 73, 74, 131, 155, 173, 174, 187, 189, 192 f, 203, 206, 209, 215 f; Anm. 48, 122
Roosevelt, Franklin Delano 35
Roosevelt, Theodore 130, 151
Ruges, Jean-François Anm. 56
Ryan, Clendenin 42 f
Ryan, John 193, 211, 215 f, 241

Sailer, Henry 173, 215 f
*San Diego Union* 161, 167, 169; Anm. 93
*San Juan Star* 121, 123
Sanders, Alexander 36 f, 46
Sanders, Edgar 44, 46 f, 50, 51
Sanders, George 46
Saulnier, Raymond 216
Sayler, Allen 8, 28 f
Schaeffer 215
Schlieder, Willy 259, 262
Schmidt, Bob 181
Schröder, Kurt von 8, 23 f, 25, 26, 37, 41**; Anm. 4, 9, 23
Schwartz, Frederick 214
Schweitzer, Dwight 157
Scott, Senator 196, 242
*Scranton Times* 119
*Securities and Exchange Commission* 124, 157 f, 173, 204, 210, 262; Anm. 90
Servan-Schreiber, Jean-Jacques 248
Shanahan, Eileen 77 f, 120
Sheraton 81 f, 97, 125, 145, 162 f, 168, 169, 170, 171 f, 222, 257
Siemens AG. 22, 29, 34, 90, 103
Simpson, Wallis W. 163
Sissons, Michael 9
Sloan, Alfred 111
Smith, C. Arnholt 160, 167, 171
Smith, Gene 152
Smith, Ian Douglas 14
Smith, Jule 50
Snyder, Joseph 197
Solovejtchik, George Anm. 3
Spaak, Paul Henri 87, 92
Spacek, Leonard 126
Spencer, Sir Thomas 28, 32, 53, 98
Staggers, Harley 210, 231
Stalin, Josef W. (Iosif V. Džugašvili) 44
Standard Electric Company 44
Standard Electrica 95
Standard Elektrik Lorenz AG. (SEL) 22, 23, 24, 38, 96
Standard Elektrizitäts-Gesellschaft (SEG) 22, 23, 34
Standard Telephones & Cables (STC) 21, 28, 53, 64, 90, 97 f, 101, 126
Stans, Maurice 154, 212, 249
Stein, Sol 9
Steinberg, Saul 137
Stephenson, Hugh Anm. 141
Stephenson, Sir William 8, 26
Steward, Harry 188
Stigler, George 143

*St. Louis Post-Dispatch* 173
Stockton, Kenneth 34, 36
Stone, Ellery 52 f, 79, 92, 98, 120, 181
Stone, I. F. 146
Stone, L. J. 179
Stoner, General 35
Struve, Guy 214
Symington, Stuart 231

Tagliareni, Russell 202
Taptich, Edward 208
*Tariff Commission* 251
Thornton, Tex 137
Thurmond, Strom 142, 191
*Time* 34*, 109
*Times, The* Anm. 10
Timmons, William 166, 187, 219 f, 222
Tolle, Norman 161, 166
Tomic, Radomiro 227 f, 236
Townsend, Robert 69 f, 100, 134, 145
Transworld Airlines (TWA) 81
Trento, Joseph John Anm. 91
Truman, Harry Spencer 39
Tunney, John 8, 188, 191 f, 195, 198, 202, 208, 218, 221 f
Turner, Donald 76, 141, 148, 150
Tytell, Mr. und Mrs. 199

United River Plate Telephone Company 29

Vaky, Pete 237, 243, 245
Van Deerlin, Lionel 167, 181
Vargas, Carmen Consuelo 122
Velsen, Constantine von 27
Vernon, Raymond 258
Verres, Laszlo 9
Viaux, General 241
Vigue, Ken 181
*Vision* 106; Anm. 63
Vogeler, Lucile 50
Vogeler, Robert 44, 45 f; Anm. 27
Voorhis, Jerry 36

Wagenheim, Baronin Ingrid von 26
Wales, Prinz von s. u. Eduard, Herzog von Windsor
Walker, Allan Gordon 9
*Wall Street Journal* 124; Anm. 40
Wallace, Mike 198, 204, 219; Anm. 104
Walsh, Lawrence 193, 214 f
Walters, Robert 174; Anm. 101, 118
*Washington Evening Star* 174; Anm. 101, 118
*Washington Post* 7, 175, 208, 222; Anm. 2, 22
Wasserman, Richard 74
*Ways and Means Committee* 148
Weinberg, Mark 99 f
Weinstock, Sir Arnold 110
Western Electric Company 21, 98
Westfall 114*
Westrick, Gerhard Alois 8, 24, 25 f, 34, 36 f, 39, 41**, 44
Westrick, Klaus 26
Westrick, Peter 26
White, Harold 198
Wiggins, Charles 213
Williams, Harry 114*, 131, 132
Willis, Bertram 179
Wilson, Alexa 9
Wilson, Bob 151, 161 f, 166 f, 169 f, 173, 176 f, 178 f, 182, 200 f, 212
Winn, Willis 216
Wohlforth, Robert Anm. 17
Wyman, Louis 213

Zador, Frau 47
Zimmerman, Edwin 148
Zoffinger 121

rororo aktuell

Herausgegeben von Freimut Duve

## USA / Dritte Welt

J. William Fulbright
**Das Pentagon informiert**
**oder**
**Der Propaganda-Apparat einer Weltmacht** [1541]

Richard J. Barnet
**Der amerikanische Rüstungswahn**
**oder**
**Die Ökonomie des Todes** [1450]

Klaus Eßer
**Durch freie Wahlen zum Sozialismus**
**oder**
**Chiles Weg aus der Armut** [1554]

Marcio M. Alves
**Brasilien –**
**Rechtsdiktatur zwischen Armut und Revolution**
«A Grain of Mustard Seed»
[1549]

Philip Berrigan
**Christen gegen die Gesellschaft**
**US-Priester im Gefängnis** [1498]

**Gesamtauflage über 4 Millionen Exemplare**